성공하는 가족의
저녁 식탁

THE FAMILY DYNAMIC
Copyright ⓒ 2025 by Susan Dominus
All rights reserved.

Korean translation copyright ⓒ 2025 by Across Publishing Group Inc.
This Korean edition published by arrangement with Susan Dominus c/o
The Cheney Agency through EYA Co.,Ltd, Seoul.

이 책의 한국어판 저작권은 EYA Co.,Ltd를 통해
The Cheney Agency와 독점 계약한
어크로스출판그룹(주)가 소유합니다.
저작권법에 의하여 한국 내에서 보호를 받는 저작물이므로
무단 전재 및 복제를 금합니다.

The Family Dynamic

아이의 탁월함을 발견하고 길러내는 가족문화의 비밀

성공하는 가족의 저녁 식탁

수전 도미너스 지음　김하현 옮김

어크로스

차례

들어가며
"저 집 식탁에서 무슨 일이 벌어지고 있는 거지?"
7

1장. 그로프 가족 : 스스로 몰아붙이는 힘
용기를 증명하고 싶어하는 아이들 · 경쟁이란 이름의 원동력
"어머니는 절대 지치지 않으세요" · 패배를 통해 완전해지는 법
31

2장. 아이 안의 엔진을 깨우는 법
탁월함은 타고나는 것이 아니라 작동되는 것이다 · 무엇이 사람을 열심히 노력하게 만들까?
아이를 돕지 않는 용기
79

3장. 홀리필드 가족 : 길이 없으면 길을 만든다
성공 자체가 저항이 된 가족 · 힘든 길이라도 네가 원한다면
형제자매가 열어주는 선택의 문 · 우리가 걸어온 길을 잊지 않는다
109

4장. 어떤 기대치를 설정할 것인가
기대는 일방향이 아니라 주고받는 것이다 · 기대-가치 이론과 부모의 역할
브론테 가문의 외아들
159

5장.   **무르기아 가족 : 서로가 서로의 사다리가 되어**

조용할 틈 없는 대가족의 풍경 · 동전 던지기가 바꿔놓은 인생의 궤적
그들은 함께 야망을 키웠다 · 눈에 보이는 균열을 받아들이기

179

6장.   **운과 운명, 우리가 통제할 수 없는 것**

쌍둥이 연구가 밝히는 유전과 환경의 상호작용 · 병원에서 뒤바뀐 두 아기
태어난 순서가 성격에 영향을 미칠까?

233

7장.   **첸 가족 : 가혹했지만 헌신적이었던**

정신없이 고향을 탈출하다 · 먹고사는 일에 바쁜 부모가 포기하지 않은 한 가지
서로를 가르치며 커가는 집 · 어머니를 향한 존경과 원망이 뒤섞인 복잡한 감정

269

8장.   **양육의 영향을 찾아서**

부모의 유전자는 유전되지 않을 때조차 영향을 미친다 · 개별화된 멘토링의 중요성

323

9장.   **파울루스 가족 : 예술가로 키워내기**

물질보다 감각을 풍요롭게 하다 · 아무 조건도 흔들림도 없는 양질의 관심
예술을 추구할 자유를 허락하기 · 자신이 이루지 못한 꿈을 자녀에게 바랄 때

339

10장. 　　　　　　　　　　**의심하는 태도와 강렬한 호기심**

경험에 대한 개방성 · 특정 자질을 길러주는 일이 가능할까?

387

11장. 　　　　　　　　**워치츠키 가족 : 세상을 바꾸겠다는 야심**

스스로 생각하고, 자기 생각을 믿을 것 · "아이의 행동을 바꾸기 어렵다면 자신을 바꾸자"
여성의 커리어에 남자 형제의 유무가 미치는 영향

403

12장. 　　　　　　　　　　**"좋게, 더 좋게, 가장 좋게"**

가족의 특성은 개인의 삶에 어떤 영향을 미치는가 · 양육의 끝은 어디인지 알 수가 없다

445

참고문헌

467

들어가며

"저 집 식탁에서 무슨 일이 벌어지고 있는 거지?"

어떻게 보면 내가 이 책을 쓰기 시작한 것은 초등학교 4학년 때부터라고 할 수 있다. 당시 내 부모님은 언제나처럼 아버지의 출장으로 2주간 집을 비워야 했고, 나는 미로처럼 펼쳐진 3층짜리 빅토리아풍 주택에 사는 친한 친구 가족에게 맡겨졌다. 그 집은 우리집에서 겨우 몇 블록 떨어져 있었지만 집 안에서의 의례와 규칙은 우리집과는 판이하게 달랐다. 우리 가족은 저녁식사가 끝나면 대개 텔레비전이 있는 작은방에 모여서 1980년대 시트콤을 봤다. 그 가족의 세 아들이 잠들기 전에 무엇을 했는지는 잘 기억나지 않지만, 부엌 옆방에 있던 텔레비전에 아무도 손을 대지 않았다는 사실만은 분명하다. 내가 게일 아주머니라고 불렀던 그 집 어머니는 밤이면 보통 텔레비전이 있는 방에 앉아서 자정을 훨씬 넘길 때까지 책을 읽곤 했다. 무릎 위에 놓인 벽돌책을 환하게 비추는 램프 아래에서, 미동도 없이 조용하게.

가족의 습관 차이는 식사시간에 더욱 뚜렷하게 드러났다. 식탁에서 내 부모님은 보통 아버지의 일에 대한 이야기를 나눴다. 우리 남매는 식사를 허겁지겁 해치운 뒤 빈둥거리거나, 왜 구석자리는 늘 언니 차지인지에 대해 언쟁을 벌이곤 했다. 반면 그 집 가족들은 우아하게 식사를 마친 뒤 포크를 내려놓은 아버지가 세 아들 중 하나를 바라보며 질문을 던졌다. 특정 사안에 관해 의견을 묻거나 즉석에서 만든 수학문제를 내는 식이었다. '한 비행기가 어느 도시에서 오전 7시에 출발해 시간당 몇 마일로 날아가고 있고, 또 다른 비행기가 또 다른 도시에서 또 다른 시간에 출발해 일정 속도로 날아가고 있다면, 두 비행기는 어느 지점에서 만나는가?' 아들들은 암산으로 문제를 풀어야 했고, 나는 이 수학적 놀이의 의식을 신나게 구경했다. 어느 날 저녁 그분이 나에게도 문제를 내기 전까지는. 끝없는 침묵 속에서 내 머릿속은 완전히 새하얘졌고, 나는 결국 눈물을 터뜨렸다.

그 집에서 유일한 여자애였던 나는 마음껏 응석을 부렸고 조금 버릇없게 굴기도 했지만, 막상 부모님이 돌아오자 엄청난 안도감을 느꼈다. 나는 곧 원래의 편안한 식사시간으로 되돌아갔다. 우리 부모님이 내게 요구한 과제는 딱 2가지였다. 접시를 깨끗하게 비우는 것과 입을 다물고 씹는 것. 동시에 나는 이제 막 알게 된 다른 가능성들을 곱씹고 있었다. 부모의 기대나 능력 함양의 측면에서, 가족문화가 얼마나 다양할 수 있는지를 몸소 깨달았기 때문이다. 나는 수학이 어려웠다. 하지만 내가 매일 저녁 식탁에서 수학문제를 풀었다면? 그날 있었던 일들에 대해 의견을 말하고 내 입장을 변호하는 데 익숙했다면? 그랬다면 지금의 나는 어떤 모습일까? 이런 종류의 요구는 하나의 축복이자 선물일까, 아니면 끊임없이 은은한 압박을 느끼게 하는 짐이자 부담일까?

　나는 커가면서 일종의 가족 전문가가 되어 친구들이 받은 가정교육의 단서와 디테일을 면밀하게 살폈다. 특히 집에서 얼마나 풍요로운 자극을 경험했는지가 가장 큰 관심사였다. 애니아 엡스타인과는 대학교 2학년 때 만나 친한 친구가 되었는데, 나는 그전부터 지인을 통해 애니아의 가계도를 익히 알고 있었다. 애니아의 아버지인 레슬리 엡스타인은 저명한 소설가였다. 애니아의 할아버지인 필립 엡스타인은 쌍둥이 형제 줄리어스와 함께 〈카사블랑카〉 등 보석 같은 영화들의 시나리오를 공동집필했다. 나는 애니아와 기숙사 룸메이트가 된 후로 자녀뿐만 아니라 예술에도 기대치가 높았던 한 가족의 이야기를 홀린 듯 빨아들였다. 애니아는 9살 때 매사추세츠주 브루클린에 있던 집 근처 공연장으로 연극을 보러 갔다. 그녀가 관객을 따라 자리에서 벌떡 일어나 기립박수를 치자 아버지는 "보스턴 관객들이란"이라고 혀를 차며 딸을 다시 자리에 앉혔다. 레슬리 엡스타인은 애니아가 잠들기 전에 디킨스를 읽어주었고, 존 업다이크와 도리스 레싱이 가족 식사에 초대되었다. 애니아와 아버지의 가장 오래되고 애틋한 추억 중 하나는, 아버지가 출판하려고 생각 중이던 불가사리와 별에 관한 동화책을 함께 구상했던 일이다.

　나는 애니아네 가족 구성원들이 이룬 여러 성취와 밀접한 관련이 있는 듯 보이는 가족문화의 다른 요소들, 예를 들면 어떤 자신감 혹은 대담함 같은 것이 흥미로웠다. 애니아의 가족은 불손한 태도나 짓궂은 장난, 정의 구현을 위한 신중하고 정확한 조롱을 높이 샀다. 위너브라더스의 창립자 중 하나이자 필립·줄리어스 엡스타인의 상사였던 잭 워너가 공산주의 동조 세력으로 의심되는 작가 명단에 형제의 이름을 올린 뒤, 반미활동조사위원회에서 두 사람을 소환한 사건을 애니아의 가족은 상당히 자랑스러워했다. 레슬리 엡스타인이 〈태블릿〉지에서 말했듯 두 형제는 반국가단체에 가입한 적이 있는지, 있다면 어떤 단체였는지를 묻는 공식 질문지를 받았다. 레슬리 엡스타인은 이렇게 설명했다. "두 분은 첫 번째 질문에 그렇다고 답했다. 그리고 두 번째 질문에는 워너브라더스라고 썼다. 그 뒤로 반미활동조사위원회에서는 아무 연락도 없었다."

애니아의 가족은 재치와 언어가 주는 기쁨을 만끽했고, 애니아를 제외하고 모두 스포츠를 좋아했다. 레슬리 엡스타인의 기억 속에서 삼촌, 그리고 세상을 너무 일찍 떠난 아버지와 나눈 가장 따뜻한 추억은 다 같이 풋볼시합을 관람했던 일이다. 애니아가 절대 아버지에게 다가갈 수 없었던 때는 딱 두 경우뿐이었다. 하나는 아버지가 글을 쓸 때였고, 다른 하나는 아버지가 쌍둥이 남동생들과 레드삭스 경기를 볼 때였다.

애니아의 어머니 일린 엡스타인이 거둔 성공의 중심에도 역시 이야기가 있었다. 따뜻하고 사람의 마음을 직관적으로 이해했던 그녀는 자신의 쌍둥이 자매 및 친한 친구와 함께 '더 스튜디오'라는 옷가게를 운영했다. 이 가게는 브루클린에서 40년간 터줏대감 역할을 했다. 단골손님들은 가게에 와서 옷만 사는 것이 아니었다. 대부분 자리를 잡고 앉아서 끝없이 이야기를 풀어놓았고, 그 이야기들은 가족 식사시간에 다시 애니아에게 전달되었다.

나는 엡스타인가 자녀들의 인생이 펼쳐지는 과정을 오랜 시간 지켜보았다. 그들의 인생에는 명백히 가정교육이 반영되어 있었다. 물론 여러 혜택도 있었지만, 애니아네 가족이 추구하는 가치와 그들의 영향력 및 기대 역시 중요한 역할을 했다. 애니아는 텔레비전 작가로 활발하게 활동했고 〈디 어페어〉와 〈인 트리트먼트〉 같은 드라마에서 총괄책임자를 역임했다. 애니아의 쌍둥이 남동생 중 하나인 폴은 비영리단체의 창립자이자, 브루클린공립학교의 인기 사회복지사다. 폴의 쌍둥이 형제인 테오 엡스타인은 28살이었던 2002년에 야구팀 레드삭스의 최연소 단장이 되어, 현대 야구 역사상 가장 걸출한 커리어를 쌓아나갔다. 테오는 레드삭스에 이어 시카고컵스를 역사적 승리로 이끌었고, 〈포천〉지 표지를 장식했으며, 2017년 〈포천〉이 선정한 "세계에서 가장 위대한 리더" 1위를 차지했다. 현재 테오는 레드삭스의 공동구단주이자 펜웨이스포츠그룹의 수석고문이다. 폴은 테오와 함께 세운 재단을 통해 1600만 달러의 자선기금을 모아, 소외계층 학생에게 대학 등록금을 제공하고 보스턴 및 시카고의 비영리단체들을 지원하고 있다.

테오가 28살의 나이에 레드삭스 단장이 되었을 때 레슬리 엡스타인은 〈보스턴글로브〉에 이렇게 말했다. "약간 아찔하네요. 좋은 뜻으로요. 하지만 알렉산더대왕은 테오 나이에 이미 전 세계를 이끌지 않았습니까?"

나는 애니아를 만나기 전부터 어린아이의 성장을 자극하는 가족 의례에 관한 일화에 유독 관심이 많았다. 그러한 이야기들은 유명 가문의 설화에 등장하곤 했는데, 예를 들면 케네디 가문은 교육과 경쟁을 눈에 띄게 중시했다. 존 F. 케네디의 개인 비서였던 에벌린 링컨은 회고록 《존 F. 케네디와의 12년My Twelve Years with John F. Kennedy》에서 케네디의 "탐구심과 진실을 파악하려는 태도는 어린 시절 가족 식사자리에서 받은 훈련의 영향인 것 같다"라고 서술했다. 아버지 조지프 P. 케네디가 주제를 하나 정하면(에벌린 링컨은 책에서 '알제리'를 예로 들었다) 자녀 중 한 사람이 저녁을 먹으며 가족들에게 그 주제를 심도 있게 설명해야 했다. 하지만 나머지 아이들 역시 그 주제를 미리 공부해야 했는데, 링컨의 설명에 따르면 "질문을 던져 발표자가 실제로 얼마나 자세히 아는지 확인하기 위해서"였다.

나는 유명 가문에서 나타나는 이런 종류의 저녁식사 의례가 너무 흥미로워서 2012년에 사람들을 인터뷰해 기사를 썼다. 자신을 포함한 삼 형제 모두가 호평받는 베스트셀러의 저자인 프랭클린 포어도 그중 하나였다. 나는 프랭클린과 인터뷰를 나누며 〈뉴욕옵서버〉에 실렸던 한 기사를 언급했다. 현재 〈애틀랜틱〉의 전속기자로 활동 중인 프랭클린은 그 기사에서 '삼 형제가 정말 저녁 식사자리에서 이런저런 주제를 발표해야 했느냐'는 질문을 받았다. "저만 그래야 했어요. 제가 수줍음이 많았거든요." 프랭클린 포어는 〈옵서버〉에 이렇게 해명했다. 하지만 나와의 인터뷰에서 그는 자기 가족이 저녁을 먹으며 나눈 대화는 특이할 정도로 주제가 다양하고 개방적이었다고 설명했다. 프랭클린의 아버지는 "자녀들과 함께 경제정책과 인권문제를 논했지만 늘 열린 마음으로 아이들의 말을 경청했다. 레이건의 스타워즈 정책(전략방위구상)에 관한 대화는 '왜 레고로 미국 전체를 덮는 거대한 장벽을 만들 수 없는가'에 관한 토론으로 이어지기도 했다." 지저

분한 유머도 환영이었고, 이들의 개방적인 가족문화에 "한계란 없었다." 나와의 다음번 인터뷰에서 프랭클린은 엄청난 낙관주의(누군가는 야망이라고 할 수도 있겠다) 역시 적극 권장되었다고 말했다. 세 아들에게 자신감을 불어넣고 싶었던 형제의 어머니는 아이들의 생일에 직접 앨범을 만들어 선물했다. 그 앨범에는 한 솔로(〈스타워즈〉의 등장인물)와 풋볼선수 시드 러크먼, 토머스 제퍼슨처럼 아이들이 존경하는 위인의 몸에 아이들의 얼굴을 오려 붙인 사진이 들어 있었다.

나의 이 꾸준한 관심은 어린 시절 친구 가족에게 맡겨지면서 시작되었지만, 내가 유명 가문의 일화에 푹 빠지는 계기가 된 인물들이 또 있다. 한 번도 만나본 적은 없지만, 오랜 시간 그들의 책을 읽고 또 읽으면서 내가 잘 아는 사람이라고 느끼게 된 그 인물들은 바로 브론테 자매다. 19세기에 태어난 이 세 자매의 소설을, 문학 애호가들은 오늘날까지도 탐독하고 분석하고 숭배하고 있다. 나는 샬럿 브론테가 쓴 《제인 에어》에서 주인공이 모욕당하는 장면을 읽으며 눈물을 흘렸고, 샬럿의 동생 에밀리가 쓴 《폭풍의 언덕》 속 잔혹한 사랑을 보며 짜릿함을 느꼈다. 그와 동시에 마음 한편에서는 이미 익숙한 집착에 골몰하고 있었다. 샬럿과 에밀리는 어떤 환경에서 자랐기에 이런 책을 쓸 수 있었을까? 막냇동생 앤의 작품을 만나기까지는 시간이 좀 더 걸렸다. 하지만 그때쯤 내 궁금증은 더더욱 커져만갔다. 앤 브론테의 소설인 《아그네스 그레이》와 《와일드펠 저택의 여인》은 《제인 에어》나 《폭풍의 언덕》만큼 문화의 시금석으로 자리매김하지는 못했다. 그러나 앤 역시 혁신적인 방식으로 페미니즘적 가치를 거침없이 호소하는 독창적인 책들을 썼다. 브론테 가족의 집에서 정확히 무슨 일이 있었기에, 도대체 가족 분위기가 어땠기에 행운이 연달아 세 번이나 내리친 걸까?

샬럿이 38살의 나이로 사망하고 2년이 지난 1857년, 샬럿의 친구이자 동료 소설가였던 엘리자베스 개스켈이 전기《샬럿 브론테의 삶 The Life of Charlotte Brontë》을 발표했다. 개스켈의 이 책은 모든 장의 핵심에 자리한 단 하나의 질문, '어떻게 이토록 이례적인 가족이 나타났는가?'에 답하고자 했다. 개스켈이 내린 답(여성 소설가들이 이렇게 '상스러운' 작품을 쓴 것에 대한 변명으로 여겨지기도 한다)이 어찌나 흥미로웠는지 이 책은 극찬을 받으며 큰돈을 벌어들였고, 수많은 전기와 영화, 텔레비전 시리즈를 낳아 다음 세대의 호기심을 채워주었다. 1883년에 출간된 에밀리의 전기는 존경심을 담아 에밀리의 작품을 비평적으로 재평가하는 한편, 그녀의 성장배경을 샅샅이 살피면서 브론테 가문의 설화가 세 자매의 작품을 감상하는 데 얼마나 큰 영향을 미치는지를 드러냈다.

어느 순간 나는 독보적인 가문에 대한 관심이 너무 커져서, 그러한 가문에 공통으로 나타나는 테마를 탐구한 책을 읽고 싶어졌다. 그리고 내가 아는 한 그런 책은 없었기에 스스로 조사하고 집필해야 했다. 디테일을 수집하고 반복해서 나타나는 현상에 주목하며, 나는 브론테 가족 이야기의 여러 측면을 계속 곱씹었다. 브론테 가족 이야기는 수많은 브론테 전문가의 호기심을 끊임없이 채워줄 만큼 풍성하고 복잡하고 방대했다. 한편으로는 현대 가족들을 탐구한 나의 글에 나타나는 여러 핵심주제를 담고 있기도 했다. 브론테 가족이 매력적인 이유는 그저 재능이 뛰어나기 때문이 아니라, 그들의 이야기에 들어 있는 요소들이 큰 공감을 불러일으키기 때문이라고 주장하고 싶다. 결국 세 자매의 성장배경은 내게 중요한 기준이 되었고, 덕분에 내가 주목하지 않았을지도 모를 현대 가족들의 디테일한 이야기를 선명하게 파악할 수 있었다.

이를테면 내가 탐구한 여러 가족의 이야기에서 패트릭 브론테 같은 인물이 여러 모습으로 반복해 나타나는 것을 발견했다. 일찍 아내를 여읜 세 자매의 아버지 패트릭 브론테는 불행인지 다행인지 강인한 체력을 타고나서 아내뿐 아니라 여섯 자녀보다도 더 오래 살았다. 나는 패트릭 브론테를 극복하는 사람이자 역경을 무릅쓰는 사람, 한 가족의 자아와 역사에 깊숙이 스며든 이야기를 지닌 사람으로 이해하게 되었다. 이러한 부모는 비록 바깥세상에서 독보적 명성을 얻지 못했을지라도 가족 내에서는 살아 있는 전설이다. 또한 다른 사람들의 한계가 본인의 가족에는 적용되지 않음을 보여주는 살아 있는 증거다.

이런 종류의 부모는 본인이 과거에 그랬듯 드러내놓고 자녀의 삶에 야심을 품을 수도 있고, 말없이 그저 자기 삶의 기준을 높게 설정함으로써 높은 목표를 추구하는 문화를 조성할 수도 있다. 이들은 야망의 화살을 쏘고 나서 자신이 그 화살의 방향을 통제할 수 없다는 사실에 놀라곤 한다. 패트릭 브론테는 시와 소설을 좋아했지만 어쩔 수 없는 그 시대 남성이었기에 세 딸이 위대한 문학작가의 꿈을 좇기를 결코 원하지 않았다. 샬럿은 편지에서 아버지가 독서나 글쓰기보다는 "여성이 마땅히 지켜야 할 의무", 즉 바느질이나 교육 같은 일에 더 집중하기를 바란다고 밝힌 바 있다. 그러나 결국 샬럿이 유명 소설가가 되자 패트릭 브론테는 아일랜드에 사는 친척에게 《제인 에어》한 권을 보내며 자부심 넘치는 메모를 남겼다(이 책은 필명으로 출간되었지만 패트릭 브론테는 샬럿의 진짜 이름을 '온 세상'이 안다는 사실을 분명히 했다).

나는 브론테 자매 덕분에 형제자매가 종종 미래로 향하는 화살의 방향을 이끄는 역할을 맡는다는 사실을 알게 되었다. 샬럿은 자매들이 거둔 성공의 원동력이었고, 가능성을 발견하고 꽉 붙잡은 인재 스카우터였다. 샬럿은 한 에세이에서 자신이 29살이었던 1845년 가을에 우연히 동생 에밀리가 쓴 시들을 발견했다고 전했다. 그 시들에는 "거칠고 음울하고 사람을 고양시키는 독특한 울림"이 있었다. 처음에 에밀리는 샬럿이 자기 공책을 뒤지는 "부당한 자유"를 누리며 자기 시를 몰래 염탐한 데에 분노했다. 샬럿은 같은 에세이에서 "내가 발견한 장점을 에밀리에게 납득시키는 데만 몇 시간이 걸렸고, 이런 좋은 시들은 반드시 책으로 출간해야 한다고 설득하는 데는 며칠이 걸렸다"라고 밝혔는데, 이 에세이는 결국 1850년판 《폭풍의 언덕》에 서문으로 들어갔다. 어느 시점엔가 앤도 자신이 쓴 시를 샬럿에게 보여주었다. 판결은? 샬럿은 그 시들에 "나름의 달콤하고 진실한 파토스"가 들어 있다고 썼는데, 그렇다고 이 말이 형식적인 칭찬인 것은 아니었다. 샬럿은 이 시들을 꼭 편집자에게 보내야 한다고 두 동생을 설득했고, 그렇게 출간된 책은 많이 팔리지는 않았지만 에밀리와 앤이 작가로서의 삶을 시작하는 계기가 되었다.

혼자였다면 브론테 자매들은 글쓰기에 믿음을 잃거나 아무에게도 작품을 보여주지 않았을지 모른다. 그러나 소설을 쓸 때 그들에게는 예술인 공동체가 있었다. 오로지 3명의 여성만 거주하며 서로의 작품을 지지하는 그런 공동체 말이다.

 나는 브론테 자매를 통해 나의 책이 그저 형제자매의 영향이나 부모가 주는 영감에만 국한되지 않으리라는 사실을 깨닫게 되었다. 이 책은 역동적인 가족들 안에서 작동하는 가족의 역학, 다양한 압력과 영향력 사이의 복잡한 상호작용을 다루어야 했다. 우리는 브론테 자매의 놀라운 업적을 낳은 요소들을 흥미롭게 분석할 수는 있지만, 그 요소들이 그대로 반복되리라 기대할 수는 없다. 브론테 가족은 세상에서 가장 아름다운 통계적 변칙 중 하나이며, 나는 앞으로 이 책에서 여러 차례 이 가족을 다시 언급할 것이다.

 이 책을 처음 쓰기 시작했을 때 나는 어린 쌍둥이 형제의 엄마였고, 이제 두 아들은 청년이 되어 대학생활을 하고 있다. 지금까지 남편과 나는 우리만의 가족문화, 우리만의 기대와 영향력이 무엇일지 깊이 고민하려고 (중간중간) 애썼다. 대단한 야심을 불어넣고 싶었던 것은 아니지만, 우리가 내리는 결정이 두 아들의 미래와 잠재력을 온전히 발휘하는 능력에 어떤 영향을 미칠지 걱정스러웠다. 어렸을 때 나는 학업에 대한 열망이 상당히 높았는데, 부모님이 이런 내 열망과 건강한 거리를 유지해주어서 무척 고마웠다. 그러나 이제 내가 부모가 되어 아이들이 한 학년씩 올라가니 우리 시대의 특정 인구통계학적 집단에서 흔히 나타나는 양육 불안이 슬금슬금 밀려들었다. 우리는 아이들을 좋은 경험에 충분히 노출시키고 있을까? 충분히 격려하고 있을까? 우리는 아이들에게 풍요로운 자극을 충분히 제공하고 있을까? 충분히 강한 직업윤리를 주입하고 있을까?

대다수 부모는 자녀의 전반적 행복과 미래의 행복이 가장 중요하다고 말할 것이다. 나도 마찬가지다. 그러나 왜인지 대다수 부모는 꽤 행복한 아이를 더더욱 행복하게 만드는 일이 자기 책임이라고 생각하지는 않는다. 그들이 '행복한 내 아이를 황홀경에 빠뜨리는 방법' 같은 제목의 책을 구매하는 일은 없다. 대다수 부모는 자녀의 행복도가 해당 학년에서 상위 10퍼센트에 드는지 확인하려들지 않는다. 적당히 만족스러운 삶을 사는 아이의 부모가 '어쩌면 내가 잘못했는지도 몰라, 아이에게 행복할 기회를 충분히 제공하지 않았을지도 몰라'라고 걱정하지도 않는다. 대다수 부모는 '내가 아이를 더욱 행복하게 만들어주지 못하면, 아이는 결국 좋은 삶을 살지 못할 거야'라고 생각하지 않는다.

반면 성취는 경쟁적인 부모들의 경기종목이며 성적과 점수, 상, 장학금, 등수 등 간편하고 구체적인 지표가 존재한다. 특정 사고방식을 가진 부모들은 쉴 틈이 없다고 느낄 수 있다. 이런 부모들은 자기 딸의 수학 점수가 좋으면 이렇게 걱정할지 모른다. 수학 수업이 우리 애한테 너무 쉽기만 한가? 아들이 오보에를 꾸준히 연습하지 않으면 이렇게 고민할지 모른다. 보상을 줘야 하나? (행동과학자들에 따르면 그렇다.) 하지만 특정 행동에 보상을 주면 아이의 내재적 동기가 약해지지 않을까? (발달심리학자들에 따르면 그렇다.)

또한 부모는 책임감과 씨름해야 한다. 사회에서 중시하는 몇몇 자질이 아이에게 없다면(예를 들어 성실성이 부족하다면) 그건 자신이 중요한 가치를 제대로 강조하지 못했기 때문이라고 느끼는 것이다. 적절한 때에 그러한 자질을 장려하지 않았거나, 아이 앞에서 한 말을 끝까지 지키지 않았기 때문이라고. 자신이 아이를 더욱 잘 가르쳤다면, 분명 아이는 학교와 일터에서 요구하는 방식대로 눈에 띄는 성과를 냈을 것이라고 말이다.

어쩌면 나처럼 여러분도 뛰어난 자녀가 1명 이상 있거나 집안에 좋은 기운이 흐르는 듯한 가정을 보고 궁금해했을지 모른다. 어떻게 한 거지? 저 집 식탁에서 무슨 일이 벌어지고 있는 거지? 저 가족으로부터 아이들에게 영감을 주는 법을 배울 수 있을까? 이 질문들은 꼭 야망 그 자체에 관한 것만은 아니다. 이런 질문을 고심하는 부모가 보통 바라는 바는 아이가 자율성을 느끼고 스스로 더 높은 목표를 추구할 수 있다고 믿는 것, 성취를 개인적 영예가 아닌 더 큰 목적이나 의미와 연결하는 것이다. 부모는 자녀가 자신의 성장과정을 애석해하기를 바라지 않는다. 내 친구가 꼭 그런 경우였는데, 언젠가 그 친구는 부모님이 자신에게 그리 많은 것을 기대하지 않아서 슬펐고 혼자서 외롭게 꿈을 좇느라 그 과정이 훨씬 힘들었다고 털어놓았다.

나는 내 쌍둥이 아들을 보며 생각한다. 그냥 저 애들이 **행복했으면 좋겠어**. 아마 이 말의 진짜 의미는 **저 애들이 지금도 나중에도 행복했으면 좋겠어**일 것이다. 행복은 자신이 조건 없는 사랑을 받고 있고, 그러한 사랑을 다른 사람에게도 줄 수 있음을 아이들 스스로 아는 데서 시작된다. 그리고 행복의 원천이 또 하나 있으니, 바로 자율성이다. 그렇기에 나는 아이들이 호기심 많고 지략 있는 사람, 미래에 어떤 소명을 추구하든 그 소명에 기여할 수 있는 사람으로 성장하기를 바란다.

우리 아이들이 이란성쌍둥이라서 그런지 나는 가족 구성원들의 성취가 얼마나 일관적인지에 유독 관심이 많다. 아마 쌍둥이를 키우는 부모, 그중에서도 특히 이란성쌍둥이의 부모는 공정성과 형평성을 고민하는 데 대다수 부모보다 더 많은 시간을 쏟을 것이다. 이들은 두 아이 모두가 풍요롭게 관계 맺는 삶, 흥미진진하고 보람된 삶을 살기를 바란다. 그렇기에 아이들을 평등하게 양육하는 법에 관해 믿을 만한 (당연히 찾기 힘든) 지침을 간절히 얻고 싶어한다.

사회학 연구자들은 특정 종류의 성공 가능성을 예측할 때 보통 사회경제적 지위socioeconomic status, 즉 SES를 고려한다. SES는 자녀교육 수준의 가장 강력한 변수이지만, 사회학자들은 형제자매 사이에서도 교육 및 경제 격차가 벌어질 수 있으며 가족 내 자원이 부족할 경우 더더욱 그렇다고 지적한다. 사회학자 돌턴 콘리는 2004년 출간한 저서 《서열 The Pecking Order》에서 "미국의 경제적 불평등을 분석해보면 형제자매 간의 격차가 모든 개인 간 격차의 4분의 3을 차지한다"라고 설명했다.

이런 격차는 운의 차이, 더욱 구체적으로는 유전자의 운 차이에서 비롯될 수 있다. 평균적으로 볼 때 형제자매는 사촌보다 더 유사하고 사촌은 육촌보다 더 유사하다. 하지만 유전자는 놀라운 방식으로 뒤섞이며 같은 핵가족 내 자녀 사이에서 극적인 차이를 만들어낼 수 있다. 유전자가 전체적으로 어떻게 섞이느냐에 따라 ADHD 때문에 학교생활을 힘들어하는 아이와 교실 내 질서를 좋아하는 아이의 차이가 생겨난다. 유전자의 영향으로 한 아이는 독서를 좋아하고 다른 아이는 늘 친구들과 어울리고 싶어할 수도 있다. 그리고 이러한 작은 차이들이 환경에 따라 초기부터 연쇄반응을 일으켜 장래에 서로 다른 결과를 낳을 수 있다.

형제자매가 각기 다른 인생경로를 밟는 이유는 가족의 경제상황과도 관련이 깊다. 콘리의 연구 결과, 중산층과 저소득층 가정의 경우 대부분 성공할 가능성이 높아 보이는 자녀에게 자원을 쏟아부으며 과외를 시키거나 사립학교 및 대학교에 진학시켰다. 반면 재능이 덜한 자녀에게는 사회 진출에 필요한 자원을 더 적게 제공했다. (이와 달리 부유한 가정은 어려움을 겪는 자녀가 성공할 수 있도록 돕는 데 자원을 쓰는 경향이 있다.) 또한 가족의 재정상황은 때에 따라 요동치기 쉬우므로, 자녀의 성취도는 의자 뺏기 게임처럼 타이밍의 문제일 수 있다. 집에 음악이 멈췄을 때 당신은 몇 살이었는가? 첫째는 부모의 이혼으로 미래의 저축 가능성이 날아가기 전에 대학에 진학할 수 있었는가? 가족사업이 때맞춰 번창한 덕분에 막내는 사립학교에 들어갈 수 있었지만, 손위 자녀들은 그사이 대학으로 돌아가고 싶은 마음조차 사라지고 말았는가?

이처럼 형제자매 간에 격차가 있는 경우가 상당히 흔하므로 같은 가족, 특히 노동자계층이나 중산층 가족 내에서 주목할 만한 성취를 이룬 자녀가 하나 이상 나오면 더더욱 예사롭지 않게 느껴진다. 그래서 나는 어떤 가족 역학이 연쇄적 성공에 기여하는지, 그런 요소가 정말로 존재하는지 알아보기 시작했다.

형제자매 전원이 인터뷰 참여에 동의하는 가족을 찾기란 쉽지 않았다. 한 사람은 참여 의사가 있지만 나머지 형제자매는 거부하는 경우들이 있었다. 성취도가 비슷비슷하더라도, 사생활이나 가족을 바라보는 관점을 비롯한 다른 사안에서 종종 생각이 크게 갈렸다. 나는 사회에서 존경받는 유명인사들이 인터뷰 참여를 결정하는 과정에서 말다툼을 하거나 가벼운 모욕을 주고받는 모습을 목격했다(일단 이런 상황이 시작되면 반드시 부정적인 답변이 돌아왔다). 동생은 이야기하고 싶어했지만 손위 형제자매가 결정권을 갖고 그의 의견을 일축하는 모습도 보았다. 어떤 사람은 가족의 비밀이 드러날까 불안해하며 나를 의심의 눈초리로 바라보기도 했다. 나는 그 비밀에 전혀 관심이 없었는데도 말이다. 가정생활의 친밀함, 절대로 드러내놓고 말할 수 없는 형제자매 간의 뿌리깊은 충성심이나 원한은 너무 뜨거워서 내가 손댈 수 있는 주제가 아니었다. 그래도 꾸준히 물색한 끝에 결국 관대한 여섯 가족을 찾아낼 수 있었다. 이들 가족 구성원 중 인터뷰에 참여하지 않은 형제자매들은 협조하지는 않을지언정 인터뷰 자체에 반대하지는 않았다. 이 가족들은 기꺼이 내게 마음을 터놓고, 그들의 이야기를 공유해주고 각자의 인생경로를 들려주었다. 나는 그 길들을 기록해 일종의 지도를 만들려고 했다. 그 과정에서 때때로 그들 자신도 인지하지 못했던 흥미로운 교차로를 발견하기도 했다.

    내 마음을 사로잡은 가족들은 내가 '대담함의 문화'라고 생각하는 것을 공통적으로 지니고 있었다. 즉 그들은 자신이 세상을 더 나은 곳으로 만들거나, 위대한 예술작품을 만들어내거나, 세계 기록을 깰 수 있다는 믿음을 가지고 있었다. 영어를 한마디도 못 하는 상태로 미국에 와 경제적 어려움을 겪고 있는 와중에도 결국 자신이 길을 닦아 자녀들을 크게 성공시킬 수 있다고 믿는 것 역시 대담함의 한 사례다.

    이 책을 위해 현대 가족들을 찾을 때 나는 자기 자신과 자신이 추구하는 바에 변치 않는 깊은 확신을 품고, 치열하게 전념해야 하는 목표를 좇는 사람들에게 끌렸다. 이들은 시민운동가, 예술가, 작가, 음악가, 사업가, 판사, 올림픽 선수, 극찬받는 선구적 연출가였다. 처음에는 성과가 뛰어난 가족들에 관한 책을 쓰겠다는 마음으로 시작했지만, 결국 완성된 책은 큰 꿈을 품은 동시에 그 꿈을 실현할 실질적 행동력을 갖춘 가족들에 관한 것이었다. 또한 이 책에는 여러 과학자들의 이야기도 담겨 있는데, 이들의 연구결과는 '천성 대 양육', '기대와 동기'에 관한 나의 질문과 연결되어 있다. 종종 과학자들의 가족 배경에서 그들이 이러한 질문을 던진 이유가 드러나기도 했다.

    이 책에서 소개한 가족들을 알게 된 일은 내가 직업생활에서 얻은 가장 큰 기쁨 중 하나였다. 성공의 비밀을 알려준답시고 잘난 척하는 사람은 하나도 없었고 오히려 대다수가 지나치게 겸손했다. 어쨌거나 자신의 가족 배경을 객관적으로 바라보기란 쉽지 않은데, 가족은 자신이 숨쉬는 공기이자 규범 중의 규범이기 때문이다. 실제로 이들 가족 사이에서 공통된 맥락을 발견하긴 했지만(그중 다수가 브론테 가족에서도 나타났다) 가장 두드러진 부분은 비범한 가족들이 들려주는 매혹적인 이야기였다. 이들은 자신들이 겪은 복잡한 문제와 어려움, 부모의 실패와 성공, 자신을 고통스럽게 하면서도 앞으로 나아가게 한 형제자매 관계의 역동을 내게 들려주었다. 이 책은 성과가 뛰어난 가족들에 관한 책이기도 하지만, 동시에 투지의 실질적 대가와 집중력에 더러 따라오는 희생, 더 나아가 감정적 고통에 관한 책이라고 말할 수도 있을 것이다. 이 책에 나오는 사람들은 본인이나 자기 가족의 결점을 숨기려 하지 않았다. 그들의 이야기는 평범한 사람에게 영감을 주는 만큼 위로도 줄 수 있을 것이다.

나는 이 책에 실린 글을 수년에 걸쳐 집필하고 발표했다. 이 책은 명성과 성공의 본질에 관한 책이기도 하다. 내가 집필을 1~2년 더 일찍 시작했다면 와인스틴 형제가 독립영화계에서 그토록 엄청난 창조적 영향력을 행사하게 된 배경을 알아보려 했을지도 모른다. 내가 만난 사람들 중 일부는 수년이 흘러 집필이 끝났을 때 좋은 경우든 나쁜 경우든 커리어의 방향이 완전히 달라져 있었고, 그 과정에서 세간의 눈초리를 받기도 했다. 이 책은 성과가 높은 가족을 치켜세우기보다는 그들을 한 인간으로 바라본다.

누군가가 내게 어떻게 하면 아이를 우수하게 키울 확률이 더 높아지는지 묻는다면, 나는 먼저 관점에 따라 안심이 될 수도 있고 좌절스러울 수도 있는 방대한 규모의 권위 있는 연구결과를 알려주고 싶다. 자녀를 아끼는 많은 부모가 양육에서 고민하는 문제들은 아이의 성취에 우리 생각만큼 큰 영향을 미치지 않는다. 저명한 발달심리학자 앨리슨 고프닉은 저서 《정원사 부모와 목수 부모 The Gardener and the Carpenter》에서 우리가 아무리 노력을 기울인다 한들 "부모들이 내리는 작은 선택의 차이, 즉 양육에서 어디에 초점을 맞추느냐의 차이와 자녀가 성인이 되었을 때 나타나는 성격특성 사이에서 유의미하고 실증적인 관련성을 찾기란 무척 힘들다"라고 설명한다.

그렇다면 애초에 왜 이 책에 실린 가족들에 주목해야 할까? 먼저 그들의 이야기는 개인의 의도나 환경의 측면에서 일종의 극단에 위치한다는 점에서 굉장히 흥미로우며, 때로는 우리에게 실질적인 영감을 주기도 한다. 가족을 연구한 데이터에서 이상값이 존재한다면

이 가족들이야말로 가장 매력적인 후보일 것이다. 통계적으로 볼 때 양육은 양극단, 즉 "분포의 양 끝자락"에서 가장 중요한 영향을 미칠 것이라고 콘리는 말했다. "자녀를 명연주자나 미국 국가대표 운동선수, 체스 그랜드마스터로 키우고 싶다면 그 재능을 반드시 키워주어야 할 겁니다."

일부 연구는 포부가 이만큼 거창하지는 않은 부모들이 자녀의 성공 가능성을 계속 열어두는 데 중요한 영향을 미칠 수 있는 몇 가지 방법을 소개한다. 이 아이디어들은 연구결과뿐만 아니라 내가 만난 가족들 고유의 이야기에도 근거를 두고 있다. 기대치를 높게 설정하되 그 기대가 불합리할 정도는 아니어야 하고, 자녀에게 필요한 도움을 제공하라. 직업적 기회를 열어줄 수 있는 수업(수학과 과학)의 실질적이고 실용적인 가치를 아이들에게 설명하라. 가능하다면 자녀가 고학력 롤모델을 접할 수 있는 환경을 찾아보라. 대학 도시나 혁신적인 사람들이 모여 사는 지역에 거주하는 것을 고려해보라. 그런 다음 아이들의 삶에서 물러나라. 대단히 성공한 기업가 1명과 대형 병원에서 지도자 역할을 맡고 있는 의사 2명을 키워낸 한 어머니는, 자녀 양육에서 스스로 무엇을 잘했다고 생각하는지 묻자 이렇게 대답했다. "아이들을 망치지 않은 거요."

나는 미국인이 지금과는 매우 다른 방식으로 자녀를 양육할 때, 즉 전 세계에 코로나19가 퍼지기 한참 전에 이 책을 쓰기 시작했다. 최초로 흑인 대통령이 당선된 때였고, 당시 미국은 끊임없이 발전하며 잠재력을 남김없이 발휘할 수 있는 국가처럼 보였다. 경제는 탄탄했고, 한때 닫혔던 기회의 문이 다시 열렸다. 사람들은 널리 알려진 연구결과에 따라 적절한 성장형 사고방식과 그릿grit(더 끈기 있고 열정적으로 노력하는 능력)만 키워주면 자녀가 성공하고 번창하는 삶을 살 수 있으리라 믿었다.

코로나19 팬데믹은 수많은 기관을 겸허하게 만든 현상이었다. 병원들은 백신 없는 바이러스로 어찌할 줄을 몰랐고, 정부기관은 사람들에게 도움되는 메시지를 일관되게 전달하지 못했으며, 언론은 서로 상충하며 빠르게 바뀌는 연구결과 속에서 때때로 갈피를 잡지 못했다. 나는 팬데믹으로 인해 부모가 자식에게 미치는 영향력의 한계 역시 뚜렷하게 드러났다고 주장하고 싶다. 학교가 문을 닫았고 아이들이 피해를 입었다. 우리 아이들에게 영향을 미치는 거대한 사회적 힘을 무시하기란 불가능했다. 아무리 자녀를 아끼며 돌보는 부모라 해도, 기껏해야 앞이 보이지 않는 폭풍우 속에서 돌로 허술하게 쌓은 이정표 역할을 할 뿐이었다. 눈앞에 실제로 존재하며 방향을 안내하긴 했지만 폭풍 자체를 막기엔 역부족이었다는 뜻이다. 팬데믹이 끝난 뒤에도 나와 남편은 적절한 균형을 찾는 데 어려움을 겪었다. 우리는 수많은 10대를 비참하게 하는 불건강한 학업의 압박에서 벗어나려고 노력하는 동시에, 팬데믹 상황에서 안전한 피난처가 된 우리 집 밖으로 아이들을 서서히 내보내려고 했다. 세상을 탐험하고 위험을 감수하며 자신의 경계를 밀어붙여 본인이 어디까지 나아갈 수 있는지 확인해야 할 시기에, 수많은 청년이 스스로를 보호하느라 몸을 한껏 웅크리고 있을 수밖에 없었다.

그간 여러 가족을 연구하며 수많은 통찰을 얻었음에도, 부모로서 나는 아이들의 동기와 목표를 추구하는 자세를 거의 통제할 수 없다는 사실을 깨닫고 겸손해졌다. 이를테면 우리 부부는 쌍둥이 중 1명인 리오가 8살 때부터 피아노를 가르쳤다. 많은 아이들이 그렇듯 리오는 한 번에 10~15분 정도 깨작깨작 연습했다. 가끔 우리는 연습을 더 하라고 부추겼다. 아이가 풍성한 기쁨을 느낄 수 있는 수준까지 연주 실력이 좋아졌으면 하는 마음에, 연습시간이 늘면 보상을 줘보기도 했다. 그러나 몇 년이 지나도 효과가 없자(지금 돌아보면 효과가 있을지도 모른다고 생각했던 것 자체가 어쭙잖다) 우리 부부는 아이를 밀어붙여봐야 소용없다는 판단을 내렸다. "이제 피아노 그만 배우자." 우리는 리오에게 말했다. 그러면서 이제는 억지로 밀어붙이지 않겠다고, 피아노에 관심이 없으면 계속 배울 필요가 없다고 분명히 말했다. 그러나 리오는 그만두고 싶어하지 않았다. 그래서 우리는 외로워하는 피아노를 바라보며 계속 피아노 수업비를 냈다. 이따금 연습 좀 하라고 아이를 부추기면, 때로는 말을 들었지만 대개는 그렇지 않았다. 음악으로 삶이 풍성해질 만큼 피아노를 열심히 할 마음이 리오에게 없는 것이 분명했다. 그럼에도 아이의 삶이 풍성해질 가능성을 아예 박탈하고 싶지 않다면 어쩔 수 없이 계속 돈을 내야 한다고 느꼈다.

리오는 코로나19 때문에 여전히 친구들과 거의 만날 수 없었던 2020년 7월에 14살이 되었다. 학교 밖에서의 교우생활은 거의 원격 게임으로 이루어졌는데, 리오는 친구들이 좋아하는 비디오게임을 그리 잘하지 못하는 것 같았다. 〈월드오브워크래프트〉 게임이 갈수록 지루하고 답답해진 리오는 책상과 컴퓨터에서 실망감을 연상하기 시작했고, 책상에서 겨우 1미터도 떨어지지 않은 피아노로 점점 발길을 옮겼다.

피아노 수업도 받고 있지 않던 그해 여름, 리오는 피아노 위에 있던 악보를 집어 들었다. 옛날에 내가 시도했던 쇼팽의 〈녹턴〉이었다(실제로 이 책에서 소개한 가족 중 한 사람인 공 첸과 대화를 나누다, 이 곡에 대한 이야기를 듣고 연습을 시작한 것이었다). 피아노 선생님이었다면 그 곡은 아직 연주하기 어렵다고 말했겠지만, 어쨌거나 리오는 매일매일 〈녹턴〉을 연습했다. 몇 주간 우리는 음표의 덤불숲을 비틀비틀 헤쳐나가며 하염없이 같은 부분을 뚱땅거리는 소리에 애써 귀를 닫았다. 그러던 어느 날 저녁을 준비하다가 문득 깨달았다. 그 모든 소음 사이에서 마침내 귓가를 맴도는 정확하고 우아한 선율이 모습을 드러낸 것이었다. 남편과 나는 큰 충격을 받았고, 그건 리오도 마찬가지였다. 리오는 연습할수록 소리가 더 좋아진다는 사실을 깨닫고 그 누구보다 깜짝 놀랐다. 아이는 〈녹턴〉을 연주하고 또 연주하다 다른 아름다운 곡들도 마스터할 수 있으리라는 데 생각이 미쳤다. 그렇게 길었던 그 여름날 때로는 하루에 3~4시간씩 연습하며 다음 곡, 그다음 곡으로 계속해서 넘어갔다.

이것이야말로 우리가 오래전부터 리오에게 바라온 것이었다. 그래서 처음에 남편과 나는 아들을 자랑스러워하며 감격에 휩싸였다. 우리 아들이 하루에 몇 시간이나, 때로는 온종일 피아노를 연주하고 있었다. 그러나 우리집은 꽤 작다. 그리고 우리 부부 둘 다 집에서 일한다. 울려 퍼지는 화음, 삐걱대는 연습시간, 리오가 특히 좋아하는 론도의 몰아치는 속도, 자꾸만 귓전에 맴돌아서 때로는 밤잠을 설치게 하는 선율, 이 모든 것이 어떤 우화, 부모에게 은밀히 경고의 메시지를 보내는 하나의 동화처럼 느껴졌다. 남편과 나는 조용히 대화를 나누며 아들의 열정을 지지하는 부모가 되면서도 아들에게 피아노를 조금만… 덜 치면 안 되냐고 물어볼 방법은 없을지 고민했다. 우리는 헤드폰이 연결된 전자피아노를 사용하는 방안(이른 아침만이라도!)을 조심스레 제안했지만 아들은 공손하게 거절했다. 결국 우리 부부는 노이즈캔슬링 기능이 빵빵한 헤드폰을 구매하고, 피아노가 아니라 드럼이었을 수도 있다는 생각으로 스스로를 위로했다.

우리가 자녀에게 진짜로 바라는 것은 무엇일까? 우리는 그것을 왜 바랄까? 우리가 원하는 궁극적 결과가 뭘까? 우리는 아이들이 행복하기를 바란다. 아이들에게 선택지가 있기를 바란다. 아이들이 어떤 경지에 오르는 짜릿함을 느끼길 바란다.

리오 앞에 피아노를 놓은 것은 우리 부부다. 그러나 그 피아노를 어떻게 연주할지는 오직 리오만이 결정할 수 있다.

1장

그로프 가족
스스로 몰아붙이는 힘

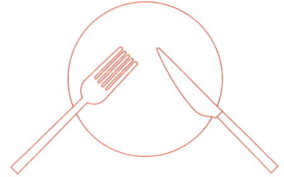

5월 마지막 주 월요일인 메모리얼데이는 비공식적으로 여름의 시작을 알리는 날이지만, 뉴욕 북부에 있는 쿠퍼스타운은 이날도 여전히 추울 수 있다. 쿠퍼스타운은 그늘진 잔디밭에 쌓인 눈이 5월 첫 주가 되도록 녹지 않는 동네다. 곧 여름이 온다는데 실제 날씨는 여전히 춥다는 점이, 1980년대 쿠퍼스타운에 살던 그로프가 아이들에게는 꽤 흥미로운 일이었다. 현재 첫째인 애덤은 의사이자 새로운 회사를 연이어 창립한 사업가이고, 둘째 로런은 동시대 가장 뛰어난 소설가 중 한 사람이며, 막내 세라는 임상심리학 박사과정 중인 학생이자 트라이애슬론 종목으로 올림픽에 출전한 경력이 있는 세계적인 아이언맨(트라이애슬론의 최장거리 종목) 선수다.

로런은 마지막 내린 눈이 겨우 몇 주 전까지도 쌓여 있던 5월의 첫째 주 주말, 존경받는 의사였던 아버지 제리 그로프가 수영장을 덮은 캔버스천을 걷는 것이 가족의 전통이었다고 말했다. 제리 그로프의 자녀들(아들과 두 딸 모두 또래에 비해 키가 컸다)은 수영복 차림으로 단단히 팔짱을 낀 채, 방수포가 걷히면서 정체를 알 수 없는 조류와 엉겨붙은 진흙, 죽은 개구리, 둥둥 떠다니는 지렁이 등 수면 위 갖가지 더께가 드러나는 광경을 말없이 지켜보았다. 어떤 해에는 살얼음이 얇게 껴서 물속이 안 보이기도 했다. 제리 그로프는 아마 아이들이 수영장에 뛰어들기 전 찌꺼기를 전부 치웠을 거라고 주장하면서도, 자신이 시간을 잴 때 아이들이 웃고 비명을 지르며 이를 덜덜 떨던 모습을 기억한다. 그때 물속에서 1분을 버틴 사람은 1달러를 받을 수 있었다. 로런은 그 행사를 시합으로 느꼈다. 그녀는 삼 남매가 다른 형제자매를 능가하는 인내심을 보여주려고, 시간이 빨리 흐르기만을 바라며 열 손가락이 전부 새파래질 때까지 미동도 없이 서 있었다고 떠올렸다. 누가 추위를 견뎌낼 것인가, 누가 물속에서 가장 오래 버틸 것인가?

크게 위험하지는 않았어도 대단한 용기가 필요한 도전이었다. 나중에 세라와 로런은 이런 행사를 반농담조로 '차력' 훈련이라 부르곤 했는데, 그로프 가족은 자녀들이 성인이 된 후에도 이런 류의 활동을 많이 벌였다. 차력 훈련은 거칠게 자라지 않은 아이들에게 강인함을 가르치는 훈련이었다. 이들의 아버지는 가난하게 자랐지만, 이제는 큰돈을 벌어 긴 역사를 품은 호숫가의 대저택과 그 옆에 딸린 수영장까지 마련할 수 있었다. 수영장은 푹신푹신한 에어 매트리스에 드러누워 쉬거나 시시덕거리는 생일파티를 열거나 더위를 피하는 장소가 될 수도 있지만, 한편으로는 아이들의 패기를 시험할 구실이 되기도 한다. 시합은 즐거웠다. 때때로 강한 힘과 뒤섞인 담력과 결의는 즐거운 것이기도 했다. 그로프 가족은 이러한 자질들의 조합을 "그로프다움"이라고 불렀다.

몇 년 후 세라는 지구력이 필요한 종목의 운동선수로 본격적인 생활을 꾸리게 되었다. 트라이애슬론선수로 올림픽에 두 차례 출전한 세라는 근육으로 뒤덮인 탄탄한 몸으로 세계 최고의 선수들과 경쟁했다. 2023년에는 2살짜리 아이의 엄마로서 프랑크푸르트에서 열린 여성 아이언맨 유럽 챔피언십에 참가했다. 그녀는 3.86킬로미터를 헤엄치고, 자전거로 180킬로미터를 달리고, 마라톤을 완주해서 총 8시간 54분 53초의 기록으로 우승을 거머쥐었다.

로런 역시 지구력이 필요한 일로 생계를 꾸린다. 소설가인 로런은 침실을 개조해 두 아들의 출입을 제한하고 그곳에서 홀로 일한다. 하루에 5~6시간씩 내리 글을 쓰며 가상의 뼈와 살과 감정을 가진 인간, 저마다의 세상을 살아가는 등장인물, 시간을 넘나드는 고유한 세계를 만들어낸다. 로런은 자신이 살고 있는 현실에서 아직 보지 못한 무언가를 드러내기 위해 자기만의 현실을 창조해낸다. 손으로 직접 원고를 썼다가 내버리고, 다시 썼다가 또다시 내버린다. 로런의 대표작이자, 전미도서상 최종후보에 오른 그녀의 세 작품 중 하나인 《운명과 분노 Fates and Furies》를 쓸 때도 이러한 과정을 수십 번 반복했다.

애덤도 특정 종류의 지구력을 보여주는 좋은 사례다. 의학 박사 학위와 경영학 석사학위를 동시에 딴 다음 헬스케어 분야의 회사를 창업했다. 애덤은 자신이 삼 남매 중 가장 별 볼 일 없다는 농담을 종종 하지만, 로런은 셋 중 명성이 가장 덜한 애덤을 삼 남매의 기준을 설정한 사람으로 여긴다. "말도 안 되는 소리예요." 나와 처음 만난 날 로런은 이렇게 말했다. "오빠는 늘 스타였어요." 로런은 지금도 그렇게 생각한다. 가족들은 오빠 애덤의 말을 가장 중요하게 여긴다고.

제리와 그의 아내 지닌은 추진력과 행위, 노력을 중시하는 환경에서 아이들을 키웠다. 이 부부는 늘 프로젝트가 끊이지 않았고 자신을 위한 분명한 야망이 있었다. 그들에게 자녀는 1순위가 아니었다. 그로프 부부가 자녀들에게 무엇보다 기대한 것은 노동윤리, 즉 좋아하는 일이든 싫어하는 일이든 성실히 해내는 자세였다.

그로프가의 형제자매가 서로 놀라울 만큼 다르다는 사실은, 이들이 경험한 가정생활의 강도가 전반적으로 높았음을 보여주는지도 모른다. 대단한 재능과 근면성, 정신적 강인함을 모두 갖춘 가족 안에서 성장하는 것은 쉽지 않은 일이며, 이때 차별화가 일종의 피난처 역할을 할 수 있다.

용기를 증명하고 싶어하는 아이들

2016년 6월 아버지의 날, 뉴햄프셔주 오퍼드에 있는 제리와 지닌의 새집에 그로프 가족이 모두 모였다. 이 집은 류머티즘 전문의인 제리가 수십 년 전 2년간의 펠로우십 과정을 마친 곳이자 현재 애덤이 근무하는 곳인 다트머스-히치콕메디컬센터에서 25분 거리에 있다. 삼 남매가 자란 쿠퍼스타운의 집과 마찬가지로 이 집도 넓은 부지에 목가적 풍경이 아름답게 펼쳐져 있다. 완만하게 경사진 잔디밭과 헛간, 탁하지만 수영 가능한 연못이 있고 버드나무를 비롯한 여러 수

종이 연못을 빙 둘러싸고 있다. 지닌은 건물과 잘 어울리는 색깔의 페인트로 방들을 칠하는 중이었는데, 끝이 없어 보이는 이 작업을 손님들에게 자랑스레 보여준다. 사람을 고용할 여유가 있는데도 그로프 부부는 여전히 이런 종류의 일을 직접 하는 편을 선호한다. 여러 별채 중 하나에는 제리가 시내에 나갈 때 타는 픽업트럭이 주차되어 있다.

제리와 지닌은 쿠퍼스타운에 살다가 얼마 전 두 자녀의 집과 더 가까운 이곳 오퍼드로 이사했다. 막내 세라가 장거리 달리기선수인 남편 벤 트루와 근처에 살고 있다. 첫째인 애덤도 소아과의사인 아내 트리샤, 네 아이와 함께 이 지역에 거주한다. 부동산 개발업자인 클레이 칼먼과 결혼해서 두 아들을 둔 로런은 종종 이곳에서 여름을 보낸다. 코로나19 봉쇄기간 동안에는 현대적으로 꾸민 부모님 댁 별채로 거처를 옮겨, 아이들이 온라인수업을 듣는 동안 한쪽에서 글을 썼다.

세라와 벤이 운동장비를 착용한 채 자전거를 타고 조금 늦게 도착했다. 팟캐스트로 진행된 여러 인터뷰에서 세라는 장난스럽고 활기찬 모습을 보였지만, 그날 세라와 벤은 둘 다 입을 굳게 다물고 있었다. 손님인 나조차 두 사람이 발산하는 긴장감을 느낄 수 있었다. 앞으로 몇 주는 두 사람에게 중요한 시간이 될 터였고, 둘은 어떻게 하면 신체적으로나 정신적으로 경기를 잘 치러낼 수 있을지에 대한 생각뿐이었다. 5킬로미터 도로 달리기에서 미국 최고 기록을 보유하고 있는 벤은 5000미터 종목에서 2016년 올림픽 출전권을 노리고 있었다. 4년 전에는 한바탕 라임병을 앓는 바람에 아쉽게 출전권을 놓쳤었다. 세라는 이미 출전권을 획득했지만 스트레스는 더욱 심해질 뿐이었다. 34살인 올해가 올림픽 메달을 딸 마지막 기회일 가능성이 높았기 때문이다. 세라는 이날이 오기까지 4년간 가족들이 '버블'이라고 부른 영역에서 벗어나지 않고 훈련에 몰두했다. 친구들 결혼식이나 조카들 생일파티에도 참석하지 않았고, 아무 생각도 안 남을 만큼 혹독하게 자신을 몰아붙였다. 37도가 넘는 다습한 멕시코에서 달리기를 했고, 10도밖에 안 되는 태평양 바다에서 수영을 했다. 기절한 뒤 앰뷸런스에서 깨어난 적도 여러 번이었다. 두 달간 극심한 고통 속에서 훈련하다가 나중에야 엉치뼈가 골절되었음을 발견하기도 했다.

세라는 애덤네 가족과 더 가까이 살며 안정감을 찾으려고 뉴햄프셔로 이사한 지 얼마 지나지 않아 벤을 만났다. 애덤은 두 동생만큼 팔다리가 길진 않지만 진지하게 마라톤을 연습하며, 이따금 세라와 함께 장거리 달리기에 나서기도 한다. 가족들이 식탁에 둘러앉아 점심 식사를 할 때 트리샤가 얼마 전에도 애덤이 세라와 달리기 연습을 하고 왔다고 말했다.

"아 그래? 어땠어?" 로런이 약간 재미있어하며 물었다. 질문에 날이 서 있었다. 자기 오빠가 여동생을 따라잡으려고 낑낑댔을 생각을 하니 즐거운 것 같았다.

당시 4살이었던 애덤의 딸 하이디는 자그마한 금발 소녀로, 입고 있는 드레스도 두 볼도 모두 분홍빛이었다. 한쪽 다리에 낀 깁스도 분홍색이었는데, 며칠 전 스프링클러 옆에서 작은 사고가 발생한 결과였다. 깁스 위에 지닌이 "넌 참 강인해!"라고 써놓은 것이 보였다. 저멀리 화이트산맥의 구릉이 보이는 파티오에서 가족들이 느긋하게 식사를 하는 동안, 살아 있는 랍스터가 있다는 말을 들은 하이디가 목발 없이 부엌으로 향하기 시작했다. 군대식 포복 같기도 하고 아기가 뒤뚱뒤뚱 기어가는 것 같기도 한 애매한 자세로 파티오를 가로질러 집 뒷문으로 이어지는 계단까지 힘겹게 나아가는 모습을, 그 자리에 모인 가족들이 전부 지켜보았다. 마침내 계단 앞에 도착한 하이디는 독기를 품고 위를 올려다보았다. 공기 중에 다음과 같은 질문이 맴돌았다. 하이디가 계단을 올라갈 것인가? 그 광경을 지켜보던 나는 주변에 숙달된 전문 의료진이 있다는 사실을 알면서도 걱정에 잠겼다. 자그마한 뼈가 또다시 부러지고 깁스가 터지는 장면이 눈앞에 그려졌다. "그냥 놔두죠." 트리샤가 말했다. "자기가 어디까지 갈 수 있나 보도록요."

마침내 하이디가 계단 꼭대기에 올랐을 때 팡파르는 없었지만 할머니 지넌이 다시 한번 그로프가 최고의 칭찬을 건넸다. "넌 참 강인해!"

그로프 가족은 재능을 거의 언급하지 않는 대신 주로 강인함을 이야기한다. 이 가족 가치는 경쟁에서 이기는 것보다는 문제해결능력 및 자립성과 더 관련이 있다.

점심식사를 마치고 얼마 지나지 않아 가족 몇 명이 부지 내에 있는 작은 호수로 수영을 하러 갔다. 당시 6살이었던 애덤의 첫째 딸 잉그리드가 세라의 등에 딱 붙은 모습이 마치 조심스럽고 느린 돌고래 위에 올라탄 것 같았다. 수련 잎들이 양쪽으로 갈라지며 두 사람에게 길을 터주었다. 검은 옷을 입은 로런을 제외한 모두가 물속으로 들어갔다. 무엇에든 도전하는 부모와 자식들로 이루어진 가족이었고, 어쨌거나 날도 무척 더웠다. 얼마 후 마침내 온 가족이 물속에서 터덜터덜 걸어 나와 5분 거리에 있는 시원한 본채로 향했다. 반쯤 왔을 때 그로프 부부가 키우는 개와 부딪친 잉그리드가 갑자기 울음을 터뜨렸다. "괜찮아, 괜찮아." 트리샤가 딸을 달랬다. 잉그리드는 동생 하이디가 깁스를 한 뒤로 여기저기가 아프다며 호소하고 있었다. 중간에 애덤이 "이제 아무도 다리가 부러져선 안 돼"라고 농담하자 잉그리드는 흐느끼며 이렇게 물었다. "이제 난 다리도 부러지면 안 돼?" 나는 잉그리드가 진짜로 바란 것은 심각한 부상을 입더라도 자신이 용감하다는 사실을 증명할 수 있는 기회가 아닐까 생각했다.

몇 분 뒤 트리샤(역시 울트라마톤 참가자다)가 잉그리드의 발에서 피가 나는 것을 발견했다. 개가 온 체중을 실어 잉그리드의 발 위에 착지한 것이다. 트리샤는 훌쩍이는 딸을 달래주고 피를 닦아낸 후 발에 밴드를 붙여주었다. 잠시 속상해했지만 잉그리드는 결국 아무렇지 않아질 터였다. 자신의 용감함을 증명할 기회까지 얻었고 말이다.

뉴욕 쿠퍼스타운에 있던 그로프 가족의 집은 18세기 말의 식민지시대풍 저택에서 기대할 만한 우아한 느낌이 있었다. 하지만 제리와 지넌이 그 집을 구매하기 훨씬 전 본채에 덧붙여진 부속 건물은 내부가 1970년대 스타일로 꾸며져 있어서, 집 전체가 상당히 큰데도 그리 웅장하게 느껴지지는 않았다. 디자인의 일관성을 엄격히 추구하는 사람은 살 수 없는 집이었지만, 면적만 보면 그 집은 계층 상승을 보여주는 시각적 증거였다.

제리 그로프는 그 집에 온 힘을 쏟아부어 전부 직접 고쳤다. 그 결과 자신의 힘으로 어려움을 극복한 사람에게 그 집은 자부심의 원천이 되었다. 그로프 부부의 경력은 자녀들만큼 세간에 알려지지는 않았지만, 부부 각자가 얼마나 힘든 환경에서 성장했는지를 고려하면 이들이 본인과 자녀들을 위해 일군 삶은 그 자체로 하나의 승리다.

제리는 펜실베이니아 시골에서 경제적으로나 부부관계에서나 어려움을 겪는 부모 밑에서 자랐다. 상황이 얼마나 심각했냐면, 두 사람이 갈등을 해결하려고 노력하는 동안 제리를 포함한 사 형제가 잠시 고아원에 맡겨져야 했을 정도다. 부부는 결국 제리가 7살 때 이혼했고, 그때부터 제리의 어머니가 식당에서 야간 근무를 해서 벌어오는 돈이 가족의 주요 수입원이 되었다. 어머니는 늘 지쳐 있었고 아버지는 드물게 찾아왔다. 제리와 형제들은 거의 알아서 자랐다. 사 형제 중 셋째였던 제리는 왜인지 별문제없이 잘 성장했다. 아마도 첫째의 부담감이나 막내의 취약함에서 자유로웠을 것이다. 제리는 고집스러울 만큼 명랑한 낙천주의자였고 타고난 운동선수이기도 했다. 조부모가 관대함을 베풀어준 덕분에 제리는 중학교 1학년 때부터 미국 최초의 발도르프학교 중 하나인 명문학교에 다닐 수 있었다. 그는 그렇게 학문의 길에 들어선 뒤 결국 프랭클린앤드마셜대학교에 장학금을 받고 입학했다.

대학교에 입학한 제리는 동족을 알아보았다. 그 사람은 학교 역사상 최초의 혼성 수업을 제리와 함께 수강한 매력적인 여성이었다. 제리처럼 그녀도 팍팍했던 과거를 떨쳐내고 대학 캠퍼스에서 새로운 자신을 만들어가고 있었다. 그 젊은 여성, 그러니까 지닌은 이따금 과거를 돌아보며 자신이 단순히 집을 떠난 것이 아니라 자기 삶에서 탈출한 것 같다고 느꼈다. 어린 시절 내내 자신이 그럴 수 있으리라고 확신한 것은 아니었다. 지닌의 아버지는 술을 마시면 종잡을 수 없는 사람으로 변했다. 더러 폭력적으로 굴었고, 자제력이라고는 거의 없었으며, 비열하게 싸우곤 했다. 아버지가 언제나처럼 미쳐 날뛰기 시작하면, 동생들을 얼른 헛간 다락으로 피신시키는 일은 첫째 지닌의 몫이었다. 다락은 전기도 난방도 없는 어둡고 외딴 곳이었다. 때때로 아이들은 아버지의 분노가 사그라들어 지닌이 이제 집으로 돌아가도 된다고 판단할 때까지 춥고 캄캄한 그곳에 숨어 있었다.

지닌은 네 자녀 중 아버지가 때리지 않는 유일한 자식이었다. 아버지는 지닌을 '특별한' 자식으로 여겼고, 지닌은 이 부담감이 일으킨 불안을 해소하려고 자신이 통제할 수 있는 것에 맹렬하게 집중했다. 그렇게 어린 시절에 시작한 봉 돌리기는 재미있는 소일거리 이상이 되었다. 지닌은 자신이 처한 현실을 잊고 오로지 기량을 쌓는 데만 몰두하며 하루에도 몇 시간씩 봉을 돌렸다. 끝없는 연습은 결국 결실을 맺어 혼란스러운 가정환경에서 벗어날 수 있는 출구가 되어주었다. 지닌이 뛰어난 봉 돌리기 선수이자 미인대회 참가자, 반짝이옷과 고고 부츠 차림으로 고도의 기량을 선보이는 공연자가 된 것이다. 고등학생 시절 지닌은 여름 동안 생화학 실험실에서 일하는 한편, 무용수와 봉 돌리기 선수 수백 명이 참가하는 주_州 대표 풋볼시합의 하프타임 공연 안무를 담당하기도 했다. 지닌은 불붙인 봉 3개를 저글링할 수 있었는데, 10대 미스 아메리카 미인대회에 참가했을 때 이 기술이 톡톡히 도움이 되었다. (지닌은 결승까지 진출했다.)

제리가 서글서글하고 충실한 일꾼이라면, 지닌은 대학 1학년 때부터 수석악대장으로 활동하며 장학금을 받는 눈부신 스타였다. 그 당시 전통적인 스포츠에서의 기량은 젊은 여성에게 그리 큰 사회적 자본이 되지 않았지만 봉 돌리기는 달랐고, 지닌은 봉 돌리기의 챔피언이었다. 1969년 한 지역신문은 지닌이 "봉 돌리기로 25개의 트로피와 15개의 메달을 땄고 수많은 전국 및 주 대회에서 우승을 차지했다"고 알렸다.

지닌은 고등학생 때 과학 장학금을 받았고, 당시에는 의대생 중 여성 비율이 10퍼센트 미만이었음에도 대학 졸업 후 의학학위를 딸 작정이었다. 그러나 프랭클린앤드마셜대학교의 의대 예비과정에서 몇 번 저조한 성적을 받은 지닌은 낙담한 채 집으로 전화를 걸었다. "부모님께 그만둘 생각이라고 말했더니 두 분 다 '그래, 좋은 생각인 것 같구나'라는 식의 반응을 보이셨어요"라고, 지닌은 내게 말했다. 그렇게 지닌은 의대 예비과정을 그만두고 생물학을 전공했다. 그녀는 의대에 진학하는 대신 그 무렵 남편이 된 제리가 의학학위를 받을 수 있도록 연구실에서 일했다. 이렇게 남편에게 투자한 덕분에 결국 두 사람은 쿠퍼스타운의 호숫가에 있는 화려하고 새하얀 저택을 마련할 수 있었다. 하지만 야망을 거두기로 한 지닌의 결정은 이후로도 오랫동안 사그라들지 않는 은은한 후회를 불러일으켰다. 그리고 이러한 후회는 훗날 지닌이 꾸린 가족 내에서 조용한 힘으로 작용했다.

이내 부부는 세 자녀를 낳았다. 애덤은 활발하고 호기심이 많았으며 자신만만하고 몸을 끊임없이 움직였다. 애덤보다 18개월 늦게 태어난 로런은 조용하고 정적이었다. 로런이 제 오빠와 어찌나 현저하게 달랐는지, 과연 로런이 정상적으로 발달하고 있는지 걱정될 정도였다. 소아과 의사에게 데려가 진찰을 받으니 믿기 어려운 말이 돌아왔다. 같은 부부에게서 태어난 두 아이의 기질이 완전히 다르다는 것(그 차이는 유아기 때 이미 뚜렷하게 드러났다), 그리고 똑같은 가정환경이 똑같은 행동을 낳지는 않는다는 것이었다. "모든 부모는 둘째를 낳기 전까지 환경주의자다"라고, 사회심리학자 마빈 저커먼은 말했다. 여기서 환경주의자란 어떻게 양육되는가를 비롯한 아이의 환경이 타고난 유전적 성향보다 발달에 훨씬 큰 영향을 미친다고 믿는 사람을 뜻한다.

로런은 진지한 소녀, 부모를 기쁘게 하려는 딸, 몽상가, 그리고 몹시 이성적인 성향의 제 오빠가 짜증스러워할 만큼 이야기를 좋아하는 스토리텔러로 성장했다. 로런이 회고록에 쓴 내용에 따르면 두 남매는 "피를 볼 때까지 울고 불고 싸웠고" 애덤은 로런을 무자비하게 놀려댔다. 로런이 3살이었을 때 셋째 세라가 태어났다. 세라는 새와 예술을 사랑하는 소녀였다. 세라의 형제자매 관계는 더 온건했고, 세라가 언니 오빠를 대하는 태도는 도발적이라기보다는 공손했다.

세 자녀 모두 뛰어난 운동선수였고, 그로프 가족의 집에 초대된 손님은 이들과 스포츠의 관계를 통해 부부가 경쟁을 어떻게 생각하는지를 얼핏 감지할 수 있었다. "그분들은 '그만하면 됐다'라는 말을 절대 안 하세요"라고, 애덤의 오랜 친구이자 꾸준히 이 집을 방문하는 손님으로서 꽤나 흥미롭게 이들을 관찰해온 팻 머리가 말했다. "하지만 지금 생각해보면 왜인지 그게 압박으로 느껴지지는 않았어요. 세 남매 중 누가 성과를 내면 대개 이런 식이었죠. '그래, 잘했구나. 다음엔 뭘 할 거니?'"

로런도 올림픽을 앞둔 시기에 동생 세라와 함께한 인터뷰에서 성공을 대하는 부모님의 태도를 똑같은 말로 설명했다. 로런은 부모님의 주된 반응이 "다음엔 뭘 할 거니?"였고 "우리가 뭘 해내든 언제나 충분하지 않다는 느낌이 들었다"고 말했다. "우리에겐 늘 더 잘해낼 가능성이 있었어요." 로런은 이러한 미래 지향성이 언제나 자신들에게 더 나아질 여지가 있다는 것을 의미했으며, 그런 믿음은 채찍이자 상처에 바르는 약이었다고 표현했다. 그 믿음은 충분히 괜찮은 상태에 안주하지 말라는 경고이자, 오늘 무슨 일이 있었든 조금만 더 노력하면 내일은 더 나아질 수 있다는 위안이었다. "최선을 다하고 나머지는 잊어라." 제리 그로프는 자녀 중 1명이 축구경기에서 패스를 실수하거나 달리기시합에서 집중력을 잃으면 이렇게 말하곤 했다. 로런은 이 조언에서 위안을 얻으면서도 그 기만적인 단순함이 사람을 미치게 할 수도 있다고 생각했다. 만약 최선을 다하지 않았다면? ("참담한 수치심에 휩싸이죠"라고, 로런이 말했다.)

부부는 자녀에게 많은 것을 기대했지만 그렇다고 아이들이 악기를 연습할 때 옆에서 감시하거나, 과제를 제출하기 전에 먼저 읽어보거나, 대학지원서를 두고 잔소리를 늘어놓는 종류의 부모는 아니었다. 부부는 연습 장소에 찾아오지 않았다. 코치 옆을 맴돌거나 코치를 코치하지도 않았다.

"우리가 필요로 할 땐 옆에 계셨지만 그렇지 않을 땐 그냥 알아서 하게 두셨어요"라고 로런은 설명했다. 애덤도 이렇게 덧붙였다. "부모님은 평소에 우리가 뭘 하는지 전혀 모르셨어요."

중요한 원칙이 하나 있다면 나가서 몸을 움직이라는 것, 소파에서 일어나 시합에 참가하거나 연습에 매진하며 전력을 쏟으라는 것이었다. 언젠가 제리는 애덤이 10대 때 가족이 구입한 느린 데스크톱 컴퓨터 앞에서 너무 많은 시간을 보낸다며 아들을 꾸짖기도 했다. "컴퓨터 앞에 있기보다 진짜 세상으로 나가는 편이 훨씬 낫다"는 것이 아버지의 신념이었다고 애덤은 말했다. 1990년대 초반이었던 그 당시, 초기 프로그래밍 언어를 탐색하며 어린 시절을 보낸 사람들은 닷컴 열풍으로 이미 수십 억을 벌어들이고 있었다. 그러나 제리 그로프에게 컴퓨터 앞에 앉아 있는 것은 아무 의미도 없고 약간 불건전하기까지 한 시간 낭비, 그러니까 "그로프답지 않은" 짓으로 보였다.

"왜, 가끔은 그냥 소파에 멍하니 누워 텔레비전을 보면서 시간을 보내고 싶을 때가 있잖아요?" 로런의 친구로 현재 컬럼비아대학교에서 미술사와 고고학을 가르치는 리사 트레버가 말했다. "그 집 사람들은 안 그랬어요." 리사는 그로프 가족이 한가한 시간을 보낼 때조차 어떤 긴박감이 감돌았다고 회상했다. "활활 타오르는 밝은 에너지가 집 안 전체에 퍼져 있었어요. 자신을 거세게 몰아붙였죠. 정말 세게요."

사실 제리와 지닌이 자녀들이 알아서 하게 내버려둔 이유는 주로 본인들이 너무 바빠서 다른 선택지가 없었기 때문이다. 과학교사였던 지닌은 수많은 창유리를 끝도 없이 세정제로 닦거나, 내부에 페인트를 새로 칠하면서 거대한 저택을 관리하는 데 상당한 노력을 기울였다. 달리기를 시작하고 나서는 자기 연령대의 도로 달리기 시합에 참가해 우승하기도 했다. 제리는 마라톤 훈련을 받으면서 장거리 달리기에 긴 시간을 쏟았고, 주말에는 집 안에 두 번째 계단을 만드는 데 매진했다. 이 프로젝트는 실시간으로 배우면서 작업하느라 끝내는 데만 총 5년이 걸렸다.

"노동은 신성한 것이었어요." 로런이 말했다.

"어린아이의 우주에서 부모가 항성이라면, 잘 이해되지 않고 멀리 떨어져 있지만 변함없이 존재하는 친구라면, 형제자매는 눈부시게, 때로는 모든 것을 태워버릴 듯이 옆을 쌩 날아가는 혜성이다"라고, 발달심리학자 앨리슨 고프닉은 말했다. 그로프가의 자녀들은 하나같이 존경심을 담아 부모의 근면함과 성취를 이야기한다. 그러면서도 한편으로는 부모만큼이나 형제자매가 서로의 모습을 형성하는 데 큰 영향을 미쳤다고 주장한다. 이들은 서로의 날카로운 부분을 더 벼리거나 부드럽게 깎았고, 가족이라는 공간 안에서 공존할 수 있는 형태로 서로를 빚어냈다.

로런 그로프에게는 눈밭에서 놀던 기억이 있다. 처음에 삼 남매는 평화롭게 눈사람을 만들었다. 그러다 점점 누가 가장 큰 눈사람을 만드는지 보려고 맹렬하게 눈덩이를 굴렸고, 눈사람이 쓰러질까 조심조심 숨을 참으면서 거대하고 새하얀 머리를 몸통 위에 올렸다. "정말 즐거웠어요. 갑자기 분위기가 급변하기 전까지는요." 로런이 말했다. "저는 울기 시작했어요. 언제나 제가 가장 많이 우는 애였죠." 로런은 자신을 주장하기 위해 끊임없이 노력해야 하는 느낌이었다고 회상했다. "이런 다툼이 끊임없이 벌어졌어요." 이제 로런은 아들 둘을 가진 엄마의 눈으로 애덤을 바라본다. 어쩌면 애덤이 어린 여동생을 괴롭혔던 이유는 여동생이 그리 작지 않았기 때문일지도 모른다. 로런은 큰 키로 자연의 질서를 뒤엎었다. 한편 청소년이었던 애덤은 자기 문제에 정신이 팔려 있었다. 자기 여동생이 얼마나 섬세하고 예민한지, 오빠가 자신을 저평가한다는 생각에 얼마나 맘고생을 하는지 거의 의식하지 못했다. 오늘날 애덤은 비슷한 또래의 남매가 으레 그렇듯 간혹 옥신각신했던 것 외에는 둘 사이에 격한 감정이 오갔다는 사실을 좀처럼 기억하지 못한다.

"저는 오빠에게 늘 말할 기회를 빼앗기는 어마어마하게 내성적인 아이였어요." 언젠가 로런 그로프는 〈가디언〉 기자에게 이렇게 말했다. "그래서 가장 심한 책벌레가 됐죠." 로런은 늘 자기 방으로, 책들 사이로 숨어들었고, 책은 정서적 안식처가 되어주었다. "그게 없었다면—여기서 그것이란 애덤의 괴롭힘을 의미한다—책을 60억 권이나 읽지는 않았을 거예요"라고 로런은 내게 말했다. 자신의 가장 자전적인 작품으로 쿠퍼스타운과 매우 비슷한 마을을 배경으로 하는 《템플턴의 괴물들 The Monsters of Templeton》에서 로런은 이렇게 썼다. "쉽게 상처 입던 어린 시절, 책은 나를 보호하는 껍질이었다. 한창 책을 읽다가 내가 받은 상처를 떠올리면 왜인지 그 상처가 그리 대단하게 느껴지지 않았다. 나의 육체적 삶은 사소했다. 내 머릿속에서 펼쳐지는 눈부신 삶이야말로 정말 중요한 것이었다. 책 속으로 되돌아가는 것은 집으로 돌아가는 것과 같았다."

오늘날 애덤은 로런이 존경하는 어른이다. 보다 인간적인 의료 서비스를 개발하는 일을 하는 자상한 아버지이자 오빠다. 그러나 어렸을 때는 애덤이 자신을 놀려댈수록 내면의 분노가 더욱 활활 타올랐고, 갈수록 점잖지도 순종적이지도 않은 성격으로 변했다. "오빠가 저보다 나이가 더 많고 더 똑똑하다는 사실 자체가 제게 유독 큰 영향을 미쳤어요. 그래서 어렸을 때는 그저 오빠를 따라잡으려고, 내가 가치 있는 인간이자 오빠와 동등한 인간임을 증명하려고 노력했어요. 당시는 페미니즘의 목소리가 점점 더 커져가던 1970년대와 1980년대였고요." 애덤이 14살, 로런이 12살 때 애덤이 지나친 농담을 하자, 뛰어난 축구선수였던 로런은 오빠의 사타구니를 힘껏 걷어찼다. ("그건 **나도** 기억나." 애덤이 말했다.) 그 공격은 로런의 창의력과 추진력, 더 나아가 로런이 쓰는 책 내용에까지 에너지를 공급하는 특유한 저항의 상징이 되었다. 로런은 오랜 세월 자신을 움직이게 한 원동력의 80퍼센트가 애덤에게서 나왔다고 생각한다.

경쟁이란 이름의 원동력

그로프가의 삼 남매 사이에는 마치 필터를 통과하듯 농도가 점점 짙어지는 경쟁의 낙수효과가 있었다. 세라는 애초부터 경쟁심이 강했지만 그 경쟁심은 애덤이 아닌 로런만을 향했다. 세라가 수영시합에 처음 관심을 보인 이유도 수영을 향한 사랑 때문이 아니었다. 8살에 지역 수영팀에 합류한 로런을 이기고 싶어서였다. "언니가 너는 절대 수영팀에 들어올 수 없을 거라고 했어요." 2016년 올림픽을 앞두고 출연한 NBC방송에서 세라가 한 말이다. "그때 저는 수영에 거의 관심이 없었어요. 그 말을 들은 순간, 당연히 제 목표는 수영으로 언니를 이기는 거였죠. 단순히 수영팀에 가입하는 게 아니라 수영으로 언니를 물리치는 거요." (로런은 지금까지도 자신은 그저 규칙을 전달했을 뿐이라고 주장한다. 규칙상 세라는 아직 수영팀에 가입할 수 없는 나이였다는 것이다.) 애덤에게 자기 능력을 증명하고 싶었던 로런의 욕망이 부글부글 끓어오르는 자기 정당화의 욕구에서 비롯되었다면, 세라의 욕망은 열렬한 동경에서 나왔다. "언니를 이기고 싶었어요. 하지만 한편으로는 언니처럼 되고 싶었어요." 세라에게 로런은 롤모델이었고, 소녀가 되는 법과 책을 사랑하는 법, 신발끈 묶는 법—자신이 신발끈을 묶을 수 있다고 믿는 법—을 가르쳐준 사람이었다. 8살이었던 1986년, 로런은 왜인지 지미 클리프의 노래 제목이었던 "정말로 원하는 것은 가질 수 있어"라는 말에 꽂혀 있었다. 그녀는 가족여행 중 자동차 뒷좌석에서 자기 운동화 끈으로 세라에게 리본 묶는 법을 참을성 있게 보여주고 또 보여주면서, 이 노래를 흥얼거렸다.

올림픽 국가대표가 되고 싶다면 자신을 응원하는 언니와 함께 자라는 것이 도움이 된다. 자기가 아직 어렸을 때 작은 마을의 학교에 이미 족적을 남긴 언니 오빠가 있는 것 또한, 상처가 될지도 모르지만 역시 도움이 된다. "부모님을 기쁘게 하고 싶어서 언니 오빠를 따라잡으려고 애썼던 건 아니었어요"라고 세라는 말했다. "잘하고 싶은 욕망은 나 자신을 위한 것이었어요. 늘 제 안에 그런 욕망이 있었죠. 나는 절대 충분히 괜찮은 사람이 될 수 없을 것 같았는데, 그렇다면 그건 내 문제였어요. 우리 모두 같은 환경에서 자랐으니까요. 아마 언니 오빠가 없었다면 저는 프로 선수가 되지 못했을 거예요. 나만의 작은 세계를 이룩하려고 이렇게 힘들게 노력하지 않았을 테니까요."

세라가 막내로서 경험한 어린 시절은 본격적인 운동선수들 사이에서 흔하게 나타난다. 2014년 한 연구팀이 각 연령대별(14세 미만에서 23세까지) 미국 여자 축구대표팀 소속으로 훈련받던 선수 257명에게 본인의 삶 전반에 대해 묻는 설문조사를 실시했다. 연구자들은 엘리트 수준의 팀에서 뛰고 있는 여성 선수 중 약 4분의 3이 형제자매 중 동생이라는 사실을 발견했다. 이 연구를 공동 주관한 미국 여자축구팀 육성 책임자 에이프릴 하인릭스(본인도 국가대표 출신이다)와 델라웨어대학교의 스포츠매니지먼트 프로그램 책임자 맷 로빈슨은 이들이 손위 형제자매에게 밀리지 않기 위해 실력을 키울 수밖에 없었을 것이라고 추측했다. 끊임없는 경쟁으로 또래에 비해 경기 실력이 좋아졌을 수도 있지만, 부모가 이미 한 차례 이상의 경험을 통해 축구를 더 잘 알게 되어 이 시스템을 더욱 능숙하게 헤쳐나갈 수 있었다는 설명도 가능하다. 또한 동생은 손위 형제자매보다 시작이 빨랐을 수 있다. 부모는 2살짜리에게 축구공을 건네줘야겠다는 생각을 못 할 수 있지만, 5살인 언니가 축구공으로 놀고 있으면 옆에 있는 동생도 공에 손을 뻗을 수 있다.

펜실베이니아대학교 와튼스쿨의 마케팅학 교수인 조나 버거는 세라에게 딱 들어맞는 다른 설명을 내놓았다. 동생이 언니나 오빠보다 스포츠에 더 열중하는 이유는, 스포츠가 그들이 파고들 수 있는 틈새 시장(자신이 두각을 나타낼 수 있는 영역)이기 때문이다. 여러 연구에 따르면 첫째는 동생들보다 학업성적이 더 뛰어난 경향이 있는데, 아마도 중요한 발달이 이루어지는 유년기에 외동으로서 부모에게 전폭적인 관심을 받았기 때문일 것이다. 확실히 그로프 가족 내에서는 애덤의 성적이 우수했고, 로런도 책을 좋아하는 타고난 모범생이었다.

로런은 주니어올림픽에 출전할 만큼 뛰어난 수영선수이기도 했다. 세라의 말에 따르면 그럼에도 달리기와 수영은 여전히 세라에게 "안전한" 선택으로 느껴졌다. "언니 오빠는 달리기와 수영을 건드릴 생각이 없었어요. 언니는 나만큼 운동에 관심이 없다는 걸 알았죠. 언니에게는 그런 욕망이 없었어요." 세라는 자신이 충분히 노력하면 로런을 이길 수 있으리라 생각했다. 그리고 집 앞에 있는 호수가 세라에게 그 기회를 제공했다.

옷세고호수. 이 호수는 집만큼이나 그로프 가족의 보금자리였으며, 수영으로 이 호수를 횡단하는 일은 세라에게 언젠가 꼭 한 번은 시도해야 할 도전처럼 느껴졌다. 또한 이 호수는 집 옆의 수영장과 함께 그로프 가족이 수영선수의 자질을 키우게 해준 중요한 요인 중 하나이기도 했다. 캐나다의 아이스하키선수 웨인 그레츠키는 어렸을 때부터 아버지가 뒷마당에 만든 아이스하키 링크와 함께 자랐다. 테니스선수 지미 코너스도 노동자계층이 주로 거주하는 이스트세인트루이스에 위치한 집의 뒷마당에 테니스코트가 있었다. 열정적인 스키 애호가였던 미키 코크런은 집 뒷마당에 스키 슬로프를 만든 후 120미터 길이의 밧줄 견인기를 설치했다. 그가 이곳에서 스키를 가르친 네 자녀는 결국 모두 올림픽 선수가 되었다. 접근성을 확보한다고 모두가 챔피언이 되는 것은 아니지만, 뒷마당에 테니스코트나 스키 슬로프, 또는 수영장이 있다면 선수가 해당 스포츠에 이미 느끼고 있는 내적 끌림을 더욱 강화하는 동시에 여러 커다란 장애물을 제거할 수 있다. 그로프 가족은 가까이에 수영장과 호수도 있었지만, 우수한 장비와 숙련된 전문가, 쿠퍼스타운의 자랑인 저렴한 방과후 스포츠 프로그램을 갖춘 운동시설도 도보 가능 거리에 있었다.

14살이었던 1996년, 세라는 가족에게 길이가 거의 15킬로미터에 달하는 옷세고호수를 수영으로 건너고 싶다고 선언했다. 수영을 취미로 즐기는 사람이라면 장장 8시간이 걸릴 수 있는 도전이었다. 이 말을 들은 세라의 부모님은 먼 미래에나 가능한 일이리라 생각했다. "딸, 너무 먼 거리야." 제리가 세라에게 충고했다. 그러나 세라는 왜인지 자신감이 넘쳤다. "어쩌면 그때 저는 훈련이 부족했는지도 몰라요. 하지만 다른 사람들이 해냈다는 걸 알았고, 수영은 나도 잘할 수 있다고 생각했어요."

가족에게 목표를 알리고 겨우 2주 뒤, 세라는 이번 주 일요일 아침에 도전하겠다고 선언했다.

제리는 당황했다. "그날 아침식사 약속이 있는데."

사실 제리가 주저한 이유는 그보다 더 감정적이고 불편한 생각 때문이었다. "무엇보다 나는 세라의 실패를 막고 싶었던 것 같아요. 세라가 성공하리라는 근거가 어디에도 없었거든요." 제리와 지닌은 세라가 어쩔 수 없이 도전을 중도 포기하고 실망하기를 원치 않았다.

그러나 제리는 딸의 단호한 얼굴을 보고 무조건 막을 수는 없다는 사실을 깨달았다. "엉망일 거야." 그는 당시 집에 찾아와 있던 형에게 걱정을 털어놓았다. 그리고 형과 형수에게 세라가 수영을 중도 포기해야 할 수도 있으니, 지닌과 함께 차를 타고 호수 옆을 달려달라고 부탁했다.

수영 횡단 당일, 애덤은 아버지와 함께 알루미늄으로 된 가족의 노 젓는 배에 타고 세라 옆을 따라가며 시간을 쟀다. 애덤은 자신보다 5살 아래인 세라에게 어린 시절 로런과 경험했던 마찰을 전혀 느끼지 않았다. 오히려 그보다는 세라를 보호해야 한다고 생각했다. 세라는 수영을 시작하고 3시간 49분이 지난 시점에 살짝 몸을 떨면서 스프링필드 호숫가의 진흙 위로 걸어 나왔다. 애덤의 손은 물집으로 피투성이가 되어 있었다. 세라는 수영으로 15킬로미터 거리를 완주했을 뿐만 아니라, 전 연령대의 여성 선수가 보유한 마을 최고 기록까지 갱신했다.

"그게 세라가 자신을 차별화하는 방식이었어요." 로런 그로프는 이렇게 회고했다. "한편으로는 이 지역에서 유명세를 얻는 방법이기도 했고요. 세라는 셋째였잖아요. 아마 그 사실이 삶에서 심리적으로 큰 영향을 미쳤을 거예요. 이 도전으로 세라는 단순한 운동선수가 아닌 오늘날의 자기 자신이 되었어요. 자신이 어떤 사람인지를 확인한 거예요."

제리와 지넌에게 그날은 또 다른 의미가 있었다. 그 의미는 세라만큼이나 두 언니 오빠에게도 유익했다. "그날의 경험으로 우리 아이들의 잠재력을 이해하게 되었어요." 제리가 말했다. 위험을 감수하게 놔두지 않는다면, 아이들은 자신이 어디까지 나아갈 수 있는지 절대 알지 못할 거라는 그로프식 정서가 더욱 강화된 것이다.

세라가 수영으로 호수를 횡단하고 약 1년이 지났을 무렵 로런도 똑같은 도전에 나서기로 했다. 도착까지 약 1.5킬로미터 남은 시점, 로런 옆에서 노를 젓고 있던 제리는 시계를 보고 만약 로런이 페이스를 조금만 더 올리면 세라의 기록을 깰 수 있다는 것을 깨달았다. 제리는 잠시 고민했다. 로런에게 말해줘야 하나? 세라의 기록이 깨진다고 생각하니 마음이 아팠다. 하지만 로런을 방해해야 할 이유가 있나?

자녀들 간의 경쟁을 어떻게 다뤄야 하는가는 많은 부모를 거듭 힘들게 하는 문제다. 에이미 블룸의 단편소설 제목처럼 사랑은 파이가 아닐지 몰라도, 스포츠에서 1등은 나눠 가질 수 없는 파이 한 조각

같은 것이다. 일란성쌍둥이인 브라이언 형제—여러 기준에서 역사상 가장 많은 승리를 차지한 복식 테니스팀인 마이크 브라이언과 밥 브라이언—의 부모는 극단적인 방식으로 일찌감치 이 문제를 해결했다.

두 형제의 어머니인 캐시는 젊은 시절 여자 테니스 연맹전에서 전국 11위를 차지했고, 아버지 웨인은 대학에서 테니스선수로 활동했다. 두 사람은 테니스클럽을 공동으로 운영하며 오랫동안 테니스를 가르쳤다. 어쩌다보니 부부는 쌍둥이 아들에게 가장 완벽한 종목인 복식의 전문가였다. 축구라면 둘 중 한 사람이 골을 더 많이 넣을 수 있다. 달리기라면 둘 중 하나가 더 빠를 수 있다. 그러나 복식 테니스팀에서는 형제의 이해관계가 완벽하게 일치한다.

부부에게는 처음부터 쌍둥이를 테니스 챔피언으로 키울 '마스터플랜'이 있었다고, 2020년 웨인은 〈뉴욕타임스〉에 밝혔다. 텔레비전 시청이나 비디오게임은 절대 금지였고, 라켓과 공을 이용하는 창의적이고 어린이 친화적인 게임에 일찍부터 노출시켰으며, 쌍둥이가 직접 경쟁하는 일은 결코 없었다. 쌍둥이 중 하나가 어린 시절 집에서 놀다가 마당의 키 큰 나무 위로 공을 넘기자, 웨인은 사흘을 들여 다른 아이도 똑같은 높이로 공을 넘길 수 있도록 했다. 자신감을 유지하는 것이 그 목적이었다. 집에서조차 자신이 2등이라고 느끼는 운동선수가 코트에서 어떻게 우승할 수 있겠는가? 웨인은 형제 간에 이미 자연스럽게 경쟁이 발생하고 있으므로 자신은 그 이상 경쟁을 부추겨서는 안 된다고 생각했다.

두 형제가 참여한 테니스리그에서 터져나온 불만에 따르면, 쌍둥이는 토너먼트 결승에 동시에 진출한 경우 기권하고 우승 트로피와 준우승 트로피를 나눠 가졌다. 이 의도적인 평등화 전략은 2가지 메시지를 전달했다. 사실일 가능성이 희박한 첫 번째 메시지는 쌍둥이 형제가 모든 면에서 동등하다는 것이었다. 부정할 수 없는 사실이었던 두 번째 메시지는 형제의 부모가 (복식 경기에서는) 우승을 원했으나, 형제 간의 경쟁에서는 우승을 원하지 않는다는 것이었다.

존 케네디와 로버트 케네디의 아버지였던 조지프 케네디는 "우리 가족에 루저는 필요 없다. 우리는 승자를 원한다!"라고 강조한 것으로 알려져 있다. 테니스와 터치풋볼, 요트 타기로 끊임없이 서로 경쟁하던 가족들에게 이러한 선언은 무척 고통스러웠을 것이다. 그 말은 이 모든 경쟁에서 2등을 차지한 사람은 가족에게 필요 없는 존재라는 뜻이었을까?

브라이언 형제는 복식에서 우승을 휩쓸었지만, 결국 부모가 통제할 수 없는 지점에서 운명이 끼어들었다. 최소 1100경기에서 우승을 차지하고, 역사상 그 어떤 남자 복식팀보다 그랜드슬램을 많이 달성한 뒤였다. 쌍둥이 중 형보다 2분 늦게 태어난 동생 밥이 마드리드에서 열린 경기 중 고관절을 다쳐 경기를 중단해야 했던 것이다. 밥은 고관절 재건수술을 받고 지팡이에 의지해 걸으며 형이 다른 선수와 새 복식팀을 결성하고 윔블던에 대비해 훈련하는 모습을 지켜보았다. 이 복식팀은 윔블던뿐만 아니라 US오픈에서까지 우승을 차지하며 마이크를 최다 우승자의 자리에 올려놓았다. 수술받고 몇 개월이 지난 2019년 봄, 밥은 경기에 복귀해 형과 마이애미오픈에서 우승을 거머쥐었다. 이 경기는 스포츠 팬들 사이에서 테니스 역사상 가장 비현실적이고 놀라운 복귀전으로 회자된다. 형제는 1년 뒤 41살의 나이로 마침내 은퇴하며 그 자체로도 하나의 기록이었던 긴 커리어를 마무리했다.

그로프 자매는 고등학교 때 같은 육상팀에서 활동했다. 당시 로런은 3학년, 세라는 1학년이었다. 코치는 절대 자매가 같은 경주에서 뛰지 않도록 했는데, 세라는 이것이 단순한 친절을 넘어 지혜로운 결정이었다고 생각한다. "우리는 서로에게 최고의 경쟁자였을 거예요. 하지만 그렇게 되면 우리 관계의 역학도 달라졌겠죠." 세라는 자매가 서로 경쟁했다면 "우리 둘 다 대단히 뛰어난 운동선수가 됐거나, 아니면 완전히 망가졌을지도 모른다"고 설명했다.

로런이 수영으로 호수를 건너던 날, 제리는 경쟁의 결과를 감당하는 것은 결국 자녀들의 몫이라는 판단을 내렸다. "참고로 알려주자면," 제리는 로런에게 최대한 덤덤하게 말했다. "페이스를 조금만 더 높이면 세라를 이길 수 있어."

로런은 한창 수영 중에 아버지가 그렇게 말했던 것을 기억한다. 수면 위로 아직 물안개가 껴 있었고 노가 물살을 가르는 소리가 들렸다. "아주 솔직히 말하자면, 저는 경쟁심이 매우 강한 사람이라 제 안에서 전쟁이 벌어졌어요. 머릿속에서 아주 복잡하고 애정 어린, 익숙한 대화가 펼쳐지고 있었죠. 물론 세라의 기록을 깨고 싶었어요. 하지만 아버지가 적절한 방식으로 말씀하셨던 것 같아요. '원한다면 그래도 되지만 꼭 그럴 필요는 없다'라는 뜻이 내포되어 있었거든요." 또한 이런 의미도 들어 있었다고 했다. "거대하고 차가운 호수 한가운데서 홀로 수영하는 동안 네가 이 점을 깊이 생각해봤으면 좋겠다." 로런은 아버지의 표현방식이 그가 옳다고 생각하는 바를 명확하게 드러냈다고 생각한다. 로런의 페이스는 끝까지 그대로 유지되었다. "세라는 어렸어요. 수영은 세라가 특히 자랑스러워하던 것이었고요." 정말로 원하는 것은 가질 수 있어.

오랜 시간이 흐른 뒤 이때의 일을 알게 된 세라는 아버지가 애초에 시간을 제대로 잰 것이 맞는지 의심했다. 어쨌거나 로런에게 그날은 놓친 기회가 아닌 좋은 추억으로 남아 있다. "스프링필드로 쭉쭉 나아가던 것이 기억나요. 진흙 위에 발을 디디고 섰는데, 부두로 어떻게 가야 하는지는 몰랐어요. 시력이 안 좋거든요." 로런은 수영하는 내내 아버지에게 완전히 의존했다고 한다. "아버지가 저를 올바른 방향으로 이끌고 있다고 믿을 수밖에 없었어요."

"어머니는 절대 지치지 않으세요"

그로프 가족은 "실패를 허락하지 않아요"라고, 로런은 말했다. 여기서 실패란 무엇이었을까? "B를 받는 거요." B를 받는다고 누가 화를 내는 것은 아니었다. "그저 아버지가 슬퍼할 뿐이었어요. 슬퍼하는 아버지는 보고 싶지 않잖아요. 자랑스러워하는 아버지를 보고 싶지." 제리는 자신이 자녀들의 성적에 딱히 강하게 반응한 기억은 없다고 했지만, 자신의 기대치가 높았고 그 기대가 첫째와 둘째를 거쳐 세라에게 간접적으로 전해졌다는 점은 인정한다. "언니와 오빠는 B를 받은 적이 없었어요. 그러니 저도 A를 받아야죠. 그로프 가족은 그래야 하는 거예요." 세라가 말했다. 집안의 규칙을 정하고 분위기를 조성하는 사람은 제리보다는 지닌이었다. 그로프 가족의 집에서는 단

음식과 마찬가지로 빈둥거리는 것도 금지 사항이었다.

그들은 실패할 수 없었다. 너희들은 탁월하고 우수해야 한다는 말을 대놓고 한 것은 아니었다. 지닌은 현재 자신이 살아가는 삶, 자신이 자녀를 위해 꾸린 가정에 깊이 감사했기에 사실 자녀가 뛰어난 성취를 거둬야 할 필요는 없었다. 그럼에도 지닌의 자녀들은 어렴풋한 명령을 감지했다. 그 느낌은 매일 반복되는 어머니의 솔선수범, 어머니가 집에 쏟아붓는 에너지에서 드러났다. 어머니는 서로 어울리는 침구와 커튼을 골라 자기 손으로 침실을 싹 뜯어고쳤고, 자신이 가르치는 평범한 학생들에 대해 집에서 조용히 불만을 터뜨리기도 했다. (로런은 교사였던 어머니가 "엄격하고 매우 까다로우며" 심지어 약간 위협적이기까지 했다는 말을 자주 들었다고 했다.)

애덤의 아내인 트리샤 그로프는 이미 한참 중년에 접어든 예비 시어머니를 만난 뒤 지닌이 스스로에게 얼마나 엄격한지를 보고 깜짝 놀랐다. "어머니는 절대 지치지 않으세요. '포기하지 마. 완벽하게 해. 꼭 그래야 해.'" 많은 동료가 은퇴를 고려하고 있던 52살의 나이에 지닌은 보조의 physician assistant가 되기 위해 다시 학교로 돌아가기로 결정했고, 올버니까지 편도로 1시간 30분씩 통학해 결국 2007년에 석사 학위를 받았다.

로런은 과거를 회상하며 불안이 스며든 집안을 떠올렸다. "불안은 깊은 무언의 에너지였어요. 우리의 추진력에 불을 지피는 전류였죠. 그건 가시 돋힌 선물이었어요." 지닌이 가족을 위해 꾸린 집은 안전하고 반짝반짝 빛나는 자애로운 곳이었다. 건강한 음식이 차려졌고 규칙적인 일상이 펼쳐졌다. 그러나 로런은 어떤 강력한 힘이 어머니를 그렇게 몰아붙이고 있음을 늘 알고 있었다. "어머니가 느끼는 갈급함의 많은 부분은, 어둠에 일부러 등을 돌리고 반대편을 바라보며 어째서 등 뒤에서 내내 이상한 느낌이 드는지 의아해하는 데서 나와요."

지닌은 어린 시절 때때로 집에서 벌어진 잔혹한 일들과 그 뒤에 남은 불안을 자녀들에게 좀처럼 이야기하지 않았다. 하지만 그 경험이 자신에게 깊은 영향을 미쳤음을 어느 정도 이해하고 있다고 밝혔다. "폭력, 그게 근원이에요. 저는 주변 환경을 스스로 통제할 수 있을 때 편안함을 느껴요."

그로프가 자녀들은 그 모든 생산적 활동에 어딘가 방어적인 면이 있다는 사실, 어머니가 무언가를 증명하려 한다는 사실을 자신이 어떻게 알았는지 정확하게 설명하지 못한다. 세라는 이렇게 말했다. "한편으로 어머니는 자신이 가치 있고 똑똑하고 이렇게나 많은 걸 할 수 있다고, 자신은 대단한 사람이라고 말하고 싶어해요. 하지만 다른 한편으로는 자신이 보잘것없는 사람일까 봐 두려워하고 있죠." 세라는 어머니의 이런 특징에 대해 많이 생각해왔는데, 자기 안에도 똑같은 분열이 있다고 여기기 때문이다. 또한 세라는 로런에게서도 같은 모습이 보인다고 말했다. 자신감이 트레이드마크인 애덤조차 비슷한 종류의 갈등을 느낀다. "우리는 절대 일을 쉬지 않아요. 우리 셋의 공통점은 뭘 하든 늘 그걸로는 충분하지 않다고 느낀다는 거예요." 트리샤는 이런 끝없는 불만족이 아마 그로프가의 핵심 특성일 거라고 생각한다. "다들 대단한 결과물을 냈는데도 여전히 그걸로는 부족하다고 생각해요. '충분해? 할 만큼 했으니 이제 끝이야?'라고 묻는다면 아니라고 답할 거예요. 더 잘할 수 있었다고요."

이러한 불만족은 세 남매를 성공으로 몰아붙인 원동력 중 하나였다. 애덤은 더 많은 사람이 자택에서 급성기 치료를 받을 수 있는 의료서비스 개발에 일조했고, 노숙자 보호시설과 교회 같은 지역시설과 협력해 의료 및 약물남용 치료를 제공하는 사업체도 지원했다. 또한 더 많은 사람이 자택에서 호스피스를 경험할 수 있도록 돕는 비영리단체를 설립하기도 했다. 그러나 애덤에게는 늘 다음 프로젝트가 있다. 더 큰 규모로 착수해서 최대의 효과를 낼 수 있는 더 반짝이는 아이디어가 있다. "스타트업 창업은 정말로 힘든 일이에요. 무서운 경험이고, 압박과 스트레스도 심해요. 끊임없이 문제를 해결해야 하죠." 자금을 제때 확보하지 못하거나, 직원을 해고해야 하거나, 세상에 나와 있는 그 어떤 시스템보다 낫다고 확신했던 해결책이 실패로 돌아갈 수 있다는 두려움은 때때로 사람의 정신을 갉아먹는다. "제가 실패한 것이 하나 있다면, 그건 밤에 잘 자는 사람이 되는 거예요(안 시도해본 방법이 없답니다)"라고, 애덤은 내게 보낸 이메일에서 고백했다. "저는 뇌의 전원을 끄는 게 어려워요. 아마 이게 제 전반적인 건강에 나쁜 영향을 미치겠죠." 애덤은 그로프가 사람들을 이렇게 묘사했다. "우리는 이 세상의 현재 모습, 우리 자신의 현재 위치에 만족하지 못해요." 앞으로 나아가려는 추진력이 강한 탓에, 애덤은 다음 프로젝트에 관심이 완전히 쏠려서 다른 사업에 소홀해지면 안 된다는 사실을 늘 유념하고 있다.

로런도 야심이 크다. 로런은 그저 글을 쓰고 싶은 것이 아니다. 문화를 바꾸는 굉장한 책, 완벽하게 독창적인 책, 사람들이 여성 작가에게 기대하는 수준을 끌어올리고 편견을 서서히 무너뜨리는 책을 쓰고 싶어한다. 로런은 자신의 야심만만함이 애덤의 야심만만함에서 비롯되었다고 믿는다. 애덤은 자원을 가진 백인 남성으로 태어났기에 자신이 마음껏 세상에 영향을 미칠 수 있다는 생각이 너무나 당연했다. 애덤이 그렇다면 로런이 그렇지 못할 이유가 어디 있겠는가?

결혼 후 로런은 아기가 고맙게도 낮잠을 잘 때나 자신이 출근하기 전에 틈틈이 시간을 내서 글을 써야 한다고 생각하지 않았다(잘 알려져 있듯 토니 모리슨은 그렇게 했다). 처음부터 자신을 진지한 전문 작가로 여겼고, 저멀리서 다가오는 전통적 의무에 자신의 예술이 잠식되지 않도록 기꺼이 예방책을 세웠다. 시댁 사업체가 있는 플로리다로 거처를 옮기자는 남편의 부탁에 응했을 때, 로런은 남편이 주 양육자로서 아이들 등교와 점심 도시락을 책임져야 한다는 내용의 계약서에 서명을 받아두었다. 아침은 글을 써야 하는 신성한 시간이었으므로 정식으로 보호할 필요가 있었다. 두 아이가 초등학교에 다니던 때 한 학기 동안 펠로우십으로 하버드에서 공부할 기회가 찾아오자 로런은 그 기회를 붙잡았다. 비록 종종 플로리다에 가긴 했지만, 아이들이 떨어져 있는 시간을 잘 견디리라 믿어 의심치 않았다.

로런의 작품에는 이런 진지한 목적성이 반영되어 있다. 〈뉴요커〉는 로런의 소설 《운명과 분노》가 "혁신적 형식으로 극찬을 받았다"고 보도했고, 〈뉴욕타임스〉는 이 작품을 "뻔뻔할 만큼 야심 찬 소설"이라 칭했다. 그다음 작품인 《매트릭스_Matrix_》에서 로런은 상상력의 방향을 돌려 12세기를 살아가는 비범한 수녀원장, 야심과 비전이 있을 뿐만 아니라 실제로 종교적 환영을 보는 수녀의 내면을 탐구한다. 가장 최근작인 《광대한 황야 The Vaster Wilds》는 버지니아의 제임스타운을 탈출하는 한 이름 없는 소녀의 이야기를 따라간다. 자연의 황홀함과 잔혹함을 동시에 경험하는 이 연약한 인물은 필사적으로 도망치는 가운데 거의 초자연적인 신체적 힘을 끌어낸다. (책의 첫 장에는 "내 동생 세라에게"라고 쓰여 있다.)

로런의 야심은 원동력이 되기도 하지만 마음의 평화를 갉아먹기도 한다. 그만큼 신경을 쏟는 데는 대가가 따른다. 불안이 자존감을 압도하는 밤, 마음이 비참해지고 심장이 쿵쿵 뛰고 잠을 이루지 못해 뜬눈으로 뒤척이는 밤이 있다. 그런 날이면 로런은 자기 소설이 고작 범작일지 모른다는 두려움, 이야기의 핵심에 구멍이 있다는 두려움, 자신의 노력이 충분하지 않다는 두려움과 씨름한다. 로런의 남편 클레이 칼먼 Kallman 은 '캄맨 Calm Man'이라는 이름에 걸맞게 종종 로런의 의지처가 되어준다. 단단한 확신으로 가득찬 198센티미터의 키에 대리석처럼 차가운 성격을 가진 클레이는 도움이 된다고 판단하는 만큼만 말하고 입을 다문다. 그리고 로런의 말을 끝까지 경청한다.

글 쓰는 과정에 대한 로런의 설명을 들으면—손으로 직접 원고를 쓴 뒤 싹 내다 버리고, 같은 책을 처음부터 다시 쓰기 시작하고, 그렇게 수정에 수정에 수정을 거듭한다—로런이 비범한 자제력을 지닌 사람, 무자비하게 힘들지만 왜인지 순수한 창작 과정을 고수하는 사람처럼 보인다. 그러나 만성 강박장애가 있는 로런에게 이 과정은 어쩔 수 없는 선택이기도 하다. 로런은 만일 원고 전체가 물 흐르듯 자연스럽게 느껴지지 않으면 한 문장을 6개월 동안 붙들고 있다가 "점점 자기혐오에 빠진다"고 털어놓았다. 로런에게 글쓰기는 심각한 불안을 관리하는 한 방법이다. "가끔 저는 인생을 사는 것보다 글쓰기가 더 쉽기 때문에 글을 쓰는 거라고 생각해요." 즉 로런은 이러한 글쓰기 방식을 통해 자신이 겪는 어려움에 대처한다. 그렇다고 글쓰기에 따라오는 고통, 바로 자기 회의에 시달리는 날들과 실패할지도 모른다는 공포, 자신이 만들어낸 세계를 홀로 책임져야 하는 외로움이 완전히 사라지는 것은 아니지만 말이다.

세라는 내게, 만일 로런이 대학 졸업 직후 소설가가 되겠다고 결심하는 모습을 보지 못했더라면, 자신도 올림픽 선수가 되겠다는 생각을 결코 못 했을 거라고 말했다. 두 결정 모두 전혀 현실적이지 않았고, 오만에 가까운 믿음과 남다른 희생이 요구되었다. 그러나 로런은 부모님의 의심이나 비난 없이 자기만의 길을 걸어나갔다. 그러니 세라도 똑같이 자신만의 길을 가면서 성공을 거둘 수 있을지 몰랐다.

세라는 미들버리대학교에 다니면서 처음 트라이애슬론 경기에 출전해 우승을 차지했다. 그러자 자신의 재능과 훈련이 합쳐지면 어디까지 갈 수 있을지 궁금해졌다. 제리는 2004년에 대학을 졸업한 세라가 그 답을 알아낼 수 있도록 세라를 콜로라도주 볼더로 데려갔다. 그때 제리가 말없이 품고 있었던 생각은, 로런이 중세프랑스어를 전공한다는 사실을 처음 알았을 때 내심 품었던 생각과 똑같았다. 어떻게 먹고살려는 거지? 그러나 제리는 계속 서쪽으로 차를 몰면서 경제적 지원이 필요하면 자신이 제공해줄 수 있다고 세라를 안심시켰다.

세라는 거의 즉시 상금을 타기 시작했고, 곧 특정 회사의 스포츠용품을 사용하는 대가로 스폰서들의 후원을 받았다. 그러나 경제적 지원은 실제로 필요하지 않을지언정 그 가능성만으로 강력한 힘을 발휘한다. 프로 트라이애슬론선수를 꿈꾸는 사람에게 경제적 안정감이 있다는 것은 탄탄하고 균형 잡힌 체격을 타고난 것과 비슷하다. 근성이나 노력과는 아무 관련 없는 이점이다. 어쩌면 경제적 안정은 그로프 부부가 자녀들에게 제공한 가장 큰 혜택일지도 모른다. 애덤은 그로프가의 자녀들이 위험을 감수할 수 있었다면, 그건 튼튼한 안전망이라는 혜택 없이 여기까지 온 부모님의 도움으로 자신들이 "발을 헛디뎌도 그리 깊이 추락하지는 않는다"는 것을 아는 사치를 누렸기 때문이라고 말했다.

로런 또한 소설 창작을 공부하러 위스콘신대학교 매디슨캠퍼스의 대학원 과정에 진학할 때 그러한 안정감을 누렸다. 로런은 애머스트대학교를 졸업하고 3년간 칵테일 전문가와 이벤트 기획자로 일하며, 학자금 대출의 부담이나 재정적으로 밑바닥을 칠지도 모른다는 은은한 걱정에 시달리지 않고 남는 시간에 맹렬하게 글을 썼다. 대학원에 지원할 무렵에는 이미 클레이와 약혼한 상태였는데, 가족 기업을 운영하는 클레이는 어렵지 않게 자신과 로런을 부양할 수 있었다.

세라가 대학을 졸업하고 로스쿨에 진학하기 전에 잠시 즐기는 취미라고 생각했던 것은 결국 절대 그만둘 수 없는 스포츠가 되었다. 세라는 승승장구하며 순위를 높여가다가 해당 종목의 최우수 선수 중 하나가 되었다. 그러나 28살이었던 2010년에 세라는 천골이 부러지는 부상을 당했다. 고통을 참아가며 훈련하다 다친 곳이 또다시 부러졌다. 그때까지 세라는 가족이나 친구와 멀리 떨어져 겨울에는 호주에서, 여름에는 스위스에서 머물고 있었다. 딸이 고통스러워하는 모습을 더이상 볼 수 없었던 부부는 결국 연말에 세라에게 이제 운동을 그만두는 편이 좋지 않겠느냐고 제안했다. 당시 세라는 비참해 보였고 모아둔 돈도 빠른 속도로 줄어들고 있었다. 부부는 세라에게 지난 1년을 돌아봤을 때 다가올 1년이 어떨 것 같으냐고 물었다. 세라는 아직 그만둘 준비가 되지 않았다고 답했다.

자신의 전성기가 아직 오지 않았다는 세라의 생각은 옳았다. 이듬해 세라는 런던올림픽 출전권을 따냈다. 올림픽에 첫 데뷔한 2012년의 그날, 세라는 기대보다 훌륭한 레이스를 펼쳤다. 실제로 너무 훌륭해서, 거의 메달을 딸 뻔했다. 그러나 올림픽에 출전했다는 기쁨은 고통스러운 후회와 함께 찾아왔다. 경기가 끝나고 땀이 채 마르기도 전에, 자신이 우승하리라 믿지 않았기 때문에 메달을 따지 못했다는 사실을 깨달았기 때문이다. 세라는 자신이 우승권에 속한다고 믿지 않았다. 왜인지 세라의 머릿속에서 목에 메달을 건 사람은 자신이 아닌 다른 선수들이었다. 그들이 마지막 순간 앞으로 치고 나갈 때 세라는 주저했고, 결국 인생을 바꾼 10초 차이로 동메달을 놓치고 말았다.

그때 세라는 미래에 남편이 될 벤 트루와 함께 살고 있었다. 뉴햄프셔 출신인 벤은 엘리트 선수들 사이에서도 유독 강인한 사람으로 여겨졌다. 그는 오리건 유진이나 콜로라도 볼더에서 다른 동료들과 함께하기보다는 뉴햄프셔에서 홀로 훈련하는 편을 선호했다. 세라의 X(구 트위터) 자기소개에는 "이제는 트루가 됐지만 여전히 매우 그로프다움"이라고 쓰여 있다. 세라의 삶은 벤의 삶과 단단히 엮여 있었고, 두 사람의 유대감은 세계 최고의 육상선수가 되기 위한 헌신에서 생겨났다. 세라가 원하는 것은 단순히—올림픽 4위에 입상하고 4년이 지나—올림픽에 재출전하는 것이 아니라, 남편 벤과 함께 올림픽에 나가서 경쟁하는 것이었다. 당시 벤의 5000미터 달리기 개인 최고 기록은 미국 역사상 아홉 번째로 빠른 기록이었다.

4년 후에 있을 리우올림픽을 준비하려면, 다른 모든 것을 희생하며 오로지 훈련에만 전념하고 정신적·신체적 지구력을 최상으로 끌어올려야 했다. 특히 마지막 몇 주는 감정이 극심하게 요동친 시기였다. 예선전에서 세라는 미국 대표팀에 합류했지만, 벤은 0.5초도 채 안 되는 차이로 올림픽에 진출하지 못했다. 결과를 알고 나서 충격에 빠져 흐느끼는 세라의 모습이 NBC 카메라에 찍혔다. 세라는 올림픽 선수촌에 홀로 향하게 되었다. 이제 세라는 자신뿐만 아니라 남편을 위해 우승해야만 했다. "세라는 리우올림픽의 강력한 우승 후보 중 하나였다"라고, 훗날 로런은 〈스와니 리뷰〉에 실린 에세이에서 밝혔다. "우리 모두 세라가 메달을 따리라 믿었다."

위대한 운동선수의 일화와 미국의 성공 스토리에서는 비범한 끈기와 인성, 희생이 늘 결실을 맺는다. 로런도 동생에게 그런 이야기가 펼쳐지리라 믿었다. 세라는 당연히 그간의 노력과 고통을 보상받을 것이었다.

그러나 과학자인 애덤은 숫자, 즉 세라의 기록을 확인하고 확신을 잃었다. 가장 최근 기록을 보면 거뜬히 10등 안에는 들었지만 3위 안에 들려면, 특히 고온다습한 환경에서 세라가 보여준 경기력을 고려하면 여러 면에서 운이(세라에게는 약간의 행운이, 주요 경쟁자들에게는 상당한 불운이) 따라줘야만 했다. 그러나 애덤은 자신의 역할이 기록과 숫자를 제시하는 것이 아니라, 너무 가깝지도 멀지도 않은 거리에서 동생을 응원하는 일임을 잘 알았다.

1장. 그로프 가족

경기 당일이었던 2016년 8월 20일, 지닌과 로런은 3시간 일찍 경기장에 도착해 피니시라인 옆의 관중석에 자리를 잡았다. 지닌은 다른 데 정신을 쏟으려고 요란한 브라질 음악에 맞춰 줌바를 췄고, 불안을 배출할 창구가 필요했던 로런은 제자리에서 위아래로 폴짝폴짝 뛰었다. 두 사람이 앉은 자리에서 세라가 다른 선수들과 함께 해변에 설치된 널판 위에 줄지어 서 있는 모습이 보였다.

언젠가 세라는 NBC의 한 영상에서 트라이애슬론선수로서 경기 시작 전에 둥둥거리는 북소리를 듣고 있는 것이 어떤 경험인지 설명한 적이 있다. "꼭 〈반지의 제왕〉 같아요. 오크가 나타나서 저를 잡아먹을 것 같죠. 말도 못 하게 공포스러워요." 세라는 상황이 얼마나 크게 틀어질 수 있는지, 그리고 모든 것이 잘 풀리더라도 경주가 얼마나 고통스러울지 언제나 잘 알고 있었다.

레이스의 첫 번째 구간인 1.5킬로미터 수영이 끝나갈 무렵 세라는 예상대로 선두그룹에 속해 있었다. 그러나 모래사장 위로 발을 디딘 순간 이상한 일이 벌어졌다. 한쪽 다리가 갑자기 뻣뻣하게 굳어버린 것이다. 고통이 곧 사라지리라 생각하며 자전거에 올랐지만 통증은 그대로였다. 믿을 수 없는 일이 실제로 벌어지고 있었다. 세라는 극심한 공포 앞에서 경기에 집중하려고 애썼지만 밀려오는 통증에 완전히 정신을 빼앗겼다. 결국 공포와 통증은 하나의 맹렬한 감정으로 뒤섞여 세라를 압도해버렸다. 시간이 흐를수록 그 끔찍한 에너지는 커져만 갔다. 세라는 천천히 뒤처지기 시작했고, 결국 1분 20초가량이 지났을 때 비틀거리며 코스에서 이탈해 자전거에서 내렸다.

현장 뉴스 카메라가 이 극적인 순간을 포착했다. 여성 해설자의 입에서 안타까워하는 소리가 흘러나온다. 그 소리는 "으으으"와 "아아아" 사이의 어딘가에 있다. 걱정으로 가득한, 슬퍼하는 소리다. 세라는 바닥에 앉아 두 다리를 쭉 뻗고, 찡그린 얼굴로 손바닥을 이용해 왼쪽 허벅지 아래쪽을 격렬하게 마사지하고 있다. 그러다 잠시 후 마치 자신이 모르는 것을 자전거가 알지도 모른다는 듯 고개를 들어 자전거를 바라본다. 자리에서 일어나 자전거에 앉으려다가 다시 땅에 주저앉는다. 다시 일어선다. 한쪽 다리로 페달을 밟기 시작한다. 어쩌면 완주는 가능할지 모른다. "대단합니다." 해설자가 말한다. 옆에 서 있는 노인 몇 명이 주먹을 들어올리며 세라를 응원한다. 관중과 관광객이 응원의 말을 외치는 가운데 세라는 약 2분간 자전거를 타고, 그사이 카메라는 방향을 돌려 다른 선수들을 찍다가 다시 세라에게로 돌아온다. 세라가 다시 자전거에서 내렸다. 이 장면에서 세라는 몸을 숙이고 선수들과 환호하는 관중 사이에 있는 가벽에 머리를 기댄다. 가쁜 숨 때문에 상체가 들썩이자 유니폼에 그려진 빨간색과 흰색 줄무늬도 따라서 물결친다. 어린 소년(12살 정도로 보인다)이 앞에서 양팔을 가벽 위에 올리고 서 있다. 눈앞에서 한 인간이 눈물을 흘리는 광경에 놀란 것 같다. 소년은 고개를 떨구고 자기 양팔에 얼굴을 파묻는다.

"제 안에서 무언가가 고장났어요." 훗날 세라는 이날을 돌아보며 이렇게 말했다. 벤의 몫까지 다해야 한다는 압박, 자기 자신은 안중에도 없이 다른 모두를 위해 그 순간을 꼭 붙잡아야 한다는 압박이 너무나도 컸다. 몇 분 뒤 지닌과 로런은 세라가 경기를 포기했다는 소식을 들었다.

로런은 어머니와 함께 관중석을 빠져나와, 둘이서만 울 수 있는 공간을 찾아 관중석 밑으로 들어갔다. 로런은 세라가 얼마나 혹독한 실망감에 빠져 있을지 생각하며 비탄에 잠겼다. 세라는 의료 차량에 들어가 홀로 통증을 다스리고 있었다. 뉴햄프셔의 집에서 경기를 지켜보던 애덤과 제리는 사색이 되어 침묵에 빠졌다. 애덤의 6살 난 딸 잉그리드는 눈에 눈물이 맺혔다. 애덤은 속이 울렁거렸다. "이게 바로 이 일의 어두운 면이에요"라고 애덤은 내게 말했다. 당시 세라는 세계 최고의 트라이애슬론선수 중 하나였지만 애덤은 이 경기 이후 몇 주, 몇 달 동안은 그 사실이 세라에게 아무 위로가 되지 않으리라는 사실을 알았다. "우리는 세라가 그래도 자신을 실패자로 여기리란 걸 알았어요."

패배를 통해 완전해지는 법

아주 오랫동안 엘리트 선수들은 신체가 강한 만큼 정신력도 강해야 했다. 이들은 그 무엇에도 흔들리지 않고 냉정해야 했고, 자신의 종목에서 사실상 다른 모든 선수를 이겨야 한다는 엄청난 심리적 압박을 견딜 수 있어야 했다. 마이클 펠프스가 2015년 〈스포츠 일러스트레이티드〉 심층기사에서 재활 기간에 심리치료를 받았다고 공개적으로 밝힌 것과 같은 드문 경우를 제외하면, 선수들은 보통 자신의 정신건강 문제를 비밀에 부쳤다.

최근 이러한 경향이 바뀌었다. 가장 결정적인 사건은 2021년 올림픽 4관왕인 체조선수 시몬 바일스가 자신의 정신건강을 지키기 위해 도쿄올림픽에서 여러 차례 기권한 것과, 같은 해 전 세계 테니스 랭킹 2위였던 오사카 나오미가 프랑스오픈에서 기권한 것이었다. 오사카는 2018년 US오픈에서 세리나 윌리엄스를 상대로 힘든 경기 끝에 승리를 거둔 이후 우울과 사회불안에 시달렸다고 말했다. 사람들이 보는 앞에서 경기에 패하는 것은 당연히 매우 고통스럽다. 그러나 엘리트 수준의 선수들은 승리했을 때조차 고통에서 자유롭지 못하다.

2017년 초, 세라 트루는 팟캐스트와 소셜미디어에서 리우올림픽 이후 심각한 우울증에 빠졌던 시기에 대해 공개적으로 이야기하기 시작했다. 세라는 시험 압박에 시달리던 13살 때부터 불안과 씨름했다. 그러나 리우올림픽 이후는 세라의 인생에서 그 어느 때보다 힘든 시기였다. 올림픽이 끝나고 6개월이 지났을 때 세라는 남편과 함께 차를 타고 나무가 우거진 도로를 달리다 이렇게 말했다. "벤, 나 죽고 싶어." 비교적 빨리 빠져나올 수 있었던 이전의 우울증과 달리, 이번 우울증은 수그러들지 않고 몇 개월이나 지속되었다. 마치 세라가 다시는 고개를 들어 빛을 보지 못하게 하려는 것처럼 끊임없이 뒤를 쫓아오며 그녀를 무겁게 짓눌렀다. 세라는 자동차 핸들을 틀어서 다가오는 차량을 확 들이받을까 고민했고, 온라인에서 자살하는 법을 검색하기도 했다. 세라는 자신이 벤과 가족을 실망시켰다고 생각했다. 자신은 실패자이며 자기가 없으면 모두가 더 행복해질 거라고 믿었다.

벤은 다정한 남편이었지만 혼자서는 이 상황을 감당할 수 없었다. 결국 벤은 애덤에게 연락했고, 애덤은 세라가 적절한 의사를 찾아 약물치료를 받으면 어떻겠냐고 제안했다. 로런은 부모님댁에서 세라를 만났고, 그 자리에서 세라는 그간 자신이 어떤 기분이었는지 털어놓았다. 로런은 세라를 껴안고 함께 울었다.

로런의 뒤에도 우울증이 따라다닌다. 그러나 로런은 이 우울증이 격렬한 운동으로 저지할 수 있는 그리 심각하지 않은 위협이라고 생각한다. 현재 46살인 로런은 한 번에 16킬로미터를 달릴 수 있으며, 또 하나의 선물인 체력을 자신에게 꼭 필요한 대응기제로 여긴다. 로런은 몇 차례 우울증에 굴복한 적이 있는데, 그중 가장 심각했던 것은 첫 아이를 임신했을 때였다. 2012년에 〈럼퍼스〉와 나눈 인터뷰에서 로런은 두 번째 소설 《아르카디아 Arcadia》가 유토피아를 찾아 자신의 암울한 정신상태에서 벗어나려던 시도였다고 밝혔다. "첫 아들을 임신했을 때였는데, 당시 저는 끔찍한 임신부였어요. 빛이 나기는커녕 불안하고 갈수록 우울해졌죠. 이 세상에 아이를 내놓는다는 것은 몹시 복잡한 윤리적 문제니까요"라고 로런은 말했다. "우리가 반드시 지구에 한 사람을 더 내놓아야 할 이유는 없어요. 명백히 재앙으로 치닫고 있는 이 세상에서 제가 왜 아이를 낳아야 할까요?"

로런은 대화로 세라를 우울증에서 꺼내줄 순 없었지만 우울이 사라질 때까지 옆에 있어주겠다고, 홀로 버티게 놔두지 않겠다고 약속할 수는 있었다. 세라가 전문적인 도움을 받을 수 있도록 옆에서 도왔고, 플로리다로 돌아온 뒤에도 동생과 전화로 자주 대화를 나누었다. 때로는 두 사람 사이에 긴 침묵이 이어졌다. 한 사람이 다른 사람을 말없이 염려하는 소리였다. 로런의 남편 클레이도 로런에게 든든한 의지처가 되어준 적이 있었다. 클레이는 로런의 불안과 세라의 우울이 야망의 산물이라고 생각하지는 않았지만, 그렇다고 아무 관련이 없다고 보지도 않았다. "단순히 성공하기 위해서가 아니라 최고의 자리에 오르기 위해, 이런 특수한 분야에서 상위 2퍼센트에 들기 위해 자신을 몰아붙이는 사람은 어떤 극단의 수준에 있는 거예요. 그런 수준에서 불안하지 않은 사람이 있나요? 있다면 전 놀랄 겁니다."

리우올림픽이 있고 2년 후, 로런의 단편집 《플로리다*Florida*》가 출간되었다. 그중 한 단편에 등장하는 소녀는 본인 역시 연약한 어린아이임에도 자신과 함께 섬에 버려진 여동생을 위로한다. 또 다른 단편에 등장하는 여성은 자신이 여동생처럼 사랑하는 조카를 지극정성으로 보호하려 한다. 《광대한 황야》에서 로런은 필사적으로 도망치는 어린 소녀의 용기에 무한한 공감을 드러내며 주의깊게 관찰하는 시선으로 소녀의 아픔과 아름다움을 들여다본다.

로런의 이야기 속에서 언니의 사랑은 치열하고, 거의 필사적일 만큼 깊다.

세라는 가장 캄캄한 시기를 보내던 몇 달간 조카들과 최대한 자주 부모님댁을 찾았다. 그리고 행복의 몸짓인 웃음을 지었다. 마치 충분히 연습하기만 하면 다시 그 능력을 터득할 수 있을 것처럼. 부모님은 세라의 상태가 얼마나 나쁜지 알지 못했지만 어쨌거나 딸을 도왔다. 가족은 원래 그런 식으로 작동한다. 서로를 잘 모르며, 각자가 기억하는 공통의 과거가 사실과 얼마나 일치하는지도 알지 못한다. 때때로 가족이 해줄 수 있는 최선은 그저 곁에 머물면서 이렇게 말해주는 것이다. 우리가 여기 있어, 너는 우리의 일원이란다.

세라는 결국 우울증에서 빠져나왔다. 그녀는 리우올림픽을 마치고 몇 년간 엘리트 선수의 경험을 담은 책을 써볼까 생각했다고 내게 말했다. 단순히 우승하는 선수들에 관한 책은 아니었다. 그 책은 그 모든 경험, 그러니까 극한의 감정, 외로움, 반드시 필요한 자기몰입, 예상을 깰 때의 짜릿함, 그리고 당연히, 이따금 찾아오는 우울을 다룰 것이었다. 그러나 그것은 떠올리기만 해도 벅찬 계획이었다. 로런이 얼마나 힘겹게 글을 쓰는지(그리고 얼마나 큰 성공을 거두었는지)를 생각하면 더더욱 그랬다. "제가 정말 할 수 있을지 모르겠어요. 꼭 에베레스트산을 오르는 것 같아요."

2017년의 어느 날, 우리는 뉴햄프셔 하노버에 있는 세라의 집에서 대화를 나누고 있었다. 세라는 주방 카운터 앞에 앉아 있었고, 늦은 오후의 풍성한 빛이 그녀의 얼굴에 그늘을 드리웠다. "글쓰는 건 보통 일이 아니에요. 정말 힘들어요." 그때 세라가 얼굴을 찡그리더니 자기 종아리로 팔을 뻗었다. "미안해요, 방금 쥐가 났어요." 세라가 종아리 근육을 주물렀다. "정말 희한하네요." 언니와 경쟁해야 한다는 생각만으로도, 오래전부터 익숙했던 신체적 고통이 인대로 스며드는 것 같았다.

리우올림픽 이후 세라에게 올림픽 트라이애슬론은 결코 전과 같지 않았다. 그건 세라의 가슴을 찢어놓은 종목이었다. 그러나 세라는 우울에서 빠져나오고 있던 어느 날 아침, 어떤 계시와 함께 잠에서 깨어났다고 했다. 이제 세라는 올림픽 트라이애슬론보다 더 혹독한(아마도 더 그로프스러운) 3종 경기, 바로 아이언맨 경기로 관심을 돌릴 준비가 되어 있었다. "결과와는 아무 관련이 없었어요. 경쟁이 아니라 순수한 경험, 경기를 준비하고 완주하는 과정 그 자체가 중요했죠." 아이언맨은 신체적인 측면에서 여러모로 더 고될 터였지만 손상되지 않은 새로운 가능성을 품고 있었다.

리우올림픽 이후 겨우 2년이 지난 2018년, 세라는 하와이 코나에서 열린 세계선수권 225킬로미터 아이언맨 경기에 참가해 4위를 차지했다. 이렇게 긴 거리를 처음 뛰었다는 사실을 감안하면 무척 대단한 결과였다. 그러나 이 눈부신 복귀로 세라의 운동선수 경력이 훨훨 날개를 단 것은 아니었다. 오히려 세라의 경력은 세간의 시선 앞에서 여러 차례 흔들렸다. 반짝 성공했다가도 다시 참담한 실패를 맞이했다. 이듬해 프랑크푸르트에서 열린 아이언맨 유럽선수권에서는 7분 차이로 선두를 달리다 결승선을 눈앞에 두고 비틀거렸고, 서서히 온몸에서 힘이 빠져 결국 자리에 쓰러지고 말았다. 코나 아이언맨 경기에 두 번째로 참여했을 때는 호흡기 감염으로 자전거 위에서 점점 의식을 잃다가 길 옆에 멈춰 서는 바람에 완주하는 데 실패했다.

오랫동안 세라 트루는 우승 경력만큼이나 DNF("did not finish", 즉 중도 하차)로 잘 알려진 선수였다. 그러나 세라는 자신이 쓰러지는 이유를 파악하려고 발버둥치던 그 시기에—의료팀이 내놓은 '가장 가능성 높은 추측'은 신경학적 현상인 자율신경장애였다—우울증 경험을 공개하면서 또 다른 종류의 강인함을 보여주었다. 오사카 나오미의 발표를 계기로 전 세계 언론에서 프로 선수들의 우울증을 다루기 4년 전이었다.

모든 선수는 대중 앞에서 고통을 견디며 경기에 임하기에 초인적인 강인함이 요구되는 동시에 극도로 취약할 수밖에 없다. 세라는 한걸음 더 나아가 자신이 겪는 심리적 고충까지 세상에 노출했다. 팟캐스트와 수십 번의 인터뷰, 솔직한 트윗을 통해 자신의 우울증을 공개하면서 그 당시 이미 정신건강장애를 공공연하게 논하던 선구자적 운동선수 중 한 사람이 되어 이 분야에서 새로운 형태의 지위를 다졌다. 임상 및 스포츠 전문 심리학자인 미첼 그린은 2018년의 여러 인터뷰에서 세라를 비롯해 당시 본인의 우울증을 공개하던 소수의 엘리트 선수들에게 존경심을 표했다. 훗날 미국 올림픽 대표팀은 공식 웹사이트에서 세라처럼 자신의 건강 문제를 터놓고 이야기한 선수들의 공로를 인정했다. "이들은 요청받지 않은 이야기를 하고 있습니다. 이들이 자신의 이야기를 공개한 것은 그렇게 해야만 해서도, 이제 은퇴했으니 더 안전하게 자기 이야기를 할 수 있어서도 아닙니다. 이들이 경력의 전성기에 기꺼이 자신의 이야기를 공유하는 이유는 본인이 그것을 원하기 때문에, 또 그것이 중요하다고 생각하기 때문입니다."

어느 시점에서는 세라 트루의 이야기가 자신을 지나치게 몰아붙일 때의 위험성을 경고하는 교훈적 이야기로 보였을 수도 있다. 그러나 한편으로 세라의 이야기는 열심히 노력하고 크나큰 위험을 감수하고 때로는 실패하는 이야기, 이렇게 자신의 인간적인 측면을 나누며 서로를 위안하는 이야기였을 수도 있다. 이러한 대화는 그 자체로 용기 있는 행동이다.

2019년 로런 그로프는 연설에 완전히 몰입한 하버드 학생들 앞에서 이렇게 말했다. "실패는 여러분의 친구입니다. 여러분 중에는 실패라는 말을 들어본 적도 없고 살면서 실패해본 적이 한 번도 없는 사람도 있겠지만, 예술을 하고 있거나 예술을 하려고 노력하는 사람은 반드시 실패해야 합니다. 왜냐하면 실패하는 사람은 자신이 할 수 있는 것과 할 수 없는 것, 자신이 이해하는 것과 이해하지 못하는 것의 경계에 부딪힐 것이기 때문입니다. 자신의 한계를 이해하면 그 경계를 피해가거나 넓힐 수 있습니다." 새로운 것, 위대함을 품고 있는 것을 만들어내면서 동시에 사람들이 보는 앞에서 실패할 위험을 감수하는 것, 바로 이것이 궁극적인 그로프다움이다. "벽을 옮기는 건 무척 힘든 일입니다." 로런은 관중 앞에서 이렇게 말했다. "동시에 무척 아름다운 일이지요."

2024년, 로런은 또 한번 위험을 감수하며 남편과 함께 플로리다 게인즈빌에 '링스'라는 이름의 서점을 열었다. 서점은 어떤 상황에서든 위험한 사업이지만, 링스처럼 금지된 책을 소개하고 과소평가된 작가에 주목하는 서점은 그 위험성이 더더욱 크다. (지넌은 벽을 옮기는 대신 놀라울 만큼 노련한 솜씨로 벽에 페인트를 칠하고 벽지를 발랐다.)

집필을 끝낸 뒤에 말 그대로 불태우거나 처박아둔 로런의 원고들, 애덤이 시작했다가 포기한 사업들, 대중 앞에 공개된 세라의 좌절과 신체적 고통 그리고 엘리트 스포츠 세계에서 널리 알려진 세라의 끈기와 놀라운 복귀에 이르기까지, 실패는 지금도 그로프가문 이야기의 한 요소다. 그로프가 사람들은 끊임없이 앞으로 전진하며 벽을 옮겼다. 세라는 한동안 운동을 쉬다가 임신하고 2021년에 아들을 낳았다. 그리고 겨우 1년 뒤 뉴욕 레이크플래시드에서 열린 아이언맨 대회에서 처음으로 우승을 차지했다. 뒤이어 2023년 7월에 열린 아이언맨 프랑크푸르트 유럽선수권 대회에서도 1위에 올랐다.

우승했다고 해서 세라 트루가 그때까지 겪은 고통이 다 사라진 것은 아니었다. 이미 세라를 사랑하던 친구와 가족이 세라를 더 사랑하게 된 것도, 아들을 향한 사랑이 더 커진 것도 아니었다. 한 인터뷰어가 전에 그토록 뼈아픈 경험을 했던 프랑크푸르트 대회에서 우승하니 기분이 어떠냐고 묻자, 세라는 우승에 너무 큰 의미를 두면 그만큼 패배에도 큰 의미가 실린다는 듯, 결연할 만큼 덤덤하게 대답했다. "이번에는 완주하니 확실히 더 좋네요."

2022년 아이언맨 70.3 이글먼 경기에서 우승을 차지하고 시상식에 오를 시간이 되었을 때 세라는 이미 남편과 아들이 기다리고 있는 집으로 향하고 있었다. 수업에도 늦지 않게 참석해야 했는데, 임상심리학 박사과정에 들어갔기 때문이었다. 게다가 아들의 대학 등록금 마련이라는 새로운 목표가 생겼으므로, 호텔방에 하루 더 머무르느라 돈을 낭비하고 싶지도 않았다. 세라는 자신의 미래만큼이나 아들의 미래도 고대하고 있었다.

부모님이 세라와 세라의 언니 오빠에게 그토록 자주 물었던 질문은 지금도 여전히 삼 남매의 삶 속에 울려 퍼지며 그들을 자극하고, 밀어붙이고, 격려하고 있다. "그래서 다음엔 뭘 할 거니?"

2장

아이 안의 엔진을
깨우는 법

브론테 자매는 교육에 관해 저마다 확고한 생각이 있었으며, 그들의 글 곳곳에 그에 대한 생각이 암묵적이거나 명시적으로 드러나 있다. 셋 다 자식이 없었지만 셋 모두 아이들을 가르쳤고(에밀리는 그 기간이 짧았다), 샬럿과 앤은 다른 가족의 집에서 가정교사로 일했다. 《아그네스 그레이》에서 드러나듯 앤은 버릇없거나 잔인한 아이들의 응석을 끝도 없이 받아주는 부모들을 참아내지 못했다. 에밀리는 자신의 소설에서 입양이라는 장치를 이용해 천성 대 양육의 문제를 제기함으로써, 가정교육이 아이의 인격 형성에 얼마나 큰 영향을 미치는지를 탐구하려 했던 듯하다. "이 귀여운 녀석, 이제 너는 내 거다!" 《폭풍의 언덕》에서 히스클리프는 자신을 교육해주지 않은 남자의 아들을 맡아 돌보게 되자 앙심을 품고 이렇게 말한다. "똑같이 매서운 광풍을 맞고도 네가 다른 나무처럼 휘어지지 않는지 한번 보자!"

샬럿 브론테는 천성이냐 양육이냐의 문제를 지나치게 단순화하는 것을 조롱하고 싶었던 듯하다. "만약 당신이 대다수와는 다른 종류의 사람이라면 그건 당신이 훌륭해서가 아닙니다. 자연이 당신을 그렇게 만든 것이지." 제인 에어의 새 고용주인 로체스터는 마치 사람이 다 완성된 채 이 세상에 나온다고 믿는 것처럼 제인에게 말한다. 그러나 이 발언은 방금 한 칭찬을 주워 담으려는 사람의 말처럼 설득력 없게 들린다.

샬럿은 자신의 재능이 자연의 산물이라는, 즉 타고났거나 적어도 신이 선물해주신 것이라는 생각에 끌렸던 모양이다. 어느 친구에게 보낸 편지에서 샬럿은 절망하던 시기에 상상력이 자신을 구해주었다고 말하면서 이렇게 덧붙였다. "나는 이런 능력을 내게 주신 하나님께 감사드려. 이 선물을 지키고 활용하는 것이 나의 종교적 의무라고 생각해." 어린 시절 샬럿은 자신이 태어날 때부터 남다른 사람이었다고 선언하기도 했다. 남동생 브란웰과 정성스레 함께 만든 잡지의 표지에 샬럿은 다음과 같이 썼다. "천재 C.B. 편집."

30살에 자신의 첫 소설인 《제인 에어》 집필에 본격적으로 돌입한 샬럿에게는 이미 20년 넘게 열정적으로 읽고 쓴 경험이 쌓여 있었다. 물론 유희를 위한 시간이었지만, 한편으로는 미래에 할 일을 수십 년간 부단히 연습했다고도 볼 수 있다. 샬럿의 전기작가 엘리자베스 개스켈은 자료조사 중 어린 샬럿과 브란웰이 종이를 꿰매어 만든 수많은 소책자를 정독했다. 그녀에 따르면, 두 남매는 자그마한 책을 더더욱 자그마한 낙서로 끝없이 채우며 새로운 세상을 창조하고, 지도를 그리고, 영웅들이 펼친 다양한 전투를 신속하게 보도하고, "광기에 다다르기 일보 직전의 창의력"으로 글을 써댔다. 이 글들은 전부 환상과 쾌락의 결과물이었으나 오랜 세월 쌓인 경험과 노력의 증거이기도 했다.

탁월함은 타고나는 것이 아니라 작동되는 것이다

19세기의 연구자이자 작가이며 신동에서 박식가로 성장한 프랜시스 골턴(최초로 지문 감식법을 고안하고 통계학의 핵심 개념들을 개념화했다)은 처음으로 **천성**과 **양육**이라는 용어를 사용해 인간의 정체성을 형성하는 여러 힘을 묘사한 인물로 알려져 있다. 골턴 역시 양육 환경이 성격적 특성과 재능의 발현에 얼마나 큰 영향을 미치는지 탐구하고자 입양에 주목했다(한동안 교황이 조카를 자식처럼 돌보는 전통이 있었는데, 골턴은 교황이 입양한 아들들을 연구하는 데 흥미를 보였다). 쌍둥이 연구의 초창기 형태를 선도하기도 했던 골턴은 특히 천재성이라는 개념과 특성이 가족 대대로 이어지는 방식에 관심이 많았다. 이러한 사상이 훗날 인종과 유전에 관한 일련의 유사과학적 믿음으로 굳어지자 그는 이에 우생학이라는 이름을 붙였다.

골턴이 1869년에 《유전되는 천재Hereditary Genius》라는 책을 발표하고 150년도 더 지난 지금, 수많은 연구자와 부모, 교사는 여전히 재능을 이루는 요소가 무엇인지 고민하며 재능의 기원과 재능을 계발하는 법, 재능을 꽃피울 수 있는 환경에 관해 저마다 다른 의견을 내놓고 있다.

"재능은 역사상 가장 큰 거짓말 중 하나입니다." 당대 가장 위대한 재즈 뮤지션 중 한 사람인 윈턴 마살리스의 전기 《스캐인스 도메인 Skain's Domain》에서, 그의 아버지 엘리스 마살리스 주니어가 저널리스트 레슬리 고스에게 한 말이다. 재즈 교육자이자 본인도 널리 알려진 음악가인 엘리스는 윈턴 외에도 색소폰 연주자인 브랜퍼드와 트롬본 연주자이자 프로듀서인 델피요, 드러머인 제이슨을 모두 성공한 음악가로 키워낸 아버지로서 재능의 본질에 관한 질문을 종종 받곤 했다. (그 밖에 아들 엘리스 마살리스 3세는 시인이자 컴퓨터 컨설턴트이며, 또 다른 아들 음보야는 자폐가 있고 언어를 사용하지 않는다.) 2020년에 세상을 떠난 엘리스는 〈애틀랜틱〉에 실린 윈턴의 심층기사에서 이렇게 말했다. "재능은 자동차 배터리 같은 겁니다. 시동은 걸게 해주지만, 발전기가 없으면 그리 멀리 가지 못하지요."

엘리스의 아들들은 성능 좋은 발전기generator를 지니고 있었다. 여기서 엘리스가 말한 발전기란 뛰어난 기량을 갖추는 데 필요한 자제력을 의미했다. 윈턴이 〈뉴욕타임스 매거진〉과 나눈 인터뷰에 따르면 엘리스는 자식들에게 "남들과 다른 사람이 되고 싶다면 남들과 다른 행동을 해야 한다"라고 강조했다. 윈턴은 아버지의 이 발언을 혁신을 이뤄내야 커리어를 쌓을 수 있다는 뜻으로 이해하지 않았다. 그가 생각하기에 "남들과 다르다"라는 것은 그 누구보다 근면하게 노력한다는 뜻이었다. "하루에 1시간 연습하면 하루에 1시간 연습하는 사람들처럼 됩니다. 위대한 사람이 되고 싶으면 하루에 5시간 연습하는 사람이 되어야 하죠." 아버지에게 성공해야 한다는 압박을 많이 받았느냐는 질문에 윈턴은 이렇게 대답했다. "아니요. 그런 압박은 전혀 없었어요. 그러기엔 너무 쿨하신 분이라서요."

《스캐인스 도메인》에서 윈턴의 어린 시절 친구는 그의 자제력이 중학교 때 이미 나타났다고 회상했다. 재즈 색소폰 연주자이자 클라리넷 연주자로 마살리스 형제들처럼 뉴올리언스에서 자란 빅터 고인스는 "윈턴이 아침 일찍 일어나서 학교 가기 전에 연습했고 방과후에도 자주 연습했다"고 회고했다. "그 집 옆을 지나고 있었는데 안에서 윈턴이 연습하는 모습이 보였죠." 윈턴은 1991년 음악가로서 미국 공로아카데미에 이름을 올렸을 때 "약 7년간 하루도 빼먹지 않고 연습했다"고 밝혔다. 그에겐 엄격한 규칙이 있었다. "필요한 연습량을 다 채우기 전에는 절대로 잠들지 않았습니다."

엘리스 마살리스는 추진력과 자제력이 좋은 음악가와 위대한 음악가의 차이를 낳는다고 말한 것 같다. 윈턴 마살리스의 연습 규칙을 떠올려보면 그는 아버지의 가치를 내면화했거나 중학교 때 스스로 깨달은 것이 분명하다. 그런데 2011년 〈하버드 비즈니스 리뷰〉에서 "재능과 연습 중 무엇이 더 중요하다고 생각합니까?"라고 묻자 윈턴은 다른 면을 강조했다. "우리는 무엇을 하든 그 일에 능숙해질 수 있습니다. 만약 당신이 권투선수라면 400만 시간을 연습해서 어느 정도까지는 능숙해질 수 있을 겁니다. 하지만 재능이 없으면 경기에서 이길 수 없습니다. 서로 다른 지점을 연결하는 능력이나 깊은 정신적 통찰력은 연습으로 얻어낼 수 있는 게 아니에요."

여기서 마살리스는 말콤 글래드웰이 2008년 저서 《아웃라이어》로 대중화한 뒤 많은 사람이 지나치게 단순화한 개념, 즉 1만 시간의 연습이 그저 뛰어난 사람과 탁월한 사람의 차이를 만든다는 개념을 에둘러 언급한 것으로 보인다. 《아웃라이어》에서 글래드웰은 훗날 플로리다주립대학교의 심리학 교수가 된 K. 앤더스 에릭슨이 1990년대 초에 실시한 연구결과를 인용하면서 성취는 그저 "재능에 연습이 더해진 결과"라는 전제를 더 정교하게 다듬었다. "에릭슨의 연구결과는 일단 일류 음악학교에 입학할 능력이 있다면 그 뒤에는 얼마나 열심히 연습하는가가 중요한 차이를 낳는다는 것을 보여준다. 그게 전부다. 최정상에 오른 사람들은 연습을 그저 살짝 더 열심히 한 것이 아니다. 그들은 훨씬훨씬 더 열심히 노력한다." 이어 글래드웰은 "심리학자들이 영재들의 경력을 자세히 들여다볼수록 타고난 재능의 역할은 점점 더 작아지고 연습의 역할은 점점 더 커졌다"라고 주장했다.

어느 분야든 성공을 거두려면 탁월한 재능과 남다른 노력이 분명 동시에 필요하다. 이 사실은 많은 사람이 《아웃라이어》에서 얻고자 했던 마음을 편안하게 해주는 교훈, 즉 1만 시간의 연습만 있으면 최정상의 대열에 합류할 수 있다는 생각에 의문을 제기한다. 해당 분야에서 정상급에 오르는 데 필요한 재능과 노력의 비율에 관해서는, 실제로 그 비율을 반박 불가능하게 분석할 수만 있다면, 분야에 따라 비율이 달라지리라고 합리적으로 추측할 수 있다. 이를테면 정상급 바이올린 연주자에게는 타고난 재능이란 것이 가장 걸출한 사진작가의 경우보다 더 중요하게 작용할 수 있다.

《늦깎이 천재들의 비밀 Range》과 《스포츠 유전자 The Sports Gene》 등의 베스트셀러를 쓴 데이비드 엡스타인은 재능과 노력을 구분하는 것 역시 쉬운 일이 아니라고 지적한다. 그는 재능과 추진력은 서로 연결된 능력이므로, 타고난 재능 없이 연습에 1만 시간을 쏟을 수 있는 노력 파는 거의 없다고 주장한다. 유전적 특성에서 비롯되었을 타고난 이점, 가령 야구선수들 사이에서 흔히 나타나는 남달리 예리한 시력이 없다면, 그 청년은 연습에 수많은 시간을 투자할 이유가 될 피드백을 받지 못할지도 모른다. 마살리스 형제들은 재능 있는 아버지와 어머니(어머니의 가족 중에 전문 재즈 음악가가 많았다)에게서 선천적인 음악성을 물려받았을 것이다. 그러한 재능이 없었다면 형제들이 지닌 추진력은 다른 배출구를 찾았을 수도 있고, 어쩌면 그들의 삶에서 아예 나타나지 않았을 수도 있다. 윈턴은 연습 없이는 그가 이룬 것을 이루지 못했을지 모른다. 하지만 그만큼 뛰어난 재능이 없었더라면, 애초에 열심히 연습할 의욕이 생기지 않았을 것이다. 샬럿 브론테는 1846년 한 친구에게 보낸 편지에서 "재능 있는 사람들은 언제나 자기 안에 있는 탁월함을 확실하게 파악하고 있다"라고 말했다. (그러나 그 재능을 표현할 기회가 있는지의 여부는 보통 그 사람이 처한 환경에 좌우된다.)

사회심리학자와 성격 연구자들은 어떤 성격특성과 재능이 음악이나 학업 등에서의 성취와 가장 관련이 높은지를 두고 종종 논쟁을 벌인다. 성실함? 인지능력? 성격 연구자들이 말하는 '경험에 대한 개방성', 즉 예술이나 추상적 관념으로 향할 수 있는 호기심과 성실함의 조합? 아니면 펜실베이니아대학교의 심리학자인 앤절라 더크워스가 장기적인 목표 달성을 위한 열정과 인내의 조합이라고 정의하고 널리 퍼뜨린 '그릿' 공식?

연구자들이 이 질문에 명확하게 답한다 해도 그 답은 그리 유용하지 못할 것이다. 성격특성에 어떻게 영향을 미칠 수 있는가의 문제가 여전히 놀라울 만큼 안개에 싸여 있기 때문이다. 성격특성이 절대로 변하지 않는다거나, 무작위적 환경요인 또는 이런저런 방향으로 성격을 형성하려는 혼신의 노력에 전혀 영향받지 않는다고 여겨지는 것은 아니다. 다만 어떤 종류의 개입이 별다른 예외 없이 지속적으로 성격에 영향을 미치는가가 명확하게 드러나지 않을 뿐이다.

IQ(사회적으로 편향되어 있다는 비판을 받는, 그 자체로 논란이 분분한 개념이다)와 같은 지능척도를 연구하는 많은 과학자가 지능이 (과학 용어를 사용하자면) '가변적'이라고 생각한다. 지능은 잘 알려진 몇몇 환경적 요인에 따라 분명히 변할 수 있다. 총 60만 명의 표본을 가진 데이터를 분석해 명망 있는 학술지 〈심리과학〉에 게재된 2018년의 메타분석에 따르면, 교육 기간이 1년 늘어날 때마다 IQ가 평균 1~5점가량 높아지며 이러한 효과는 평생에 걸쳐 지속된다. 반면 사회심리학자들은 끈기나 창의성처럼 더러 '비인지적'이라고 불리는 능력을 어떻게 형성하고 지속적으로 유지할 수 있는가를 좀처럼 밝혀내지 못하고 있다.

앤절라 더크워스의 그릿 개념이 2013년 테드 강연으로 큰 관심을 모으자(그리고 3년 뒤 베스트셀러가 되자) 일부 학교에서 그릿 교육을 커리큘럼에 포함했다. 캘리포니아의 일부 학군에서는 자제력이나 성실성 같은 성격특성을 검사해 학교 수행평가 항목에 반영하기도 했다. 더크워스의 주장이 사실이고, 그릿이 실로 바람직한 특성이라면 교육 시스템이 이 능력을 체계적으로 양성할 방법을 찾아야 하는 것 아닐까?

앤절라 더크워스는 캘리포니아 학군이 이러한 계획을 시행하기 훨씬 전에, 주로 저소득층 학생이 다니는 뉴욕시 KIPP차터스쿨을 도와 이른바 인격성장카드를 만들었다. 인격성장카드는 질문지를 통해 학생들에게 특정 행동, 이를테면 자제력이 필요한 행동에 대한 피드백을 제공하는 방식이다. KIPP는 학습계획에 인성에 관한 메시지를 반영하고, 교사와 부모에게 학생들 앞에서 끈기와 같은 강인한 성격 특성의 본보기가 되어달라고 촉구했다. KIPP에 다니는 중학생을 대상으로 한 연구에서, KIPP 재학생들은 인구통계학적 특성이 비슷한 다른 학생들보다 학업 성취도와 학업을 지속하는 끈기가 더 높은 것으로 나타났다.

그러나 성격을 교육하려는 이 모든 노력에도 불구하고 비인지적 능력은 크게 달라지지 않은 듯 보였다. 2013년의 한 독립 연구에 따르면, KIPP에 다니는 학생들은 KIPP에 지원했지만 무작위 추첨에서 떨어진 다른 학생들에 비해 의욕이나 자제력이 더 높지 않았다. 오히려 KIPP 재학생들은 자신이 수업을 방해하거나 교사에게 저항하는 등의 '바람직하지 않은 행동'을 한다고 보고할 가능성이 더 높았다. (연구자들은 KIPP 학생들이 높은 기준을 따라야 한다고 교육받기 때문에, 스스로를 지나치게 가혹하게 평가했을 수 있다는 점을 지적했다.)

더크워스는 '그릿 점수로 학교를 평가하지 말라'라는 제목의 2016년 〈뉴욕타임스〉 사설에서 아이들에게 목표를 설정하고, 계획을 세우고, 지능에 관한 '성장형 사고방식'을 채택하는 법을 가르칠 때의 유익을 보여주는 연구결과를 제시했다. 그러나 더크워스는 학생들에게 인성을 얼마나 잘 '가르쳤는가'로 교사와 학교를 평가하는 행위를 정당화할 만큼 연구가 충분히 이루어졌다고는 생각하지 않았다("아마 앞으로도 절대 충분하지 않을 것이다"). 또한 더크워스는 이러한 정보가 성찰과 피드백이 아니라, 교사의 어깨 위에 책임을 지우는 데 사용되는 것을 경계했다.

하나의 교육체계로서 KIPP는 인격 형성을 중시하던 초기의 접근법에서 벗어나, 현재는 재학생의 학업성적과 대학 입학 및 졸업 가능성을 높이는 데 집중하는 방안을 제시하고 있다. 청소년의 인성을 바꾸려는 것과는 확실히 다른 목표다. 남아프리카에서 성장한 마커스 크리드 아이오와주립대학교 심리학 교수는 더크워스의 방법론을 비판하는 연구를 발표했다. 그는 과연 이것이 추구할 만한 바람직한 목표인지부터 논의해봐야 한다고 주장했다. "만약 학교에서 돌아온 딸에게 교사들이 자기 성격을 바꾸려고 한다는 말을 듣는다면 나는 기분이 그리 좋지 않을 겁니다." 블로그 〈에듀케이션 넥스트〉에 실린 인터뷰에서 크리드가 한 말이다.

**무엇이 사람을 열심히
노력하게 만들까?**

그러나 여전히 많은 부모가 자녀에게 내적 동기, 즉 자신이 선택한 목표를 집중해서 결연하게 추구해나가는 의지와 능력을 기대한다. 박사 졸업 후 더크워스와 함께 일하기도 했던 연구자 줄리아 레너드는 펜실베이니아대학교에서 예일대학교로 자리를 옮겨 레너드학습연구소를 설립했다. 무엇이 아이들에게 동기가 되어 계속 노력해야겠다고 마음먹게 되는지를 연구하기 위해서다.

31살의 발달심리학자로서 자기 연구소를 운영하기 훨씬 전부터, 정확히 말하면 대략 20년 전부터 그녀는 무엇이 사람을 더 '노력하게' 만드는지, 본인이 선호하는 표현에 따르면 어떻게 아이들이 '어려움 속에서도 끈기 있게 노력하도록' 도울 수 있는지를 알아내려 애썼다. 줄리아의 경력은 버클리에서 전염병학 박사학위가 있는 어머니와 교수인 아버지의 딸로 자라나던 어린 시절에 이미 비공식적으로 시작되었다. 그녀는 늘 에너지 넘치는 행동가였고 끊임없이 "나 해도 돼?"라고 묻는 아이였다. 나 몇 블록 밖으로 나가도 돼? 스케이트 배워도 돼? 혼자서 아침 차려봐도 돼? 레너드 자매의 언니인 세라 로즈는 언제나 줄리아를 답답하게 했다. 그녀는 몇 시간이고 노래를 부르거나 공상에 잠겨 자기만의 생각에 파묻히고 상상의 나래를 펼치던 몽상가 소녀였다. 세라 로즈는 공을 잡으려고 하지도, 줄리아와 함께 블록으로 정교하게 건물을 쌓거나 스케이트장에서 새로운 회전에 도전하지도 않았다. 그저 "난 못 해"라는 말을 반복할 뿐이었다. 이런 상황이 자꾸 되풀이되자 줄리아는 걱정과 함께 때로는 분노를 느꼈다. 언니는 왜 그렇게 쉽게 포기할까? 부모님은 왜 언니를 내버려둘까? 자매가 더 성장하자 줄리아의 가족은 가끔 스키를 타러 갔다. "언니, 봐봐. 우리 지금 경주하는 거야!" 줄리아는 그저 나란히 스키를 타고 슬로프를 내려가고 있다고 생각하는 세라에게 이렇게 소리치곤 했다. 그러고는 "내가 이기고 있다!"라고 외쳤다. 그러면 세라는 알겠다는 듯이 고개를 끄덕였다. 어쨌거나 세라는 언니였고, 이런 면에서 의젓했다. "하지만 전 속으로 이렇게 생각했어요. '네가 나보다 앞서나가고 있는 건 맞지만, 이건 경주가 아니니까 네가 이기고 있는 것도 아니지.'" 세라 로즈의 회상이다. "'그리고 실제로 네가 이기고 있더라도 난 상관없어.'"

줄리아는 늘 최고가 되고 싶었고, 가장 좋아하던 스포츠인 아이스스케이팅에서는 그런 열망이 더더욱 강했다. 그러나 12살이 되자 아이스스케이팅을 하기엔 키가 너무 커졌고, 고급 점프를 뛰기엔 겁이 너무 많다는 사실이 분명해졌다. 게다가 언젠가부터는 경기 전에 급격하게 불안해지면서, 경기가 열리기 며칠 전부터 심장이 쿵쿵 뛰었다.

"딱 한 번만 우승하고 싶어." 줄리아는 어머니에게 이렇게 말했다. "그리고 나서 그만둘 거야." 줄리아는 더블점프를 연습했고, 심사위원들이 좋아할 만한 화려한 의상을 사달라고 어머니를 졸랐으며, 마지막 경기를 위해 마음을 다잡았다. 그리고 경기에서 우승했다. 일주일 뒤 줄리아는 아이스스케이팅을 그만두었다.

세라 로즈는 10살 때 오프브로드웨이에서 그리 잘 알려지지 않은 〈애니〉의 속편을 보고 완전히 마음을 빼앗겼다. 그 이후로 세라는 오로지 연극에만 관심을 보였고, 오로지 연극계에서만 성공을 꿈꿨다. 부모님은 적어도 세라가 어렸을 때는 딸을 말리지 않았다. "너는 극장에서 잡역부로 일해도 행복해할 것 같구나." 언젠가 아버지는 이렇게 말했는데, 세라는 아버지가 자신을 완전히 이해하고 있다고 느꼈다.

세라 로즈가 그 단 하나의 열정을 소중히 간직했다 해도, 다방면에서 뛰어난 동생을 지켜보는 일이 늘 쉽지만은 않았다. 줄리아는 사교성이 좋았다. 그림도 잘 그렸고 운동도 잘했다. 성적은 완벽했고, 카드게임과 보드게임에 능했으며, 심지어 어린이책으로 손금 보는 법을 배워 파티에서 사람들을 즐겁게 해주곤 했다.

세라 로즈는 그 모든 에너지와 노력이 동생에게서 무엇을 빼앗아가는지도 느낄 수 있었다. "줄리아는 함께 있으면 정말 즐거운 사람이에요. 그러다 갑자기 홱 바뀌어서 학교나 직장 문제로 엄청나게 불안해하기도 하죠." 세라 로즈는 오랫동안 동생의 활동을 지켜보면서, 그러한 추진력의 대가가 무엇일지 궁금해했다. "한편으로는 제가 그만큼 불안해하고 전전긍긍하지 않아서 다행이라고 생각해요. 다른 한편으로는 바로 그 점이 줄리아가 그토록 많은 것을 성취할 수 있었던 원인이고요. 저 외에도 많은 사람이 늘 궁금해하는 게 있어요. 그렇게 불안에 휩싸여야만 좋은 성과를 낼 수 있는 걸까요? 그런 압박이 꼭 필요한 걸까요?"

줄리아의 추진력은 대학을 거쳐 MIT에서 두뇌와 인지과학을 연구하던 대학원 시절까지 이어졌다. 대학원에서도 줄리아는 여전히 탁월한 능력을 발휘했다. 하지만 업무 스트레스와 불확실성 관리에 어려움을 겪으면서, 때로는 어린 시절 아이스스케이팅 경기를 앞뒀을 때처럼 고통스러운 불안에 휩싸여 심장이 두근거리기도 했다. 로런 그로프와 세라 그로프처럼 줄리아도 엘리스 마살리스가 말한 강력한 발전기의 소유자였고, 여기에는 득과 실이 있었다. 발전기의 압도적 에너지가 줄리아를 거침없이 앞으로 밀어붙이면서 동시에 내부 시스템을 소진시켰다. 줄리아는 자신이 거둔 성공 덕분에 사랑하는 일을 계속할 수 있었지만, 업무가 주는 정서적 부담과 감정 조절의 어려움 때문에 이 일을 정말 계속할 수 있을지 고민하기도 했다.

만약 줄리아가 실패한다면 지도교수 몇 명 그리고 가장 중요하게는 본인을 비롯한 소수의 사람들을 저버리게 될 것이다. 물론 주요 신문에 혹독한 서평을 발표하는 잔혹한 비평가도, 코앞에 카메라를 들이대고 경기를 완주하지 못한 기분이 어떠냐고 묻는 기자도 없을 것이다. 그러나 줄리아에게는 다른 종류의 위험이 있었다. 바로 수개월의 시간과 막대한 수고가 물거품이 될지도 모른다는 가능성이었다. 좋은 연구란 일부러 실패의 가능성을 온전히 포용하면서 설계된 연구다. 가설이 반증된다 해도 그것이 과학의 실패를 의미하는 것은 아닌데, 데이터가 늘어나고 가설 하나가 제외되었기 때문이다. 그러나 결괏값이 없는 연구는 과학자에게 실패처럼 느껴지곤 한다. 수많은 연구가 수주, 더 나아가 수년이 소요되고, 과학자들은 두려움과 희망 속에서 근근이 버티며 결과를 기다린다.

대학원 박사학위 과정이 주는 스트레스를 해소하려고 줄리아는 암벽등반을 시작했다. 그녀는 사람들이 선의의 경쟁을 펼치는 모습을 지켜보면서, 어린 시절부터 머릿속을 떠나지 않은 질문을 다시 한번 곱씹었다. 무엇이 사람을 열심히 노력하게 만들까? 자신과 능력치가 비슷한 사람이 고군분투하다가 결국 등반에 성공하는 장면을 보면서, 줄리아는 왜인지 자신도 더 노력하게 된다는 사실을 깨달았다. 그 장면이 더 열심히 노력할 마음을 먹게 한 것이다. 당시 15개월 된 아기들을 연구하고 있던 줄리아는 어른이 작은 일에 손쉽게 성공하는 것이 아니라, 열심히 노력하다가 마침내 성공하는 장면을 그 나이대 아기들이 목격했을 때 과연 어떤 단서를 얻을지 궁금해졌다. 아기들은 애쓰는 어른을 보고 고무되어, 눈앞의 도전에 더 열심히 임하게 될까?

줄리아는 15개월 아기들의 끈기를 테스트하고자 케임브리지에 있는 자기 집 침실에서 다소 미스터리한 장난감을 만들었다. 먼저 부드러운 재질의 정육면체 장난감을 구입해 겉에 달린 커다랗고 화려한 버튼을 고장냈다. 그리고 장난감의 다른 표면에 〈반짝반짝 작은 별〉 노래가 나오는 사운드 모듈(연하장에서 떼어냈다)을 달고, 아기들이 그 모듈을 쉽게 찾지 못하게끔 장난감 전체를 부드러운 천으로 감쌌다. 아기들은 어떤 장치에서 노래가 나오는지 몰랐지만, 작동을 시연하는 성인 참가자들은 미리 정보를 제공받았다. 줄리아는 아기들의 노력을 유도하고자, 자신이 고장낸 커다랗고 화려한 버튼을 겉에 보이게 남겨두었다. 줄리아의 궁극적 목표는 아기들이 주변에서 목격한 무언가에 영감을 받아, 이 장난감에서 원하는 결과를 얻으려고 더 열심히 노력하는지 확인하는 것이었다. 즉 자신에게 혼란을 주려고 설계된 장난감에서 원하는 결과(음악이라는 보상)를 얻고자 끈질기게 노력할 수 있는지를 알아보려는 속셈이었다.

 2014년 여름, 줄리아는 1세 전후의 아기와 기꺼이 실험에 협조해줄 부모를 찾아 주말마다 보스턴어린이박물관의 놀이방을 돌아다녔다. 줄리아는 어른이 통에서 장난감을 꺼내는 것과 같은 작은 과제로 씨름하다가 결국 성공하는 모습을 목격한 아기들이, 자기 장난감에 달린 커다란 버튼으로 〈반짝반짝 작은 별〉을 재생하려고 더 끈질기게 노력한다는 사실을 입증하고 싶었다. 어쩌면 특정 방식으로 노력하는 모습을 보여주었을 때 아이들에게 다른 반응을 이끌어낼 수 있을지도 몰랐다. 합리적인 학습기계인 아기들은 원인(노력)을 보고 결과(보상)에 주목할 것이다. 아기들은 둘 사이의 관계를 내면화해서, 어른 연구자가 조작한 것과는 다른 장난감에도 그러한 추론을 적용할 수 있을 것이다.

아기를 대상으로 하는 연구는 쉽지 않은 것으로 악명이 높지만 줄리아는 굴하지 않고 끈질기게 연구를 이어나갔다. 그리고 결국 이 주제로 260명의 아기에게 3가지 연구를 수행했다. 이렇게 어린 나이의 참가자를 모집하기가 얼마나 어려운지를 고려하면 표본의 수가 놀라우리만큼 많았다. 결과는 흥미로웠다. 줄리아나 다른 성인 참가자가 과제로 씨름하다가 결국 성공하는 모습을 본 아기들은, 음악이 나오게 하려고 (헛되이) 노력하며 버튼을 훨씬 더 여러 번 눌렀다. 몇 개월에 걸쳐 고통스러울 만큼 꼼꼼하게 조사한 이 연구 논문이 2017년 저명한 학술지 〈사이언스〉에 게재되면서 줄리아는 이른 나이에 직업적 성공을 거두었다. "아기들이 다른 사람을 보는 것만으로도 메시지를 얻고 내면화할 수 있다는 사실은, 우리가 자녀를 끈기 있는 사람(이른바 '그릿'이 있는 사람)으로 키우고 싶다면 일찍부터 노력해야 한다는 사실을 말해준다. 더불어 부모 자신이 어떻게 도전에 임하는 본보기가 될 수 있을지 고민해봐야 한다는 점을 일깨워준다." 매릴랜드대학교 칼리지파크의 발달심리학자 루커스 버틀러가 〈사이언티픽 아메리칸〉에 한 말이다.

2019년에 줄리아는 4~5세 아이들을 대상으로 후속 연구를 진행했다. 이 연구에서는 아이에게 본보기가 될 어른의 행동에 격려("넌 할 수 있어!")나 예상 설정("이건 어려울 거야"), 가치 진술("열심히 노력하는 게 중요해")과 같은 말을 하나씩 짝지었다. 대조군의 부모는 아무 말도 하지 않았다. 연구결과 줄리아는 "어른이 과제에 성공하는 동시에 자신이 한 말을 실천했을 때, 즉 직접 노력을 기울이면서 노력의 가치를 강조했을 때" 아이들이 가장 끈기 있는 모습을 보인다는 사실을 발견했다. "열심히 노력하는 게 중요해"라고 말하는 것만으로는 충분하지 않았다. 아이들은 부모가 그 원칙을 실천해서 유익한 결과를 끌어내는 모습을 목격했을 때 자신도 가장 열심히 노력하려고 했다.

줄리아가 연구를 시작할 때 현재 어떤 작업 중인지를 가족에게 설명하자 언니 세라 로즈가 따져 물었다. "그 연구, 나에 대한 거지?" 당시 세라 로즈는 NYU를 졸업한 상태였지만 이런저런 극장에서 아르바이트를 전전하고 다른 집 아이를 봐주며 집세를 내고 있었다. 줄리아는 짜증이 났고, 둘은 이 문제로 옥신각신했다. 줄리아는 언니와는 관련없다고 주장했다. 왜 그렇게 생각해? 언니가 세상의 중심이야? 줄리아는 이 연구가 자신의 경험, 그러니까 암벽등반을 하다가 더 열심히 해야겠다는 원동력을 얻은 일에서 나온 거라고 주장했다. 더구나 이 연구의 목적은 특히 저소득층 청소년에게 어떤 식으로 개입해야 장기적 결과를 개선할 수 있는지를 알아내는 데 있었다.

그러나 이 연구가 〈사이언스〉에 발표되자 줄리아는 결국 언니 앞에서 사실을 인정했다. 심지어 어느 정도 웃으면서 말할 수도 있었다. 그래, 언니 말이 맞아. 이 연구의 중요성은 아이들이 더 나은 결과를 얻도록 도울 수 있다는 점에 있지만, 연구 방향은 줄리아가 어렸을 때 언니에게 느꼈던 답답함에 어느 정도 영향받았을지도 몰랐다.

이런 대화를 편안하게 나눌 수 있었던 이유 중 하나는 오랜 시간 들여온 노력이 만족스러운 결과로 이어진 사람이 줄리아 하나만이 아니었기 때문이다. 세라가 자기 침실에서 공상에 빠지거나 수학은 내다 버리고 희곡을 읽었던 그 모든 시간, 아침에는 보모로 일하고 밤에는 소극장에서 푼돈을 받으며 일했던 그 모든 시간은, 알고 보니 나름의 그릇이었다. 이러한 종류의 그릇은 분명 열정은 가득하지만 그리 일관성은 없어 보였기에 줄리아가 알아차리기 힘들었던 모양이다. 세라는 20대 초반부터 기회가 닿을 때마다 전략적으로 소규모 연출과 제작, 드라마트루기 프로젝트를 맡아왔다. 그리고 27살이 되었을 때 그토록 오랫동안 쌓아온 전문기술을 발휘할 수 있는 꿈의 직업을 얻었다. 미국에서 문화가 가장 풍성한 소도시 중 하나인 버클리에 있는 존경받는 극장, 버클리레퍼토리시어터의 작품 검토 담당자가 된 것이다. 세라는 본인이 흥미롭고 창의적이라고 여기는 일을 하면서, 자기 분야에서 성공을 거두고 있었다. 현재 그녀는 여러 극장에서, 프리랜서 드라마투르그로 일하면서 베이에어리어의 공영 라디오방송국인 KQED에서 라이브 행사를 진행하고 있다.

언니의 삶이 펼쳐지는 과정을 지켜본 것이 일부 원인이 되어, 줄리아는 이따금 자신의 연구에 의문을 품었다. 그 의문은 만일 부모가 작은 노력을 기울이는 모습을 한결같이 수만 번 반복해서 보여줄 경우 그 효과가 유아기 이후에도 지속될 것인가를 넘어서는, 더 근본적인 것이었다. "연구할 때 자주 부딪치는 문제예요. 사람들은 제게 이렇게 말해요. 끈기에 대해 연구하시잖아요. 그런데 끈기 있는 것이 정말 좋은 건가요? 꼭 끈기가 있어야 하나요? 포기하는 것도 좋지 않나요? 당신이 아이들에게 진짜로 원하는 것이 뭔가요? 계속해서 일만 하고 또 하길 바라나요? 즐거움에도 어떤 가치가 있지 않을까요?" 자기 연구에 대해 오랫동안 고민하던 줄리아는 결과—사람이 기꺼이 쏟으려 하는 노력의 양—보다 시작점에 더 관심을 쏟기 시작했다. 우리가 도전하고 싶게 만드는 요인은 무엇일까? 다른 사람을 보고 자기도 노력을 기울이게 되는 활기찬 에너지는 어디서 나오는 걸까? 어떻게 하면 어른이 아이들에게 주체성, 즉 자신이 스스로 목표를 세우고 달성할 수 있다는 느낌을 길러줄 수 있을까? 그리고 부모는 이러한 내재적 동기에 어떤 영향을 미칠 수 있을까?

긴 시간에 걸친 여러 연구결과에 따르면, 예를 들어 아이가 퍼즐을 완성하려고 할 때 부모가 개입할 경우 아이의 의욕을 떨어뜨린다. 그러나 원인과 결과를 구분하는 일은 연구자에게 늘 어려운 문제다. 어쩌면 과도하게 개입하는 부모는 아이가 스스로 열심히 노력하지 않으리라는 사실을 이미 알아서 그렇게 했는지도 모른다. 줄리아는 한 연구에서 성인 참가자들을 여러 아동에게 무작위로 배정해, 아이의 과제에 개입하거나 개입하지 않도록 한 뒤 예상했던 결과가 나타나는지를 확인했다. "어른의 개입은 아이들의 의욕을 극도로 떨어뜨렸어요. 제 다른 연구(끈기를 북돋은 연구)에서 나타난 모든 긍정적인 영향을 압도할 만큼 부정적인 영향이 컸습니다." 또 다른 실험에서 아이들은 여러 명이 돌아가면서 하는 게임이므로 중간에 어른이 개입할 거라는 말을 들었다. 아이들은 어른이 자신의 능력을 믿지 못해서 개입하는 것이 아님을 알았음에도, 자신에게 주어진 다음 과제나 게임에 전만큼 열심히 임하지 않았다. 그러한 의욕 저하를 단시간에 되돌리는 일 역시 쉽지 않았다. 예를 들면 첫 번째 게임 이후 몇 시간 뒤에 실시한 후속 게임에서도 결과는 마찬가지였다.

아이를 돕지 않는 용기

줄리아는 애초에 부모가 개입하게 되는 이유가 궁금했다. 어쩌면 어떤 부모들은 능력의 종류와 상관없이, 내 아이에게 그 능력이 있다고 믿는 경향이 더 크거나 적을지도 몰랐다. 아이가 일상 속 도전을 스스로 수행하도록 놔두는 일이 중요하다고 믿게끔 부모의 생각을 바꿀 수 있을까? 만약 그렇다면 생각의 변화가 행동의 변화로 이어질까? 줄리아와 동료들은 연구를 통해 부모들에게 일상에서 언제 어린 자녀의 과제를 대신해주는지 파악해달라고 요청했다. 그 결과 4~5살 자녀의 부모들은 주로 옷 입기처럼 매일 반복되는 단순한 과제를 대신해주는 것으로 나타났다.

"부모들은 퍼즐 완성 같은 학구적 과제와 비교했을 때 옷 입기나 방 청소 같은 일상활동에서는 아이들이 배울 것이 별로 없다고 생각했어요." 줄리아가 말했다. 염려되는 결과였다. "제 이전 연구에 따르면 한 과제를 대신해줄 경우 그다음 과제에서 아이의 의욕이 저하되었어요. 심지어 종류가 완전히 다른 과제인데도요. 파급효과가 나타날 수 있는 거죠. 게다가 아이뿐만 아니라 부모에게도 습관이 들어요. 자신이 아이의 자율성을 빼앗고 있을지도 모른다는 사실을 인식하지 못한 채 아이의 과제를 대신해주는 데에 익숙해지는 건 그리 좋지 않아요."

줄리아는 이 결과를 확인한 후 필라델피아의 플리즈터치박물관에서 또 다른 실험을 실시했다. 이 실험에서 4~5살 자녀의 부모들은 자녀의 놀이 참가 기회를 제공받았는데, 아이가 그 놀이에 참여하려면 하키장비를 착용해야 했다. 이 실험에서 중요한 부분은, 아이들이 낯선 장비를 착용하고 있을 때 부모의 개입 여부에 영향을 미칠 수 있을지 확인하는 것이었다("여기가 캐나다가 아니라서 정말 다행이지 뭐예요"라고 줄리아는 말했다). 모든 아이가 머리를 넣어 가슴 보호대를 입은 뒤 두 손을 사용해 양옆의 끈을 묶어야 했다. 또한 커다란 정강이 보호대를 착용해야 했는데, 그러려면 한 손으로는 보호대를 정강이에 붙들고 다른 한 손으로 보호대를 고정해야 했다. "아이들이 할 수 있는 일이에요." 줄리아는 다른 실험을 통해 이미 이 사실을 알고 있었다. 그 실험에서 줄리아의 팀은 부모들에게 절대 자녀를 도와주지 말라고 지시했고, 놀랍게도 아이들은 혼자서 장비를 착용하는 데 성공했다. 이제 남은 문제는 하나였다. 부모들에게 뒤로 물러서 있으라고 지시하지 않고도, 아이들이 스스로 장비를 착용하게 내버려두도록 부모를 유도할 수 있을까?

실험결과 이 질문의 답은 그 순간 부모가 어떤 메시지를 받느냐에 따라 크게 달라졌다. 부모들은 그날의 활동을 안내하는 종이 한 장을 받았는데, 일부 부모가 받은 종이 맨 끝에는 다음과 같은 문구가 적혀 있었다. "재미있는 사실: 아이들은 스스로 옷을 입으면서 많은 것을 배웁니다! 운동기능과 문제해결능력, 자신감을 습득하죠. 옷을 입으면서 배우는 이 능력들은 아이들이 유능하고 독립적인 성인으로 자라는 데 도움이 됩니다." 나머지 부모들은 실험의 '대조군' 역할을 하는 중립적 문구를 받았다. "재미있는 사실: 많은 박물관에 아이들을 위한 분장실이 마련되어 있습니다. 여기서 다양한 옷과 복장을 직접 입어볼 수 있지요. 이렇게 옷을 입어보는 것은 아이들이 박물관과 교감하며 전시에 적극 참여하는 데 도움이 됩니다. 아이들이 옷 입는 법을 확인할 수 있도록 각 방 거울에 유니폼 착장 사진을 붙여놓았습니다." 부모가 어떤 메시지를 받았느냐에 따라 결과가 눈에 띄게 달라졌다. 아이들이 스스로 옷을 입을 때 무언가를 배울 수 있다는 메시지를 받은 부모들은, 박물관과 변장에 관한 메시지를 받은 부모들보다 훨씬 높은 비율로 자녀가 혼자 장비를 착용하도록 내버려두었다.

자녀의 성공을 마음 깊이 바라는 부모에게 자녀의 실패를 지켜보는 것은 매우 고통스러운 일일 수 있다. 심지어 자녀가 스스로 해낼 수 있을지 확인하려고 옆에서 가만히 기다리는 것조차 어려울 수 있다. 그러나 줄리아의 연구결과는 자녀의 학습을 돕고자 하는 부모의 열망이 결국 자녀를 향한 기대나 자녀가 실패할지도 모른다는 두려움보다 더 강하다는 사실을 보여준다. 부모에게는 그저 스스로 성공하거나 실패할 기회를 자녀에게 주라는 격려가 필요할 뿐이다. 자녀가 알아서 학습하게 하는(궁극적으로는 자녀의 성공을 돕는) 가장 좋은 방법은 아이가 실패의 위험을 감수하도록 놔두는 것임을, 특히 아이에게 도전의지가 있을 때는 더더욱 그렇다는 것을 부모에게 상기해줄 필요가 있다. 고군분투하는 법을 배우는 과정은 그 자체로 하나의 교육이다. 한편으로는 아이가 부모의 기대를 한참 뛰어넘을 수도 있다. 아이는 직접 깨워주지 않아도 알아서 잘 일어나 등교할 수 있을지도 모르고, 지역 호수에서 여자 수영 신기록을 깰지도 모른다.

이제 30대 중반인 줄리아는 가까운 미래에 아이를 낳을 생각을 하고 있다. 줄리아는 아이가 아픔이나 실망을 감수하게 놔두는 부모—그러한 메시지를 일찍부터 전달하는 부모, 아이가 신발 찍찍이나 신발끈이나 마지막 퍼즐 조각을 어설프게 더듬거리도록 놔두는 부모가 되고 싶다고 말했다. 물론 줄리아는 야심이 많아서 워킹맘이 될 가능성이 높고, 아이가 혼자 씨름하도록 두는 데는 노력과 인내가 필요하다는 사실도 잘 알고 있다. 여기에는 시간이 필요하고, 때로는 다른 사람의 도움도 필요하다. 무엇보다 부모가 아이의 기본적 필요를 채워주는 것만으로 지쳐서 나가떨어지지 않을 만큼의 자원이 필요하다. 줄리아는 아침에 황급히 집에서 나가느라 1분 1초가 아까운 상황에서 아이가 가방 지퍼와 씨름하게 둘 여유가 없는 부모들의 마음에 깊이 공감한다.

나는 줄리아가 나 같은 부모를 이해하고 공감한다고 느꼈다. 여기에서 나 같은 부모란, 아이들이 잃어버린 물건을 덜 효율적으로 찾아 헤매면서 괴로워하는 모습을 지켜보느니 차라리 내가 길 잃은 장난감을 찾고, 아이들이 제자리에 두지 않은 학교 폴더를 찾고, 잃어버린 에어팟을 찾다가 인생에서 몇 주가량의 시간을 소모한 부모를 의미했다. 결국에는 해야 할 일이었고, 가끔은 내가 그냥 그 일을 해치워버렸다.

"아이들이 스스로 ○○를 하면서 배우는 능력은 유능하고 독립적인 성인으로 자라는 데 도움이 됩니다." 이러한 메시지를 담은 포스터가 우리집 곳곳에 붙어 있었다면 우리 가족 모두에게 이로웠을 것이다. 줄리아는 이런 작은 개입만으로도 자녀가 시도하고, 실패하고, 다시 시도하고, 결국 성공할 수 있게 놔둬야 한다는 사실을 부모에게 일깨울 수 있다고 믿는다. "식료품점 여기저기에 안내판이 붙어 있다고 상상해보세요." 줄리아가 말했다. 안내판에는 이렇게 쓰여 있다. "쇼핑이 곧 학습이라는 것을 알고 계셨나요?" 사과 8개와 배 9개를 가지고 오라거나, 강낭콩이라는 이름의 식료품을 찾아보라거나 하는 식으로 자녀에게 과제를 주라고 부모들을 격려하면 어떨까? "정말 간단해요." 줄리아의 말이다.

줄리아와 대화를 나누는 동안 뉴햄프셔에 있는 그로프 부부의 집을 찾았을 때 내가 소소한 아이디어에 감탄했던 일이 떠올랐다. 지닌은 평소 냄비를 보관하는 찬장 제일 아래층에 유리컵을 넣어두었는데, 손주들이 스스로 컵을 꺼낼 수 있도록 하기 위해서였다. 다리에 깁스를 한 지닌의 자그마한 손녀가 몸을 끌고 계단을 오르던 모습도 생각났다. 애덤과 트리샤의 집을 찾았던 날도 기억났다. 그날 고요하던 집에서 개가 칭얼대기 시작하자 트리샤가 대화를 잠시 멈추고 당시 6살이었던 딸 쪽으로 고개를 돌렸다. "잉그리드, 바깥에 나가서 개에게 목줄 좀 채워줄래?" 트리샤는 온화하면서도 단호한 목소리로 물었다. "할 수 있어? 할 수 있겠어? 나가서 한번 해봐." 짧게 스쳐지나간 말이었지만, 나는 잉그리드가 새로운 과제를 어떻게 수행하는지 지켜보지도 않고 트리샤가 곧바로 나와의 대화를 재개한 것이 인상 깊었다. 트리샤는 딸이 잘해낼 거라고 믿고 있었다. 나는 이러한 작은 상호작용이 일상에서 켜켜이 쌓여 자신감과 능력이 가득 담긴 커다란 저장고가 된다고 믿는다.

부모에게 자녀의 능력을 어디까지 믿어줘야 할지 파악하라는 말은 단순한 요구처럼 보인다. 그러나 동시에 줄리아는 부모에게 어디까지 요구해야 합당한지 고민한다. "제가 부모가 되면 아이의 학습이 그렇게 중요할까요? 그저 아이를 안전하게 지키는 것, 그리고 또 하루를 무사히 보내는 것이 중요하지 않을까요? 가끔은 제가 부모들에게 너무 많은 것을 요구하는 게 아닌가 하는 생각이 들어요."

줄리아의 그 모든 노력과 염려와 연구와 실험은 마침내 의미 있는 보상으로 이어졌다. 본인의 연구소, 현재 예일대학교에서 줄리아가 이끌고 있는 연구소를 운영할 기회가 찾아온 것이다. 그러나 줄리아는 팬데믹의 영향 때문에 2020년에 있었던 그 변화를 온전한 성공으로 느끼지 못했다. 그 길었던 시간이 끝날 무렵, 줄리아는 어떤 면에서 자신이 그 어느 때보다도 자신감이 없다고, 한계에 부딪혀 전보다 더 겸손해졌다고 내게 말했다. 어떤 사람들은 팬데믹을 이용해 제빵을 배우거나 매일 10킬로미터 달리기를 시작했지만 원래 엄청난 행동파였던 줄리아(암벽등반가이자 예술가의 영혼을 지닌 뛰어난 도예가였던 줄리아)는 의욕을 깡그리 잃었다. 창의적인 생각을 하고 예술작품을 만들고 새로운 과학적 아이디어를 떠올릴 시간이 얼마든지 있었지만 그 무엇도 술술 이어지지 않았다. "제가 생각하던 제 모습이 아니었어요." 줄리아는 자신이 타고났다고 믿었던 추진력이 사실은 구체적 환경에 크게 좌우된다는 것, 매일 방문할 수 있는 연구소나 함께 아이디어를 논의할 수 있는 동료들처럼 자신에게 주어진 특정 조건에서 나온다는 사실을 인정할 수밖에 없었다. 자신이 가진 특권 덕분에 성공할 수 있었음을 늘 자각하고 있었지만, 팬데믹에서 빠져나올 때쯤에는 자신이 어떻게든 역경을 극복하는 사람이자 어떤 장애물을 만나도 인내하고 결국 성공하는 사람이라는 확신이 전보다 약해져 있었다.

팬데믹 이후 줄리아, 그리고 같은 분야에 속한 수많은 연구자들은 그릿과 명백한 성공 개념에서 관심을 돌려 전만큼 목적 지향적이지 않은 사회 분위기에 주목했다. 청년 세대는 그릿을 갈고닦기보다는, 전반적인 웰빙을 해치면서까지 장시간 노동하는 태도를 오랫동안 중시해온 사회의 토대에 의문을 제기하는 데 더 관심이 많아 보인다.

"세상이 변했어요. 과학도 변했고, 저도 변했어요." 줄리아와 동료 연구자들은 이제 학업 성취를 강조하기보다는 아이들이 성장하면서 잃어버리는 듯한 타고난 학습욕과 호기심을 보존하고자 애쓰는 데서 새로운 에너지를 찾고 있다. 줄리아는 연구의 지향점이 그릿을 향한 집착에서 벗어나 적응력 쪽으로 옮겨가는 현상을 목도하고 있다. "또한 관심이 환경 쪽으로 옮겨가고 있어요. 우리의 미래 가능성은 일련의 범위로 존재해요. 핵심은 어떤 환경이 개인을 그 범위의 상한선으로 밀어 올리는지 파악하는 것이죠."

줄리아와 언니는 서로 반대편 해안에 살면서 각자 자신의 일을 열정적으로 해나가고 있다. 그 열정은 개인적인 삶에 때로는 도움을 주고 때로는 해를 끼친다. 자매가 식당에서 만난 어느 날, 팁을 계산할 때가 되자 수학을 늘 어려워했던 세라는 바로 줄리아에게 계산서를 건네 또 한번 동생을 답답하게 한다. 줄리아는 여전히 궁금하다. 언니는 시도도 못 하나? 그러나 이제 줄리아는 언니를 '고칠' 수 있는 최적의 방법보다는 언니의 타고난 강점에 훨씬 관심이 많아졌다고 말한다.

그리고 세라 로즈는 여전히 동생이 지닌 남다른 추진력의 이면을 잘 알고 있다. 그 이면에는 심란함, 걱정, 스트레스와 같은 불안이 있다. 줄리아의 연구결과는 적어도 아기들의 경우, 끈기 있는 행동의 본보기를 목격하는 것만으로도 의욕이 생길 수 있다는 사실을 보여준다. 강인한 사람이 되기란 녹록지 않다. 여기에 과연 그만한 가치가 있는지 판단하는 것은 우리 아이들의 몫이다.

3장

홀리필드 가족
길이 없으면 길을 만든다

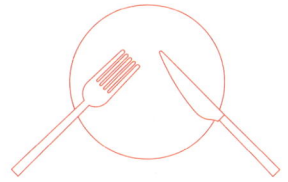

1950년대 후반과 1960년대 초반에 플로리다주 탤러해시에서 자란 소녀 시절, 매릴린 홀리필드는 2가지에 푹 빠져 있었다. 매릴린은 피아노 치는 것이 좋았고 수영하는 것이 좋았다. 수영에 명백한 이점이 하나 있었지만 둘 중 뭐가 더 좋다고는 말할 수 없었다. 여름이면 매릴린은 아침에 몇 시간, 오후에 몇 시간씩 물속에서 하염없이 수영했다. 결국 아침에 어머니가 미용실에 데려가 머리카락을 쫙쫙 펴는 것마저 포기한 덕분에, 한때나마 뜨거운 빗과 고데기의 지글거리는 소리와 연기에서 해방될 수 있었다. 그 길었던 여름날을 자연스러운 본래의 머리카락으로 보낼 수 있었기에 로빈슨-트루블러드라는 이름의 동네 수영장은 매릴린에게 자유로운 장소로 기억되었다. 비록 동네에 있는 다른 두 수영장이 백인 전용이어서 어쩔 수 없이 가게 된 곳이었지만 말이다.

3장. 홀리필드 가족

흑인 가족들에게 로빈슨-트루블러드 수영장은 10대 소녀들이 미인대회에 참여하고, 동네 교회들이 세례식을 거행하고, 청소년들이 댄스파티를 여는 탤러해시의 사교 중심지 중 하나였다. 입구 앞에 줄이 길게 늘어서는 날이면, 스모키 로빈슨이나 슈프림스의 노래가 흘러나오는 라디오의 팅팅 소리를 배경으로 주차장 자체가 만남의 장소가 되었다. 매릴린도 이 모든 것을 좋아했지만 수영팀에 3명뿐인 여성 팀원 중 1명으로서 주로 수영장에서 연습을 했다. 매릴린은 심지어 1살 많은 오빠 에디보다도 수영이 빨랐는데, 결국 에디는 언젠가부터 빈정이 상해서 매릴린과 더이상 시합하지 않았다. 에디보다도 1살이 더 많은 큰오빠 비숍 역시 매릴린보다 수영이 느렸지만, 비숍은 동생을 자랑스러워하며 이 사실을 아무렇지 않게 받아들이는 듯했다. 지금도 비숍은 "매릴린은 누구보다도 팔이 빨랐다"며 감탄한다.

매릴린이 16살이던 1964년 7월, 공민권법이 통과되고 이틀 후, 시에서 다른 공공수영장 두 곳과 함께 로빈슨-트루블러드 수영장의 문을 닫았다. 시장은 재정적인 이유로 수영장을 폐쇄했다고 주장했다. 그러나 모두가 진상을 알았다. 그날 아침 흑인 몇 명이 백인 전용 수영장 중 한 곳에 들어가려고 한 것이다. 탤러해시는 그 당시 새로 제정된 법을 따르느니, 차라리 공공수영장을 폐쇄하고 물을 빼버리는 쪽을 선택한 남부의 수많은 도시 중 하나였다.

이러한 조치는 탤러해시 흑인 공동체의 사기를 떨어뜨리는 또 한번의 잔인한 인종차별 공격이었지만, 홀리필드 가족이 입은 타격은 특히나 컸다. 이들에게 수영장과 수영의 의미는 가족의 비극과 깊이 얽혀 있었기 때문이다.

매릴린이 태어나기 2년 전인 1946년 5월, 부모님의 친한 친구가 두 사람의 3살짜리 딸 게일을 소풍에 데려가도 되느냐고 물었다. 게일을 초대한 친구 부부에게는 낚싯배가 있었고, 그 집 남편이 사람들을 모아 근처에 있는 작은 호수로 놀러갈 예정이었다. 당시 많은 흑인 가족이 호숫가 땅을 소유하고 있었기에, 사람들은 더운 여름날이나 경삿날 그곳을 찾아 물가에서 핫도그를 구워 먹곤 했다.

점심시간이 얼마 지나지 않아 지역 보안관에게 호수에서 큰일이 났다는 전화가 왔다. 한 아이가 배 위에서 일어섰고, 그 아이를 앉히려고 또 다른 아이가 일어서던 중 갑자기 균형이 깨져버렸다. 배가 뒤집히면서 배 위에 있던 사람 모두가 물속에 빠졌다. 뭍에서 겨우 20여 미터 떨어진 지점이었다. 사람들을 배에 태우고 호수로 나간 교사는 자기 목에 매달린 7살 딸과 함께 간신히 빠져나왔지만 이 사고로 아들을 잃었다. 교사의 아내가 초조하게 양손을 비비며 호숫가를 서성이는 동안 잠수부들이 도착해 나머지 아이들을 찾았지만 결국 아무도 살아남지 못했다. 그 6명 중 1명이 바로 게일 홀리필드였다.

홀리필드 가족에게 이 비극의 여파는 그 호수와도 같았다. 즉 고요하고, 깊고, 거대했다. 어떤 이들은 남매의 어머니인 밀리센트 홀리필드가 완전히 다른 사람이 되었다고 생각했다. "밀리센트는 어린 딸애의 죽음을 극복하지 못했어요." 그날 호수에서 사건을 목격한 사람이자 밀리센트와 그의 남편 비숍 시니어의 친구이기도 한 캐리매 마퀴스가 말했다. "밀리센트 안에는 늘 슬픔이 있었던 것 같아요. 본인은 한 번도 입에 올리지 않았고, 그에 대해 물어본 사람도 없지만요."

어린아이의 죽음은 특히나 고통스러운 참사다. 그러나 홀리필드 가족이 겪은 죽음은 또 다른 참사, 바로 인종차별 때문에 흑인이 안전하게 수영할 기회를 박탈당했던 가슴 아픈 역사와도 관련 있었다. 케빈 도슨이 저서 《권력의 저류 Undercurrents of Power》에서 상술했듯, 짐크로법이 통과된 남부에서 흑인 아이들은 전문 안전요원이 배치된 수영장이나 해변에 접근할 수 없었다. 아이들은 주로 아무 보호장치도 없는 강이나 호수, 거대한 웅덩이에서 수영을 했고, 그 결과 백인 아이들보다 더 높은 비율로 익사 사고를 당했다. 심지어 오늘날에도 흑인 어린이의 익사 사고 비율은 백인 어린이의 거의 3배에 달한다.

홀리필드 부부와 같은 비극을 겪으면 보통은 나머지 자식들에게 깊은 물에 들어가지 말라고 주의를 줄지도 모른다. 그러나 홀리필드 부부는 달랐다. 그 대신 밀리센트는 자식들이 다시는 익사할 위험에 처하지 않도록, 흑인 백인 가릴 것 없이 제일 수영을 잘하는 사람으로 만들겠다고 다짐했다. 삼 남매 모두 수영 수업을 들었고 수영팀에 가입했다. 삼 남매 모두 안전요원이 되는 법을 배웠다. 매릴린은 이렇게 말했다. "두려움을 모르는 분들이었어요."

1964년 탤러해시 당국이 공공수영장을 폐쇄하기 전에도 홀리필드 가족은 남부에서 점점 기세를 높이던 학생 저항운동에 관해 자주 대화를 나누었다. 이들은 저녁을 먹으면서 텔레비전에서 본 가두시위와 용감한 비폭력 직접행동, 때로는 흑인의 목숨을 앗아가기도 했던 보복행위, 갈수록 높아지던 전국적 지지 분위기, 오랫동안 기다려온 발전의 징조들을 논했다. 매릴린과 에디, 비숍은 이전부터 쭉 민권운동을 지지했지만 가족 전체가 직접 운동에 나선 적은 없었다. 로빈슨-트루블러드 수영장이 문을 닫기 전까지는 말이다.

1966년 6월 23일, 어느 지역신문이 흑인 3명과 백인 1명이 시청 앞에서 피켓 시위를 벌였다고 보도했다. 신문기사는 이 시위가 한 단체의 행동 촉구에 대한 응답이었다고 전하면서 배후에 외부 세력이 있음을 넌지시 암시했다. 시위에 참여한 백인 여성이 누구였는지는 지금껏 밝혀지지 않았지만 나머지 3명은 에디와 매릴린, 비숍 홀리필드였다. 세 사람은 본인의 가족 외에 그 어떤 단체도 대표하지 않았다. 아버지 비숍 시니어가 '운송위원회 위원장'을 자처하며 오후에 삼 남매를 데리러왔지만 시위를 주도한 사람은 첫째인 비숍이었다. 매릴린이 든 피켓에는 "수영하기에 내 욕조는 너무 작다"라고 쓰여 있었다.

　　수영장 재개장 문제가 비공식 투표에 부쳐지기까지는 이로부터 1년이 더 걸렸다. 그때 비숍은 로스쿨에서 막 1년을 보내고 여름 동안 법학생민권연구위원회의 탤러해시 지부에서 인턴으로 일하고 있었다. 인턴십 기간 동안 비숍은 에디와 다른 자원봉사자들의 도움을 받아 비밀리에 전화 캠페인을 벌였다. 수영장 개장에 찬성하는 사람들, 주로 민주당원과 흑인 유권자에게 꼭 투표에 참여해달라고 부탁하는 전화였다. 수영장이 폐쇄되고 3년이 지난 1967년 8월 1일, 비숍은 소수의 개표 감독관 중 한 사람이 되어 있었다. 그는 새로 지은 시청 건물의 반짝거리는 로비에 서서 양쪽으로 나뉜 투표용지가 거의 같은 속도로 쌓여가는 장면을 지켜보았다. 얼마 후 수영장 개장에 찬성하는 쪽이 약 500표라는 근소한 차이로 승리를 거뒀다는 발표가 나왔다. 재개장 비용은 시예산으로 충당하기로 했다. 이 결과는 도덕적 승리였지만 홀리필드 가족에게는 매우 사적인 승리이기도 했다. 한 아기가 물에 빠져 목숨을 잃는다. 약 20년 뒤 그 아기를 한 번도 만난 적 없는 형제자매가 민권운동가가 되었고, 수영장 재개장 투쟁을 시작으로 장차 저마다 다양한 형태로 저항운동을 펼치게 된다.

세 남매는 모두 시민권을 위해 헌신한다는 직업상의 공통점이 있었지만, 자신의 힘을 사용하는 방식은 뚜렷하게 달랐다. 비숍은 하버드로스쿨에서 영향력 있는 흑인단체를 설립한 뒤 탤러해시에 있는 흑인대학교에서 오랫동안 법률고문으로 활동하며 로스쿨 복원을 위해 힘썼다. 매릴린은 고등학교 2년과 직장생활 일부를 다소 고립된 상태로 보냈지만, 단념하지 않고 한 곳 이상의 유력기관에서 인종차별정책을 철폐하는 데 일조했다. 그리고 지역사회 지도자이자 플로리다 대형로펌 최초의 흑인 여성 파트너가 되었다. 오늘날까지도 매릴린은 전국의 주요 로펌에서 거의 없다시피 한(전체의 1퍼센트 미만인) 흑인 여성 파트너 중 하나다. 경제학 석사학위가 있는 심장 전문의였던 에디는 결국 직장을 떠나 자신의 분노를 표출하며 여러 엇갈린 결과를 냈다. 공중보건 활동가이자 거침없는 투사였던 에디는 여러 기관에서 골칫거리가 되는 데 자부심을 느끼는 가시 돋힌 인물이었다. 성공 자체가 일종의 저항인 삶을 살았던 세 남매의 부모님은 자식들이 여러 도전에 맞설 수 있도록 착실히 준비시켰다. 그리고 내가 취재한 다른 형제자매들이 그러했듯 세 남매는 각자가 스스로 정한 기준을 상호 주시하면서 서로가 서로의 원동력이 되기도 했다.

홀리필드 가족의 이야기가 인상적인 이유는 우선 삼 남매의 재능과 추진력이 워낙 뛰어나서이다. 또한 이들이 자기 부모님처럼 역사의 흐름과 교차하며 치열하게 맞서 싸워 결국 유력기관에 입성하고, 그 과정에서 다른 이들에게도 기회를 열어주었기 때문이다.

성공 자체가 저항이 된 가족

앞으로 전진하는 홀리필드 가족의 추진력은 추락 사고에서 시작된 것인지도 모른다. 1909년에 태어난 삼 남매의 아버지 비숍 홀리필드 시니어는 어린 시절 나무에서 떨어졌다. 미시시피 스콧카운티의 외딴 농업지대인 힐즈버러에 살고 있던 비숍 시니어의 가족은 그에게 간절히 필요했던 의학적 도움을 받을 수 없었고, 결국 그는 평생 눈에 띄게 다리를 절면서 걸었다. 삼 남매의 한 친척이 내게 말했듯, 어쩌면 비숍 시니어는 이 부상 때문에 대학 진학을 목표로 삼았는지도 모른다. 육체노동에 절대 뛰어나지 못할 거라는 우려에 힘입어 비숍 시니어는 13명의 형제자매 중 유일하게 대학에 진학했다. 그러나 매릴린은 아버지에게 더 내재적인 동기가 있었다고 믿는다. 자기 아버지는 어렸을 때부터 주변 사람들보다 더 원대한 삶을 꿈꿨다는 것이다.

비숍 시니어가 살던 힐즈버러에는 고등학교가 없어서, 그는 가족이 소유한 약 200만 제곱미터 규모의 농장을 떠나 터스키기 일반산업연구소에 입학하겠다는 목표를 세웠다. 이 연구소는 오늘날의 터스키기기술대학교로 발전하는데, 이 대학교는 연구소의 초대학장인 부커 T. 워싱턴에게 여전히 깊이 영향받고 있는 흑인대학교이다. 당시 터스키기 일반산업연구소에 가려면 '짐크로 칸', 즉 편의시설이 전혀 없고 백인 탑승객이 이따금 닭과 돼지를 싣곤 했던 더러운 객차를 타고 동쪽으로 약 400킬로미터를 이동해야 했다.

비숍 시니어는 역경을 극복하는 사람이자 체구보다 더 위엄 있게 행동하는 사람이었다. 터스키기에서 승승장구한 그는 당대 가장 유명한 흑인 과학자였던 조지 워싱턴 카버 밑에서 일하며, 땅콩의 여러 활용법에 대한 카버의 그 유명한 연구를 함께 진행했다. 그중에서도 특히 땅콩 기름 추출 연구에 관심이 많았는데, 훗날 자신이 〈탤러해시 데모크래트〉에 말했듯 당시 머리카락이 많이 빠지고 있었고 땅콩 기름이 탈모 방지에 효과가 있으리라 생각했기 때문이다. (안타깝게도 그는 이렇게 덧붙였다. "효과는 없었습니다.")

사실 비숍 시니어는 대학생치고 나이가 많았다. 학비를 마련하느라 중간에 몇 년씩 과일과 채소를 직접 재배해서 팔았기 때문이다. 마침내 그는 20대 후반에 터스키기기술대학교를 졸업해 농경학 및 토양학 학사학위를 받았고, 1939년 근처 재향군인 병원의 수석조경사 일자리를 얻었다. 그리고 수질 및 토질 보호론자가 되어, 적절한 도구와 기술만 있으면 아무리 척박한 환경에서도 식물을 재배할 수 있다는 전제를 바탕으로 경력을 쌓아나갔다. 그러려면 끈기가 필요했고 지식이 필요했다. 특히 장기적인 비전과 점진적인 발전을 기다릴 수 있는 인내심, 그러니까 시간이 흐르면 자신의 노력이 결국 보상받으리라는 믿음이 필요했다.

비숍 시니어는 재향군인 병원에서 일하던 중 같은 병원에서 간호사로 일하고 있던 밀리센트 클라크를 만났다. 바베이도스 출신의 노동계급 아버지와 수리남 출신의 활동가 어머니에게서 태어난 밀리센트는 보스턴에서 자랐다. 밀리센트의 부모님은 20세기에 흑인의 자긍심을 부르짖으며 자립을 주창했던 자메이카 출신의 활동가 마르쿠스 가비의 원칙에 따라 딸을 키웠다. 비숍 시니어도 부커 T. 워싱턴의 철학에 영향받은 터스키기기술대학교의 교육을 통해 자기계발의 필요성을 깊이 느꼈다. 두 사람이 받은 이념교육은 몇 가지 핵심 측면에서 서로 달랐지만 그래도 여러 공통점이 있었기에 서로 잘 맞는 한 쌍이 될 수 있었다고, 매릴린은 내게 말했다. "두 분은 재정 자립을 촉구하는 2가지 강력한 힘에 영향받으며 자랐어요." 비숍 시니어는 남부 출신의 야망 있는 소년이었고, 보스턴시립병원의 간호학교를 졸업한 선구자 밀리센트는 딸에게 깊은 인상을 남긴 학교 단체사진에서 흰 얼굴의 바다 속 오로지 3명뿐인 흑인 여성 중 1명이었다.

재정 자립을 향한 비숍 시니어의 첫걸음은 연방정부 일자리에서 시작되었다. 그는 플로리다주 최초로 미국 농무부에 고용된 토질 보존 전문가가 되었다. 백인 동료들과 함께 일하며 농부들(흑인도 있고 백인도 있었다)에게 어떤 영농법이 가장 좋은지를 가르치는 일이었다. 이 직업은 안정성과 명망을 얻을 수 있다는 장점이 있었지만, 첫 근무지를 배정받자마자 앞으로 이 일이 얼마나 험난할지가 드러났다. 비숍 시니어와 밀리센트는 1943년에 근무지인 플로리다주 마리아나로 이주해야 했다. 그해에도 흑인 남성 하나가 린치를 당한 마리아나는 1934년에 있었던 마지막 공개 린치의 장소로 악명이 높았다.

그러나 지역 공무원이 보낸 편지 한 통으로 운명이 뒤바뀌었다. 비숍 홀리필드 시니어의 성공은 그 지역 다른 흑인들에게 '나쁜 선례'가 될 것이므로, 마리아나 당국은 홀리필드가 그 자리를 맡는 것을 반기지 않는다는 내용의 편지였다고, 어렸을 때 그 편지를 몇 번이나 읽었던 매릴린이 말했다. 매릴린에게 이 편지는 엄청난 힘을 발휘했다. 증오가 깃든 얇은 종이 한 장으로 매릴린의 아버지가 새로운 근무지를 배정받았고, 가족 전체가 훨씬 밝은 미래로 이어지는 새로운 길을 걷게 되었다. 그 종이 한 장은 운명의 장난처럼 홀리필드 가족을 텔러해시로 이끌었다.

홀리필드 가족이 처음 도착한 1943년의 탤러해시는 플로리다의 주도였지만 시골과 비슷했고 다소 나른한 분위기를 풍겼다. 스페인 이끼를 치렁치렁 걸치고 대로 위로 우거진 참나무와 탁 트인 들판이 이곳의 특징이었고, 흑인들이 사는 일부 지역은 도로가 여전히 황톳길이었다.

홀리필드 가족이 이사한 도시는 흑인 중산층이 비교적 탄탄한 곳이었다. 이곳의 흑인 인구는 미국의 다른 지역에 비해 대체로 임금과 교육수준이 높았다. 그러나 이러한 장점도 흑인 주민을 짐크로법의 모욕에서 완벽하게 보호하지는 못했다. 짐크로법은 백인우월주의를 전제한 잔혹행위와 박탈, 불평등의 보루였다. 폭력의 위협 때문에 식당과 화장실, 영화관에서의 인종분리가 더욱 강화되었다. 탤러해시는 여전히 반反친목법에 따라 공공장소에서 같이 맥주를 마시는 흑인과 백인을 체포하는 도시였다.

한편으로 탤러해시에는 보기 드문 피난처가 있다는 장점이 있었다. 그 피난처는 플로리다A&M대학교라는 이름의 흑인고등교육기관으로, 주로 FAMU('팸유'라고 발음한다)라고 불렸다. 남북전쟁 이후 여러 교회와 자유민 사무소는 노예에서 해방된 400만 명이 기회를 얻는 데 학교 교육이 꼭 필요하다고 판단하고 흑인대학교 설립에 힘을 쏟았다. FAMU는 남부에 설립된 수십 개의 흑인대학교 중 가장 규모가 크고 명성 있는 곳 중 하나였다. 홀리필드 가족의 구성원이 늘어나는 동안 FAMU도 점점 번성했고, 1949년에는 재학생 수가 2천

명으로 급증해 1953년에 종합대학교의 지위를 획득하며 법학 및 간호학 대학원 과정을 강화했다.

홀리필드 가족이 살던 동네는 FAMU 캠퍼스에서 도보로 겨우 몇 분 거리여서 비공식적으로는 거의 학교 부지나 다름없었다. 탤러해시에서 가장 높은 언덕에 위치한 캠퍼스에는 붉은 벽돌로 된 조지아 양식의 건물 여러 채와 신고전주의 양식의 도서관 하나가 여기저기 흩어져 있었다. 한때 플로리다 준주(準州) 총독의 플랜테이션이 있던 곳에 세워진 FAMU는 이 땅을 흑인 학생들을 위한 플로리다 최고의 성장동력 중 하나로 탈바꿈했다.

캠퍼스와 가까운 이 동네에서는 정치와 예술, 금융 분야를 선도하는 흑인 전문가들이 비교적 새로 지은 자신의 단층 주택 앞마당에서 잔디를 깎았다. 밀리센트는 FAMU의 급식 운영부서를 이끌던 캐리 매 마퀴스 박사(2020년에 작고했다) 같은 이웃들과 브리지게임을 했다. 또한 1950년대에는 당시 북부 플로리다에서 흑인 환자를 치료하는 유일한 병원이었던 FAMU대학병원에서 일하며 이학 학사학위를 취득하기도 했다. 훗날 아들 비숍은 같은 동네에 사는 FAMU 학자들과 박사들의 집 수십 곳에 고등학교 신문을 돌렸는데, 그중에는 1969년에 FAMU 풋볼팀을 이끌며 탬파대학교를 상대로 승리를 거둔(남부에서 흑인대학교가 주로 백인 학생으로 이루어진 풋볼팀과 처음 겨룬 역사적 경기였다) 유명 풋볼 코치 제이크 게이서의 집도 있었다.

최근 몇 년간 흑인 학생이 흑인대학교를 다닐 때 얻을 수 있는 이점이 뚜렷하게 드러나며 널리 알려졌다. 흑인대학교를 다니는 학생들은 그렇지 않은 흑인 학생들보다 지지받는 기분을 느낀다고 보고

할 확률이 더 높다. 의대에 진학하거나 STEM 분야(과학, 기술, 공학, 수학)에서 박사과정에 등록하는 흑인 학생들은 압도적인 비율로 흑인대학교 출신이며, 이들은 심지어 향후 건강상태도 더 좋다. 그러나 FAMU의 교수나 학생이 아닌 탤러해시의 흑인 주민들 역시 FAMU가 배출하는 재능 있고 뜻맞는 사람들 사이에서 풍요로운 삶을 살 기회를 얻었다. 그로프 가족의 집 뒤에 있던 호수가 세라 그로프에게 그러했듯, 이 동네는 그 자체로 아이들을 위한 자애로운 지원군 역할을 하며 아이들의 가치관을 형성하는 동시에 일류 교육을 접근 가능한 것이자 정복 가능한 것으로 만들었다.

하버드 경제학자 라지 체티는 우편번호가 아이들의 성적에 중요한 영향을 미친다는 사실을 데이터로 증명하며 거주지의 영향력을 입증한 것으로 유명하다. 그는 혜택받은 동네에 오래 거주할수록 아이들의 최종 학력 수준이 높아진다는 사실을 발견하면서, 인생의 중요한 선택에 영향을 미치는 것은 (예를 들면 아이들의 부모가 아닌) 거주지라는 점을 시사했다. 관련 연구에서 체티와 그의 연구팀은 구체적으로 어떤 요인이 아이들에게 혁신가가 될 기회를 제공하는지 살펴보았다. 그리고 특허 보유자를 배출한 동네의 우편번호를 조사하는 과정에서 노출이 매우 중요하다는 사실을 발견했다. 체티와 그의 연구팀은 2017년의 연구결과 개요에서 "혁신가가 많은 지역에서 성장하는 아이들, 그러므로 성장과정에서 혁신에 더 많이 노출된 아이들은 자신도 혁신가가 될 확률이 훨씬 높다"라고 설명했다. 또한 체티는 특허 보유자의 초등학교 수학 성적과 당시의 가족 납세 기록을 조사하면서, 어린아이가 해당 과목에 재능이 있는 것만으로는 충분하지 않다는 사실도 확인했다. 연구 결과, 성적이 좋은 학생들 중에서도 오로지 부유한 집안의 아이들만 특허를 보유할 기회를 얻은 것으로 나타났다. 이는 기회가 부족한 환경과 불평등 때문에 재능이 개발되지 못한다는 사실, 즉 체티의 표현에 따르면 자기 아이디어를 탐구할 기회를 얻지 못해 "세상에서 사라진 아인슈타인"이 너무나도 많다는 사실을 보여준다. 전반적으로 체티의 연구는 경제적 불평등의 부당함과 사회적 대가를 강조하지만, 다른 한편으로는 특정 종류의 원대한 아이디어를 실현하는 데 지역이 매우 강력한 영향을 미친다는 점—실리콘밸리뿐만 아니라 FAMU 같은 대학 도시에서처럼—을 드러내기도 한다.

텔러해시에서 홀리필드 부부는 FAMU에서 취할 수 있는 것은 최대한 취했다. 아이들을 FAMU심포닉밴드 공연에 데려가고, 카운트 베이시가 캠퍼스를 찾아왔을 때 그의 공연에도 데려가고, 로레인 핸스베리의 연극 〈태양의 계절 *A Raisin in the Sun*〉도 같이 보러 갔다. 또한 아이들이 어느 정도 크자마자 FAMU의 시범학교에 입학시켰는데, 우수하다는 명성이 자자했던 이 학교는 석박사학위가 있는 교사들이 학생을 가르쳤고 그중 다수가 FAMU 졸업생이었다. "누에고치처럼 안전한 곳이었어요." 홀리필드 남매와 함께 FAMU 시범학교를 다닌 친구 핸설 툭스가 말했다. "우리는 우리가 못할 게 없다고 생각하며 자랐어요." 그렇다고 이들이 누에고치 바깥에서 벌어지는 잔혹한 불의를 전혀 몰랐던 것은 아니다. "국기에 대한 경례를 할 때 우리는 이렇게 말하곤 했어요. '자유와 정의가 함께할 것이니, 누군가에게는.' 우리는 현실을 인지하고 있었어요."

툭스 가족은 동네에서 명성이 자자한 가문 중 하나였다. 핸설 툭스는 레이시언인터내셔널의 사장이 되었고, 그의 형제 대릴 툭스는 레너드 번스타인, 퀸시 존스 등과 함께 작업한 작곡가이자 음악가로 티시예술대학교와 FAMU에서 학생들을 가르치며 음악산업 교육과정을 운영하고 있다. (대릴의 딸 라이언은 최근 플로리다 게인즈빌에서 일을 시작했는데, 그 직장은 바로 로런 그로프가 얼마 전 문을 연 책방이다.)

탤러해시에서 홀리필드 가족의 삶은 FAMU와 깊이 얽혀 있었다. 아이들을 안전하게 보호해준 이 학교에서 매릴린처럼 호기심 많고 예술을 사랑하는 소녀는 흑인 예술을 종합적으로 다룬 중요한 교재를 집필한 예술가이자 역사가 사멜라 루이스에게서 교육받은 대학원생들에게 수업을 받았다. 삼 남매 모두 어린이 연극에 참여해 몸 쓰는 방법과 큰 목소리로 자기 말을 전하는 방법을 배웠으며, FAMU의 유명 악단 '마칭 100 Marching 100'의 우레와 같은 소리에 짜릿해했다. 매릴린은 플로리다주 전역의 고등학생을 대상으로 한 저널리즘 워크숍에 참여하기도 했다. 홀리필드 가족이 흑인대학교가 있는 도시에 정착하게 된 것은 정말이지 대단한 뜻밖의 행운이었다. 미국에서 4년제 흑인대학교의 수는 대략 120개를 넘은 적이 없다(그 수가 가장 많았던 때는 1930년대였다).

비숍 시니어의 연방정부 일자리는 탤러해시에서 고용을 보장해주었고, 근처의 흑인대학교는 가족의 삶을 더욱 풍요롭게 해주었다. 그러나 비숍 시니어에게 이 2가지는 시작일 뿐이었다. FAMU 외에도 그는 빠르게 성장하고 있는 도시에서 땅을 쉽게 구할 수 있다는 점에서 기회를 발견했다. 탤러해시로 이사한 직후 비숍 시니어는 주택을 지으려는 생각으로 빈 땅들의 구입에 돌입했으며, 도시 바깥에 있는 약 24만 제곱미터 규모의 농장을 구입해 소와 목재용 소나무, 묘목장에 팔 관상용 잔디를 길렀다. 투자를 위해 저축해야 한다는 이유로 홀리필드 가족의 집은 처음부터 절약을 목적으로 계획되었다. 두 가구가 거주할 수 있는 집을 구입해서 절반을 임대하고 임대료 수입을 얻은 것이다. 비숍은 "아버지는 뭐든 크게 키우는 데 재주가 있었어요"라고 말했다.

홀리필드 가족이 부동산 자산을 늘려가는 동안, 병원에서 일하던 밀리센트는 흑인의 자율성을 확보하고 다른 흑인 여성들을 간호직으로 이끌 방법을 고민하고 있었다. 밀리센트는 탤러해시에서 흑인 여성에게 면허를 제공하는 실무 간호과정을 개설하게 해달라고 수년간 주정부에 청원했다. 청원이 받아들여지면 이러한 종류로는 이 지역 최초의 학교가 될 것이었다. 사실 FAMU는 1936년 흑인 여성이 정규 간호사가 될 수 있는 간호과정을 개설했다. 허나 밀리센트가 원한 것은 당시 젊은 백인 여성들이 들을 수 있었던 것과 같은 더 접근성 높은 1년 과정이었다. 이러한 과정은 저소득 노동자계층이 노동시장에 빠르게 진입할 수 있는 방법이었고, 현실적이면서도 역사상 간호직이 수많은 여성에게 그래왔듯 저소득층 여성들을 중산층으로 끌어올려주었다. 1957년, 3년간의 호소 끝에 주정부는 마침내 밀리센트가 구상한 흑인 여성을 위한 간호학교 설립을 허락했다. "행복한 날이었어요." 매릴린은 회상했다. "큰 기쁨이었죠. 모두가 함께 모여 축하했어요."

그해 10월, 밀리센트 홀리필드는 탤러해시 최초로 흑인 학생이

면허를 취득할 수 있는 실무 간호과정을 열었다. 20명이 수업에 등록했고, 그중 13명만 밀리센트가 세운 기준을 충족하고 졸업에 성공했다. 탤러해시 당국이 당시 시에서 가장 규모가 큰 흑인고등학교 부지에서 "자신들이 찾아낼 수 있는 가장 허름한 건물"을 마련해 내놓았다고, 훗날 밀리센트는 〈탤러해시 데모크래트〉에 말했다. 밀리센트의 첫 번째 졸업생 중 하나는 원래 동네의 싸구려 잡화점에서 일하고 있었고, 또 한 사람은 중학교 2학년을 마친 뒤 학교를 그만두고 담뱃잎을 따고 있었다.

밀리센트는 수년간 끊임없이 개선을 요구했고, 대부분 성과를 거두었다. 책은 사용하지 않은 새것이어야 했고, 학생들이 생활비 지원을 받아야 했으며, 실습실은 반짝반짝 윤이 나는 최신식이어야 했다. 밀리센트의 학생이었던 재니스 스탠리는 "체구는 작지만 핏불처럼 원하는 것을 끝까지 얻어내는 총명한 여성"이라는 말로 밀리센트를 묘사했다.

첫해가 지나고 주州에서 주관하는 간호사 면허시험을 치를 때가 다가왔다. 밀리센트는 그 어떤 학생의 탈락도 허용하지 않았다. 어떤 학생이 수업에 나오지 않으면 아무렇지 않게 학생의 집으로 찾아가 침실로 돌진해 학생을 침대에서 끌어냈다. 밀리센트가 가르친 학생들은 거의 100퍼센트에 가까운 합격률을 자랑했다.

밀리센트는 자신이 키우는 자녀가 뛰어나야 하고 자신이 가르치는 학생들이 뛰어나야 하는 것이 허영의 문제가 아니라, 이들의 장래를 위해 반드시 필요했던 점임을 분명히 했다. "나는 내 아이들을 가르치듯 내 학생들을 가르쳤어요." 밀리센트는 홀리필드 가족의 핵심

원칙을 상세히 소개한 1990년의 〈탤러해시 데모크랫〉 기사에서 이렇게 말했다. "나는 내 학생들이 대다수 백인 학생보다 더 많은 것을 경험하게 했어요. 최고가 되는 것, 그것이 내 학생들이 기회를 얻을 수 있는 유일한 방법이니까요."

실제로 홀리필드가의 자녀들은 높고 명확한 기대에 부응하며 뛰어난 성적을 냈다. 목표는 언제나 분명했다. "우리는 백인보다 더 잘해야 했어요"라고, 비숍은 말했다. 비숍 시니어는 어린 시절 교육받기 위해 위험천만한 여행길에 올라 집과 멀리 떨어진 곳에서 살았다. 그는 자식들에게 너희들이 해야 하는 일은 그저 수업에 빠지지 않는 것뿐이라고 말하곤 했다.

밀리센트는 자기 학생들에게 그러했듯 자기 자녀의 삶도 우연에 맡기지 않았다. "어머니에게는 늘 계획이 있었어요." 비숍이 말했다. "우리의 과제는 그 계획을 수행하는 것이었고요." 홀리필드가의 자녀들은 전부 여름학교에 다녔다. 성적이 뒤처진 아이들을 위한 학교가 아니라 앞서나가고 싶은 아이들을 위한 학교, 또는 자기 아이가 앞서나가기를 바라는 부모들을 위한 학교였다. 삼 남매가 도서관에 갈 때면 밀리센트는 비소설 두 권과 소설 두 권을 빌려오게 했다. 삼 남매는 모두 우수한 성적을 거두어야 했다. 모두가 대학에 입학해 전문학위나 석사학위를 받은 뒤, 이상적으로는 어느 시점이 되면 북부로 올라가서 공부해야 했다. 홀리필드 부부는 북부의 교육수준이 더 높고 흑인 청년에게 주어지는 기회도 더 많으리라고 생각했기 때문이다. 그리고 학교를 졸업하면 돈을 많이 벌어야 했다. 매릴린은 "흑인이 백인들을 대하면서 자존감을 잃지 않으려면 경제적으로 자립해야 한다"

는 말로 당시 아버지의 생각을 정리했다. 나라의 법 자체가 흑인은 열등하다는 전제 위에 세워져 있던 시절, 홀리필드 부부는 가족 전통에 따라 그 전제에 적극 맞섰다. 비숍 시니어의 사촌 바버라 로즈에 따르면 비숍 시니어의 아버지는(그러니까 비숍 주니어와 에디, 매릴린의 할아버지는) 미시시피에 살 때 절대 자식들이 백인 밑에서 일하게 하지 않았다. 아버지가 된 비숍 시니어 역시 자식들이 인종에 따라 좌석이 분리된 극장에 가지 못하게 했고, 흑인에 대한 고정관념을 유머로 사용한 〈에이머스 앤 앤디 Amos 'n' Andy〉 같은 방송도 못 보게 했다.

1962년, 홀리필드 가족의 맏이인 비숍이 고등학교를 3년 만에 조기졸업하고(미국의 고등학교는 4년제다—옮긴이) FAMU에 입학하기로 했다. 집을 떠나기엔 너무 어리고, 기존 학교를 계속 다니기엔 너무 뛰어나다는 판단에서였다. FAMU 캠퍼스는 이미 저항과 변화의 에너지로 가득차 있었는데, 그 당시 FAMU는 전국에서 가장 먼저, 가장 성공적으로 버스 보이콧을 실시한 곳 중 하나였다. 1960년 FAMU 졸업생인 프리실라 스티븐스와 퍼트리샤 스티븐스 자매는 인종차별 철폐운동을 벌이던 중 체포되자, 보석금을 내는 대신 감옥에 수감되기를 선택한 초기 활동가들 중 하나였다. 이러한 전략상의 돌파구는 비폭력 직접행동의 대의를 드높이는 데 일조했고, 마틴 루서 킹 주니어 목사는 퍼트리샤에게 전보를 보내 그녀가 "미국 전체를 전 세계의 밝은 내일을 향한 문턱으로 데려갈 것"이라고 말했다.

비숍이 신나게 FAMU를 다니는 동안 동생 매릴린은 오빠와는 완전히 다른 학교생활을 견디고 있었다. 비숍이 대학에서 자신감을 얻었다면, 매릴린은 학교에서 소외감을 느끼고 있었다. 1963년 홀리필드 부부는 자녀를 야심 많은 사람으로 키울 때 발생하는 위험 중 하나에 부딪혔다. 부모가 길러준 추진력과 가치관이 아이 안에서 스스로 움직이기 시작한 것이다. 부부가 심은 씨앗은 그들이 성장할 때와는 다른 기후에서 자라났고, 부부는 그 예상치 못한 성장에 놀라면서도 심기가 불편해질 수밖에 없었다.

힘든 길이라도 네가 원한다면

고등학교 1학년이 된 1961년, 매릴린은 제안을 하나 하면서 당연히 부모님이 지지해주리라 기대했다. 같은 동네에 사는 남자애 하나가 최근 북부에 있는 엘리트 기숙학교에 입학했는데, 그 모습을 본 매릴린도 여학생이 다니는 엘리트 기숙학교에 들어가고 싶어진 것이었다. 매릴린은 지금 다니는 학교의 선생님들을 존경했지만, 그분들이 활용할 수 있는 자원의 양이 불공평할 만큼 적다는 사실도 똑똑히 인식하고 있었다. 매릴린이 쓰는 교과서는 물려받은 것이었고 오래전 다른 지역에서 고등학교를 졸업한 백인 학생의 이름이 적혀 있었다. 30명가량의 학생이 현미경 하나를 나눠 썼기 때문에, 과학 시간에 슬라이드를 보려고 해도 줄을 서서 기다렸다가 흘낏 쳐다보고 지나가는 게 다였다.

매릴린은 부모님이 당연히 이 결정을 지지해주리라 믿으며 혼자서 미리 지원서를 작성했다. 부모님은 늘 북부의 학교가 흑인 학생에게 더 나을 것이라고 말했고, 비용이 얼마가 들든 학업에서 탁월한 성과를 내는 일을 중요하게 여기는 분들이었다.

나는 홀리필드 부부가 느낀 갈등을 상상할 수 있다. 부부는 자신들이 걸어온 삶이 매릴린을 고취했으리란 점을 이해하면서도, 다른 좋은 선택지가 있는데도 왜 굳이 매릴린이 자신들처럼 힘든 고난을 감수하려 하는지 이해할 수 없었을 것이다(밀리센트는 간호학교에서 수많은 백인 학생 틈바구니에 끼인 소수의 흑인 학생이었고, 비숍 주니어는 고등학교 졸업장을 따기 위해 어린 나이에 집을 멀리 떠나와야 했다).

매릴린은 당연히 부모님이 허락하리라 생각했다. 그러나 부모님의 대답은 '안 돼'였다. 집을 떠나기엔 아직 너무 어리다는 이유에서였다.

"저는 아주아주 실망했어요." 매릴린이 말했다.

부모님이 북부의 기숙학교 입학을 반대하고 1년이 지났을 무렵, 여전히 학업에서 탁월함을 발휘하고 싶었던 매릴린은 부모님에게 대안을 내놓았다. 어떤 면에서는 전보다 더 파격적이었던 그 대안은 바로 리언고등학교에 다니고 싶다는 것이었다.

그 당시 탤러해시 최고의 고등학교이자 플로리다에서 가장 좋은 학교 중 하나로 꼽혔던 리언고등학교는 영화 같은 곳에 자리잡은 도시의 랜드마크였다. 졸업생들은 그곳을 "언덕 위에 있는 웅장하고 오래된 학교"로 기억했다. 자부심 넘치고 유서 깊은 학교였던 리언고등학교는 역대 주지사의 자식들이 다니는 곳이었는데, 그중에는 1960년에 당선된 직후 "폭력이나 무질서, 학교 폐쇄 없는 흑백 분리의 유지"를 약속했던 분리주의자 세실 브라이언트의 딸들도 있었다. 리언고등학교는 학생과 교사가 거의 모두 백인이었고, 남부 문화에 깊이 뿌리박고 있어서 1960년대 말이 될 때까지도 남부연합을 기념하는 무도

회를 열었다(1968년의 무도회 테마는 "모두 딕시로"였다[딕시Dixie는 남부 연합군의 별칭이다—옮긴이]).

1954년 미국 연방대법원은 브라운 대 교육위원회 판결에서 피부색에 따라 학생을 분리하는 것이 위헌이라고 판단했지만, 리언카운티 교육위원회가 분리 철폐 계획을 제출하고 연방법원의 승인을 받은 것은 1963년이 다 되어서였다. 매릴린이 고등학교 2학년이던 해 가을, 처음으로 흑인 학생들이 리언고등학교에 입학했다. 매릴린의 부모님은 딸의 리언고등학교 진학을 허락했다. 분리가 철폐된 학교에 다니는 많은 학생이 전미유색인지위향상협회NAACP나 다른 민권단체 활동가들의 자녀였고, 이들의 부모는 자녀가 저항의 길을 걷기를 바랐다. 이와 달리 매릴린은 자신이 FAMU 시범학교에 계속 다니는 것을 부모님이 더 선호했으리라 생각했다. 그러나 매릴린은 최고를 기대하라고 배우면서 자랐고, 왜 자신이 최고를 추구하면 안 되는지 이해할 수 없었다. "너무나 많은 사람들이 고군분투하며 닫힌 문을 열었고, 저는 문턱을 넘어 반대쪽에 무엇이 있는지 직접 보고 싶었어요."

그 무렵 매릴린의 부모님은 분리가 철폐된 전국의 고등학교에 처음 입학한 흑인 학생들이 야유와 주먹질, 침 뱉기, 따돌림 등 여러 괴롭힘을 당하리라는 사실을 잘 알았을 것이다. 어느 정도는 매릴린 본인도 알고 있었다. 그러나 매릴린은 젊은이다운 맹목성 때문이든 자신감 때문이든 왜인지 "나에겐 그런 일이 일어나지 않으리라 생각했다"고 고백했다. 매릴린은 자신이 특별히 용감하거나 남다르다고 생각하지 않았고, 자신처럼 리언고등학교에 진학해서 탤러해시 최고의 교육을 받고 싶어하는 흑인 학생이 많으리라 예상했다. 그랬기에 자신을 포함한 흑인 학생이 2천 명 중 겨우 3명이라는 사실을 알았을 때 큰 충격에 빠졌다. 이와 달리 당시 FAMU 2학년생이었던 비숍은 정반대의 반응을 보였다. "전 흑인 학생이 그렇게 많다는 데 놀랐어요."

오빠들과 함께 다녔던 FAMU 시범학교에서 매릴린은 미인이자 스타 학생이었다. 수다를 잘 떨었고, 피아노 실력이 훌륭했으며, 친한 여자친구들과 남몰래 매릴린을 흠모하는 남자아이들이 있었다. 이처럼 자기정체성을 강화해주던 외부 환경은 리언고등학교에서 매릴린이 "엄청난 고립"이라고 묘사한 것으로 바뀌었다. 세 흑인 학생의 부모님은 리언고등학교 행정부로부터 자녀들이 안전을 위해 체육관 수업과 접촉 스포츠에 참여할 수 없으며, 화장실에서의 안전도 보장받을 수 없다는 말을 들었다. 매일 점심시간이면 매릴린은 다른 흑인 학생 중 1명인 필립 해들리와 같이 있거나 혼자 있었다(세 번째 흑인 학생인 해럴드 놀스는 둘과 시간이 맞지 않았다). 급식실에 빈 테이블이 없을 때면, 매릴린과 해들리는 어느 자리든 자신들이 앉은 테이블의 학생들이 순식간에 일어나 뿔뿔이 흩어지리란 것을 알았다.

매릴린은 매일, 온종일, 학교 복도와 급식실에서 흑인을 비하하는 단어를 들었다. 때때로 그 단어 앞에는 '똑똑한'이라는 말이 붙었다. "그렇게 가까이에서 대놓고 혐오를 내뿜을 줄은 몰랐어요. 책이나 신문, 텔레비전을 보고도 사람들이 얼마나 야비하고 다른 사람을 혐오하는지 알 수 있죠. 하지만 그건 얼굴과 코, 책가방이 맞닿는 가까운 거리에서 혐오를 마주하는 것과는 매우 달라요." 매릴린은 종종 느리고 신중한 말투로 그 시절을 이야기한다. 자기 기억을 더듬는 매릴린에게서 마치 폭발물 사이를 헤집는 듯한 경계심마저 느껴진다.

리언고등학교에 입학하고 약 3개월이 지난 어느 날 아침, 버스에서 내린 매릴린은 흑인 학생들의 이름을 부르며 기다리고 있는 한 무리의 아이들을 발견했다. 새삼스러운 일은 아니었지만 이번에는 그놈들이 리언고등학교에서 역사를 만들고 있던 세 학생에게 달걀을 던졌다. 그리고 왜인지 매릴린만 실제로 달걀을 맞았다. 매릴린은 망연자실한 채 달걀물을 뚝뚝 흘리며 그 자리에 한참을 서 있었다. 결국 잡역부 한 분이 차로 집까지 데려다주었다(매릴린의 기억에 따르면 학교의 유일한 흑인 어른이었다).

매릴린은 나와 대화하기 전까지 가족 외에 그 누구에게도 이 이야기를 한 적이 없다고 말했다. 좋은지 나쁜지는 모르겠지만, 매릴린은 자신이 부모님에게 침묵하는 법 역시 배웠다고 느꼈다. 가장 고통스러웠던 경험은 되새기지도, 입에 올리지도 말 것.

부모님 두 분 다 직장에 다녔지만 매릴린이 집에 도착했을 때 소식을 들은 아버지가 집에 돌아와 있었다. 매릴린의 기억에 따르면 곧이어 어머니도 집에 돌아왔고, 어머니가 아버지보다 더 분노했다. 매릴린은 약간 북받친 듯 "우리 셋은 서로를 꼭 껴안았다"고 회상했다. 그리고 그때 부모님이 "매릴린, 네 옆엔 우리가 있고 우리는 언제까지나 너를 지지할 거야"라는 무언의 메시지를 보냈다고 설명했다. "제가 원하면 학교를 그만둘 수 있단 걸 늘 알았어요. 제가 그만두면 사람들이 실망할 거라고 느낀 적은 한 번도 없어요. 다만 저 스스로가 실패했다고 생각했겠죠."

어쩌면 매릴린의 부모님이 위험할 줄 알았던 딸의 선택을 허락한 것은 딸을 잘 알았기 때문인지도 모른다. 단순히 그것이 옳은 선택이라고 생각했을 수도 있지만, 특히 딸에게 있어서는 그것이 옳은 선택이라고 믿었는지도 모른다. 어쩌면 매릴린이 그토록 간절히 원했던 대담한 결정을 막는 것이, 매릴린이 그 시간을 통과해 더 강해지는 모습을 지켜보는 것만큼 고통스러울 수 있다는 생각에 두려웠는지도 모른다. 두 사람은 분명 매릴린이 더 강해지리라 굳게 믿었을 것이다.

힘겹고 때로는 참혹했던 리언고등학교에서의 2년도 매릴린의 자존감을 둘러싼 보호막을 뚫지는 못했다. 어린 시절 부모님이 치열하게 퍼부은 '너는 가치 있다'는 메시지를, 매릴린은 철저히 내면화하고 있었다. "세상은 흑인이 열등하다고 말할지 몰라도 너는 열등하지 않아"가 부모님이 전한 메시지였다고, 매릴린은 말했다. "리언에서 그런 경험을 할 때마다 내가 저 사람들보다 더 똑똑하다고 생각했어요." 매릴린은 인종차별이 무지와 마찬가지라고 배우며 자랐다. "나를 더 잘 알지 못하는 건 그들 손해였죠. 포기하는 건 그들의 비열함과 혐오에 굴복하는 거였어요."

매릴린의 졸업식은 마지막 한 번의 굴욕적 사건으로 얼룩졌다. 한 학생이 파티를 열어 반 친구들을 초대했고, 매릴린은 마지못해 참석했다. 역사가 글렌다 앨리스 래비에게 그때의 상황을 설명한 해럴드 놀스에 따르면, 존 허츠라는 백인 남학생이 매릴린에게 춤을 신청하자 난장판이 벌어졌다. 탤러해시에서 벌어진 민권운동의 역사를 다룬 《고통과 약속 Pain and the Promise》에서 래비는 이렇게 설명했다. "두 사람이 춤을 추고 있는데 파티를 연 학생의 아버지가 들이닥쳐서 허츠의 멱살을 붙잡고 넓은 앞마당을 지나 자기 차까지 질질 끌고 가더니 말 그대로 허츠를 길가에 패대기쳤다. '내 집에서 꺼져.' 그 남자가 고함을 질렀다. '그리고 다시는 찾아오지 마.' 당황한 세 흑인 학생은 진저리치며 파티장을 떠났다." 매릴린은 그 사건을 어렴풋하게만 기억했다. 춤을 췄고, 괴로운 사건과 함께 혼란이 발생했고, 학생들이 사방으로 도망쳤다. 매릴린은 이렇게 말했다. "그날은… 평범한 화요일과 그리 다르지 않았어요."

매릴린은 전교 7등의 성적으로 졸업했고, 매릴린을 보호하는 껍질은 더 두꺼워졌다. 말수가 적어졌지만 더 강인해졌다. 대학에서 매릴린을 만난 오랜 친구 매릴린 올먼 메이는 이렇게 말했다. "매릴린은 '난 참을 수 있어'라고 말하는 타입이 아니에요. 그보다는 '덤벼'에 더 가깝죠."

FAMU에 다니던 비숍은 동생이 혐오로 가득한 환경에서 고등학교 2년을 버티는 모습을 경외하고 자랑스러워하며 지켜보았다. "매릴린은 제게 큰 영감을 줬어요. 동생은 현실을 개선하기 위해 자기 몫을 다하고 있었죠. 나도 그렇게 해야 한다고 생각했어요."

비숍은 FAMU 교수들의 격려에 힘입어 1966년에 하버드로스쿨에 입학했다. 당시 하버드로스쿨은 몇 년 전부터 공격적으로 흑인 학생을 모집하고 있었는데, 비숍이 들어갔을 무렵에는 전교생의 약 5퍼센트가 흑인이었다. 그러나 하버드로스쿨의 환경은 비숍이 떠나온 텔러해시 FAMU 캠퍼스의 따뜻하게 격려하는 분위기와는 판연히 달랐다. 일부 학생은 교수들이 수업시간에 흑인 학생에게 거의 질문을 던지지 않는다고 말했고, 일부는 교수들이 작정하고 흑인 학생에게 모욕을 주려 한다고 느꼈다. 그리고 FAMU에서 온 비숍은 종신교수이거나 종신교수 코스에 있는 흑인 교수가 단 하나도 없다는 사실에 크게 충격받았다. 심지어 캠퍼스에서 일하는 흑인 작업자조차 목격한 적이 없었다. 비숍은 자기 집에서 가족을 지키려다 백인 남성을 살해한 혐의로 기소된 흑인 대학생 헨리 스위트를 성공적으로 변호한 자신의 영웅, 변호사 클래런스 대로처럼 되는 법을 배울 수 있으리라 기대했다. 하지만 하버드로스쿨은 파산한 대기업을 구조조정하는 법을 가장 잘 가르치는 곳처럼 보였다.

    1학년을 마친 여름, 비숍은 자신감과 함께 법학생민권연구위원회의 제도적 지원을 등에 업고 탤러해시로 돌아와 수영장 재개장을 위한 시민투표 발의운동에 돌입했다. 그리고 다시 하버드로 돌아온 그해 가을, 비숍은 자신이 무언가를 바꿀 수 있음을 더 또렷하게 인식하고 있었다. 어린 시절 그는 아버지가 동료들과 공동설립한 흑인단체인 연방공무원모임 활동이 아버지에게 얼마나 큰 의미였는지를 지켜보면서 자랐다. 탤러해시를 기반으로 주로 사교에 목적을 두었던 연방공무원모임의 회원들은 남부의 인종차별이라는 방해물 앞에서도 서로를 지지하며 중산층 너머로 나아가기 위해 힘겹게 싸웠다. 하버드로스쿨로 돌아온 비숍과 그의 친구 레지널드 길리엄은 천천히 하버드흑인법학생연합을 조직하기 시작했다. 이 연합은 친목을 위한 공간인 동시에(흑인 농구팀을 꾸려 경기에 출전하기도 했다) 힘을 쌓기 위한 공간이었다.

    소외된 공동체가 친목그룹을 만들어 활동하는 것은 오늘날 캠퍼스 생활의 중추라고 할 수 있지만 당시에는 그런 단체, 특히 흑인 학생을 위한 단체를 꾸리는 것이 논란을 일으키는 새로운 시도였다. 비숍 홀리필드가 세운 것과 같은 단체는 로스쿨 캠퍼스 역사상 최초였다. 그 당시 비숍의 단체 설립을 도왔던 하버드로스쿨 교수 앨런 더쇼위츠는 이런 행위가 역차별의 한 형태로서 법적 문제를 일으킬지도 모른다는 염려가 있었다고 말했다.

홀리필드 가족이 목표를 이루는 방식, 즉 간호과정을 열기 위해 끊임없이 노력하던 어머니의 모습에서 아이들이 발견한 방식은 절제된 끈질김이라는 말로 가장 잘 설명할 수 있다. 이들의 간청은 느리지만 꾸준히 내리는 수많은 눈송이와 비슷하다. 눈송이가 계속해서 떨어지면 시야는 결국 눈으로 새하얗게 뒤덮인다. 홀리필드 가족의 방식은 사람들과 자원을 모아 영향력을 최대한 발휘할 수 있는 순간이 찾아올 때까지 인내심 있게 기다리는 것이다. 하버드흑인법학생연합 HBLSA은 추구할 목표를 목록으로 작성하기 시작했다. 그 목록에는 로스쿨의 흑인 학생들이 형식적이지 않은 실질적 대표성을 확보할 것, 입학 및 커리큘럼 위원회에서 HBLSA가 대표성을 가질 것, 소외계층의 요구에 대응하는 커리큘럼을 마련할 것 등이 있었다. HBLSA의 설립자들은 학생들이 기업 채권자의 권리에만 관심을 갖는 대신 빚을 진 개인을 돕는 방법도 같이 배워야 한다고 생각했다. 비숍은 월스트리트나 대기업에서 일할 생각이 없었다. 비숍의 목표는 평등을 증진하고 시민권을 보호할 수 있는 능력을 쌓아 탤러해시로 돌아가는 것이었다.

1968년 4월 4일, 마틴 루서 킹 주니어가 암살당했다는 소식이 들려오자 비숍과 동료 학생들은 충격에 휩싸여 망연자실 캠퍼스를 걸으며 서로 껴안고 눈물을 흘렸다. 워싱턴 DC와 볼티모어, 시카고 같은 도시에서는 거의 즉시 폭동이 일어났다. 근처 보스턴에서는 가수 제임스 브라운이 예정된 콘서트를 강행하며 마틴 루서 킹 주니어에게 경의를 표하는 의미에서 차분함을 잃지 말자고 촉구해 폭동을 막았다.

그날 저녁 케임브리지에서 HBLSA 회원들은 스토리홀에 있는 비숍의 작은 기숙사 방에 모였다. "모두가 슬퍼하고 분노했습니다. 하지만 우리는 곧 모드를 전환해 행동에 나섰어요." 다음날 로스쿨 학장 대행이었던 A. 제임스 캐스너가 비숍의 기숙사 건물로 찾아왔고, 당시 23살이었던 비숍은 회의실 책상에서 학장 대행과 마주앉아 대화를 나누었다. 비숍의 계획이 적절한 순간을 맞이한 것이었다. 비숍은 HBLSA가 학교에 바라는 변화 목록을 제시했다. 그중에서도 가장 큰 요구는 로스쿨 측에서 종신교수 코스에 흑인 교수를 채용해야 한다는 것이었다.

이듬해 봄, 하버드로스쿨 학장 데릭 복이 당시 서던캘리포니아대학교에서 학생들을 가르치던 저명한 민권변호사 데릭 벨을 영입하고자 HBLSA의 회원 1명과 함께 그를 찾아갔다. 하버드의 명성 덕에 하버드로스쿨이 벨을 채용하고 뒤이어 벨이 활동가로 나선 것은 전국에 있는 로스쿨에 하나의 전환점으로 작용했다. 하버드로스쿨에서 법조인 센터를 운영하는 데이비드 윌킨스는 "벨이 채용된 직후 다른 학교에서도 최초로 흑인 교수진을 채용하기 시작했다"고 설명했다.

또한 하버드로스쿨은 비숍의 요구 목록에 따라 커리큘럼을 확장했다. 예비 변호사들이 부채 문제를 안고 있는 의뢰인들과 협업할 수 있도록 돕는 수업이 새로 개설되었고, 주요 건설 계약을 폐기하고 소수자 고용을 보장하는 항목을 넣어 계약서를 다시 작성했다. HBLSA 회원들은 입학 및 커리큘럼 위원회를 비롯한 로스쿨의 여러 핵심 위원회에서 활동했다. 비숍은 평소에 말을 절제하는 편이고 지나칠 만큼 자신을 억누르는 사람이다. 그러나 그는 자신이 하버드로스쿨에서 벌인 활동이 개인적으로 얼마나 절박한 것이었는지를 분명하게 이야기했다. "그 일들을 해내지 못했더라면, 제가 과연 하버드에서 살아남을 수 있었을지 모르겠어요."

형제자매가 열어주는 선택의 문

형제자매는 가족 내에서 서열이 낮은 협력자들이지만, 다른 한편으로는 서로를 끊임없이 관찰하며 각자의 강점과 약점, 각자가 어른의 비위를 맞추고 비난의 화살을 돌리고 칭찬을 구하는 방식을 평가하기도 한다. 또한 집 밖에서는 다른 형제자매가 부모님이나 다른 성인의 감시 없이 자유롭게 상호작용하는 모습을 지켜본다. 더 큰 집단에서 내 형제자매는 어떻게 지낼까? 호감 가는 리더일까? 부모는 자식을 맹목적으로 사랑하지만, 자식들은 예리하게 평가하는 시선으로 자기 형제자매를 더 냉철하게 바라본다. 자청해서 동생 에밀리의 시를 읽던(허락 여부와 상관없이) 샬럿 브론테는 그때까지 다른 누구도 보지 못한 방식으로 에밀리의 잠재력을 알아보았다. 그보다 몇 년 전, 샬럿의 남동생 브란웰은 자신의 시를 발표하고 싶은 잡지와 가장 좋아하는 작가들에게 자기 시를 평가해달라고 (다소 절박하게) 호소했다. 샬럿은 이런 동생의 모습에 자극받아 20살에 계관시인 로버트 사우디에게 자작시를 보내기로 마음먹은 것인지도 모른다. 그렇게 해서 얻은 것은 잘난 척하며 상대를 깔보는 답장뿐이었지만, 그럼에도 이 모험은 샬럿의 진지한 태도를 반영하고 있었다.

이제 어느 정도 삶에서 중요한 결정을 내릴 수 있을 만큼 나이를 먹은 10대들은 기질상 부모의 조언을 따르려 하지 않는다. 그보다는 형제자매의 애정 어린 조언을 받아들일 가능성이 더 높다. 이 책을 쓰는 동안, 대학교 방학을 맞아 집으로 돌아왔을 때 내 방 문간에 서서 학생신문을 창간하라고 강력하게 권유했던(아니, 나를 들들 볶았던) 오빠 생각을 많이 했다. 그때 내가 다니던 고등학교에는 학생신문이 전혀 없었다. 오빠의 말마따나 학생신문을 창간하지 않으면 나는 시민으로서의 책임을 다하지 않는 걸까? 더 나쁘게는, 오빠를 실망시키게 될까? 나는 곧바로 오빠의 충고에 따라 조언자를 찾고 친구들을 꼬드겼다. 내가 지역 민주주의를 증진한 것은 물론 아니지만, 어쨌거나 나는 내 소명을 발견했다. 만약 부모님이 똑같이 강력하게 신문 창간을 권했다면, 나는 그 제안을 단박에 거절했을 것이다. 자율성을 전혀 느끼지 못했을 테니 말이다.

부모가 자녀에게 미치는 영향을 파헤치는 연구는 수없이 많지만, 형제자매가 서로 어떤 영향을 미치는가에 대한 연구는 한없이 적다. 그러나 형제자매가 인생에서의 선택, 그중에서도 특히 교육에서의 선택에 서로 중요한 영향을 미친다는 사실을 뒷받침하는 증거가 뚜렷하게 나타나고 있다. 가령 연구자들은 대학 진학이 당연하지 않은 가정에서 맏이가 명문대 진학을 선택할 경우 동생들이 같은 대학

또는 졸업률이 높은 다른 대학에 지원할 확률이 급증한다고, 2019년 전미경제연구소 조사 보고서에서 발표했다. (이 연구는 성적이 비슷한 맏이들을 대상으로 실시했으며 그중 일부는 운 좋게 대학에 합격했고 일부는 불합격했다. 이 결과는 임의적이었음에도 동생들에게 중요한 영향을 미쳤다.)

홀리필드 가족에게 대학 진학은 당연한 것이었다. 그렇다 해도 매릴린 홀리필드가 삶에서 가장 중요한 선택을 내릴 수 있었던 이유는 오빠 중 하나가 동생의 가능성을 보고 그 가능성을 밀어붙였기 때문이었다. 매릴린이 리언고등학교 졸업반이었을 때 둘째 오빠 에디는 펜실베이니아의 프랭클린앤드마셜대학교에서 첫 학년을 견뎌내고 있었다. 흑인 학생이 거의 없는 이 학교에서 어찌나 외로웠는지 부모님이 허락해주기만 하면 집으로 돌아오고 싶을 정도였다. 이때 에디는 한 친구에게 자기 여동생은 아주 똑똑하기 때문에 프랭클린앤드마셜보다도 더 명성이 높은 근방의 대학, 스와스모어대학교에도 진학할 수 있을 거라고 말했다. 너 꼭 **지원해**. 에디는 스와스모어라는 이름을 들어본 적도 없는 매릴린에게 말했다. 매릴린이 그 학교에서 즐겁게 생활하리라 믿었기 때문이기도 하지만, 자기 생각이 옳았음을 증명하고 싶어서이기도 했다.

에디의 생각은 옳았다. 매릴린은 1965년에 스와스모어대학교 1학년으로 입학했다. 그러나 매릴린이 학교에서 즐겁게 생활하리라는 에디의 예측은 틀렸다. 매릴린은 리언고등학교와는 다른, 다소 이상적인 환경을 기대하며 북부로 왔다. 대부분이 백인인 이 새로운 공간의 환경은 리언고등학교만큼 가혹하지는 않았지만 여전히 고통스러웠고,

전보다 더 미묘한 인종적 역동이 소외감을 불러일으켰다. 4년간 매릴린은 자신을 비롯한 흑인 학생들이 마치 백인 학생들의 인종차별 학습을 돕기 위해 그곳에 있는 것 같다고 느꼈다. 수년간 남자아이들과 경쟁하며 뛰어난 실력으로 로빈슨-트루블러드 수영장에서 우승을 차지했던 매릴린이었지만, 다이빙을 못 한다는 용납할 수 없는 이유로 수영팀에 들어가지 못했다. 학생 외에 캠퍼스의 유일한 흑인은 관리 직원뿐이었는데, 이들은 캠퍼스에서 성이 아닌 이름으로 불리는 유일한 성인이기도 했다.

집을 떠나 대다수가 백인인 새로운 환경에서 그래도 생각을 나눌 흑인 친구들을 사귀게 되면서, 부모님과 친밀한 사이였던 매릴린은 서서히 자기주장을 내세우기 시작했다. 매릴린이 처음으로 어머니와 크게 다툰 것은 방학 때 쫙쫙 편 머리 대신 자연스러운 아프로 머리를 하고 집으로 돌아왔을 때였다. "전 그 머리가 예쁘다고 생각했어요." 마르쿠스 가비도 흑인 여성이 타고난 머리칼을 받아들여야 한다고 주장했지만 밀리센트는 도저히 이러한 변화를 받아들일 수 없었다. 크게 분노한 밀리센트는 딸과 격렬하게 싸우다 집에서 뛰쳐나갔고, 차를 타고 달리던 중 사고를 당해 병원으로 이송되었다. 황망히 병원에 도착해 의식 없는 어머니를 발견한 매릴린은 죄책감을 견디지 못하고 실신해버렸다.

당시 전국에서 연좌 농성과 시위가 벌어지고 있었고, 그중 일부는 폭력적으로 변했다. 위스콘신대학교에서는 경찰이 학생들에게 곤봉을 휘둘렀고, 컬럼비아대학교에서는 시위를 벌이던 학생 약 150명이 경찰에게 부상을 당했으며 한 경찰은 2층 창문에서 떨어진 학생에게 등 부상을 입어 전신이 영구 마비되었다. 1969년 매릴린은 학생 7명과 함께 스와스모어 입학처에서 역사적인 연좌 농성을 벌이며 흑인 연구를 확대할 것을 촉구하고, 흑인 학생들을 대상으로 한 학교 측의 공개 보고서가 학생들의 사생활과 존엄을 침해한다고 항의했다. 스와스모어에서의 시위는 논란을 일으켰을지언정 평화로웠으나, 결국 끔찍한 트라우마를 남기며 끝이 났다. 연좌 농성을 시작하고 8일째 되던 날 아침, 자기 사무실에 도착한 사랑받던 학교 총장 코트니 스미스가 비서에게 가슴 통증을 호소하고 몇 분 만에 심장마비로 사망한 것이다. 총장 가족의 설명에 따르면 코트니 스미스는 수년 전부터 관상동맥질환을 앓고 있었지만 〈필라델피아 인콰이어러〉는 죄책감을 자극하는 '코트니 스미스의 죽음이 주는 교훈'이라는 제목의 사설에서 매릴린과 동료 활동가들을 "오만한 꼬맹이 투사들"로 묘사했다. 활동가 중 하나가 농성이 끝났음을 알리려고 건물에서 나오자 밖에 모여 있던 학생들이 "살인자!", "너희가 코트니 스미스를 죽였어!"라고 외쳤다. 상황을 안타깝게 여긴 지역 활동가들은 시위에 참여한 학생들의 안전을 염려해, 이들을 재빨리 밴에 태우고 캠퍼스를 빠져나갔다. 학생 활동가들은 안전하게 돌아올 수 있다고 판단될 때까지 인근 교회에서 5일을 보내며 교회 의자 위나 사무실에서 잠을 잤다.

　매릴린은 이제 다음 단계로 나아갈 준비가 되었다고 느끼면서도 다소 불안해하며 스와스모어에서의 마지막 남은 시간을 보냈다. 경제학 석사과정을 시작한 오빠 에디의 조언에 따라 경제학을 전공했지만 이 학문은 매릴린의 흥미를 끌지 못했다. 매릴린과 대화를 나누던 비숍은 동생이 방황하고 있음을 감지하고 개입에 나섰다. 비숍은 어렸을 때부터 맏이로서 책임을 다해야 한다고 배우며 자랐다. 아버지가 비숍을 체벌한 유일한 순간은 비숍이 약속한 대로 학교에서 동생들을 데리고 귀가하지 않았을 때였다. 비숍은 매릴린의 글쓰기 실력과 화술, 예리한 판단력을 고려한 뒤 동생이 하버드로스쿨에 진학해야 한다는 결론을 내렸다. 하버드로스쿨이 흑인 학생을 지금만큼 환대하지 않던 시기에 자신이 그곳에서 버텨낼 수 있었다면, 오늘날 매릴린도 로스쿨 생활을 통해 많이 배울 수 있으리라 생각한 것이다. 게다가 매릴린은 이미 리언고등학교에서 살아남은 전적이 있으니 하버드로스쿨도 당연히 감당할 수 있을 터였다.

먼저 비숍은 매릴린을 설득하며 그곳에서 네가 훨훨 날아오를 수 있을 거라고 주장했다. 그다음에는 HBLSA의 공동 설립자로서 긴밀히 협력했던 로스쿨 입학사정관들을 만나 설득에 나섰다. 1969년 가을, 매릴린은 비숍의 뒤를 이어 하버드로스쿨에 입학했다. "특례 입학이었죠"라고, 매릴린은 반농담조로 내게 말했다.

홀리필드 가족 그리고 이 책을 위해 인터뷰한 다른 가족들은 먼저 부모가 가치관과 기대치를 형성한 뒤 형제자매가 그 자리를 넘겨받아 서로에게 영향력을 행사했다. 마지막으로 모두가 각자 개성을 보이기 시작하면서 동시에 계속해서 서로를 도우며 힘과 인맥을 함께 강화했다. 비숍과 매릴린은 똑같이 법학학위를 취득했지만 그것을 사용한 방식은 확연히 달랐다. 로스쿨을 졸업하고 얼마 지나지 않아 매릴린은 뉴욕의 NAACP 법률방위 및 교육기금에서 일하며 집단 소송과 교도소 개혁 소송을 담당했다. 그러나 30대 초반에 매릴린은 인종분리가 막 철폐된 리언고등학교에 다니고 싶었던 것과 똑같은 이유로 플로리다의 배타적인 화이트슈 로펌(백구두를 즐겨 신던 백인 상류층 엘리트 남성이 장악한 유서 깊은 로펌—옮긴이) 중 한 곳에서 일하겠다고 결심했다. 당시만 해도 이런 로펌들은 여전히 흑인 변호사를 채용하지 않았기에, 어린 시절부터 알고 지낸 오랜 친구는 매릴린의 목표를 듣고 코웃음을 쳤다. 그러면서 남부에 있는 그 어떤 유력 로펌도 교육수준이 과도하게 높은 흑인 여성을 원하지 않으므로, 너는 절대 일자리를 얻지 못할 거라고 말했다.

그러나 매릴린은 본인의 표현에 따르면 "불가능은 없다"를 무언의 모토로 삼은 가정에서 성장했다. 매릴린이 열지 못할 문은 없었다. "화성에 발을 내딛고 증명하고 싶었던 것 같아요. 화성도 별거 아니라는 걸요." 매릴린은 18개월 동안 구직활동을 했고, 18개월 동안 부모님 집에 살며 비숍의 걱정을 달래고 자신은 결국 해낼 것이라는 믿음을 고수했다. 그리고 마침내 매릴린의 오빠가 다시 한번 길을 터주었다. 얼마 전 로펌 홀랜드앤드나이트가 한 흑인 변호사에게 일자리를 제안했다가 거절당했다는 소식을 들은 비숍이 그곳에서 일하는 지인에게 매릴린의 의사를 귀띔한 것이다. 얼마 지나지 않아 매릴린이 그 자리를 얻었다. 1981년 매릴린은 홀랜드앤드나이트에서 고용한 최초의 흑인 변호사가 되어 탬파 지점에 합류했다.

매릴린은 스스로 세운 목표를 이루었지만 또다시 그 안에서 감정적으로 힘든 시간을 보냈다. 때로는 깊은 고립감이 느껴졌다. "사람들은 저와 교류하기를 꺼렸던 것 같아요"라고, 매릴린은 2009년 〈마이애미타임스〉에 말했다. 결국 마이애미 지점으로 자리를 옮긴 매릴린은 국제 도시인 마이애미에서 더욱 편안함을 느끼며 승승장구했다.

그리고 1986년, 플로리다주 최초로 대형 로펌의 흑인 여성 파트너가 되었다.

매릴린은 그 과정에서 자신의 학력이 중요한 역할을 했다고 믿는다. 버락 오바마는 1990년에 〈하버드 로 리뷰〉 역사상 최초의 흑인 편집장이 되었을 때 〈로스앤젤레스타임스〉 기자에게 이렇게 말했다. "하버드로스쿨을 다니면서 누릴 수 있는 사치 중 하나는 인생에서 위험을 감수할 수 있다는 겁니다. 사회 개선을 위해 새로운 것을 시도하면서도 넘어지지 않을 수 있어요. 하버드 교육이 보장해야 하는 점이 바로 그겁니다. 꿈을 좇으면서 사회에 환원할 수 있는 충분한 자신감과 안정감이요."

매릴린은 더 단도직입적으로 평가했다. "흑인이라서 받는 불이익을 약간 상쇄할 수 있었어요." 높은 학력은 매릴린과 비숍의 수단이었지만 한편으로는 실질적인 힘을 얻는 데도 도움이 되었다.

1990년 무렵 매릴린은 마이애미에 깊이 뿌리박고 있었다. 부동산 개발업자와 결혼했고(25년 후 이혼했다), 요트를 타기 시작했으며, 오페라 모임에 가입했고, 주요 미디어기업을 변호했다. 비영리 중독 치료센터의 이사회 회장을 역임했고, 변호사와 판사를 대상으로 마이애미에서 가장 취약한 계층에게 필요한 법적 도움에 관한 세미나를 열었다. 가끔 〈마이애미헤럴드〉의 심층기사에 실리기도 한 매릴린은 1984년 마이애미의 미래 시민 지도자 양성을 위한 리더십 프로그램을 이수했다.

1990년 42살의 매릴린은 그간 쌓아온 경험과 재계에서 얻은 신뢰를 최대한 활용할 수 있는 위치에 있었다. 일은 아주 잘 풀렸다. 비록 몹시 힘겹게 얻은 성공이었지만, 어떤 면에서 그 성공은 리언고등학교에서 쌓은 능력에서 시작된 것이었다. 이제 매릴린은 자신이 가진 사회적 자본을 이용해 마이애미를 변화시키고, 이곳을 흑인 인구에게 더 공평한 도시로 만들고자 했다. 당시 마이애미는 번창하는 도시였으나 경제적 불평등이 심각했다. 점점 늘어나고 있던 쿠바계 미국인과 흑인 사이에서 폭력과 불안, 긴장감이 점점 커지고도 있었다. 그해 가을 남아프리카의 반反아파르트헤이트 지도자 넬슨 만델라가 27년간의 수감생활을 마치고 출소를 기념하며 전 세계를 돌던 중 마이애미에서 연설을 하게 되자 사람들의 분노는 더욱 커졌다. 과거에 자신을 지지해준 피델 카스트로에게 감사를 표한 적이 있던 만델라가 마이애미에 도착하기 전에 다시 한번 그와의 연대를 확인한 탓이었다. 피델 카스트로는 마이애미의 수많은 쿠바계 인구를 자국에서 도망치게 만든 독재자였다. 쿠바계 미국인이었던 마이애미 시장 자비에르 수아레스는 만델라를 비판하며 공식적인 환영 행위(영예로운 방문객에게 수여하는 열쇠 기념품과 선언서)를 철회해 이미 갈수록 소외감을 느끼고 있던 흑인 공동체의 격렬한 분노를 샀다.

이렇게 만델라의 처우를 둘러싸고 흑인 인구가 분노하고 있던 와중에, 경찰이 마이애미에 거주하는 아이티계 미국인에게 폭력을 휘둘렀다는 뉴스 보도가 나왔다. 이러한 일련의 사건으로 매릴린을 비롯한 흑인 변호사들 사이에서 논의가 벌어졌다. 이들은 그해 말에 마이애미에서 열릴 예정이었던 흑인변호사협회 총회를 계획하기 위해 한자리에 모여 있었다. 변호사들은 서로에게 물었다. 마이애미의 현 상태를 고려할 때, 우리가 왜 마이애미에서 모여야 할까요? 왜 흑인단체가 이곳에서 총회를 열어야 할까요? 이로부터 몇 달간 매릴린은 마이애미를 뒤흔들고 유구한 권력관계를 뒤집은 평화롭지만 강력한 운동, 마이애미 투어리즘 보이콧의 중심인물이 되었다.

매릴린은 자신이 초등학생 때 탤러해시에서 조직된 버스 보이콧이 성공을 거두었던 경험을 생생히 기억하고 있었다. 돈을 쓰지 않는 것은, 홀리필드 가족 내에서도 늘 저항의 한 형태였다. 매릴린의 부모님은 자식들이 흑인 손님을 2등 시민 취급하는 가게를 절대 이용하지 못하게 했다. 흑인은 매장에 들어갈 수 없고 작은 창문을 통해 포장만 받을 수 있는 식당을, 홀리필드 가족은 절대로 이용하지 않았다. 매릴린은 이렇게 회상했다. "부모님은 말씀하셨어요. '우리를 자격 있는 시민으로 대우하지 않는 곳? 우리도 안 가.'"

보이콧 마이애미라는 이름으로 알려진 이 운동은 다양한 흑인 협회와 미국시민자유연맹ACLU, 그 밖에 흑인 회원이 많은 협회들이 마이애미에서 개최될 예정이었던 회의를 취소하거나 마이애미 방문을 유보하면서 3년간 지속되었다. 그 결과 마이애미의 관광 수입은 2천만 달러에서 5천만 달러가량 감소했다. 마이애미의 기업주들과 3년간 힘겨루기를 한 끝에, 매릴린과 이 운동의 공식 얼굴이자 반아파르트헤이트 운동에 적극 참여했던 미국의 법정 변호사 H. T. 스미스가 마지막 날 밤 협상 테이블에 앉았다. 두 사람은 흑인 공동체를 대표해 최대한의 경제적 보상을 얻어내기 위해 싸웠다. 흑인의 관광산업 참여를 늘리기 위한 자원 및 구조의 막대한 변화, 경영과 접대업에 관심이 있는 흑인 학생들에게 제공하는 장학금의 확대, 마이애미의 스카이라인에서 눈에 띄는 상징이 될 수 있는 흑인 소유의 프리미어 호텔 건설

등이 그들의 요구였다. '조용한 폭동'으로 불린 마이애미 보이콧은 마이애미에 거주하는 흑인에게 경제적 이익을 안겼을 뿐만 아니라, 시 당국이 가장 소외된 주민들에게 어떤 책임을 져야 하는지에 대한 지속적 논의를 이끌어낸 운동으로 평가받고 있다. 1993년 봄 〈마이애미 헤럴드〉는 "시간이 흐르면서 마이애미의 기업주들은 사업상의 손실이라는 자신들이 받은 처벌에서 눈을 돌려, 경제적 어려움 속에서 흑인 공동체가 느꼈을 좌절감을—처음에는 느린 속도였으나 결국에는 진심으로 깊이—받아들였다"라고 보도했고, 같은 기사를 통해 이 보이콧에서 매릴린이 맡은 리더로서의 역할을 강조했다.

'조용한 폭동'은 홀리필드 가족에게도 똑같이 적용할 수 있는 이름이다. 그리고 홀리필드 가족에게 그러했듯 매우 효과적이었다. 매릴린은 공식 대변인 중 한 사람이자 귀중한 협상가였고, 대형 로펌에서 높은 자리를 차지하고 있으면서도 마이애미의 수입과 평판을 위협하는 싸움에서 핵심적인 역할을 해낼 수 있는 인물이었다.

"위기가 많았습니다. 보이콧을 진행하면 재계와도 대립하고 정치인들과도 대립하게 되지요. 돈도 없고 뭣도 없고, 있는 거라고는 우리의 의지와 도덕적 권위뿐이었습니다"라고, 미국을 기반으로 한 반아파르트헤이트 단체 프리사우스아프리카를 운영했던 스미스는 말했다. "그리고 우리에겐 강가에 뿌리내린 나무 같은 매릴린이 있었습니다. 매릴린은 흔들리지 않았어요."

비숍 또한 하버드로스쿨을 졸업한 후 정치운동을 계속하다가 결국 탤러해시로 돌아와 FAMU의 법률고문으로 일했다. 그는 본인의 가족에게 너무나 큰 의미였던 이 흑인대학교의 영향력을 계속 보존하고자 노력했다.

　1964년에 공민권법이 통과된 뒤 탤러해시 주정부는 더이상 흑인 학생과 백인 학생을 위한 로스쿨 두 곳에 따로 기금을 지원할 필요가 없다고 주장하며, 사실상 FAMU의 로스쿨을 플로리다주립대학교로 옮겨버렸다. 비숍은 거의 15년간 전략과 논거, 허점을 찾으며 FAMU로스쿨을 다시 열어야 한다고 주정부를 설득했다. 플로리다 법조계에서 흑인 변호사가 만성적으로 과소 대표되고 있는 문제를 해결하려면 반드시 그래야 한다고 믿었기 때문이다. 2000년 플로리다 주의회는 올랜도에 FAMU로스쿨을 다시 열기로 결정했다. 비숍은 "그 일이 생각날 때마다 자축합니다"라고 말했다. 그는 이 결과가 자신이 거둔 가장 큰 성과라고 생각하며, 여러 난관 속에서도 FAMU로스쿨을 더 공고히 하기 위해 지금도 계속 싸우고 있다.

　둘째인 에디는 남다른 길을 걸으며 같은 부모에게서 나온 형제자매가 가치관이나 지능만큼 기질 때문에도 서로 다른 삶을 살아갈 수 있다는 사실을 보여주었다. 에디는 경제학 공부를 끝마친 뒤 의학 학위를 취득해 어머니의 뒤를 따라 보건 분야로 들어섰다. 그리고 심장 전문의로서 형이 있는 FAMU에 합류해 학생 보건센터 책임자가 되었다. 그러나 가족이 그토록 사랑하던 FAMU에서 계약이 갱신되지 않자, 자신이 불안전한 환경을 문제삼은 것에 대한 보복이라고 주장하며 소송에 휘말렸다. (FAMU와는 합의를 보았다.) 그리고 보건의료 감독을 맡았던 연방교도소에서도 자신이 인종차별 때문에 해고당했다고 주장하며 또다시 소송을 제기했다. (이 소송은 기각되었다.) 에디는 형과 여동생만큼 탁월하지만 그가 지닌 투쟁의 에너지는 두 남매와 다른 형태로 나타났다. 그는 탤러해시에서 거침없고 논쟁적인 인물로 알려져 있으며 때로는 논란이 되는 견해를 드러내기도 한다. 2008년에는 동료 활동가들과 함께 주로 흑인이 거주하는 탤러해시의 빈곤 지역에 바이오매스공장이 들어서는 것을 반대하고 나섰고, 결국 해당 기업은 건설 계획을 철회했다. 그리고 2021년 하버드 T. H. 챈 공중보건대학원의 연구자들은 바이오매스가 "깨끗하거나 건강한 대체 에너지원이 아님"을 강조하는 내용의 보고서를 발표했다.

"우리 셋 중 실제로 사람의 생명을 가장 많이 구한 사람은 에디 오빠일 거예요"라고 매릴린은 말했다. 이때 매릴린은 에디가 오래전부터 탤러해시 취약계층의 건강을 지키기 위해 노력해온 것을 이야기하고 있었다. 2014년 탤러해시기념병원이 아이를 출산하고 퇴원하는 모든 산모에게 분유를 나눠준다는 사실을 알게 된 에디는 모유 수유가 아이의 건강을 증진한다는 연구결과를 토대로 해당 정책을 바꾸기 위한 장기 캠페인을 벌였다. 그는 시위원회와 카운티위원회 앞에서 발언했고, 병원의 CEO를 (본인이 자랑스럽게 선택한 표현에 따르면) 괴롭혔다. 에디는 이렇게 말했다. "그러니까, 내가 그 사람들을 죽도록 난처하게 만든 거죠." 1994년 탤러해시기념병원은 모유 수유를 강력히 권고하면서 세계보건기구가 공식 지정하는 '아기 친화적' 병원에 한걸음 더 가까워졌다. 이 운동을 지켜본 한 병원 관리자는 〈탤러해시 데모크래트〉에 에디 홀리필드가 변화의 '촉매제' 역할을 했다고 말했다. 또한 에디는 리언카운티 보건자문위원회에서 활동하고, 리언카운티위원회 앞에서 맹렬하게 증언함으로써 탤러해시의 흑인 영아 사망률 문제에 대중의 관심을 집중시킨 공로를 언론에서 인정받았다.

홀리필드 삼 남매는 업무상 협업은 드물었지만 평생 탤러해시에서 수백 개의 아파트 세대, 그중에서도 특히 학생 기숙사를 짓고 관리한 부모님을 돕기 위해 함께 뭉친 적이 있다. 노후에 임대 부동산의 관리 기준과 관련해 불만과 소송이 제기되자 부모님은 비숍과 매릴린에게 도움을 청했고, 두 사람은 나서서 사건을 처리하고 문제를 바로잡았다. 부모님 말년에는 매릴린과 에디가 성심성의껏 부모님을 돌봤다. 그 이후로도 삼 남매는 필요할 때마다 지속적으로 서로를 지원했다.

어린 시절에 앓았던 질환이 재발해 시력이 손상된 비숍은 2016년 HBLSA 50주년을 맞이해 주말 내내 열리는 기념행사에 함께해달라는 초대를 거의 거절할 뻔했다. 매릴린은 자신의 재능인 설득력 있는 말솜씨를 발휘해 오빠가 그 초대를 승낙해야 한다고 주장했다. 그리고 오빠와 함께 꼼꼼히 연설문을 작성하고 사실관계를 확인하고 문장을 다듬어서 오빠가 결국 연설문을 다 외울 수 있도록 도왔다. 관중이 자리에서 일어나 비숍에게 기립박수를 보냈을 때 매릴린과 에디도 그 사이에 있었다. 한편 비숍은 2018년에 매릴린이 하버드 감독이사회에 선출될 수 있도록 로비활동을 펼쳤다(현재 매릴린은 이 직책에서 물러났다). HBLSA 활동을 함께한 비숍의 친구이자 메릴랜드주 항소법원의 수석판사를 지낸 로버트 벨은 당시 비숍에게 매릴린을 지지해달라는 전화를 받았다. 그 오랜 시간이 흐른 뒤에도 비숍은 자기 여동생이 얼마나 대단한지 자랑했고, 여전히 여동생을 열심히 응원하고 있었다.

우리가 걸어온 길을
잊지 않는다

　매릴린은 부모님이 어떤 맥락에서 묘사되었으면 하는지를 늘 신중하게 고민했다. 부모님을 존경했고 인정받아 마땅한 분들이라고 생각했지만 그분들을 '특출한' 사람으로, 탤러해시에서 놀라운 업적을 남긴 드문 흑인 가족으로 묘사하고 싶어하지는 않았다. 여느 공동체가 그렇듯, 사실 부모님 외에도 훌륭한 분들이 많았기 때문이다.

　그와 동시에 매릴린과 형제들은 부모님이 인정받을 수 있도록 함께 싸워온 가족의 역사를 충분히 자랑스러워한다. 에디는 탤러해시에 위치한 고등학교에서 저렴한 비용으로 의료 및 치과 서비스를 제공하는 한 직업학교의 교명을 어머니의 이름을 따서 밀리센트 홀리필드 보건과학아카데미로 짓는 데 크게 공헌했다.

　나는 홀리필드 가족과 함께 시간을 보낼 때마다 이들의 외모가 너무 닮았다는 것, 그럼에도 서로 다른 길을 걸어왔기 때문인지 아니면 기질상 그렇게 다른 길을 걸을 운명이었기 때문인지 이들의 감수성이 너무나 다르다는 데 깜짝 놀랐다. 흠잡을 데 없는 스타일리시한 옷차림에 체구가 작고 효율을 중시하는 매릴린은 이따금 경쾌하고 단호하게 '그래요!'라고 외치며 말을 시작하거나 끝내곤 한다. 키가 크고 움직임이 느린 비숍은 더 깊이 고민하기 위해 시간을 끄는 것처럼 '그리고오오오오' 하고 말을 길게 늘이며 자기 생각을 이어간다. (그는 은퇴를 몇 년 앞두고 나무 농사 쪽으로 방향을 틀었는데, 느리지만 꾸준한 성장에 대한 가족의 믿음을 잘 보여주는 듯하다.) 첫인상이 상냥한 에디는 상황에 맞는 유머를 찾아내는 속도도 분노를 표출하는 속도도 빠르다.

　2024년 7월 말 매릴린과 에디, 비숍은 40여 명의 가족 및 친구들과 함께 고향에 모여 주말 동안 예정된 활동에 참여했다. 탤러해시를 둘러보는 버스 투어에서 운전사는 중요한 순간마다 버스를 세워, 홀리필드 가족이 수십 년간 이 도시에서 어떤 경험을 해왔는지 나머지 가족에게 설명할 수 있도록 했다. 가족을 태운 버스는 어머니가 간호사를 길러낸 직업학교 옆을 지났고, 리언고등학교 옆을 지났다. 리언고등학교는 매릴린의 유산을 기념하며 눈에 잘 띄는 복도에 매릴린의 사진을 걸어놓고 있는데도, 그녀는 여전히 이곳이 자신에게는 "난공불락의 요새처럼 보인다"고 말했다. 버스는 FAMU와, 어린이가 있는 가족을 위해 빙글빙글 돌아가는 미끄럼틀을 설치한 로빈슨-트루블러드 수영장 옆도 지났다. 그곳에서 홀리필드 가족은 수영장이 폐쇄되었던 일과 가족의 첫아이였던 게일이 세상을 떠난 사연을 설명했다. 뒤이어 호수 옆의 정자로 다 같이 소풍을 나왔을 때, 홀리필드 가족은 타지 출신이 많은 나머지 가족들에게 그 호수가 자신들의 역사에서 어떤 역할을 했는지 더이상 언급하지 않았다.

　탤러해시에서 800킬로미터 떨어진, 매릴린이 삶의 터전으로 삼은 도시 마이애미에는 화려한 빛깔의 한 벽화가 오래전부터 흑인이 살아온 오버타운이라는 지역의 빈 건물 옆벽을 가득 채우고 있다. 벽화 한가운데에는 아장아장 걷는 흑인 여자아이가 있다. 반짝반짝 빛나는 커다란 두 눈으로 관객을 똑바로 바라본다. 아이 왼쪽에는 곧 키스할 것 같은 커플이, 오른쪽에는 저항과 힘을 나타내듯 주먹 쥔 손을 높이 치켜든 성인 여성이 있다. '모조'라는 이름의 화가가 현재 매릴린이 변호사로 일하는 도시 마이애미의 법의 역사에 경의를 표하며 이 벽화를 그렸다. 이 건물은 한때 로슨 E. 토머스의 사무실이었던 곳으로, 그는 남북전쟁 이후의 재건 시대에 남부 최초의 흑인 판사로 활동하며 니그로지방법원이라는 이름으로 불린 인종분리 법원을 관장했다.

이 벽화를 비롯해 마이애미에 있는 총 3개의 벽화는 매릴린이 자신이 생각하는 마이애미의 비전에 따라 지난 11년간 벌여온 활동의 일환이다. 이 프로젝트의 바탕에는 매릴린이 어린 시절 FAMU에서 자신의 영웅이었던 사멜라 루이스가 감독한 어린이 예술교육을 들으며 키워온 예술을 향한 사랑이 있다. "예술은 많은 사람이 생각하는 것만큼 사치스러운 활동이 아닙니다." 매릴린은 루이스의 이 유명한 말을 기억 속에서 끄집어내 읊조렸다. "예술은 우리 삶에 꼭 필요한 것입니다. 예술은 역사를 기록합니다. 사람들을 교육하는 데 일조하고, 다음 세대를 위해 지식을 저장하지요."

매릴린은 마이애미 아프리칸 디아스포라 현대미술관(마이애미 MoCAAD) 프로젝트도 진행하고 있다. MoCAAD는 자금과 영구적인 보금자리가 필요한 상황이지만 그럼에도 꾸준히 사람들의 지지를 모으고 있다. 매릴린은 오랫동안 자리잡지 못한 미술관의 사정을 장점으로 활용해, 가상현실 전시를 열고 전 세계 지역 및 전 세계 흑인 예술가들의 작품을 누구나 쉽게 볼 수 있도록 한 웹사이트를 만들어 이곳을 최신 기술을 선도하는 공간으로 키워냈다. 매릴린이 마이애미의 유력 예술계에서 기금을 모으고 MoCAAD를 홍보한 덕분에 이 프로젝트는 꾸준히 앞으로 나아가고 있다. 매릴린은 이미 순항 중인

이 미술관이 결국 영구적인 보금자리를 찾으리라 전적으로 확신하고 있으며, 이제는 나 또한 이에 동감한다.

개인적으로도 매릴린은 마이애미에 있는 자신의 아파트에서 수십 년 전부터 세계적인 수준의 흑인 예술 컬렉션을 쌓아오고 있다. 미니멀한 소파 위에 걸려 있는 에드 클라크의 추상작품에는 연한 초록색과 분홍색을 사용한 이미지가 그려져 있는데, 흰색 광선이 바깥으로 에너지를 발산하고 있는 모습이 꼭 멀리서 바라본 지구나 정신의 작동과정을 표현한 것처럼 보인다. 미국의 전후시대 화가 샘 길리엄의 작품 두 점(하나는 매릴린이 직접 의뢰한 것이다)은 나란히 이어진 풍성한 빛깔의 띠가 생동감을 내뿜는다. 매릴린의 침실에는 더 구상주의적인 작품이 걸려 있다. 남부의 현대 화가 조너선 그린의 이 작품에는 치마가 바람에 부풀어오르고 챙 달린 모자를 쓴 흑인 여성의 뒷모습이 그려져 있고, 여성은 자기 앞에 펼쳐진 잔디밭과 작은 집 한 채를 바라보고 있다. "이 작품을 보면 제 뿌리가 있는 미시시피가 생각나요"라고, 매릴린은 말했다.

매릴린이 안내한 집은 역시나 티끌 하나 없이 깨끗하고 잘 정돈되어 있었다. 매릴린은 보이지 않는 곳에 난장판을 잘 숨겨놓은 것뿐이라고 단호히 주장했는데, 내게 이 이미지는 매릴린 자신을 보여주는 적절한 은유처럼 보였다. 매릴린이 집 곳곳에 있는 80여 점의 그림 중 몇 개의 사연을 설명해주었고, 나는 그중에서도 특히 침실 문 바깥에 걸린 조너선 그린의 작품 〈가족의 물놀이〉에 깊은 인상을 받았다. 이 작품은 미지의 바다로 모험을 떠나 그곳에 속할 권리를 주장했던 홀리필드 가족의 한 측면을 포착해낸 듯 보인다. 그린의 다른 작품 속 여성들과는 달리 화려하게 그려진 어머니는 챙 달린 모자와 선글라스를 걸치고 딸의 어깨에 팔을 두르고 있다. 딸은 남동생을 바라보고 있고, 아버지는 아내의 눈을 바라보고 있다. 태양은 혹독할 만큼 환하게 빛나고, 가족은 명백하게 이미지의 중심에 있다. 이들은 자신감 넘쳐 보이고, 마치 그 공간의 주인인 것처럼 편안해 보인다. 무엇보다 이들은 물속에서 강하고 두려움을 모르는 듯 보인다. 이들이 굳이 보여주지 않아도 보는 사람은 직감할 수 있다. 이 가족은 수영을 할 줄 안다.

4장

어떤 기대치를 설정할 것인가

시간이 붕괴되어 뜻밖의 두 세계가 만나는 평행우주를 상상해본다. 그 세상에서는 패트릭 브론테가 홀리필드 삼 남매의 부모인 밀리센트와 비숍 시니어를 만나고, 모두 한자리에 모여 앉아 자신들의 삶을 비교해본다. 인종적 정체성이나 환경, 사회구조적 난관의 측면에서는 비슷한 점이 전혀 없겠지만, 양쪽 다 부모로서 비극적일 만큼 어린 나이의 딸을 잃고 비통함에 빠졌다는 점에서는 공통점을 찾을 수 있을 것이다. 패트릭 브론테의 첫째 딸 마리아와 둘째 딸 엘리자베스는 기숙학교에서 병에 걸려 각각 11살과 10살에 세상을 떠났다. 개스켈이 쓴 샬럿 브론테의 전기에 따르면 패트릭 브론테는 "마리아와는 그 어떤 사안에 대해서도 터놓고 대화를 나눌 수 있었고 그 시간은 여느 어른과의 대화 못지않게 즐거웠다"고 말하곤 했다. 밀리센트와 비숍 시니어는 게일을 "더할 나위 없이 완벽한 소녀"로 묘사했다고 매릴린은 말했다. "언니가 엄청나게 똑똑했다는 말, 엄청나게 쾌활하고 생기발랄했다는 말을 늘 들었어요." 비숍 시니어와 패트릭은 둘 다 상실을 경험했다. 그리고 둘 다 잃어버린 자식의 동생들에게 큰 기대를 품었다.

비숍 홀리필드 시니어와 패트릭 브론테는 둘 다 농장에서 자랐는데, 브론테는 북아일랜드 소작농의 자식이었다. 패트릭은 언젠가 자신이 "일찍부터 독서를 좋아했다"라고 썼으며, 16살의 나이에 이미 자기 학교를 운영하고 있을 만큼 대단한 영재였다. 계층 이동이 쉽지 않고 반反아일랜드 정서가 강했던 시절, 패트릭은 한 후원자의 도움으로 농장을 떠나 일종의 장학생 신분으로 케임브리지까지 쭉쭉 나아가는 놀라운 행보를 보였다. 케임브리지에서도 그는 승승장구했다. 선물받은 호메로스의 《일리아드》에 직접 써넣은 글귀를 보면 그가 자신의 성취를 얼마나 자랑스러워했는지 알 수 있다. "세인트존스칼리지—케임브리지—에서 늘 선두를 놓치지 않아서 받은 상. P 브론테, 문학석사, 평생 간직할 것." 그 자체로 하나의 작은 우화와 같았던 이 글귀는 그의 자녀들에게 뒤이어 등장하는 전쟁 영웅들의 이야기만큼 강렬했을지도 모른다.

패트릭은 여섯 자녀 중 맏이가 7살 때 아내를 잃었고, 빠르게 산업화되던 하워스에서 성공회 사제로 오래 일했다. 또한 그는 하워스에서 작가로 활동했고, 가난한 이들을 열렬히 지지했으며, 열악한 위생시설과 암울할 만큼 높은 사망률로 고통받던 하워스에 더 안전한 물을 공급하고자 부단히 애썼고 결국 성과를 냈다. 패트릭은 공교육의 중요성을 높이 평가하고 옹호했으며, 두 딸이 브뤼셀에서 공부를 이어나갈 수 있도록 지원했다.

본인이 이렇게나 많은 성취를 이룬 패트릭은 가끔 자식들에게 지나치게 많은 것을 요구할 때가 있었다. 샬럿의 한 친구는 개스켈에게 보내는 편지에 "제발 말 좀 들으라고 애걸하는 것은 그분의 성향이 아니었다"라고 적었다. 성직자의 자녀는 원래 큰 기대를 받는 편인데, 패트릭의 자녀들은 아버지의 인생 때문에 그 기대치가 더더욱 높았다. 샬럿이 25살에 이모에게 보낸 편지를 보면 아버지의 성취가 자식들에게 자극이 되었다는 사실이 뚜렷하게 드러난다. 그 편지에서 샬럿은 동생들과 함께 학교를 설립하고 싶으니 자금을 지원해달라고 부탁했다. "아버지는 아마 터무니없고 지나치게 야심 찬 계획이라고 생각하실 거예요. 하지만 야심도 없이 출세한 사람이 어디 있겠어요? 아버지도 케임브리지대학교에 가려고 아일랜드를 떠날 때 저처럼 야심에 차 있었을 거예요. 전 우리 자매가 멈추지 않고 계속 나아갔으면 좋겠어요. 전 우리에게 재능이 있다는 걸 알고, 그 재능이 발휘되기를 바라요."

패트릭은 샬럿에게 기대가 컸지만, 그 기대는 샬럿의 직업생활보다는 사생활에 관한 것이었다. 자기 밑에서 일하던 변변치 못한 후임 사제와 샬럿 사이에 사랑이 싹트는 것을 목격한 패트릭은 격분했고, 그 남자를 마을 밖으로 쫓아낸 후에야 겨우 화를 가라앉혔다. 샬럿은 38살을 목전에 두고 결혼식을 올리기 직전에 한 친구에게 편지를 보내 이렇게 말했다. "아버지 마음속에서 좌절된 감정은 야심—아버지로서의 자부심—이었어. 자부심은 늘 아버지 안에서 요동치고 있었지." 그리고 보기 드물게 아버지를 향한 불만을 드러내며 야심이라는 단어에 밑줄을 그었다. 이로부터 3일 뒤 샬럿이 개스켈에게 보낸 편지는 아버지의 높은 기대치 때문에 그녀가 어떤 심리적 대가를 치렀는지를 잘 보여준다. "내 삶에서 이렇게 중요한 행사를 치르면서 어쩌면 당연할지 모를 아버지의 자부심을 충분히 채워드릴 수 없다는 생각에 가끔 눈물이 나." 가족 내에 흐르던 이 긴장감은 결국 해소되었지만 그 순간의 고통은 생생했다.

기대는 일방향이 아니라 주고받는 것이다

부모의 기대는 사실상 거의 모든 가족 이야기에 반복해서 등장하는 주제다. 브론테 가족과 홀리필드 가족, 나의 가족도 그렇고, 아마 여러분의 가족도 마찬가지일 것이다. 좋은 성적, 좋은 직업, 좋은 결혼에서 렌치(또는 바느질 바늘) 다루는 솜씨에 이르기까지, 부모가 자식에게 기대할 수 있는 것들의 목록은 끝이 없다. 부모가 기대를 대놓고 표현할 때 그 기대치는 최소한의 느슨한 틀, 즉 이 세상을 어떻게 살아가야 하는가에 대한 윤곽이 될 수 있다. 마음의 짐이 될 수도 있지만, 자식에게 내면화되어 자신감과 자부심의 원천이 될 수도 있다. 샬럿이 남편감을 고르는 문제에서 아버지의 야심을 채우는 데 실패했을 수는 있다. 하지만 내 딸은 가치 있는 사람이라는 패트릭의 뚜렷한 믿음이 샬럿의 내면에 남다른 자신감을 불어넣었기 때문에, 샬럿이 소설가로 성공한 자신의 모습을 상상할 수 있었는지도 모른다.

적어도 우리는 직감에 따라 간절히 믿는다. 우리 부모들이 명확한 기대치를 설정함으로써 아이들에게 영향을 미칠 수 있다고 말이다. 심리학자와 사회학자가 이를 사실로 증명하려고 수십 년간 노력해왔지만 양육 연구는 몇 가지 특수한 어려움에 처해 있다. 정부가 지원하는 연구자금은 아무래도 사적인 공간보다는 학교 쪽으로 흘러가며, 특정 지역에서 각자의 집에 흩어져 있는 아이들보다는 학교에 모여 있는 아이들을 연구하는 편이 더 수월하다.

2014년에 학교를 배경으로 실시한 한 연구는 높은 기대치를 적절한 방식으로 표현하면 실제로 어린아이들이 더 높은 목표를 추구하도록 자극할 수 있다는 사실을 발견했다. 사실 연구팀의 주요 목표는 기대치를 연구하는 것이 아니라, 흑인 학생들의 학교 불신을 극복하는 것이었다. 흑인 학생들이 백인 교사의 부정적인 피드백을 인종차별로 받아들일 가능성이 높다면, 피드백을 어떤 식으로 표현해야 그 장애물을 극복하고 교사와 학생 간에 신뢰를 쌓을 수 있을까?

텍사스대학교 오스틴캠퍼스의 심리학 교수인 데이비드 예거가 이끄는 연구팀은 중학교 1학년 사회과 교실 세 곳의 교사들에게 다음과 같이 부탁했다. 학생들이 제출한 에세이에 의견을 잔뜩 제시하고 성적을 매긴 뒤, 무작위로 배정된 두 종류의 글귀 중 하나를 손으로 직접 써달라는 요청이었다. 글귀 중 하나는 "이렇게 내가 의견을 제시하는 것은 네가 제출한 에세이에 피드백을 주기 위해서란다"였고, 다른 하나는 "이렇게 내가 의견을 제시하는 것은 네게 거는 기대가 아주 크고 네가 그 기대치를 충족할 수 있다는 걸 알기 때문이란다"였다. 그리고 학생들에게는 돌려받은 에세이를 수정할 기회가 주어졌다.

교사가 자신의 기대치를 드러내며 격려하는 글귀를 써준 학생들은 더 높은 확률로 자기 에세이를 수정했다. 그 효과는 흑인 학생들 사이에서 특히 강력했다. 이 학생들이 무려 64퍼센트의 비율로 에세이를 수정한 데 비해, 중립적인 피드백을 받은 학생의 경우 그 비율은 겨우 27퍼센트였다.

비판적인 피드백을 받을 때 불신과 방어적 태도를 극복하는 것은 누구에게나 중요하지만, 청소년에게는 더더욱 중요할 수 있다. 예거는 이렇게 말했다. "종종, 우리 어른들은 높은 기대를 걸고 있는데 어린아이들에게는 그 사실이 명확하게 느껴지지 않을 수 있습니다. 그러면 해석의 여지가 생기고, 아이들은 우리의 행동을 최악의 의미로 해석할 가능성이 높아지죠." 그러나 더 일반적이고 긍정적이며 기분을 좋게 해주는 글귀와 함께 피드백을 제공한다고 해서 똑같이 좋은 결과가 나오는 것은 아니었다. 특별한 효과는 기대치를 설정한 다음 학생에게 그 기대를 충족시킬 수 있다는 믿음을 줄 때 나타났다. 이때 교사는 시간을 들여서 작성한 상세한 피드백, 즉 개선의 로드맵을 함께 전달해야 했다. 예거에 따르면 아이들에게 알아서 열심히 하라고 말하는 것은 아무 효과가 없다. 좋은 효과를 내려면 이러한 메시지를 전달해야 한다. "난 너에게 기대를 걸고 있고, 네가 그 기대에 부응할 수 있단 걸 알아. 네가 결승선에 도달할 때까지 내가 여기서 널 도와줄게."

양육 연구는 자금을 지원받기 어렵다는 점 외에도, 결과를 왜곡할 수 있으나 통제가 힘든 주변적 요인 때문에 어려움을 겪을 수 있다. 이러한 교란변수가 있으면 사실 특권적인 환경에서 아이에게 전반적으로 많은 혜택을 제공하는 가정의 부모가 특정 행동을 더 많이 하는 것뿐인데도, 그러한 부모의 행동이 아이에게 유익한 영향을 미친다는 결론이 도출될 수 있다. 또한 양육 연구는 현실적인 이유 때문에 최고 수준의 연구에서 으레 사용되는 기법인 무작위 배정법을 사용하기 힘들다. 연구자들은 자녀를 부모에게 무작위 배정하거나 부모를 자녀에게 무작위 배정할 수 없다. 게다가 많은 사람이 부모-자식 연구는 유전적 요인 때문에 결과가 더욱 왜곡될 수 있다고 믿는다. 공감하는 태도의 모범을 보이는 부모의 자녀는 공감능력이 뛰어날까? 만약 그렇다면, 아이는 그러한 태도를 학습한 것일까, 아니면 적어도 어느 정도는 아이가 물려받은 유전적 성향이 발현된 것일까?

부모의 기대치 연구를 왜곡하는 교란변수의 문제는 이 밖에도 더 있다. 연구자에게 자신의 기대치가 높다고 보고한 일부 부모의 자녀가 실제로 학업성적이 더 우수할 수 있다. 그렇다면 연구자들은 기대치가 높은 부모와 함께 살아가는 경험이 오랜 시간에 걸쳐 학생들에게 좋은 영향을 미치는 것인지, 아니면 아이가 학업능력을 타고났음을 일찌감치 발견한 부모가 그 고무적인 단서를 바탕으로 기대치를 높게 설정한 것인지를 어떻게 구분할 수 있을까?

일리노이대학교 어배너섐페인캠퍼스의 발달행동 유전학자인 D.A. 브라일리는 부모의 기대치 연구에 특히 관심이 많았는데, 어쩌면 그건 자신의 성장환경 때문일지도 몰랐다. D.A.는 (브론테 자매들처럼) 성직자인 아버지 밑에서 자랐다. 내슈빌 목사의 딸이었던 D.A.는 가족의 말마따나 "무엇보다 부끄럽지 않은 가족의 얼굴"이 되어야 했다.

많은 연구의 초점이 부모의 기대치가 자녀에게 어떤 영향을 미치는가에 있었던 반면, 2010년부터 D.A.와 동료들은 부모가 서서히 기대치를 수정하는 방식에 과연 자녀가 영향을 미치는가, 만일 그렇다면 어떤 식으로 영향을 미치는가를 연구하기 시작했다. 이를 위해 연구팀은 1200쌍의 일란성 및 이란성쌍둥이로 이루어진 대규모 데이터를 분석했다. 쌍둥이가 태어났을 때부터 5학년이 될 때까지 부모들은 자녀의 학업에 얼마나 기대를 걸고 있으며, 자녀를 어떻게 판단하고 있는지가 드러나는 상세한 설문지에 답해야 했다. 부모들은 자녀가 얼마나 교육받길 바라는가? 자녀에게 행동상의 문제는 없는가? 자녀는 읽기능력의 발달기준을 충족하고 있는가?

연구에 참여한 아이들이 4살이 되었을 무렵, 일란성쌍둥이의 부모는 이란성쌍둥이의 부모보다 쌍둥이 자녀에게 더 비슷한 수준의 기대치를 품었다. 이란성쌍둥이가 아주 어렸을 때부터 부모는 둘 사이에 나타나는 행동의 차이―이란성쌍둥이는 일란성쌍둥이만큼 유전적으로 유사하지 않기 때문에 이러한 차이는 유전적 요인에서 비롯되었으리라 추정된다―를 감지했고, 그에 따라 각자에게 다른 기대치를 표현했다. 더 나아가 이 연구는 부모의 다른 기대치가 선순환 또는 악순환을 통해 자녀의 학업성적에 미묘하게 영향을 미칠 수 있음을 시사했다. 어쩌면 부모는 기대치가 높은 아이에게 책을 더 많이 읽어주거나, 그 아이의 교사와 더 많이 교류했을지도 몰랐다.

결국 D.A.가 발견한 사실은, 부모의 기대치가 기존의 신념 외에도 초기에 자녀의 능력에 대해 받은 인상까지 전부 반영된 복잡한 결과물, 즉 양방향 과정이라는 것이었다. 그렇게 수정된 부모의 기대는 자녀의 행동에 영향을 미치고 오랜 세월에 걸쳐 자녀의 삶을 형성하기 때문에 그 자체로 자기충족적 예언이 된다. "부모는 자녀의 성장

가능성에 이미 기대감을 품은 채로 양육을 시작합니다"라고 D. A.는 이메일에서 밝혔다. "부모자식 관계는 쌍방향 관계입니다. 부모가 환경을 설정하긴 하지만(실제로 이 환경이 중요하고 결정적인 영향을 끼치는 것으로 보입니다) 그 이후로 부모는 자녀의 양상에 따라 자신의 기대치를 수정합니다." 그러나 부모가 정확히 어떻게 환경을 설정하는지는 명확하게 드러나지 않는다. D. A.의 논문에서는 부모가 자녀에게 자신의 "신념과 가치, 유능함에 대한 인식을 전달"할 것이라고 가정했지만 말이다. (D. A.의 연구팀은 사회경제적 지위와 인종, 민족을 통제한 분석에서도 부모의 기대치가 미치는 영향력은 그대로였다는 점을 강조했다.)

그렇다면 질문이 하나 떠오른다. 기대치가 높지 않은 부모를 설득해 기대치를 높일 수도 있을까? 사회적으로 소외된 지역 공동체에서 부모의 기대치가 낮은 것은 구조적 장애물, 가령 경제적 어려움을 극복하지 못하면 자녀가 대학에 진학할 수 없다는 것을 인식하고 있기 때문일지도 모른다. 그러나 2017년 연구자들은 훈련된 조교를 통해 저소득층의 미취학 아동 부모를 지도하는 방식으로, 부모의 기대치를 높이는 데 어느 정도 성공했다. 조교들은 부모에게 자녀와 교육적인 놀이를 하는 방법을 가르쳤고, 자녀와 본인의 목표를 설정한 다음 정말 목표를 달성했는지 돌아보라고 격려했다. 조교에게 지도받은 부모의 자녀들은 유치원을 졸업할 무렵 무작위로 대조군에 배정된 또래보다 학업성적이 높고 더욱 자기주도적인 학습 성향을 보였으며, 부모의 기대치 또한 높아진 것으로 나와 두 결과 사이에 연관성이 드러났다. 또한 후속 연구결과 유익한 파급효과가 3학년까지 이어지는 것으로 나타났다.

야심 많은 부모는 아이의 학교 성적이 이미 상당히 좋은데도 서서히 기대치를 끌어올려 아이의 성적을 더더욱 높일 수 있다고 생각할지도 모른다. D. A.는 이미 경쟁심이 강하고 성취도가 높은 집단에서 이러한 생각이 퍼질 가능성을 우려했다. 추가적인 스트레스가 미치는 부정적 영향이 몹시 가혹하기 때문에, 미미한 개선효과가 있을지언정 아무 의미가 없으리라는 것이다.

저널리스트 제니 앤더슨은 뉴스 웹사이트 〈쿼츠〉에 기사를 싣기 위해 관련 연구를 조사한 뒤 기대치의 과학이 "미치고 팔짝 뛸 만큼 미묘하고 복잡하다"라고 말했다. 기대, 즉 성공에 대한 기대는 정확히 어느 시점에서 열망이나 비현실적인 희망으로 바뀌는가? 기대가 부정적인 영향을 미칠 수도 있을까?

독일 튀빙겐대학교의 심리학 교수 무라야마 코우는 자녀의 학업성적이 뛰어났으면 하는 부모의 열망이 실제로 역효과를 낼 수 있음을 발견했다. 독일 바이에른에서 5년간 연구를 진행하고 다시 미국 어린이 1만 2천 명을 대상으로 한 자료를 조사한 결과, 부모가 아이의 잠재력을 현실적으로 파악하고 있을 경우, 높은 기대치가 아이의 성과 향상에 도움이 될 수 있음이 드러났다. 그러나 부모가 아이의 실제 능력과 동떨어진 비현실적 열망을 품은 경우, 무라야마 교수가 그저 추측할 수 있을 뿐인 이유로—아마도 자녀의 성취 불안이나 자율성 상실 때문에—아이의 성과에 해로운 영향을 미치는 듯 보였다.

이 연구결과는 단순히 부모의 의지로 자녀의 학업성적을 높일 수는 없다는 사실을 보여준다. "이전의 심리학 연구 문헌 대다수는 아이의 학업성적을 높이고 싶은 부모들에게 간단명료한 메시지를 전달했다. 즉 자녀의 목표를 높이 설정하면 그 목표는 결국 이루어진다는 것이었다"라고 무라야마는 말했다. "현실적인 측면에서 이번 연구는 자녀의 학업성적을 끌어올리기 위해 단순히 부모가 큰 열망을 품는 것의 위험성을 뚜렷하게 보여준다."

더욱 최근에는 일부 저명한 연구자들이 높은 기대치가 위기를 불러왔다며 심각한 우려를 표했다. "완벽한 이상에 부합해야 한다는 압박이 그 어느 때보다 커지고 있으며 이러한 압박이 조만간 공중보건 문제를 유발할 수 있다"라고, 2022년 〈사이언스 데일리〉와의 인터뷰에서 영국 요크세인트존대학교의 스포츠 및 운동심리학 교수인 앤드루 힐은 말했다. 힐의 관측은 미국과 영국, 캐나다의 대학생 약 2만 명을 아우르는 자료를 메타분석해서 나온 것이다. 부모의 기대치가 높을수록 자녀를 비판하고 통제하려는 경향이 더 컸는데, 힐과 런던정치경제대학교의 행동과학자인 동료 토머스 커런은 이러한 조합 때문에 청년들이 우울과 불안, 자해에 더 많이 시달릴 수 있다고 우려한다.

기대-가치 이론과
부모의 역할

아이가 자신을 믿으면서 스스로를 밀어붙일 수 있을 만큼 적절히 높으면서도, 비생산적이거나 정신건강에 위협이 될 만큼 높지는 않은 완벽한 기준을 세울 수 있다고 상상해보자. 그 기대치를 아이가 수용하고 내면화할 수 있도록 효과적으로 전달한다고 해도, 그것만으로는 아이에게 충분히 동기부여를 할 수 없다는 것이 1970년대부터 심리학자들이 믿어온 이론이다. 기대-가치 이론이라는 이름으로 알려진 이 이론에 따르면 우리는 주어진 목표를 이룰 수 있다고 믿는 동시에 그 목표가 가치 있다고 생각할 때 목표를 달성할 가능성이 더 높아진다. 자신이 우등생 명단에 오를 수 있고 에세이 초안을 작성할 수 있고 사인곡선의 방정식을 구할 수 있다고 믿어야 하지만, 다른 한편으로는 이러한 행위에서 가치를 찾아낼 수 있어야 하는 것이다. 바로 이것이 부모가 때때로 간과하는 동기부여의 한 측면이자, 부모가 더 강조해볼 만한 측면이라고 D. A.는 내게 말했다.

2017년 어느 교육 및 심리학 연구팀은 부모가 자녀에게 학문적 목표의 가치를 전달하는 것이 얼마나 놀랍도록 쉬운지, 그리고 그 결과가 얼마나 극적인지를 증명해 보였다. 연구자들은 학생들이 STEM 분야의 수업을 선택하는 비율을 높일 수 있는지 알아보려 했다. 고등학교 때 이런 수업을 들어두지 않으면 대학에서 고급 과정을 수강할 확률도 낮아져, 전문지식이 필요한 고성장 및 고임금 분야의 직업을 얻을 가능성을 스스로 차단하게 된다. 그런데도 고등학교에서 STEM 분야의 수업을 선택하지 않는 학생이 매우 많다. 내용은 어렵고, 수업은 딱딱하고, 해당 주제가 일상생활과 관련없어 보이기 때문이다. 연구자들은 아이가 학교에서 돌아와 다시는 대수학을 하지 않겠다고 말하거나, 애초에 왜 기하학을 공부해야 하는지 모르겠다고 구시렁댈 때 반박할 말을 부모가 대개 준비해놓지 않는다는 사실을 이전 연구를 통해 이미 알고 있었다. "대부분은 그냥 '나도 모르겠네'라고 말하거나, 아이의 말에 동의하지 않으면서도 이유를 설명하지는 못합니다"

라고, 세인트루이스 워싱턴대학교의 교육학 교수 크리스 로젝은 설명했다.

로젝과 동료 연구자들은 위스콘신에 거주하는 약 180개 가족을 연구했는데, 이들은 어머니가 아이를 임신했을 때부터 더 규모가 큰 연구 프로젝트에 참여하고 있었다. 아이들이 고등학교 2학년이 되었을 때 부모들은 수학과 과학이 폭넓은 분야에서 가치 있거나 유용할 수 있는 다양한 경우의 수를 자세히 설명하는 웹사이트 주소와 형형색색의 팸플릿을 제공받았다. 이 웹사이트와 팸플릿은 자녀가 흥미를 느낄 만한 분야와 STEM 과목의 관련성을 재미있게 설명할 여러 방법을 부모에게 제안했다. 예를 들면 셰프가 요리의 화학을 고민하고, 미용사가 미용실의 재무를 관리하고, 물리학을 통해 자동차의 속도를 계산하고, 더 친근하게는 수학 실력을 발휘해 자신에게 가장 적합한 핸드폰 데이터 요금제를 선택할 수 있다는 식이었다. 더불어 팸플릿은 자녀와 가장 잘 소통할 수 있는 방법들(차 안에 있는 차분한 시간을 이용해 이 문제를 논의할 것, 대화 주제를 부드럽게 꺼낼 것, 말하기만큼 듣기에 집중할 것 등)도 똑같이 중요하게 알려주었다.

결과는 놀라웠다. 고등학교를 졸업할 무렵, 실험집단에 속한 학생(무작위로 팸플릿을 제공받은 부모의 자녀)들은 대입시험에서 수학과 과학 성적이 대조군에 속한 학생보다 12퍼센트포인트 더 높았는데, 이는 단 한 번 개입한 것치고는 놀랍고도 드문 결과였다. 또한 실험집단에 속한 학생들은 고등학교 때 STEM 수업을 더 많이 선택함으로써, 대학에서 후속 강의를 수강하거나 더 나아가 STEM 분야의 직업을 추구할 발판을 잘 마련해놓았다. 과외 지도와 같은 다른 종류의 개입도 시험성적을 높이는 것으로 나타났지만, 이렇게 비용이 적고 말도 안 되게 단순한 실험에서 이만큼 극적인 결과가 나오는 것은 흔치 않은 일이다.

이 결과가 특히 놀라웠던 이유는 이러한 역학관계에서 부모가 예상보다 큰 영향력을 행사하는 듯 보였기 때문이다. 학생에게 STEM의 가치를 알려준 사람은 생활지도 교사도 존경하는 선생님도 하얀 가운을 걸친 의사도 틱톡의 인플루언서도 친한 친구도 아니었다. 아이가 주어진 목표에 관심을 가질 수 있도록 돕고, 그 목표를 아이가 의미 있게 느끼거나 아니면 단순히 유용하다고 생각할 만한 것으로 바꿔주는 것, 바로 이것이 부모가 강력한 힘을 발휘할 수 있는 영역으로 보인다. 부모의 가치관을 거부하도록 프로그램된 것 같은 10대들조차, 특정 선택이 가치 있는 이유에 대한 부모의 설명을 귀기울여 듣고 그에 따라 행동하는 듯했다.

부모가 이러한 결과를 얻는 데 중요한 역할을 하긴 했지만, 이때 작동하는 메커니즘은 하향식으로 압박을 가하는 것과는 달랐다. 이 연구는 부모가 자식에게 바라는 자질이나 관심사에 초점을 맞추지 않았다. 그 대신 자녀가 이미 소중하게 품고 있는 비전을 다시 환기시키는 방식으로 자녀와 깊이 관계 맺을 수 있는 법을 부모에게 알려주었다.

나는 나중에 연구자 본인의 성장환경이 연구 내용, 구체적으로 부모의 기대치에 대한 호기심에 미친 영향에 관해 D.A.와 대화를 나누다가 이 역학을 다시 떠올렸다. 처음에 D.A.는 연구자 중에는 드물게도 이 주제에 별로 할말이 없는 듯 보였다. 그러나 우리의 첫 인터뷰와 마지막 인터뷰 사이에 많은 것이 변했다. 후기 인터뷰에서 D. A.는 자신의 과거를 조금 더 솔직하게 드러냈다. 내슈빌에서 자란 어린 시절에 따돌림을 당했고 왜인지 자신이 늘 남들과 다르다고 느꼈으며, 이러한 이유로 대학에서 성격 연구를 하게 되었다고 했다. D. A.는 어떤 면에서 남들과 그렇게 달랐을까? "어린 시절 다른 아이들이 직감한 그 차이는 성격보다는 젠더와 관련이 있었을 것"임을 깨닫기까지는 오랜 시간이 걸렸다고 D. A.는 말했다.

성직자의 자녀로서 D. A.가 아주 오랫동안 내면화한 기대는 탁월해야 한다는 것뿐만이 아니었다. D. A.는 관습적인 결혼식을 올리고 전형적인 젠더 규범을 따라야 했다. 팬데믹으로 세상이 격변하면서 이러한 기대를 충족시키는 것이 여전히 자신에게 중요한지 고민할 여유를 얻은 뒤에야 D. A.는 이 기대들을 내려놓을 수 있었다.

그 이후로 D. A.는 새로운 연구 분야에서 활력을 얻고 있다. 현재는 젠더 비순응적인 아이들 사이에서 나타나는 젠더 정체성 발달상의 개인차를 연구하고 있다. D. A.의 초기 연구는 부모의 기대가 자녀에게 동기를 부여할 수 있다는 사실을 발견했지만, "부모의 기대가 그 부담을 진 자식의 가치관과 선호에 반할 경우 개인의 성장을 방해할 수도 있다"는 사실 역시 본인의 경험에서 명백하게 드러난다고 D. A.는 강조했다.

브론테 가문의 외아들

1843년 11월, 브뤼셀에 있는 어느 학교의 교장이 자기 학생의 아버지에게 편지를 보내 이렇게 뛰어난 2명의 학자를 키워주셔서 감사하다는 말을 전했다. "당신의 딸들이 모든 학문 분과에서 뛰어난 발전을 이루었고 이러한 발전이 전적으로 두 따님의 노력과 끈기 덕분이라는 사실을 아신다면 틀림없이 크게 기뻐하실 것입니다. 이런 학생들에게는 저희가 가르칠 것이 별로 없습니다. 두 따님의 발전은 저희의 성과가 아닌 아버님의 성과입니다. 시간과 교육의 가치를 저희가 가르칠 필요가 없었습니다. 그 모든 것을 이미 가정에서 배워왔으니까요."

자기 학생을 자랑스러워하는 이 교장의 이름은 콘스탄틴 헤거였고, 이 뛰어난 교육자의 의견은 샬럿에게 큰 의미였다. 그 당시 각각 27살과 25살이었던 샬럿과 에밀리는 자신들이 기울이는 노력의 가치를 잘 알았고, 적어도 학업성적에 관해서는 아버지의 높은 기대치를 내면화하고 있었다. 그러나 두 딸이 작가가 되는 것은 단 한 번도 아버지의 희망이었던 적이 없었다. 두 사람이 받은 교육의 목적은 어린아이들의 선생님이 되어 스스로를 부양할 수단을 마련하는 것이었다.

오랫동안 브론테 가족의 야심은 주로 외아들인 브란웰에게 쏠려 있었다. 패트릭은 아들에게 직접 라틴어와 그리스어, 베르길리우스와 호메로스와 호라티우스의 작품을 가르쳤고, 한 편지에서는 아들을 런던의 저명한 학교인 왕립예술아카데미에 보낼 생각이라고 말하기도 했다. 그 계획은 아마도 재정적인 이유로 실현되지 못했고, 초상화가가 되기 위해 받은 실습조차 도중에 중단되고 말았다. 그 이후로 브란웰은 여러 직업에서 내리막길을 걸었다. 한번은 가정교사로 일하다가 자신이 가르치는 학생의 어머니와 바람이 나서 일을 그만두기도 했다. 면목 없이 집으로 돌아온 브란웰은 중독(술, 그리고 높은 확률로 아편)에 빠지기 시작했고, 결국 31살의 나이에 폐결핵으로 사망하고 말았다.

브란웰이 세상을 떠나고 한 달 뒤 런던의 출판사에 보낸 편지에서 샬럿은 남동생이 가족의 높은 기대치에 부응하지 못했다는 사실이 가족에게 얼마나 큰 고통이었는지 되돌아보았다. "브란웰은 어린 시절에는 제 아버지와 누이들의 자랑이자 희망이었지만 성인이 된 후로는 그렇지 못했습니다. 그간 저희 가족은 동생이 잘못된 길에 접어드는 것을 지켜보고, 동생이 올바른 길로 돌아오기를 희망하고 기대하고 기다리고, 그 희망이 미뤄지는 고통과 기도가 좌절되는 실망을 느끼고, 마침내 절망할 수밖에 없었습니다. 그리고 이제는 고귀하게 펼쳐졌을지도 모를 한 사람의 경력이 너무 이르고 갑작스럽고 초라하게 끝나는 것을 그저 바라만 봐야 하는군요." 샬럿이 눈물을 흘린 것은 친한 친구를 잃어서가 아니었다. 샬럿이 알던 사랑하는 동생은 중독으로 이미 오래전에 사라졌다. 샬럿이 슬퍼한 것은 "재능이 파괴되고, 약속이 무너지고, 반짝이며 활활 타올랐을 수도 있는 빛이 때 이른 쓸쓸한 끝을 맞이했기 때문"이었다. 브란웰이 예술적·직업적으로 성공을 이루지 못했다는 사실은 보통 그렇듯 비극적인 죽음 앞에서 중요치 않은 것으로 치부되지 않았다. 그 당시 샬럿에게 그 사실은 가장 큰 슬픔의 원천이었다.

브론테 자매는 어린 시절에, 그리고 성인이 되어서는 드문 여유 시간에 늘 열정적으로 글을 썼다. 그러나 샬럿이 마침내 동생들에게 여러 출판사에 작품을 열심히 투고해보자고 제안한 것은 브란웰을 향한 가족의 믿음이 거의 사라졌을 때—브란웰이 중독에 굴복한 것이 분명해졌을 때—였다. 에밀리, 앤과 함께 학교를 운영하겠다는 샬럿의 계획은 너무나 많은 걸림돌에 부딪혔고, 샬럿의 가정교사 생활은 기껏해야 시큰둥했으며, 샬럿이 사랑한 남자—패트릭에게 편지를 보내 샬럿을 한껏 칭찬한 바로 그 교장—는 유부남이었고 갈수록 샬럿과 멀어졌다. 그럼에도 30살의 샬럿은 마침내 자신감의 우물을 깊이 파고 내려가, 더이상 정신이 온전치 못한 남동생이 내팽개친 가족의 기대를 되찾을 수 있었다.

5장

무르기아 가족
서로가 서로의 사다리가 되어

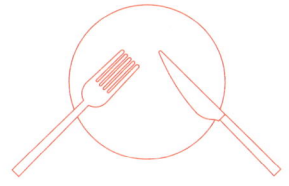

1974년 무르기아 집안에 짧게나마 페미니즘 혁명이 찾아왔다. 캔자스주 캔자스시티 사우스27번가에서 일어난 반란은 화르르 불붙었으나 오래가지 못해 진압되고 말았다.

당시 14살이었던 메리(엄밀히 말하면 가족의 일곱 남매 중 막내)가 반란을 이끌었다. 메리는 일란성쌍둥이 언니인 재닛보다 겨우 6분 늦게 태어났고, 두 자매 모두 튼튼한 어깨와 환한 미소, 검고 윤기 나는 생머리를 가진 소녀로 자라났다. 성격은 좀 달랐다. 메리는 상황에 더 민감하게 반응했다. 예를 들어 막내 넷이서 보드게임을 하다가 규칙이 불공평하다고 느끼면 마치 자신들의 미래, 그게 아니면 적어도 가족 내에서의 평판이 여기에 달려 있다는 듯이 싸움을 거는 일이 잦았다. 재닛은 과묵한 성격은 전혀 아니었지만 메리보다 조금 더 명랑하고 침착했다.

이들 남매는 자주 싸웠지만 부모님인 아말리아, 알프레도와는 절대 싸우지 않았다. 부부는 1930년대 초반에 멕시코 중부에 있는 작은 시골 지방에서 만났고 "무르기아 집안의 담장 안에서만 보면 두 분이 여전히 그곳을 떠나지 않은 것 같았다"고 메리는 말했다. 집 안에서 가족은 오로지 스페인어만 사용했고 신앙이 무엇보다 중요했다. 딸들은 부모님의 가치관과 전통을 따름으로써 존경심을 표했다. 비록 그러려면 3명의 오빠가 식사를 마친 후에야 밥을 먹을 수 있었지만 말이다.

바깥세상은 공립학교에서, 또 라디오를 통해 집 안으로 흘러들었다. "나는 여자야, 나의 포효를 들어." 소녀들은 오빠들이 남긴 빈 접시를 식탁에서 치우며 헬렌 레디의 인기곡 〈나는 여자야〉를 한목소리로 따라 불렀다. "나는 강해, 나는 천하무적이야." 엄마를 도와 설거지를 하려고 멕시코의 전통 앞치마를 허리에 두르면서도 이 노래를 불렀다. 저녁식사를 마치고 침실로 들어가서 오빠들의 침대 시트와 이불을 정돈할 때도 이 노래를 불렀다. 이 노래를 열창하는 데에 정치적 저항의 의미는 없었다. 그러나 왜인지 소녀들은 주어진 과제를 수행할 때 이 노래의 가사에서 활력과 힘을 얻을 수 있었다.

그러나 14살이었던 그날 저녁, 메리는 이 불공평한 노동 분업에 돌연 격분했다. 왜 하필 그날 저녁이었는지는 본인도 알지 못한다. 그러나 오빠 라몬이 포마이카 식탁에 앉아 숙제를 하던 메리에게 자기 침대를 정리하라고 하자, 순간 메리는 이렇게 쏘아붙였다. "자기 침대는 자기가 알아서 정리해."

라몬은 거부했고, 메리는 다시 반박했다. 이런 분업은 공평하지 않고, 우리가 그 일을 도맡는 건 말이 안 된다고. 쌍둥이 언니인 재닛도 메리 편에서 같이 항의했고, 세 남매는 앞으로 수십 년간 자신들의 삶을 지배할 전통과 책임, 가족의 의무, 자기 결정 문제를 두고 은연중에 씨름하며 옥신각신 다툼을 벌였다. 결국 라몬은 문제를 해결해 달라고 침실에 있던 아버지를 불러왔다. 메리와 재닛은 기다란 부엌 식탁의 한쪽 끝에 나란히 서서 다른 한쪽 끝에 서 있는 아버지와 오빠를 노려보았다.

이들 남매는 메리가 부모님의 전통에 저항했던 그 유일한 순간이 어린 시절에 했던 가장 큰 반항이었다고 회상한다. 이들이 얼마나 오랫동안 부모님께 순종적이었는지가 잘 드러나는 대목이다. 남매가 부모님께 느낀 존경심은 부모님이 성장한 멕시코 문화에서 비롯된 것이었지만, 한편으로는 부모님이 직접 얻어낸 것이기도 했다. 이들은 어린 시절에도 어머니가 매일 그 많은 일을 해내는 데에 감사함을 느꼈다. 어머니는 매일 수동 세탁기로 9명의 옷을 빨래했고, 하루 두 번씩 작은 식당 규모에 육박하는 식사를 준비했으며, 이웃집 아이들을 돌봐주면서 부수입을 벌었다. 남매는 아버지가 매일 밤 금속 냄새를 풍기며 집으로 돌아온다는 것, 여름에는 숨막히게 덥고 겨울에는 냉랭한 인근 공장에서 철재 빔을 자를 때 나온 철가루 때문에 손과 얼굴이 까매진다는 것을 알았다.

마침내 아버지가 입을 열었다. 네 오빠 침대 정리하렴. 메리는 울그락불그락한 얼굴로 말없이 아버지의 명령을 따랐다.

20년 뒤 메리는 자기 삶에서 조용한 싸움을 벌이며 부모님이 생각하는 여성의 본분을 거스를 힘을 끌어모아야 했다. 현재 메리는 미국 제9연방순회항소법원의 수석판사이며, 자기만의 꿈을 찾아 나선 쌍둥이 언니 재닛은 미국 최대의 라틴계 시민권 옹호단체인 우니도스US$_{UnidosUS}$를 운영하고 있다. 라틴계 공동체의 저명한 여성 리더인 재닛은 이민자의 권리와 존엄에 관한 감동적인 연설을 종종 한다. 선구적인 여성 라틴계 판사 메리도 공개 연설을 통해 본인의 삶을 소개해달라는 부탁을 자주 받는다. 자기 인생 이야기를 들려줄 때면 두 사람 모두 부모님께 배운 봉사와 연민의 가치가 이 일을 하는 원동력이라며 부모님께 공을 돌린다.

부모님 모두 중학교 1학년 이상 학교를 다니지 못했고, 이들 부부의 가장 큰 꿈은 자식들이 모두 대학에 진학하는 것이었다. 또한 어머니가 딸들에게 가장 바란 것은 대학 졸업 후 가까운 곳에 사는 것이었다. 누군가는 부부의 딸들이 어머니의 소원 '덕분'이 아니라 어머니의 소원에도 '불구하고' 전국적인 유명세를 얻었다고 말할지도 모른다. 무르기아 부부는 자식들이 전문가로 크게 성공하는 것을 기대하지 않았다. 부부에게는 도움이 될 인맥도, 권력의 세계를 헤쳐나가는 요령도 없었다.

그럼에도 쌍둥이 자매의 오빠인 라몬 역시 도움이 필요한 어린이들을 돕는 미국 최대의 자선단체 중 하나인 W.K. 켈로그재단의 오랜 임원으로 미국 전역에 이름을 떨치고 있다. 이들의 손위 형제인 카를로스는 지방법원 판사였고, 메리와 같은 시기 연방정부에 소속되어 있었다. 두 사람 다 각자가 속한 법원에서 해당 직책을 맡은 최초의 라틴계 인물이었다.

라몬은 1995년 〈캔자스시티 스타〉에 "부모님은 우리가 고등학교만 졸업했어도 똑같이 자랑스러워하셨을 거예요"라고 말했다. "하지만 우리는 부모님의 자랑이 되기 위해 계속해서 서로를 뛰어넘으려고 해요. 부모님에겐 이 모든 게 다 뜻밖일 거예요. 상상도 못 하셨을 걸요."

이들 남매는 서로의 존재, 그리고 무르기아 가문의 이름을 빛내서 부모님을 드높여야 한다는 공동의 프로젝트에서 무엇보다 큰 힘을 얻었다. 이들은 서로를 밀어붙이는 한편 충성스럽기 그지없는 소중한 자문위원회처럼 기능하며 서로에게 실무적 도움과 인맥, 조언을 제공했다. 여기서 서로의 이해관계를 구분하기란 쉽지 않을 텐데, 모두가 가문의 성공 스토리로 혜택을 봤기 때문이다. 라몬이 이따금 언급했듯이 모든 것이 '무르기아 브랜드'를 만들었고, 무르기아 브랜드는 승리와 계층 상승, 책임, 인종차별 철폐 요구를 연상시켰다. "우리는 하나의 거대한 사슬이에요." 카를로스는 2004년 〈캔자스시티 스타〉에 이렇게 말했다. "한 사람만 없어도 끊어지죠." 무르기아라는 이름은 **그로프다움**처럼 형용사로 변하지는 않았지만, 만약 그러했다면 그 형용사는 사회정의를 의미했을 것이다.

무르기아 가족을 알아가면서 나는 이들의 가족문화에서 자부심과 겸손함이 얼마나 밀접하게 얽혀 있는지 이해하게 되었다. 이들은 내게 가족 이야기를 들려주는 것이 부모님을 드높이는 일이라고 생각하는 한편, 이렇게 함으로써 다른 라틴계 이민자들에게 가능성을 보여주는 것이 자신들의 의무라고 느꼈다. 그들은 실제로 신문의 가족 소개 기사나 대중 연설을 통해 종종 라틴계의 본보기 역할을 맡았다.

이러한 무르기아 남매들의 관계는 서로를 뒷받침하며 힘을 북

돌아주기도 했지만 한편으로는 압박이 되기도 했다. 모두가 승승장구할 때는 힘이 되는 시스템이었지만, 인간이 무릇 그렇듯 누구 한 사람이 어려움이나 실패를 겪으면 모두의 기반이 흔들릴 수 있었다.

조용할 틈 없는 대가족의 풍경

무르기아 남매가 어린 시절을 보낸 집은 캔자스주 캔자스시티의 아르젠타인이라는 도시에 있었다. 멕시코계 미국인이 빽빽하게 모여 살던 이 동네는 근처에 철강공장과 철로가 있었고, 많은 가족의 아버지들이 이 공장에서 일했다. 무르기아 가족의 집은 비좁고 바글거렸지만 깔끔하게 정리되어 있었고 핫핑크색과 노란색, 수박껍질색 플라스틱 시트가 커튼 역할을 했다. 한 사람씩 대학에 진학하며 집을 떠나기 전까지는 남매 5명이 한 방을 썼다. 메리와 재닛, 카를로스와 라몬이 각각 더블침대에서 잤고, 5명 중 첫째였던 로즈 메리가 혼자 1인용 침대를 썼다. 침실에는 아버지가 구매한 몇 없는 비필수품 중 하나, 바로 백과사전 세트가 있었다. 성서와도 같았던 백과사전 세트는 정확히 이 용도로 쓰려고 특별 구매한 장식장 위에 가지런히 꽂혀 있었고, 먼지가 앉지 않도록 언제나 갈색 수건으로 덮여 있었다.

안방은 신께 바치는 공간이어서 성당 밖에서 하는 기도는 대개 이곳에서 이루어졌다. 아말리아는 침실에 십자가를 걸고 그 옆에 묵주를 놓아두었다. 묵주기도를 올리는 5월과 10월에는 저녁 6시 30분이 되면 모든 일상활동(요리와 농구, 숙제, 말다툼)을 즉시 중단했다. 그리고 온 가족이 비좁은 안방에 모여 무릎을 꿇고 서로 어깨를 맞댄 채

한목소리로 기도문을 암송했다. 말 그대로 신앙을 통해 하나가 된 순간이었다. 어머니의 믿음이 어찌나 흔들림 없이 굳건했는지, 메리는 이따금 경외심과 함께 어머니가 신과 곧장 연결되어 있다는 느낌마저 받았다.

어머니 아말리아는 보통 부엌에 있었는데, 대가족이 먹을 식사를 준비하면서 동시에 집에 찾아오는 이웃들을 반갑게 맞이했다. 사람들은 인기가 좋았던 아말리아표 밀가루 토르티야를 얻으러 오거나, 아니면 비슷한 빈도로 위로를 구하러 왔다. 메리는 할 일이 산더미처럼 쌓여 있는 어머니가 찾아온 이웃에게 나중에 오라고 말하는 법이 없다는 사실이 신기했다. 오히려 어머니는 당신이 찾아와서 너무 기쁘다는 듯 손님을 크게 환영했다. 아말리아는 자식이 16명 있는 집안의 장녀였고 사람을 어떻게 보살펴야 하는지 잘 알았다. 동네 남자들은 보통 공장에서 샌드위치를 먹었지만 알프레도는 매일 오후 12시 10분 집에 도착해 따뜻한 음식을 먹었다. 그리고 12시 20분경 공장에서 사이렌이 울리면 다시 일터로 향했다. "저는 그게 아버지가 공장에서 39년을 버틸 수 있었던 이유라고 확신해요"라고, 재닛은 말했다.

아말리아가 매일 아침 자신을 기다리는 그 많은 일들을 어떻게 다 해냈는지는 또 다른 문제였다. 그녀는 이따금 딸들에게 "너희는 결혼하지 마렴"이라고 말하기도 했다. 아말리아는 건조한 유머감각의 소유자였기에 메리와 재닛은 어머니의 말이 100퍼센트 진심이 아니라는 사실을 알았다. 하지만 네 딸 중 결혼한 사람이 44살에 결혼식을 올린 재닛뿐이니, 어쩌면 딸들은 어머니의 이 조언을 진짜로 마음에 새겼는지도 모른다. "할 일이 보통 많은 게 아니야." 아말리아는 가정생활에 대해 이렇게 말하곤 했다. "추천은 안 한다."

아말리아는 결혼 후 남편이 캔자스시티에 살기로 결정하면서 지인들과 멀리 떨어져 살게 되었다. 그 뒤로는 출산으로 여러 번 목숨을 잃을 뻔했고, 재닛과 메리가 아장아장 걸어 다닐 때는 현실이 너무 버거워서 두 자매를 식탁 다리에 묶어둘 수밖에 없었다. 이처럼 어머니가 혹사당하며 늘 지칠 대로 지쳐 있던 것은 사실이지만, 무르기아 남매는 어머니가 한숨을 내쉰 만큼 활짝 웃는 일(그리고 자식들을 웃게 하는 일) 역시 많았다고 기억한다.

무르기아 가족의 집은 일곱 자녀를 품고 있기엔 너무 비좁았고, 막내들(카를로스와 라몬, 재닛, 메리)은 한시도 쉬지 않고 다투었다. 그러나 아이들에겐 따로 갈 곳이 있었다. 아이들의 성장에 큰 영향을 미친 이 동네는 삶을 풍요롭게 해주는 것들이 도처에 있었다. 쿠퍼스타운처럼 번쩍이는 스포츠센터와 호수가 있는 것은 아니었다. 홀리필드 가족처럼 박사학위 소지자들이 놀러와서 카드게임을 한 것도 아니었다. 그러나 이 동네는 무르기아에 같은 이민자 가족들이 빽빽하게 모여 살고 있었고, 그중 대다수가 멕시코의 같은 주 출신이었다. 아이들은 모두 거리로 쏟아져 나와 근처 공원에서 어울려 놀았다. 카를로스가 아이들을 나누어 팀을 꾸리는 역할을 도맡았다. 조용한 공간이 필요하면(집에는 그런 공간이 없다시피 했다) 숙제를 들고 몇 블록 떨어진 시원하고 고요한 카네기도서관으로 갔다. 사서들은 책뿐만 아니라 공원 코트에서 사용할 수 있는 테니스라켓도 빌려주었다. 여름날이면 메리와 재닛은 몇 시간이고 오빠들과 테니스를 겨루었다. 장남인 알프레드가 공을 세게 때리는 법을 먼저 독학으로 깨우친 뒤 동생들에게 알려주었다. 메리는 자신과 재닛이 계속 연습만 하면 언젠가 윔블던에 나갈 수 있으리라 확신했다. "지금도 가능성 있다고 생각해요"라고, 우리가 만난 날에도 내게 말했다. 무르기아 집안 특유의 유머이자, 무르기아 집안 특유의 야심이었다.

길 끝의 철도 차량기지 옆에 있는 공터에서 축구를 할 때면—서로에게 외칠 때는 영어를, 규칙을 두고 싸울 때는 스페인어를 썼다—덜커덩거리며 근처를 지나는 철도의 굉음이 온몸에 쾅쾅 울렸다.

집 안에서 메리와 재닛은 얌전했다. 그러나 밖으로 나가 어머니의 시선에서 자유로워지면 오빠들, 친구들과 같이 축구를 했다. 쌍둥이 자매가 10살이었을 때 동향 출신의 멕시코 이민자인 이웃이 그 장면을 목격하고 아말리아에게 몰래 일러바쳤다. 축구에 열중하던 쌍둥이 자매는 어머니가 벨트를 휘두르며 걸어오는 모습을 보고 죽기 살기로 도망쳐 몇 시간 동안 골목에 숨어 있었다. 자매가 집에 도착할 즈음엔 어머니의 화가 풀려 있었지만, 그래도 아말리아는 딸들이 걱정스러웠다. 이 애들은 어떤 여자로 자랄까, 딸들이 축구를 하고 때로는 바지를 입고, 다 크고 나서는 밤 10시가 넘어서까지 집에 들어오지 않는다는 사실을 알면 고향 사람들이 뭐라고 할까.

아말리아가 자식들에게 높은 기준을 적용한 이유는 어쩌면 한 아이에게 마음이 너무 쓰여서 그만큼 다른 아이들이 실수할 여지를 줄여야 했기 때문인지도 모른다. 아말리아는 첫째인 마사를 몹시 염려했다. 마사는 아말리아의 첫 번째 결혼에서 얻은 아이였다. 하지만 그 결혼은 남편의 안타까운 요절로 인해 너무 일찍 끝나버렸다. 발달장애를 가지고 태어난 사랑스러운 소녀 마사는 중학교 2학년 때 학교를 그만두고 식당에서 주방일을 돕거나 청소를 했다. 무르기아 남매들 모두 큰언니 마사에게 책임감을 느꼈고, 어떤 면에서 마사는 남매에게 가장 큰 영향을 미친 가족 구성원이었다. 남매들은 마사를 토대로 한 유대관계가 각자 집을 떠난 후에도 오랫동안 지속되리란 것을 알았다. 부부가 세상을 떠나면 남매가 마사를 돌봐야 한다는 사실을 아말리아가 종종 짚어주었기 때문이다. 마사를 향한 아말리아의 걱정은 매일매일 만드는 밀가루 토르티야산처럼 끝이 없었다. 아이들은 이 사실을 충분히 인지하며 자랐고, 어쩌면 그랬기 때문에 더더욱 빨리 자랐다. 남매는 부모님의 걱정을 더 보태지 않으려고 애썼다.

마사가 가족을 안으로 끌어당기는 중력이라면, 장남 알프레드는 모두를 우주로 날려보내는 추진력이었다. 비록 그 힘은 때때로 예측 불가능했지만 말이다. 알프레드보다 8살 어린 재닛과 메리의 눈에 알프레드는 정말로 멋진 오빠였는데, 그건 오로지 10대가 동생들 앞에서만 풍길 수 있는 종류의 매력이었다. 평생 어머니표 음식만 먹어본 9살짜리 소녀들에게 알프레드와 함께한 드라이브스루 햄버거 전문점 첫 방문은 짜릿한 경험이었고, 피자의 맛은 하늘의 계시와도 같았다. 알프레드는 학교와 집으로 이루어진 폐쇄회로의 바깥세상과 이어지는 다리였다. 더 나아가 무르기아 남매들은 알프레드가 길을 잘 닦아준 덕에 모두가 그 뒤를 따라 기회를 붙잡을 수 있었다는 데 동의했다.

알프레드는 고등학교에서 훨훨 날아다녔다. 타고난 재능이 많아 전국 스피치대회에 출전했고, 토론팀에서도 두각을 보였으며, 학교 연극에서 주인공 역할을 맡았고, 음식 기부행사를 조직했고, 학교 대표 농구팀에서 활약했다. 알프레드는 대학에 진학할 생각이었다. 친구 무리에 있는 다른 우수한 학생들과 함께 고등교육으로 향하는 물결에 같이 휩쓸려가리라 예상한 것이다.

졸업하는 해의 가을, 다른 우등생들은 모두 알파벳 순서로 상담교사에게 불려갔다. 대학교 입시 상담을 위해서였다. 그러나 상담교사는 알프레드를 쏙 빼고 넘어갔다. 알프레드가 무언가를 놓친 걸까? 그는 백인 친구들(알프레드가 다니는 학교의 학생은 대부분 백인이었다)이 다음 단계로 나아가고 있음을 감지했다. 그리고 상당한 시간이 흐른 끝에 결국 직접 상담교사의 사무실로 찾아갔다. 캔자스대학교에 지원하고 싶다고 말했지만, 돌아온 것은 이미 너무 늦었다는 대답뿐이었다.

알프레드가 뒤늦게 깨달은 바에 따르면 상담사는 그가 동네의 다른 1세대 멕시코계 미국인들과 똑같은 길을 가리라 짐작하고 있었다. 멕시코계 미국인 청년들은 대학 진학을 진지하게 고려하지 않고, 자기 아버지처럼 철강공장이나 샌타페이철도에서 일하려고 했다. 알프레드는 그럴 수도 있고 아닐 수도 있다고, 하지만 어느 쪽이든 자신은 캔자스대학교에 가고 싶다고 상담사에게 말했다.

알프레드는 멕시코계 미국인 중 제2차세계대전 참전용사들이 캔자스시티에 있는 재향군인회에서 가입을 거부당한 뒤 자체 창립한 미국재향군인회 213번 지부에서 이미 소액의 장학금을 타놓은 상태였다. 그리고 알프레드의 시험 점수와 성적을 바탕으로 상담사는 또 다른 장학금을 확보할 수 있었는데, 만일 알프레드가 건축에 관심이 있다면 미국건축가협회에서 캔자스대학교를 다닐 수 있도록 장학금을 제공하겠다는 것이었다. 알프레드는 관심이 있었다. 정확히 말하면 건축 자체에 관심이 있다기보다는, 자신에게 주어진 기회를 붙잡고 싶었다. 알프레드는 6월에 캔자스대학교에 합격했고, 그해 가을에 지역 커뮤니티 칼리지에 등록했다. 이듬해 캔자스시티에 사는 무르기아 가족 전원이 비좁은 차 한 대에 올라타고, 캔자스 로런스에서 45분 거리에 있는 캔자스대학교로 알프레드를 데려다주었다.

알프레드는 여러 방면에서 최초의 기록을 세운 형제자매들 중에서도 최초로 대학에 진학한 인물이었다. '최초'가 되는 것이 얼마나 외로운 일인지, 알프레드의 발자취를 따라가는 것이 동생들에게 얼마나 큰 도움이 될지를, 그때는 알프레드를 비롯한 그 누구도 온전히 이해하지 못했다.

아말리아가 마지막으로 임신했을 때 알프레드는 7살이었다. 임신 5개월 차였던 아말리아의 배는 출산을 몇 주 안 남긴 배처럼 산만 했다. 이웃들은 분명 쌍둥이일 거라고 말했다. 하지만 배에 청진기를 갖다댄 의사의 귀에는 남달리 우렁찬 하나의 심장 소리만 들렸다. "우량한 남자아이일 겁니다"라고 의사가 말했고, 아말리아는 친구들에게 그 소식을 전했다. "미국인 의사 말이 우량한 남자애일 거래." 누가 미국인 의사의 말에 반박할 수 있겠는가? 그러나 이웃들은 아말리아가 임신한 모습을 본 적이 있었고, 자기들 생각이 옳다는 것을 알았다.

출산 중에 의사는 자기 말이 틀렸음을 알고 무척 기뻐하는 것 같았다. "몰리!" 의사는 아말리아의 미국 이름을 큰 소리로 외쳤다. "깜짝 선물이에요!" 두 번째 아이가 있다는 소식에 아말리아는 기도를 올렸고, 남편은 무릎에 힘이 풀렸다. 의사는 재닛과 메리를 배 속에서 꺼냈다. 두 존재는 심장이 동시에 뛰어서 의사가 1명이라고 착각할 만큼 서로에게 꼭 붙어 있었다.

쌍둥이는 건강했지만 아말리아는 출산 후 출혈이 심해 거의 목숨을 잃을 뻔했다. 이 경험이 정신적 외상을 남긴 데다 회복도 너무 힘들었다. 아말리아는 쌍둥이가 아직 어린 아기일 때 가족이 있는 멕시코에 가서 정서적 도움을 받아야겠다고 생각했고, 편안히 쉴 수 있도록 혼자 멕시코로 떠났다. 쌍둥이는 몇 주간 서로 다른 대모에게 맡겨졌다. 부부가 쌍둥이의 걸음마를 처음 목격한 것도 이렇게 또 한번 떨어져 있다가 다시 만난 후였다. 재회한 두 아기는 최대한 빠른 속도로 아장아장 걸어서 서로의 품에 안겼다.

쌍둥이가 태어난 직후인 1960년 9월, 미국인 의사가 알프레도를 따로 한쪽으로 데려갔다. 그리고 쌍둥이가 부부의 관심과 에너지를 싹 빨아들일 테니, 특별히 신경쓰지 않으면 쌍둥이와 가장 나이가 비슷한 라몬이 부모의 관심 부족으로 힘들어할 수도 있다고 말했다. 알프레도는 자기 감정을 편하게 말하는 남자가 아니었다. 그는 강인하고 열심히 일하며 수학을 잘했지만, 아이들이 부모의 관심을 공평하게 받고 있는지 고민할 가능성은 낮았다. 그러나 그는 의사의 말을 똑똑히 새겨들었다. 걱정할 아이가 여섯이나 더 있었던 알프레도는 라몬에게 특별히 관심을 더 주겠다고 장담할 순 없었지만 다른 것, 즉 거의 쌍둥이 같은 형제를 붙여줄 수는 있었다. 1969년에 찍은 사진을 보면 당시 9살이었던 재닛과 메리가 가진 것 중 가장 예쁜 옷인 분홍색 스케이트 치마와 그에 어울리는 조끼를 입고 턱 밑에 하늘하늘한 흰색 리본을 단 채 집 바로 앞에 있는 흙바닥 위에 나란히 서 있다. 그리고 당시 10살이었던 라몬이 그 옆에, 11살이었던 카를로스가 반대쪽 옆에 서 있다. 두 소년 역시 카키색 바지와 흰색 반소매 셔츠, 커다란 벨트 버클로 구성된 일종의 소년용 유니폼을 똑같이 차려입고 있다. 부부는 두 아들에게 일부러 똑같은 옷을 입혔고, 사람들이 쌍둥이가 하나가 아니라 둘이라고 생각하면 알프레도는 흐뭇해했다. 그 말은 라몬에게 쌍둥이만큼 친밀한 아군을 붙여주는 데 성공했을지도 모른다는 뜻이었다.

네 남매는 같이 쓰는 방에서 자기들끼리 끈끈하게 결속을 다졌다. "우리는 사시나무 같았어요. 사람들은 사시나무가 한 그루씩 떨어져 있다고 생각하지만 사실은 하나로 연결되어 있잖아요." 라몬이 말했다. "우리는 다른 애들보다, 심지어 우리 가족인 다른 형 누나보다 더 뿌리깊게 연결되어 있었어요. 우리 넷은 완전히 이어져 있었죠. 네 사람이라기보다는 다세포 생물에 가까웠어요."

어떤 면에서 네 남매는 유난히 비슷했는데, 운 좋게도 넷 모두 심리학 연구자들이 성공하는 사람들과 연관 짓는 성격특성을 지니고 있었다. 네 남매는 성실했고 새로운 경험에 흔쾌히 마음을 열었다. 즉 이들은 호기심이 많았고, 테니스코트든 학교에서 떠난 박물관 견학이든 도서관에서 제공한 서비스든 주변 환경에서 얻을 수 있는 것은 무엇이든 적극 이용했다.

그러나 네 남매는 서열이 분명하게 나뉘어 있었고 성격이 뚜렷하게 달랐으며 그건 쌍둥이도 마찬가지였다. 라몬은 가장 말수가 적었고 평화를 사랑하는 중재자였다. 쌍둥이 자매는 둘 다 의지가 강했지만 메리가 재닛보다 더 호전적이었다. 카를로스는 네 남매 중 가장 나이가 많고 누구보다 자신감 있게 리더 역할을 맡았는데, 때로는 이런 면이 메리를 짜증나게 했다. 네 남매는 서로를 지지했지만 치열하게 경쟁하기도 했다. 메리는 "막말이 우리의 주요 소통방식이었어요"라고 말했다. 넷은 서로를 상대로 재치를 갈고닦았고 과시와 반격, 조롱을 연습했다. 이들의 혀는 빨랐고, 얼굴은 철판처럼 두꺼웠다.

넷 중 가장 빠르고 날카로운 말을 쏟아내는 사람은 카를로스였다. 카를로스는 책을 가장 많이 읽었고 가장 적은 노력을 기울이면서도 가장 좋은 성적을 받았다. 알프레드에게 직접적인 도움을 가장 많이 받은 사람이기도 했다. 카를로스가 중학교에 처음 입학했을 때, 알프레드는 그 학교 옆에 붙어 있는 고등학교에 다니고 있었다. 알프레드가 동생을 자기 친구들에게 소개하고 직접 학교를 안내해주었기 때문에 카를로스는 편안하면서도 보호받는 기분을 느낄 수 있었.

고등학생이 된 카를로스는 알프레드의 뒤를 이어 최초의 기록을 세우고자 했다. "제가 과연 최초의 라틴계 학생회장이 되고 싶었던 건지 잘 모르겠어요." 몇 년 전 라몬의 집에서 나와 만났을 때 카를로스는 이렇게 말했다. "저는 그저 무르기아 집안의 최초가 되고 싶었어요." 또한 카를로스는 무르기아 집안 최초로 졸업생 대표가 되고 싶었다. 그리고 남매 중 유일하게 그 목표를 달성했다. 카를로스는 부모에게 감명을 주려던 것이 아니었다. 그가 바란 것은 재능 넘치는 대가족 사이에서 두각을 나타내는 것, 자기 안의 욕망을 만족시키는 것이었다.

무르기아 부부는 대가족 모임에서 좌중을 휘어잡는 타고난 재담꾼이었다. 특히 아말리아는 자신이 돌본 어린 동생들이 일으킨 소동이나 어렸을 때 살던 작은 동네에 서커스가 찾아왔을 때의 모험담 등 옛날이야기를 이래저래 풀어놓으며 사람들을 웃기는 재주가 있었다. 카를로스 역시 타고난 스토리텔러로서 재미있으면서도 몹시 편안하게 이야기를 들려주곤 했다. 아이들은 몇 시에 모여서 농구를 하는지 알고 싶으면 카를로스를 찾아가야 한단 걸 알았다. 결국 카를로스는 농구 경기를 필두로 동네에서 열리는 모든 운동 경기를 주관했고, 나중에는 비공식 리그까지 창설했다.

카를로스가 고등학교 2학년이었던 1974년, 알프레드는 자신이 후회스럽게 놓친 기회를 붙잡으라고 동생을 설득했다. 지역 대표로 선발된 소년들이 일주일간 한자리에 모여, 정당을 결성하고 공직에 출마하고 입법회의를 열면서 지역과 카운티, 주 단위의 행정 기초를 배우는 리더십 콘퍼런스인 보이즈스테이트Boys State에 지원하라는 것이었다. 1946년에는 닐 암스트롱이, 1963년에는 17살이었던 빌 클린턴이 보이즈스테이트에 참가했다. 클린턴은 더 대단한 엘리트들이 모이는 보이즈네이션Boys Nation에까지 선출되어 동료들과 함께 백악관을 방문했을 때 사람들을 밀치고 맨 앞줄로 나아가 존 F. 케네디 대통령과 악수한 사실로도 유명했다. 이 프로그램에 참여한 유명인 다수, 이를테면 마이클 조던, 존 본 조비, 마크 월버그가 정계에 진출하지 않았다는 사실을 보면, 지원자의 리더십 능력만큼이나 야망과 카리스마를 중요하게 판단한다는 점을 알 수 있었다.

보이즈스테이트에 지원하라는 알프레드의 제안은 그가 동생들의 운명에 영향을 미친 여러 소소한 방식 중 하나였다. 이런 식으로 그의 동생들은 불리한 조건을 가진 순진한 고등학생인 자신을 캔자스주 최고의 학생들과 경쟁할 수 있는 미래의 리더로 바라볼 수 있었다.

카를로스는 실제로 지원서를 냈고, 결국 같은 고등학교 학생 몇 명과 함께 보이즈스테이트에 선발되었다. 자기 동네를 떠나본 적이 한 번도 없었기에 캔자스대학교에서 일주일간 열리는 프로그램에 참여했을 때 아는 사람이 거의 없었다. 그러나 왜인지 카를로스는 내적 자신감에 힘입어 중요한 요직 중 하나인 국무장관에 출마했다. 이 결정은 전략적 선택이었다. 국무장관은 권위 있으면서도, 경쟁이 치열할 만큼 인기가 많지는 않은 직책이었기 때문이다. 카를로스는 원하던 자리에 당선되었고, 집으로 돌아올 무렵에는 자신이 공적 영역에서 성공할 수 있다는 자신감이 그 어느 때보다 커져 있었다.

라몬 또한 카를로스만큼 학교에서 두각을 나타냈고, 타고난 리더로서 역시 보이즈스테이트에 선발되었다. 그러나 네 막내 중 유일하게 토론이나 스피치대회에 참가하지 않았던 라몬은 카를로스만큼 외향적이지 않았다. 카를로스가 보이즈스테이트를 통해 이미 알고 있던 자신의 리더십 능력을 재차 확인했다면, 라몬에게 이 활동은 카리스마 있는 형 없이 혼자 힘으로 친구를 사귈 드문 기회였다. 라몬은 기숙사 사감이라는 소박한 직책에 출마해 당선되었다.

한편, 집 안에서 메리와 재닛은 어머니에게 분명한 메시지를 전달받았다. 자매를 힘 빠지게 했을지도 모를 그 메시지의 내용은 이러했다. 여성의 본분은 가족 내 남성에게 봉사하는 것이다. 결혼하기 전까지는 절대 집을 떠날 수 없고, 어쩌면 그조차 해서는 안 될 수도 있는데, 어머니로서의 삶은 고통과 희생의 연속이기 때문이다. 그러나 쌍둥이 자매는 집 현관문을 나서자마자 그 메시지를 한쪽으로 치워버리는 능력이 있었던 모양이다. 두 소녀는 축구장에서 신나게 공을 찼고 초등학생 때부터 동네의 남녀 혼성팀에서 제몫을 다했다. 학교에서는 오빠들처럼 리더 역할을 도맡았다. 또한 일란성쌍둥이가 종종 그렇듯 변함없이 서로를 지지했는데, 이러한 태도에는 서로를 향한 헌신과 일종의 이기심이 경계 없이 뒤섞여 있었다. 메리와 재닛은 (로런 그로프와 애덤이 그랬듯) 제 오빠들과 나이 차가 거의 안 났기 때문에, 감히 무엇을 꿈꿔도 되는가에 관한 부모님의 메시지보다 카를로스 및 라몬과의 깊은 동일시에서 더 크게 영향받았을지도 모른다.

이런 상황에서 재닛이 학생회 회장에 출마하고 메리가 반장에 출마하는 것은 지극히 당연했다(둘 다 당선에 성공했다). 그리고 스타 토론자였던 재닛과 메리가 보이즈스테이트의 여학생 버전인 걸즈스테이트Girls State에 지원한 것 역시 지극히 당연했다.

쌍둥이가 걸즈스테이트에 지원할 자격이 된 1977년, 누군가(아마도 알프레드)가 메리와 재닛을 차에 태우고 중상류층의 단층집이 밀집해 있는 캔자스 쇼니의 면접장으로 데려갔다. 메리는 그때를 회상하며 "모두가 자기 방이 있을 것 같은 그런 종류의 집이었어요"라고 말했다. 재닛과 메리는 기금 모금행사를 주도하고, 배구팀 공동주장으로 활동하고, 활기찬 에너지로 다른 학생들을 이끄는 강력한 지원자였다. 토론팀으로서 그들은 참신함으로 눈길을 끌면서도 두뇌회전이 빠르다는 장점이 있었다. 학교에서는 친구들 가운데서도 서로가 서로의 가장 큰 경쟁자였다. 두 사람의 성적은 완벽하게 똑같았는데, 타이핑을 제외한 모든 과목에서 A를 받았다(타이핑 과목에서 비서가 되려는 학생들과 치열하게 경쟁해야 한다는 것을 미처 예상하지 못했다).

면접 당일, 언제나처럼 쌍둥이는 똑같은 옷을 입었고 오빠들처럼 자신들도 뽑히리라 믿어 의심치 않았다. 보이즈스테이트를 주관하는 재향군인회 '아메리칸 리전American Legion'의 자매단체인 '아메리칸 리전 지원군'의 대표로서 그날 진주목걸이를 차고 나온 릭타이그 부인이 쌍둥이와 따로따로 면접을 봤고, 둘 다 면접을 잘 치렀다고 자신했다. 얼마 후 릭타이그 부인이 두 소녀를 방으로 불렀다.

"너희는 둘 다 대단히 뛰어난 학생이고, 실제로 아주 대등해." 메리는 릭타이그 부인이 이렇게 말했다고 회상했다. "그래서 둘 중 누구를 골라야 할지 모르겠구나." 릭타이그 부인은 아무리 그러고 싶어도 두 사람을 다 뽑는 것은 옳지 않은 듯하다고 설명했다. 둘을 뽑기보다는 쌍둥이 중 1명과 다른 학생 1명을 뽑아야 한다는 말이었다.

무르기아 자매는 왜 두 사람을 다 뽑을 수 없는지, 그것이 어떤 점에서 불공평한지 이해하지 못했다. 이 아메리칸 리전 지원군의 대표는 쌍둥이를 뽑는 것이 한 사람을 두 번 뽑는 것과 똑같다고 생각하나? 훗날 자매는 생각했다. 그날 옷을 똑같이 입어서 그런가? 아니면 자매가 멕시코계 미국인이어서 그랬을까?

자매가 여전히 말뜻을 이해하려고 애쓰고 있는데 릭타이그 부인이 동전을 하나 꺼냈다. 자신은 이 딜레마를 동전 던지기로 해결하기로 했고, 이 결정이 공정했음을 알 수 있도록 두 사람 앞에서 지금 당장 그렇게 하겠다는 것이었다(어떻게 동전 던지기가 공정할 수 있는지 이해할 수 없었던 자매는 더욱 당황했다). 부인이 동전을 던지려 했고, 둘 중 1명은 결정을 내려야 했다. "위요." 재닛이 재빨리 말했다.

동전이 던져졌다.

소녀들이 이 시기를 살아가고 있을 무렵, 3살 위인 오빠 카를로스는 이미 캔자스대학교에서 다시 한번 형의 도움을 받아 활약하고 있었다. 사실 대규모 주립대학 생활은 퍽 성숙한 18살에게도 벅찬 경험이다. 첫 타지 생활에 적응하려고 노력하는 와중에 일련의 관료적 문제까지 해결해야 하기 때문이다. 이때 같은 캠퍼스에서 생활하는 형이 있으면 조금 더 편안하게 변화에 적응할 수 있다.

알프레드는 유력한 집안의 장남들―비숍 홀리필드 주니어, 애덤 그로프, 태어날 때부터 가족의 기대를 한몸에 받았던 케네디 가문의 맏아들 조지프 케네디 주니어(제2차세계대전에서 복무하다 사망했다)―에게서 엿보이는 자질을 여럿 지니고 있었다. 알프레드는 적어도 고등학생 때는 의욕과 자신감이 넘쳤고 동생들의 귀감이 되는 모범생이었다. 또한 맏형으로서 동생들을 보호할 책임을 진지하게 받아들여서, 카를로스가 캠퍼스에 도착하자마자 자신이 거주하는 남학생 동아리 기숙사에 자리를 마련해주었다. 소수 인종 학생에게 특히 중요한 일종의 관계망을 곧장 제공해준 셈이다. 자신이 끈끈한 관계를 맺어온 재정지원과 직원들에게 카를로스를 소개해주기도 했다. 특히 초기에 알프레드는 카를로스가 원하는 강의을 들을 수 있도록 복잡한 수강 신청 체계를 자세히 설명해주고, 더 좋은 교수를 만날 수 있도록 도왔다. "실제로 이런 작은 것들이 모여서 큰 영향을 미쳐요"라고 카를로스는 말했다. 덕분에 그는 넓디넓은 캠퍼스에서 어쩔 줄 모르고 당황하는 대신 약간의 우위를 점할 수 있었다. 또한 같은 언어를 쓰는 사람이 가까이 있다는 데서 오는 편안함도 있었다.

"솔직히 말하면 우리가 성공적으로 대학생활을 마칠 수 있었던 건 다 알프레드 형 덕분이었어요." 카를로스의 말이다. 그는 라몬이 두 형을 따라 캔자스대학교에 입학했을 때 동생에게 똑같은 역할을 해주었다. 라몬은 캠퍼스에 도착하자마자 형들이 속한 남학생 동아리에 가입을 신청했지만 떨어지고 말았는데, 이때 카를로스가 동생을 대신해 로비를 펼쳤고 결국 동아리 회원들은 그의 주장에 수긍했다. 이후 라몬은 마지막 학년에 동아리 회장으로 선출되었다. 라몬에게는 늘 번창할 잠재력이 있었다. 그러나 자신을 옹호해준 작은형과 "라틴계 학생이 배제되어서는 안 된다는 사실을 보여준" 큰형의 덕을 본 것은 사실이라고 라몬은 말했다. 그는 또 다른 남학생 동아리에서도 가입을 거절당했는데, 자신이 라틴계이기 때문이라고 추측했다.

동생들은 알프레드가 대학에서 성공하는 방법을 보여주었다고 생각했다. 그러나 알프레드의 동기들이 졸업하고 한참이 지나자, 같이 캔자스대학교에 다니던 동생들은 형의 행동에 혼란을 느꼈다. 알프레드는 로스쿨에 지원해야 할 시기에 여전히 동아리 행사에 참석했고 때로는 학부 수업을 듣기도 했다. 마지막 남은 자격조건을 채우고 있는 걸까? 아니면 단순히 지적 풍요로움을 위한 청강일까? 카를로스와 라몬은 형의 말에 대한 굳건한 믿음이 갈수록 흔들리는 것을 느꼈다. 형제들의 길잡이별이자 사실상 무르기아 신화를 창조해낸 큰형 알프레드가 법학학위는커녕 학사학위조차 딸 생각이 없다는 사실이 점점 분명해졌다. 동생들은 어안이 벙벙했다.

어떤 면에서 캔자스대학교는 알프레드에게 이상적인 환경이었다. 그는 동아리 친구들과 학교 동문, 교수님들의 격려가 마음에 쏙 들었다. 캠퍼스에는 언제나 흥미로운 강의와 새로운 친구, 가야 할 파티가 있었다. 그러나 알프레드는 자신이 건축학과 수업을 좋아하지 않는다는 사실을 깨달았다. 건축학에서는 자신의 장점(알프레드는 시각 능력보다는 언어 능력이 훨씬 뛰어났다)을 발휘할 수 없었고, 태어나서 처음으로 학문적 토대가 흔들리는 상황에 처했다. 친구들은 심리학을 공부해보라고 권했다. 어쩌면 처음부터 다시 시작할 수 있을지도 몰랐다. 그러나 심리학학위로 무엇을 한단 말인가? 알프레드는 상상할 수 없었다. 그러자 친구들은 경영학을 공부해보라고 했다. 알프레드는 건축학 전공이 조건이었던 장학금을 더이상 받지 못하면 학비를 어떻게 마련할 수 있을지 걱정했다.

알프레드는 가족이 27번가로 이사하기 전 캔자스시티에서 살았던 집을 여전히 기억하고 있었다. 동향 출신이지만 친척은 아닌 세 가족이 작은 집 한 채에 같이 살며 야외에 있는 재래식 화장실을 사용했다. 폐차장 옆에 있던 집 밖의 흙바닥은 군데군데가 움푹 파여 있어서, 비가 오는 날이면 작은 연못처럼 물이 차올랐다. 난방시설도 없어서 온기를 유지하려면 등유를 사용하는 발전기를 돌려야 했고, 발전기의 배기가스에서 나온 검댕이 내려앉아 얼굴이 얼룩덜룩해지기도 했다. 27번가로 이사한 뒤에도 무르기아 가족의 집에는 오랫동안 전화기가 없었다. 학교 측에서는 무슨 일이 생기면 알아서 이웃집으로 전화를 했다. 성서와 백과사전 세트를 제외하면 집 안에는 책이 한 권도 없었다.

대학에서 알프레드는 남학생 동아리 회원이 되어 교외에서 자란 백인 학생들과 어울렸다. 부모님이 건축가나 의사, 변호사, 교수, 금융계 종사자인 그 친구들은 플로리다로 여행을 떠나거나 레스토랑에서 식사하는 데 돈을 썼다. 알프레드는 모르는 대학생활 비법을 그들은 알고 있는 것 같았다. "저는 대학에 진학할 수 있었고 그곳은 기회로 가득한 바다와도 같았지만, 그 기회를 붙잡으려면 먼저 바다를 항해하는 법을 알아야 했어요. 모두가 동문 자녀였어요. 자기 형제와 부모, 조부모를 통해 이미 많은 것을 알고 있었죠. 친구들은 어떻게 해야 결과가 나오는지 알았어요. 저는 혼자서 알아내야 했고요. 결국 알아내지 못했지만요."

친구들과 깊은 우정을 쌓긴 했지만, 알프레드는 그간 살아온 삶과 전혀 다른 삶으로 나아가기 위해 그 모든 단계를 밟고 올라가는 자신의 모습을 상상할 수 없었다. 학교는 시간 낭비, 그러므로 돈 낭비로 느껴지기 시작했다.

무르기아 집안은 늘 돈이 부족했다. 라몬은 아버지의 월급으로 생활비를 쓰고 난 뒤 그의 수중에 25달러 이상 남은 적이 거의 없었으리라 추측한다. 학교에서 방황하던 알프레드는 집을 돕고 싶은 마음에 공항에서 짐을 싣고 내리는 일을 시작했다. 돈을 벌어서 일부를 가족에게 보내면, 학교에서 성공해야 한다는 압박감과 죄책감, 자신이 주변 사람을 모두 실망시키고 있다는 느낌이 조금은 가라앉았다.

"결국 마지막이 좀 꼬였어요"라고, 알프레드는 내게 말했다. 대학 시절에 자기 삶이 어떻게 흘러갔는지를 떠올리니 여전히 괴로운 듯했다. 이민자 어머니의 자랑스러운 자식이자 모두의 기대를 한몸에 받는 엄친아였던 그는 자꾸만 멀어지는 정상으로 향하는 길을 어떻게든 찾아내려 고군분투했다.

결국 알프레드는 대학을 중퇴했다. 그러나 일부러 동생들을 속이며 캠퍼스에서 시간을 보냈고, 졸업이 얼마 안 남았으며 곧 로스쿨에 갈 거라고 주장했다. "전에는 나아갈 방향을 알아내서 행동으로 옮기려고 애썼고, 무엇을 해야 하는지 알았어요. 그러다 돌연 멈춰 서고 말았죠." 그는 늘 자신에게 의지하는 동생들에게 본보기가 되어주고 싶었다. 그러나 자신도 결국 그 모든 걸 해낼 수 없었다는 사실을 동생들이 알게 된다면? "제가 동생들에게 하라고 했던 것들 말입니다. 제가 그걸 전부 그만둔 겁니다." 이 사실을 동생들이 알게 된다면 형에 대한 믿음뿐만 아니라 자기 자신에 대한 믿음까지 잃어버리는 건 아닐까? 알프레드는 차마 동생들에게 사실을 밝힐 수 없었다.

물론 알프레드의 동생들은 결국 사실을 알게 되었다. 메리는 "마음이 무겁고 실망스러웠어요"라고 고백했다. 가족들은 뒤에서 조용히 대화를 나눈 끝에 상황을 파악했지만 알프레드에게 직접 따져 묻지는 않았다. 이 일은 누구도 손대지 못할 만큼 무겁고 큰 가족의 비밀이 되었고, 그들 사이에 절대 녹지 않는 얼음이 두텁게 쌓였다.

캔자스대학교에서 알프레드가 겪은 경험은 무르기아 가족에게는 큰 충격으로 다가왔지만, 가족 중 최초로 대학에 진학한 저소득층 학생에게 이런 일은 너무나도 흔하다. 펠연구소Pell Institute의 2011년 보고서에 따르면 이러한 경우에 해당하는 학생의 40퍼센트가 6년 이내에 중퇴했다. 대학생활은 원래 힘들지만 문화적으로 고립되어 있거나 가족의 돈 문제를 걱정하는 학생, 가족의 기대에 짓눌려 이러한 문제를 더더욱 견디기 괴로워하는 학생에게는 대학생활이 훨씬 더 힘들다. 이름을 밝히지 않은 북동부의 한 주요 대학에서 5년간의 자료를 분석한 2022년의 (아직 동료 평가를 거치지 않은) 어느 연구에 따르면, 캠퍼스에 이미 형제자매가 있을 경우 1세대 학생의 경험이 극적으로 달라질 수 있다. 연구 개요에는 "자료를 분석한 결과 대학에 진학한 가족의 수가 많을수록 고등학교 평균 성적과 대학교 1학기 평균 성적, 2학기 등록 비율, 4년 이내 졸업률이 높아졌다"라고 적혀 있다. "결국 이 결과는 고등교육을 받은 가족의 수가 많을수록 학생이 성공을 거둘 확률도 커진다는 사실을 보여준다. 형제자매는 해당 학생이 사회자본에 추가로 접근할 기회를 늘려준다는 점에서 중요한 역할을 한다."

훗날 알프레드는 결혼해서 세 자녀를 낳고 이혼한 뒤 다시 학교로 돌아가 학위를 받았고, 캔자스시티 메리어트호텔에서 연회 매니저로 일하며 커리어를 쌓았다. 이 일은 사교성이 뛰어나고 호기심이 끊이지 않는 알프레드의 성격과 잘 맞았는데, 그는 어떤 콘퍼런스가 열리든 시간이 되고 배울 점이 있다고 판단되면 가급적 발표를 들으려 한다. 또한 알프레드가 전 부인과 함께 키운 세 아이들은 현재 성인이 되어 건실한 삶을 살고 있다. 1명은 텍사스대학교 오스틴캠퍼스에서 교육학 박사학위를 받은 뒤 현재 티치포아메리카Teach for America에서 이사를 맡고 있고, 1명은 상원의원 조 맨친의 사무실에서 입법 책임자와 법률고문으로 일하고 있으며, 다른 1명은 캔자스주 캔자스시티의 소방관이다.

"기회가 찾아오면 붙잡는 거죠. 전 운이 아주 좋아요." 그는 종종 고위 임원이나 선출직 공무원 같은 VIP 의전을 담당하는데, 그들은 사적으로나 직업적으로 그의 동생들과 만나게 되면 알프레드의 안부를 묻곤 한다.

가끔 알프레드는 자신에게도 든든한 지원군이 있었으면 얼마나 좋았을지 생각한다. 동생들이 큰 도약을 앞두고 있을 때 자신이 늘 해주곤 했던 말을 자신에게 들려줄 수 있는 그런 사람 말이다. 그는 동생들에게 이렇게 말하곤 했다. "그냥 해봐. 넌 할 수 있어."

동전 던지기가 바꿔놓은
인생의 궤적

라몬과 카를로스에게는 서로가 있었고, 둘에게는 알프레드가 있었다. 그러나 그 누구도 가족(또는 학교) 내에서 재닛과 메리가 서로에게 보여준 것과 같은 굳건하고 아무 사심 없는 지지는 받지 못했다. 이런 종류의 뒷받침은 누구에게나 소중하겠지만, 아이가 일곱이나 있는 가족 내에서는 아마 더더욱 특별할 것이다. 쌍둥이는 서로의 우수한 학습 파트너가 되어 상대를 더 멀리 밀어붙이기 위해 늘 같은 수업을 들었다. 두 사람은 다른 모든 학생보다 2배는 뛰어난 것처럼 보였다. 지적 능력이 2배였을 뿐만 아니라, 지리학이나 세계사에서 다른 사람은 놓칠 수 있는 미묘한 지점을 이해할 기회도 2배 더 많았기 때문이다. 심지어 둘이 똑같이 생겼다는 점도 자산이 될 수 있었다. 고등학생 때의 어느 여름, 아이스크림 가게 주인이 한 사람만 고용해서 훈련시키고 싶다고 하자 재닛이 혼자 일하겠다고 했다. 실제로는 둘이 한 사람인 척하면서 격일로 번갈아 일했지만 말이다. 유일하게 생긴 문제는 메리가 재닛을 부르는 소리에 계속 대답하지 않았다는 것이었는데, 메리는 귀가 안 좋다고 둘러대며 문제를 해결했다. (그러나 또 다른 문제가 생겼다. 가게 주인이 이 가상의 청력 문제를 고려해 특별히 배려하며 큰 목소리로 말하는 바람에 끔찍한 죄책감을 느껴야 했던 것이다.)

둘 중 먼저 세상에 나온 재닛이 드물게 중요한 상황에서 먼저 나서는 경향이 있었던 것은 사실이다. 재닛이 학생회 회장에 출마하겠다고 선언했기 때문에 메리는 반장에 출마했다. 어느 해 두 사람이 모두 치어리더팀에 지원하기로 결정했을 때는 한 동네 친구가 재닛에게 먼저 활용할 만한 동작을 가르쳐주었다. 메리가 나타났을 무렵에는 아이디어가 다 떨어져서, 결국 재닛은 합격하고 메리는 떨어지고 말았다.

그러나 쌍둥이가 걸즈스테이트에 가고 싶었던 것에 비하면 치어리더는 그리 되고 싶은 것도 아니었다. 동전이 던져졌을 때 올바른 선택을 한 사람은 재닛이었다. 윗면이었다. 재닛은 재능 있는 소녀들 사이에서 자신의 패기를 시험하고 새 친구를 사귀고 조직의 리더들에게 깊은 인상을 남기기 위해 캔자스대학교로 떠나게 되었다. 그리고 메리는 집에 남게 되었다.

두 소녀는 말문을 잃은 채 집으로 돌아왔다. 메리는 재닛이 부러웠지만 억울하지는 않았다. 둘이 함께 동전 던지기를 목격했으니까. 재닛은 아무 잘못이 없었다. 무엇보다 메리는 권력을 가진 그 여자가 변덕스럽고 바보 같은 게임으로 자기 인생에 영향을 미칠 사안을 결정한 것이 부당하다고 느꼈다. 쌍둥이의 몇몇 친구들은 이게 다 너희가 멕시코계 미국인이기 때문이라고 말했다. 메리도 차별의 아픔을 뼈저리게 느꼈지만, 그녀가 생각하는 이유는 달랐다. "내가 라틴계여서가 아니라 쌍둥이여서 떨어진 거였어요." 그간 자신의 삶에서 큰 힘이 되어주었던 것이 결국 이번에는 자신이 마땅히 누려야 할 기회를 빼앗아가버렸다.

집으로 돌아온 메리는 아무에게도 그 생각을 말하지 않았다. 그렇게 실망에 빠졌을 때 어머니나 아버지가 위로해주었느냐고 내가 묻자, 메리는 웃음을 터뜨렸다. "그렇게 좁은데 애들이 일곱이나 있는 집에는 감정을 느낄 공간이 없어요." 메리는 부모님을 존경했지만, 부모님이 솔직한 대화의 본보기를 보여주지 못했다는 점 또한 인정했다. 그해 여름 메리가 차선책으로 명성이 덜한 시민캠프에 참가할 계획을 세우고 있을 때 아무도 메리를 도와주지 않았다. 오히려 카를로스와 라몬은 그 캠프가 하찮고 재미없는 대체물이라는 듯 메리를 놀려댔다.

그 동전은 아주 작았다. 그러나 그 동전에서 촉발된 일련의 사건들은 쌍둥이가 서로 다른 삶을 사는 결과로 이어졌고, 그 과정에서 재닛과 메리의 서로 다른 특성이 더욱 강화되었다. 또한 그 동전은 쌍둥이의 첫 이별을 불러왔고, 이것이 시작이 되어 둘은 결국 서로 다른 해안에 살게 되었다.

그해 여름 재닛은 캔자스대학교에서 열린 걸즈스테이트에 참가하며, 처음으로 집을 떠나 캔자스 전역에서 온 550명의 소녀들과 함께 일주일을 보냈다. 카를로스가 그랬듯 재닛도 자신의 타고난 리더십 능력을 발견했다. 주지사에 출마하려는 사람이 너무 많자 재닛은 예비선거를 통해 가장 유력한 후보라고 생각하는 사람 3명을 뽑자고 제안했다. 해당 그룹은 재닛의 제안을 받아들였고, 아이디어를 떠올린 보상으로 재닛을 주지사 후보에 올렸다. 재닛이 토론에서 어찌나 설득력 있는 주장을 펼쳤는지, 또 다른 강력한 후보였으며 현재 캔자스대학교의 학장으로 있는 바버라 비첼마이어는 "말씀에 동의합니다"라는 말을 반복할 수밖에 없었다고 한다. 칠 남매 중 막내의 1명으로서 그간 권력을 협상해온 경험은 재닛에게 많은 가르침을 주었고, 라몬이 그랬듯 걸즈스테이트에서 재닛은 가장 친밀한 쌍둥이 자매 없이도 자신이 리더가 될 수 있음을 깨달았다.

재닛은 주지사 선거에서 승리하지는 못했지만 다음날 걸즈네이션Girls Nation에 참가할 두 상원의원 중 하나로 뽑혔다. 그해 여름 재닛은 전국에서 온 재능 있는 소녀 101명과 함께 워싱턴 DC에서 일주일간 열린 걸즈네이션 행사에 참여했다. 그리고 메리도 같이 있었으면 좋았겠다는 생각에, 다시 캔자스시티로 돌아가면 자신이 본 것을 빠짐없이 들려주겠다는 마음으로, 백악관 문 앞을 지키고 선 위풍당당한 경비병과 놀라울 만큼 작은 백악관 건물, 로즈가든의 차분한 아름다움 등 자신이 경험한 바를 전부 공책에 기록했다. 재닛은 죄책감보다는 이 경험을 메리에게 최대한 온전히 전하고 싶은 마음이 더 컸다. "정말로 메리가 절 따라잡을 수 있기를 바랐어요."

워싱턴 DC에서 재닛은 대통령실의 목적 지향적인 조직 체계를 온몸으로 느꼈다. 각 단계의 참모들이 대통령의 비전을 실현하기 위해 공들여 정책을 발전시키고 있었다. 백악관은 더이상 멀리 떨어져 있는 상징적 건물이 아니었다. 이제 백악관은 사람들이 중요한 일을 수행하는 곳이었으며, 재닛은 대학을 졸업하자마자 메리와 함께 그 사람들 속에 있는 자신의 모습을 쉽게 상상할 수 있었다. "주눅이 들기도 했어요. 하지만 워싱턴으로 다시 돌아오고 싶었고, 그곳에서 기회를 좇을 수 있다고 생각했죠."

걸즈네이션에서 돌아온 재닛은 메리와 나란히 침대에 누워 자신이 그 주에 홀로 배운 것들을 메리에게 들려주었다. 메리는 재닛이 어떻게 선거운동을 벌였고, 경쟁상대는 누구였고, 어떻게 성공을 거두었는지를 차근차근 따라가며 들었다. "거기서 재닛이 만난 사람들 이름을 모두 읊을 수 있어요. 전부 파악하려고 애썼어요. 차이가 벌어지지 않았으면 좋겠다는 마음으로요."

고등학교를 졸업한 쌍둥이는 캔자스대학교에 입학했고, 이제 무르기아 가족은 이 대학의 운영방식에 익숙해져 있었다. 심지어 메리와 재닛은 최소 하나의 수업을 라몬과 같이 들었다(라몬은 쌍둥이 동생보다 높은 성적을 받는 것이 가장 큰 목표였다고 말했다). 카를로스는 알프레드가 지키지 못한 약속을 대신 지키기라도 하려는 듯 캔자스대학교 로스쿨에 진학했고, 라몬은 하버드대학교로스쿨에서 장학금을 받았다. 아직 어렸던 쌍둥이 자매는 어머니가 로스쿨 입학을 위해 캔자스 지역을 떠나는 것을 허락하지 않으리란 사실을 알았기에 캔자스대학교 로스쿨에 진학했다.

메리가 로스쿨을 졸업했을 때 두 오빠는 캔자스시티에서 개업 변호사로 일하고 있었는데, 메리는 그때가 되어서야 자신과 재닛이 한 가지 중요한 면에서 얼마나 달라졌는지를 온전히 실감할 수 있었다. 걸즈스테이트와 걸즈네이션이 준 경험(또는 자신감) 덕분에, 재닛은 전에는 상상도 할 수 없던 선택을 내릴 수 있었다. 그 선택은 바로 집을 떠나는 것이었다.

무르기아 부부는 자녀에게 위대함을 기대하지 않았다. 그들의 목표는 오로지 생존이었기에, 알프레도는 쌍둥이가 고등학생 때 공장 동료들이 일으킨 파업에 참여하지 않았다. 지난 파업에 참여했을 때 그는 가족을 먹여살리기 위해 정부 지원금을 받을 수밖에 없었고, 다시는 외부의 도움에 의존하고 싶지 않았다. 보복 위협이 너무 심해서 무르기아 가족은 집 밖에 배치된 경찰의 보호를 받아야 했다. 그러던 어느 날 경찰이 잠든 사이 그들의 작은 집 현관 앞에서 파이프폭탄이 터졌고, 기적적으로 아무도 다치지 않았다. 필요하다면 무르기아 가족은 세상과 맞설 작정이었다.

무르기아 남매가 그들의 부모님 이야기를 할 때면 거의 종교적인 수준의 굳건한 존경심이 느껴졌다. 남매는 부모님을 사랑했을 뿐만 아니라 깊이 존경했다. 두 분 모두 가까운 가족이 알코올중독으로 고생했지만 자신들은 술에 손도 대지 않았다. 남매 친구들의 어머니는 아말리아가 특이할 만큼 남달리 마음이 넓어서 많은 이웃에게 힘이 되주었다고 말했다. 또한 아말리아는 자신이 남매의 어머니로서 얼마나 중요한 존재인지를 확실하게 인식하고 있었다. 재닛이 집을 떠나고 몇 년 뒤, 그녀는 백악관에서 클린턴의 1993년 의료보험 개혁안 준비에 한창이었다. 재닛은 어머니에게 자주 전화 드리지 못해 죄송하다고 사과하며, 퍼스트레이디인 힐러리 클린턴을 위해 일하느라 그간 너무 바빴다고 설명했다. 수화기 너머에서는 아무 말도 없었다. 그러다 아말리아가 입을 열어 딸에게 말했다. 너의 진짜 퍼스트레이디는 바로 나라는 것을 잊지 말려무나.

아말리아는 무르기아 남매 중 누구라도 집을 나설 때마다—알츠하이머로 말을 잃기 전까지 계속—그 옆에 서서 기도를 올렸다. 먼저 한 손을 들어 자녀의 머리에 올린 뒤 스페인어로 축복의 기도를 읊었다. "케 디오스 테 벤디가, 테 아콤파녜 이 케 테 바야 비엔." 하나님의 축복과 가호로 늘 안전하기를. 무르기아 가족 모두는 살면서 이 기도를 수천 번 들었다. 때로는 아이들 중 하나가 기도가 끝나기도 전에 헐레벌떡 문밖을 나서기도 했는데, 그럴 때도 아말리아는 허공에 손을 들고서 방금까지 아이가 서 있던 빈 공간에 대고 기도를 올렸다. "그 기도가 안정감을 줬어요." 메리가 말했다. "저는 그게 제 평생 탄탄한 기반이 되었다고 생각해요. 우리는 믿음이 너무나 깊은 분의 축복을 받았기 때문에 버스 앞으로 돌진해도 하나님의 보호를 받을 수 있을 거라고 느껴요. 우리는 집에서 나가기 전에 꼭 어머니의 기도를 들었어요. 아마 우리는 필요 이상으로 용감했을 거예요. 어쩌면 필요 이상으로 겁이 없었다는 말이 더 적절할지도 모르겠네요." 카를로스 역시 어머니의 축복 기도가 자신에게 지대한 영향을 미쳤고 "꼭 안전망처럼 느껴졌다"라고 회상했다. 라몬에게 그 기도는 '무적의 망토'와도 같았다.

이러한 축복은 이들 가족의 공간이 얼마나 신성했는지뿐만 아니라 아말리아가 바깥세상을 얼마나 위험한 곳으로 여겼는지를 보여주는 강력한 상징이다. 라몬이 로스쿨 진학을 위해 집을 떠날 때 아말리아는 아들의 자랑스러운 성공을 축하한 것이 아니라 아들이 그렇게 멀리 떠난다는 사실에 눈물을 흘렸다. 카를로스가 겨우 몇 집 건너에 있는 새집으로 이사한 일조차 아말리아의 눈물과 한탄을 불러왔을 정도다.

결국 카를로스와 라몬은 자신들이 자란 동네에 나란히 집을 지었다. 신중하게 내린 결정이었다. 그 지역 기준에서 무척 호화로웠던 두 집에는 여러 목적이 있었다. 이 집들은 이 지역에 투자를 끌어모으는 번영의 닻이었고, 이 공동체에 대한 두 형제의 헌신을 더욱 확실히 보여주는 상징이었다. 편리하게도 부모님과 마사, 알프레드, 가족의 둘째 딸인 로즈 메리가 살고 있는 새집에서 도보로 5분도 채 걸리지 않는 거리에 있었는데, 가족이 살고 있는 이 새집의 길 건너편에는 남매가 자란 옛집이 있었다.

처음에 재닛이 워싱턴 DC에 갈 수 있었던 것은 동전 던지기 덕분이었지만, 그곳에서 재닛은 유력자들에게 너는 이곳에 있어야 할 사람이라는 말을 들었다. 재닛이 집을 떠나 다른 곳에서 삶을 꾸릴 수 있다고 생각하는 데는 그리 대단한 상상력이 필요치 않았다. 로스쿨을 졸업하고 얼마 지나지 않아 재닛은 워싱턴 DC로 이사했다. 어머니에게는 인턴십을 하러 가는 것뿐이라고, 한 달 뒤에 돌아오겠다고 말했다. 그러나 그 기간은 3개월이 되었다. 인턴십은 일자리 제안으로 변했고, 그 일은 다시 승진으로 이어졌다. 전부 짜릿한 기회였기 때문에 아말리아는 당당히 딸에게 돌아오라고 요구할 수 없었다. 재닛은 전략적으로 어머니가 이 상황에 서서히 적응하도록 만들었고 어느 정도 성공을 거두었다. "제가 없다는 걸 거의 알아차리지도 못하실 거예요." 재닛은 마침내 어머니에게 하원의원 짐 슬래터리의 사무실에서 정식 입법보좌관으로 일하게 되었다는 소식을 전하며 이렇게 말했다. 격분한 아말리아는 두 손을 치켜들고 말했다. "내 손가락을 하나 잘

라라, 과연 안 아픈지 보게." 어머니는 재닛에게 집에 돌아오라는 말을 끝도 없이 했다고 한다. 심지어 아말리아는 집에 돌아오면 집안일을 하는 대가로 돈을 주겠다고까지 했다.

알프레도는 자신과 아내가 제2의 고향으로 선택한 이 나라에서 자기 자녀들이 기회를 붙잡을 수 있다고 믿기를 바랐다. 그는 이렇게 말하곤 했다. "태양은 누구에게나 빛나는 법. 너희가 다른 누구보다 잘난 건 아니지만 그렇다고 다른 누구보다 못난 것도 아니란 사실을 기억해라." 아말리아는 이렇게 말하곤 했다. "하나님이 도와주시면 이 세상에 불가능한 일은 없단다." 종교적이면서도 엄청나게 힘을 실어주는 말이었다. 그러나 동시에 아말리아는 자식들이 그 말을 마음에 새기고, 어머니가 상상한 영역 바깥으로 자기 삶을 확장해나가는 모습을 보면서 몹시 괴로워했다.

재닛이 떠나서 슬퍼한 사람은 아말리아뿐만이 아니었다. 메리는 "재닛이 몰래 도망쳤다"라고 말했다. 재닛의 결정은 쌍둥이의 삶에 크나큰 분열을 일으켰고, 이 지점부터 둘의 인생경로가 갈라졌다. 또다시 재닛은 메리 없이 홀로 떠났다. 메리는 캔자스시티 검찰청에서 일하기 시작했는데, 자신이 이 동네에 사는 한 부모님 댁에서 떠날 수 없다는 사실을 잘 알았다. 부모님이 같은 도시에 살고 있는데도 홀로 독립해서 사는 여자는 가족과 멀어진 여자, 품행이 단정치 못한 여자였다. 그런 여자는 아말리아의 딸일 수 없었다.

재닛은 슬래터리의 사무실에서 눈부시게 활약했다. 스페인어와 영어에 유창한 재닛의 언어 구사 능력과 따뜻한 성정은 슬래터리가 외교관계를 구축할 때 의지할 수 있는 귀중한 자산이었다. 재닛은 1985년 슬래터리가 니카라과의 반군 콘트라와 대화하기 위해 헬리콥터를 타고 온두라스산맥으로 날아갈 때도 그의 옆에 있었고, 1990년 비올레타 차모로가 니카라과 대통령으로 당선됐을 때도 슬래터리와 함께 차모로의 집을 찾았다(그해 슬래터리는 공식 투표 참관인 역할을 맡았다). 재닛이 어찌나 많은 자리에 슬래터리와 동행했는지, 1990년에 그는 〈캔자스시티 스타〉에 "재닛은 중앙아메리카의 여러 지도자와 절친한 사이"라고 말했다.

같은 시기 메리는 장시간 일하며 끈질기게 사건을 준비하는 매서운 검사라는 평판을 얻었고, 강력 살인범과 아동 학대범, 성범죄자를 성공적으로 기소했다. 그러나 여전히 자신의 의견만은 적극 피력할 수 없었다. 30살의 나이에 간절히 독립을 바라고 있었음에도 메리는 여전히 부모님과 함께 살고 있었다.

메리가 혼자 살겠다고 하면 부모님이 무슨 말을 할지는 뻔했다. 멕시코에 있는 고향 사람들에겐 뭐라고 말할래? 여기서는 못 하고 아파트에서만 할 수 있는 일이 뭐가 있니?

메리는 자신이 더 높은 자리에 오르면 독립할 용기를 낼 수 있을지도 모른다고 생각했지만 캔자스시티 검찰청에는 다음 단계로 나아갈 만한 자리가 없었다. 그러다 친구 1명이 애리조나 피닉스 검찰청에서 사람을 뽑는다는 정보를 전해주었고, 메리는 그 자리에 지원했다. 딱히 고향을 떠나고 싶은 것은 아니었지만 메리는 간절히 혼자 살고 싶었다. 캔자스시티가 아닌 지역에서 일자리, 즉 현재보다 더 높은 일자리를 얻는 것만이 타당한 독립의 이유가 될 수 있었다. 메리는 1990년에 연방 검사보 자리를 제안받고 이를 수락했다. 〈캔자스시티

스타〉와의 인터뷰에서는 정든 일자리를 떠나는 이유 중 하나로 상당한 급료 인상을 꼽았지만, 사실은 아말리아가 전혀 의도치 않은 방식으로 메리의 등을 떠밀어 다음 단계로 도약하게 만든 것이었다.

수십 년이 지난 지금도 메리는 여전히 자기 결정을 정당화하려는 것처럼 보였다. "난 가족을 떠나고 싶지 않았어요." 샌프란시스코 사무실에서 몇 블록 떨어진 식당에서 나와 마주 앉은 메리가 말했다. 그 결정적 순간을 회상하는 메리의 목소리는 흔들리고 있었다. "하지만 좋은 자리였고, 가지 않을 수 없었어요. 만약 재닛이 DC에 가지 않았다면 제가 과연 그렇게 했을지 모르겠네요."

메리는 부모님께 이 소식을 전하기 전에 단단히 마음의 준비를 했다. 먼저 영어로 아버지에게 이야기했다. 영어는 가족의 바깥세상, 여성에게 기회를 주는 세상의 언어였다. 아버지는 메리의 말을 어머니에게 조금씩 통역해주었고, 메리의 얼굴에서 걱정하는 기미를 알아차리고는 나는 너를 믿는다고, 무엇이 자신에게 가장 좋은 결정인지 너는 잘 알고 있을 거라고 말해주었다. 그러나 어머니는 고개를 세차게 저었다.

"알아요, 엄마. 우리가 태어날 때 엄마가 거의 죽을 뻔했던 거."
"내가 거의 죽을 뻔해? 네가 나를 거의 죽일 뻔했지!"

훗날 메리는 국내 테러 용의자들의 재판을 주재하고 고통스러운 판결을 내리고 미 상원 앞에서 공개 인사청문회를 거치게 된다. 그러나 쌍둥이 자매의 부재―힘겨운 날에는 자신이 꼭 버려진 것처럼 느껴졌다―를 털고 일어나 홀로 앞으로 나아갈 길을 찾은 이 이야기야말로, 메리 인생에서 가장 결정적인 시험대 중 하나였다.

쌍둥이 야곱과 에서의 이야기는 성서에서 가장 가슴 아픈 일화 중 하나로, 형제의 배신과 기만이 부모의 비탄과 살인 위협, 충성심의 대립, 국가 간 전쟁의 발발로 이어진다. 쌍둥이 형제의 탄생 이야기는 그 자체로 여러 상충하는 해석을 불러오는데, 이 해석들은 서로 완전히 배치될 때조차 각각 똑같이 그럴듯하다. 성서에 따르면 에서가 먼저 세상에 태어난 다음 야곱이 "에서의 뒤꿈치를 붙잡고" 태어났다. 야곱은 에서와 싸우려던 것이었을까, 아니면 애틋하게 형을 끌어당긴 것이었을까? 자기가 세상에 먼저 나가려고 형을 잡아당긴 것일까? 아니면 서로가 나눈, 또 어머니와 나눈 신성한 친밀감을 1분이라도 더 느끼고 싶은 마음에 형을 붙잡으려 했던 사랑의 표현이었을까?

그들은 함께 야망을 키웠다

1990년대 중반 워싱턴 DC를 찾은 메리가 컨스티튜션애비뉴를 걷고 있는데 갑자기 모르는 남자가 메리에게 헤드록을 걸고 장난스레 꿀밤을 먹였다. 메리는 몹시 불쾌했지만 그렇다고 겁에 질리진 않았다. 그 남자는 훗날 뉴멕시코의 주지사가 되고 민주당 대통령 후보 경선에 나선 뉴멕시코의 하원의원 빌 리처드슨이었다. 리처드슨은 마치 친오빠처럼 재닛을 놀릴 만큼 가까운 사이였고, 메리는 리처드슨이 자신을 재닛으로 착각했음을 바로 알아차렸다. 당황해서 붉으락푸르락해진 얼굴로 최대한 예의 바르게 사람을 잘못 봤다고 설명하자 리처드슨은 창피해서 어쩔 줄 몰랐다. 쌍둥이 자매의 수많은 일화 중 하나인 이 사건은 두 사람을 잘 아는 사람에게는 특히 재미있게 들릴지 모른다. 젊은 시절의 재닛은 근면 성실했지만 기질적으로는 태평한 성격이었고 어떤 상황에든 유연하게 적응할 수 있다는 분위기를 풍겼다. 그와 달리 메리에게는 언제나 미약하게나마 자신을 감추는 느낌이 있었고 희미한 경계심이 느껴졌으며 유머도 조금 더 어두운 편이었다. 그런 메리에게 누가 헤드록을 거는 것은 상상도 할 수 없는 일이었다. 아무리 메리를 잘 아는 빌 리처드슨이어도, 아니 어쩌면 그가 메리를 잘 알기 때문에 더욱더 그런 일은 있을 수 없었다.

이 사건은 우습기도 했지만, 당시 재닛이 워싱턴 DC에서 얼마나 탄탄하게 자리잡았는지, 권력집단 안에서 얼마나 친밀한 관계를 쌓았는지를 메리가 절감하게 된 계기이기도 했다. 1994년 재닛은 대통령의 입법업무 담당 특별보좌관이라는 더 높은 직책을 맡아 빌 클린턴 대통령을 보좌했다. 그녀는 이민자 자녀 특유의 민첩함을 발휘해 여러 정부 부처 사이에서 요구를 전달하고, 서로 다른 세계 사이에 다리를 놓았다. 결국 백악관 입법업무국의 부국장으로 승진한 재닛은 웨스트윙에 생긴 새 사무실에서 대통령에게 전략 자문을 제공했다. 또한 대통령, 교황 요한 바오로 2세와 함께 찍은 사진을 어머니에게 보여줄 수도 있었다(아말리아는 "그래, 이걸 보니 좋은 자리에 있는 것 같구나"라고 인정했다). 알프레도와 아말리아는 대통령 집무실에서 클린턴 대통령을 만날 기회도 얻었다. 아말리아가 감격해서 눈물을 흘리는 동안 알프레도는 대통령과 악수를 나누며 딸에게 이런 기회를 줘서 고맙다고 말했다. 대통령은 "재닛이 여기까지 온 것은 다 아버님 덕분입니다"라고 답했다. 이 이야기는 재닛의 연설과 인터뷰에 빠짐없이 등장하는데, 재닛은 이 일화가 개인적으로 의미 있을 뿐만 아니라 부모가 자기 삶을 희생해가며 자녀가 번창하고 세상에 기여할 수 있도록 도운 수많은 이민자 가족의 이야기를 상징한다고 믿었다.

카를로스와 라몬은 둘 다 캔자스시티에 남았다. 1980년대 중반, 카를로스는 캔자스시티의 불법체류 이민자들이 레이건 시대의 사면 정책을 이용해 시민권을 획득할 수 있도록 돕는 프로그램을 조직하고 확대했다. 1990년(메리가 애리조나로 이사한 해)에는 공석이었던 카운티 지방법원 판사직에 임명되었고, 1992년에는 같은 자리에 출마해 당선되었으며 당시 라몬이 선거운동의 회계를 담당했다.

라몬은 자신과 그리 어울리지 않는 험난한 분야인 지역정치 대신 자선활동 쪽으로 에너지를 돌렸는데, 당시 자선활동은 라틴계가 거의 참여하지 않는 영역이었다. 그는 라틴계 가족이라는 강력한 힘을 활용해 자신이 그 상황을 바꿀 수 있다고 생각했다. 라틴계 대가족에게 기부금을 모아달라고 요청하면, 예를 들어 성인 1명당 200달러씩만 기부하면 개개인이 느끼는 부담은 크지 않으면서도 총액은 가족 전체의 자부심이 될 만큼 많을 수 있다는 사실을 직감한 것이다. 이런 식으로 라몬은 자신이 이사장으로 있는 그레이터 캔자스시티 히스패닉 발전기금을 위해 기부해달라고 이웃과 지역사회 구성원을 설득했고, 이렇게 모인 기금으로 라틴계 공동체를 위해 봉사하는 지역 내 비영리단체들에 보조금을 제공했다. 1987년 라몬이 처음 운영을 맡았을 때 이 기금에는 약 65만 달러가 있었으나 라몬은 그 규모를 500만 달러까지 키웠다. 이렇게 풀뿌리 자선활동으로 명성을 쌓은 뒤(해당 지역의 라틴계 학생들을 위한 장학기금을 키우는 데도 성공했다) 2007년에는 W. K. 켈로그재단 이사회에서 최초의 라틴계 회원으로 활동을 펼쳤다. 라몬은 안정적인 로펌을 그만두고 자기 로펌을 차린 뒤 부유한 캔자스시티 가문의 딸 샐리 애서와 결혼했지만, 자신이 자란 동네인 캔자스시티 아르젠타인을 떠나지 않고 자기 자녀들을 이 동네 학교에 보냈다. "이런 동네는 실제로 그 안에 살지 않고서는 나서서 돕기 어렵다고 생각했어요."라고, 그는 1998년 〈캔자스시티 스타〉에 말했다. "확실히 방문객보다는 주민으로서 발언할 때 훨씬 신뢰감을 줄 수 있죠."

라몬이 자선단체에서 명성을 얻고 메리가 법무부에서 점점 승진해 연방검찰 사무실을 이끌고 있을 때, 재닛은 클린턴 행정부 안에서 계속 경험을 쌓고 긴밀한 관계를 구축했다. 행정부와 법원에 미국의 다양성을 반영하겠다는 공약을 내걸고 대통령에 당선된 클린턴은 역대 어느 대통령보다 라틴계 판사 후보를 더 많이 지명했고, 그중에는 재닛이 적극 추천한 두 사람, 바로 카를로스 무르기아와 메리 무르기아가 있었다. 카를로스는 1999년 캔자스주 연방지방법원 판사직에 지명되어 상원의 인준을 받았고 메리는 2000년 애리조나주 연방지방법원 판사직에 인준되었다. 두 사람 모두 해당 직책을 맡은 최초의 라틴계 인물이었다.

무르기아 남매는 서로를 대신해 인맥을 만들고, 새로운 미래 계획이 필요할 때는 다 함께 새로운 야망을 품으면서 계속 서로의 경력에 크나큰 영향을 미쳤다. 막내 4인방은 모두가 캔자스시티에 거주할 때 수년간 일요일 저녁마다 부모님 댁 식탁에 둘러앉아 늦은 밤까지 이야기를 나누었다. 서로 다른 지역에 있을 때는 전화 통화를 했다. 재닛이 라몬의 기금 모금행사에서 연설을 할 수도 있었고, 남매의 방대한 인맥 안에 있는 누군가를 소개해줄 수도 있었다. 그들이 사는 세계에서 최근 승진한 사람은 누구이며, 그들이 승진해 마땅하다고 생각하는 사람을 어떻게 도울 수 있을까? 재닛은 자신이 아는 포드재단의 이사를 라몬이 만나봐야 한다고 생각했고, 〈캔자스시티 스타〉에서 무르기아 가족에 대한 기사를 또 한 차례 낼 예정이니 다들 전화 받을 준비를 해야 했다. 동네에서 일자리가 필요한 사람은 누구이며, 재정적 지원이 필요한 사람은 또 누구인가? 클린턴의 임기가 끝나면 재닛은 어떤 최선의 선택을 내릴 수 있을까?

마지막 질문에 대한 대답으로 재닛은 앨 고어의 2000년 대통령 선거운동에서 부사무장으로 일했으나, 선거는 결국 민주당의 가슴 아픈 패배로 끝났다. 그 뒤로는 잠시 캔자스로 돌아와 로런스에 있는 캔자스대학교에서 부총장 역할을 맡았다. 선거운동 이후 재닛이 무엇을 해야 하는가는 남매가 부엌 식탁에 둘러앉거나 늦은 밤까지 전화 통화를 할 때 의논하는 주제 중 하나가 되었다. 라 라자 전국위원회National Council of La Raza의 회장이 곧 사임한다고 발표했을 때, 라몬—당시 그는 영향력 있는 전前 이사였다—은 워싱턴 DC에 기반을 둔 회장 자리의 적임자로 동생 재닛을 추천했고, 2005년 재닛은 그 직책을 수락했다. (재닛의 추진하에 이 단체는 2017년에 이름을 우니도스US로 바꿨다.)

현재 미국에서 가장 영향력 있는 민권운동 지도자이자 옹호자 중 한 사람인 재닛은 그간 전국 규모의 캠페인을 수차례 감독하며 라틴계 유권자 수십만 명을 명부에 등록시켰고, 시민권과 경제적 평등을 위해 의회에서 증언했으며, 사설을 발표해 자신의 팀이 신중하게 제작한 메시지를 중심으로 라틴계 공동체를 결집시켰고, 라틴계 공동체가 더 나은 경제적 기회와 보건 서비스를 누려야 한다고 주장했다. 어린 시절 형제자매의 뾰족한 말을 받아치는 데 익숙해진 재닛은 2008년 CNN에서 앵커 루 돕스와, 널리 알려진 열띤 토론을 벌이며 그가 자신의 프로그램에 혐오단체 회원들을 불러내 "혐오에 마이크를 넘겨줬다"고 강하게 비판했고, 방송사를 압박해 다음해 그를 방송에서 하차시키는 데 일조했다.

2024년 7월, 재닛이 캔자스시티에 있는 집에서 가족들(라몬과 그의 아내 샐리 무르기아, 로즈 메리, 알프레드, 캔자스시티에서 소방관으로 일하는 알프레드의 아들 닉 등)과 함께 치킨을 배달시켜서 먹고 있는데 핸드폰으로 워싱턴 지역번호인 202번 전화가 걸려왔다. 재닛이 전화를 받지 못하자 문자가 도착했다. 카멀라 해리스가 바이든의 지지 선언이 있던 날 재닛에게 도움을 청한 것이었다(우니도스US 행동 기금은 다음날 해리스를 지지하고 나섰다.)

메리는 지방법원 판사로 재직하는 동안 판결이 뒤집히는 일이 거의 없었고, 특허법과 환경법 분야에서 중요한 판결을 내렸다. 2009년 메리는 매리코파카운티의 보안관 조 아르파이오가 인종 프로파일링 혐의로 기소된 사건을 감독했다. 피고 측 변호사는 메리의 쌍둥이 자매인 재닛이 아르파이오와 그의 방침을 강하게 비판한 라 라자 전국위원회의 회장이므로, 메리가 공정한 심판자 역할을 할 수 없다고 주장하며 공격에 나섰다. 메리는 변론서에서 밝혔듯 아르파이오의 법률팀이 일란성쌍둥이는 모든 면에서 동일할 거라는 비합리적 비약을 하고 있다고, "합리적인 사람이라면 쌍둥이 1명의 견해를 자동으로 다른 1명의 견해로 치환하지는 않을 것"이라고 생각했지만, 결국 부적절해 보일 일말의 여지도 남기지 않기 위해 사건에서 물러났다.

2010년 오바마 대통령은 메리 무르기아를 제9연방순회항소법원 판사로 임명했다. 인사청문회 질의가 시작되기 전, 딕 더빈 상원의원(민주당-일리노이)은 발언 중에 무르기아 가문을 칭송하며 이들의 이야기를 기록으로 남겼다. "당신의 가족 이야기가 우리에게 큰 영감을 준다는 점을 말씀드리고 싶습니다. 그건 단순한 이민자 이야기가 아닙니다. 그건 미국의 이야기이고, 당신의 어머니 아버지가 이 나라로 오기로 결정해준 덕분에 이 나라는 더 좋은 나라가 되었습니다. 당신이 해온 공직 활동과 당신의 가족 모두가 이 나라에 기여한 바를 보면 분명하게 알 수 있습니다."

판사가 공식으로 취임 선서를 하는 의례이자 축하 자리인 임명식에서 메리는 카를로스를 비롯한 가족들에게 감사 인사를 전하며, 카를로스와 자신이 같은 시기에 연방법원 판사로 재직한 최초의 남매였다는 점을 강조했다. "이제 우리 중 하나는 연방순회항소법원 판사가 되었지만, 여전히 그 사실은 주목할 만하지요." 메리는 이렇게 오빠를 놀리며 관중의 웃음을 자아냈다. 자신이 승진하는 공식 석상에서도 메리는 무르기아 남매 특유의 장난스러운 공격을 참지 못했다.

알프레도는 2001년에 사망했고, 아말리아는 그로부터 16년 뒤에 세상을 떠났다. 가족이 대단한 성취를 이루었다며 칭송하는 말을 자주 들었어도 아말리아는 자식들이 이룬 성공에 대해 좀처럼 자기 감정을 드러내지 않았다. 어느 날 메리와 재닛은 한 이웃이 어머니에게 이렇게 말하는 소리를 들었다. "아말리아, 두 딸이 무척 자랑스럽겠어." 거실에 있던 자매는 어머니가 뭐라고 대답할지 궁금해서 말을 멈췄다. "내가 두 딸을 언제 자랑스러워할 건지 알아?" 어머니가 친구에게 말했다. "쟤들이 밀가루 토르티야 만드는 법을 배울 때야."

결혼하지 않은 메리와 비교적 늦은 나이에 결혼한 재닛에게 이 일화는 여러 의미가 있다. 이 이야기에서는 여자의 위치에 대한 어머니의 생각 외에도 쌍둥이가 겸손했으면 하는 어머니의 바람이 드러난다. 분명 아말리아는 두 딸이 대화를 듣고 있단 것을 알았다.

필라델피아의 부검사이자 메리의 친한 친구 중 하나인 베아 비즐레벤은 쌍둥이가 이 일화를 들려줄 때마다 늘 다른 의미를 읽어낸다. 비즐레벤이 보기에 그 갑작스러운 침묵은 쌍둥이가 어머니의 대답을 얼마나 간절히 듣고 싶어했는지를 보여준다. 그녀는 이렇게 말했다. "그때 두 사람은 성공한 여성이었지만, 여전히 어머니의 인정을 간절히 바라고 있었죠."

눈에 보이는 균열을 받아들이기

무르기아 남매가 달성한 수준의 리더십에는 공적인 삶이 따라온다. 그러나 공적인 삶이란 세간의 주목을 의미하기도 한다. 공인이 발을 헛디디거나 실수를 저질러서 불명예를 안으면, 그 가족은—무르기아 가족처럼 자원이 많고 문제해결능력이 좋고 서로를 지지하는 가족일지라도—그 순간을 사적으로 넘길 방도가 없다.

2019년 9월 30일 〈뉴욕타임스〉는 "캔자스의 한 연방 판사가 사법부 여성 직원들을 성희롱하고 중범죄자와 관계를 맺어 '공갈 협박에 취약해졌다'는 이유로 월요일에 드물게 공개 문책을 받았다"라고 보도했다.

그 사람은 카를로스 무르기아였다. 무르기아 남매에게도 느닷없는 일이었다. 카를로스가 개인적으로 힘든 시간을 보내고 있다는 사실은 오래전부터 알았지만, 기사가 나오기 직전에 카를로스가 전화를 걸어와 미리 언질을 주기 전까지는 그가 대놓고 바람을 피우고 있었으며(그것도 범죄자와) 직업윤리에 어긋난 행동을 벌였다는 사실을 전혀 모르고 있었다. 그 후 몇 주간 카를로스는 거의 매일 대화를 나누던 동생 라몬 앞에서도 입을 꾹 다물었고, 카를로스의 두 변호사는 민감한 자료가 새어나가지 않도록 신중을 기했다.

밝혀진 사실은 암울했다. 기사에 따르면 카를로스는 법원 직원들에게 성적 행위를 암시하는 문자를 수차례 보냈고, 그만해달라는 요청을 받았는데도 멈추지 않았다. 문책 당시에는 카를로스가 사과와 함께 '시정 조치'를 취하겠다고 동의하며 문제를 마무리지었으나, 하원 법사위원회에서 법관의 성비위에 대한 안전장치를 강화해야 한다고 요구하면서 또 다른 조사가 이어졌다. 2020년 2월, 탄핵 위기에 있던 카를로스가 사임했다. 명성이 사라지고 수입과 연금도 날아갔으며 결혼생활도 끝이 났다. 그는 라몬과 나란히 살던 자기 집에서 나왔다.

나는 처음으로 캔자스시티를 방문했을 때 카를로스를 짧게 만난 적이 있었는데, 기사가 나온 후 내가 대화를 시도하자 그는 신중하게 단어를 골라 서면으로만 응답했다. "저는 직장 내에서 직원과 관리자의 경계를 존중하지 못했습니다. 저의 유감스러운 행동으로 피해를 입은 모든 분들께 사과드립니다. 진심으로 죄송합니다."

이 사건으로 남매의 관계에 균열이 생긴 것 같았다. 모두가 당혹감과 혼란을 느끼며 그토록 가까운 사이였던 사람을 어떻게 그리 모를 수 있었는지 이해해보려 애썼다. 세월이 흐르면서 카를로스가 변한 걸까? 그렇다면 그 이유가 뭘까? 아니면 그동안 내내 카를로스의 진짜 모습을 몰랐던 걸까? 남매는 카를로스가 부정을 저질렀다는 주장을 의심하지는 않았지만, 그간 자신들이 카를로스라고 생각했던 사람의 모습에 그 행위를 도저히 끼워 맞출 수 없었다. 라몬은 내게 "나의 형 카를로스가 어떤 사람인지 당신이 납득할 수 있는 방식으로 설명하고 싶어요."라고 말했다. 그러나 그는 그럴 수 없었다.

그러나 내게 더 뚜렷하게 느껴진 것은 남매가 가족으로서 느끼는 참담함, 그리고 책임감이었다. "충격이 커요." 재닛이 말했다. "카를로스에게 벌어진 일인데 왜 내가 이런 기분을 느끼는 걸까요?" 그녀는 자문했다. "지금 무슨 일이 벌어지고 있는 거죠? 우리는 서로 다른 사람인데 말이에요. 하지만 우리는 언제나 한 집단으로 여겨져왔어요." 이들 모두 가족의 남다른 성공 서사에서 혜택을 얻었으나 이제 그 이야기는 손상되었다. "그건 우리의 서사였고, 우리의 이야기였어요. 그렇다면… 전혀 예상치 못한 일이 일어났을 때 그걸 어떻게 설명해야 하죠?" 재닛이 말했다. "한 사람의 일탈 행위가 우리 이야기를 망가뜨렸어요. 그게 무슨 의미일까요?" 라몬도 똑같이 훼손된 기분을 느꼈다. "충격이 너무 커서 우리 모두 숨을 쉴 수가 없었어요. 우리 모두 상처받았어요."

"사과드려요." 기사가 나오고 나와 처음 나눈 대화에서 메리는 이렇게 말했다. 그녀는 실수였든 자부심 때문이었든 자신이 무르기아 가족을 일종의 이상으로 내세웠던 것은 아닌지 걱정했다. "우리는 우리의 성취가 자랑스럽고, 부모님의 자랑거리가 되는 게 자랑스러워요. 우리를 모범으로 삼는 사람들은 '너도 할 수 있어'라는 말을 하고 싶은 거예요. 하지만 그 말에는 우리가 결코 완벽하지 않다는 단서가 달려 있어요. 우리는 인정받는 것에 익숙해져버렸어요. 그게 좋았죠." 이제 메리는 죄책감, 더 나아가 수치심까지 느꼈다. "내가 그런 행위를 저지른 게 아닌데도 마음이 참담해요. 이런 생각이 들어요. 나도 거기에 일조했나? 그렇지 않다는 걸 알아요. 그런데 왜 이렇게 끔찍한 기분이 들까요?"

이들은 단순한 진실을 받아들이기 위해 가족의 서사를 수정해야 했다. 라몬은 이렇게 말했다. "아무리 높은 기준을 고수하고 싶다 해도, 우리는 인간으로서 결함이 있는 존재예요."

카를로스가 권력을 남용한 대가를 치르는 중에도 메리는 애슐리 저드가 하비 와인스틴을 성추행으로 고소할 근거가 없다는 하급법원의 판결을 뒤집으며 성추행 금지법을 더욱 강화하고 있었다. 와인스틴 측은 저드—업무상 미팅을 예상하며 호텔방을 찾아온 저드에게 와인스틴은 강압적인 성행위를 시도했다—가 자신의 정식 부하직원이 아니었다고 주장했다. 2020년 메리는 와인스틴이 가진 권력을 고려할 때 "배우로서 캐스팅에 생계가 달려 있던 저드가 '실질적인 어려움'을 겪지 않고 이 관계를 끝내기란 어려웠을 것"이라고 판단했다.

무르기아 남매는 거의 평생 자신들의 유능함을 믿어왔고 이 믿음은 지능, 근면함, 민첩함과 합쳐져 이들에게 큰 힘을 안겼다. 그러나 카를로스의 경우에는 이러한 자신감이 훨씬 위험한 것, 즉 자신은 무적이라는 생각으로 바뀌었는지도 모른다. "오만했어요." 같은 판사로서 남매 중 그 누구보다 이 사건으로 괴로워했을 메리가 말했다. 카를로스가 사임했을 때 메리는 연방사법부의 윤리위원회인 사법윤리강령위원회에서 활동하고 있었고, 지금은 그 사실에 다소 불편함을 느끼고 있었다. "카를로스는 자기가 우리 중 단연 똑똑하고 우월하다고 생각했고, 저도 그걸 알았어요. 하지만 그만큼 겸손한 사람이어서 괜찮으리라 생각했죠." 그러나 시간이 흐르면서 메리는 이 문제를 그렇게 단순하게 설명할 수 없다고 생각하게 되었다. 자신의 오빠는, 본인의 표현에 따르면, 완전히 "길을 잃은" 것이었다.

메리가 처음 보인 반응—카를로스는 언제나 자신이 막내 4인방 중 가장 똑똑하다고 믿었다는 말—에 분노의 기미가 서려 있었다는 사실은 다시 한번 유구한 가족 내 패턴을 떠올리게 했다. 형제자매는 서로와의 비교 속에서 끊임없이 자신의 위치를 가늠한다. 카를로스는 내게 보낸 이메일에서 형제자매를 보호하고자 조사 내용을 자세히 밝히지 않고 있다고 말했고, 이 말은 분명 사실일 것이다. 그러나 한편으로 그는 "자신의 실망스러운 행동을 알리기 창피하다"라고 덧붙였다.

카를로스의 이런 행동은 무르기아 남매들의 직업생활에도 영향을 미쳤고, 그들은 신중하게 고른 단어로 난감한 질문을 받아넘겼다. 재닛이 자신의 평판을 걸고 카를로스의 판사직 임명을 옹호했었다는 사실이 모두의 마음에 남아 있었지만, 카를로스를 포함한 네 남매는 정보나 인맥의 측면에서 서로의 사각지대나 틈을 보완하기 위해 계속해서 늦은 밤까지 통화를 나누었다.

언제나 가장 격렬한 반응을 보이는 메리가 특히 격분했고, 일종의 심판이 필요하다고 느꼈다. "도대체 무슨 생각을 하고 있었던 거야?" 매일 밤 이어진 전화 통화에서 메리는 카를로스에게 물었다. 한번은 카를로스가 자식들을 위해 꿋꿋함을 잃지 않으려 노력 중이라고 말했다. "이제 와서 애들을 생각한다고?" 메리가 따져 물었고, 라몬과 재닛이 끼어들어 상황을 가라앉혔다.

무르기아 남매는 언제나 자신들의 성공을 자연스럽게 성장환경 덕으로 돌렸다. 그러나 자신들의 실패를 설명해야 할 때 그 답은 그리 간단명료하지 않았다. 늘 성취를 강조하다보니 인간적인 충동과 실수에 직면할 때 충격이 극심했고, 전반적으로 이들은 자기 감정이나 약점을 편안하게 말하지 못했다. "우리는 모두 연결되어 있어요." 메리는 말했다. "하지만 그렇다고 감정까지 세세히 공유한 건 아니에요."

메리는 검사로 일할 때 이따금 아동학대 사건을 맡아 아동심리학자와 만났다. 메리에게 그 만남은 자신의 형제자매 그 누구도 경험해본 적 없는 심리치료와도 같았다. 메리는 감정 표현에 어려움을 겪는 아이들이 자기 감정을 인식하도록 돕기 위해 심리학자들이 사용하는 도구를 보고 깊은 인상을 받았다. 그 도구는 그야말로 종이 한 장일 뿐이었는데, 그 종이에는 행복, 분노, 걱정, 슬픔, 혼란 등의 감정이 드러난 여러 얼굴이 인쇄되어 있었다. 메리는 무슨 계시라도 받은 듯 그 종이를 들여다봤다. 그리고 심리학자에게 말했다. "제가 한 장 가져도 될까요?" 메리는 자기 마음을 깊이 이해하지는 못했지만, 자신이 내면의 혼란과 감정을 분석하지 못하며 더 나아가 자기 감정을 겉으로 드러내지도 못한다는 사실만큼은 자각하고 있었다.

무르기아 남매의 성장환경은 너무 치열하고 경쟁이 심했다. 사랑이 넘치는 동시에 숨이 막혔고, 희롱과 웃음소리로 가득했으며, 자기 인식을 고취하는 솔직한 소통 대신 끝없이 소란이 이어졌다. 메리는 변명을 찾는 대신 그 이유를 이해해보려 했다. 보드게임에서 학업 성적에 이르기까지 남매 사이에서 끊임없이 계속된 경쟁 덕분에 메리는 직업생활에 도움이 되는 귀중한 능력을 키울 수 있었지만 여기에는 대가도 따랐다. "사람이 한 지점에서 다른 한 지점으로 나아갈 때 말이죠. 그 사람이 성취를 이루었다면, 거기에는 보통 복잡한 파장을 낳는 희생이 따라와요. 결국 무언가를 잃어버리는 거예요." 그렇게 잃어버리는 것은 자기 성찰일 수 있었다. 객관적인 판단이거나 마음의 평화일 수도 있었고, 사랑일 수도 있었다.

아말리아와 알프레도 둘 다 카를로스가 판사직에서 물러나기 훨씬 전에 세상을 떠났다. 알프레도의 임종을 앞두고 가족이 한자리에 모였을 때 재닛은 그때 모두가 느끼고 있었던 감정을 말하기 위해 아버지 옆으로 몸을 기울였다. "아버지, 사랑해요." 알프레도는 아무 말도 없었다. 재닛이 또다시 몸을 기울였다. "아버지, 사랑한다고요." 마침내 알프레도가 입을 열었다. "그래, 나도 네가 좋다." 이 일화를 이야기할 때면 메리와 재닛은 가끔 웃다가 눈물을 흘린다.

무르기아 남매는 어머니에게서 배운 더 부드러운 미덕으로 분노를 달래보려 애썼다. "우리는 변호사라서, 그 점에서는 계속 책임, 책임, 책임만 요구하죠." 재닛이 말했다. "하지만 머릿속 한편에서는 어머니에게 배운 말이 계속해서 들려요. 좋을 때나 힘들 때나 함께 뭉쳐야 한다는 말이요. 어머니는 늘 사람들을 용서해야 한다고, 두 번째 기회를 줘야 한다고 말씀하셨어요."

메리가 아직 부모님과 함께 살 때, 다음날 폭력적인 성범죄자를 기소하는 재판에서 중요한 최종 변론을 해야 하니 자기를 위해 기도해달라고 어머니에게 부탁한 적이 있다. "기도하마." 아말리아는 메리에게 말했다. "그 범죄자를 위해."

언제나처럼 가족끼리 전화 통화를 하던 어느 날, 라몬은 카를로스에게 대중과 가족뿐만 아니라 어린 시절부터 알았던 이웃에게도 개인적으로 사과하면 어떻겠느냐고 제안했다. 카를로스는 이미 그렇게 하기로 마음먹었다고 말했다. 그 후로 몇 달간 카를로스는 집집마다 찾아가 이웃에게 사과를 전했다. 그중 다수가 무르기아 부부와 알고 지낸 사이였다. 카를로스는 부모님이 자신을 이보다 더 나은 사람으로 키웠음을 스스로 알고 있다는 사실을 그들이 알아주길 바랐다.

2021년에 제9연방순회항소법원의 수석판사가 된 메리는 사법부 내에서 벌어지는 성희롱 문제를 해결하는 것이 자신의 주요 목표 중 하나라고 선언하며, 오빠의 사건이 다시 수면 위로 떠오를 수 있다는 사실을 알면서도 이 문제를 회피하는 대신 적극 맞섰다. 그리고 2024년에 제보를 받아 알래스카연방법원 판사인 조슈아 M. 킨드레드의 성비위 조사를 감독한 뒤 명령을 통해 그의 사임을 이끌어냈다.

카를로스의 형제자매와 이야기를 나눠본 사람은 그들이 탁월함을 잃지 않기 위해 가족의 이야기에서 카를로스를 잘라냈다는 느낌은 받지 못할 것이다. 오히려 카를로스의 경험은 그들이 자기 삶을 더욱 깊이 성찰하는 결과로 이어졌다. 오늘날 무르기아 남매는 어머니의 바람대로 계속해서 카를로스를 지지하고 있다. 카를로스가 다시 일어서기 위해 어떤 일을 할 수 있을지 머리를 맞대고 고민했고, 긴밀하게 연락을 유지했다. 카를로스는 가족이 캔자스시티에 오면 함께 풋볼 팀 캔자스시티치프스의 경기를 관람한다. 모두가 각자의 가족과 함께 27번가에 있는 집에 모이면 마사, 로즈 메리, 알프레드, 라몬, 재닛, 메리와 함께 명절과 생일을 기념한다. 27번가 집은 카를로스가 소박한 어린 시절을 보낸 집의 대각선 방향에 있다. 더 크고 현대적이지만, 같은 블록이다. 새집은 여전히 가족의 집이었고, 카를로스는 여전히 무르기아 가족의 일원이었다. 즉 그는 언제든 집으로 돌아갈 수 있었다.

6장

운과 운명, 우리가 통제할 수 없는 것

경제학자 로버트 프랭크는 저서 《실력과 노력으로 성공했다는 당신에게 Success and Luck》에서 성공한 사람들이 보통 자기 재능은 과대평가하고 운은 과소평가하면서, 자기 삶에서 운이 맡은 역할을 축소한다고 주장한다. 더 나아가 그는 이러한 해석이 권리의식을 낳으며, 이 의식이 사회계층 전반으로 확대되면 사회정책에 심각하고도 골치 아픈 영향을 미칠 수 있다고 강조한다. 로버트 프랭크의 이 책은 운에 대한 깊은 성찰을 담고 있다. 성공했을 뿐만 아니라 현명하기까지 한 사람들은 운이라는 요인을 인정하고 받아들인다.

홀리필드 가족에게 그러한 운은 편지의 형태로 찾아왔다. 그 안에는 혐오가 들어 있었지만 결국 그 편지는 홀리필드 가족을 텔러해시로 데려갔다. 브론테 자매의 경우에도 골치 아픈 사건이 운으로 이어져 수많은 결과를 낳을 수 있었는지도 모른다.

당시 브론테 가족은 아버지 패트릭의 시력이 걱정이었다. 패트릭이 60대 중반에 접어들면서 시력이 빠르게 나빠지고 있었기 때문이다. 일가친척이었던 한 외과의가 수술을 하면 시력을 어느 정도 살릴 수 있다고 설득했다. 1846년의 늦은 여름, 샬럿은 아버지의 눈 수술을 위해 아버지와 함께 맨체스터로 갔다. 수술 후 회복기간에 패트릭은 침묵과 어둠을 유지해야 한다는 처방을 받았다. 즉 패트릭이 말을 하는 것도, 누군가가 책을 읽어주는 것도 허락되지 않았다.

그 시기에 샬럿이 쓴 편지를 보면 아버지를 향한 걱정이 분명하게 드러나 있지만, 아버지와 맨체스터에서 보낸 한 달여의 시간 동안 샬럿은 드문 사치를 누릴 수 있었다. 그 사치란, 다른 의무에 시달리지 않은 채 생각하고 글쓸 수 있는 고요한 시간이 주어진 것이었다. 가정교사로 일할 때 종종 그랬던 것과 달리 이제 샬럿은 생각이 중간에 끊길 일이 없었다. (교사로 일할 때 쓴 한 일기에서 샬럿은 어떤 "멍청이"가 자신의 창의적인 몽상을 방해했다고 불평하며 너무 짜증이 나서 "토할 뻔했다"고 적었다.) 맨체스터에서는 아버지에게 효도하는 동시에 마음껏 상상에 빠질 여유를 누릴 수 있었다.

적시에 찾아온 기회였다. 샬럿은 최고의 결과물을 낼 준비가 되어 있었다. 어린 시절에 이미 경쟁적으로 글을 쓰며 긴 시간을 보냈고 형제자매, 그중에서도 특히 남동생인 브란웰과 힘을 합쳐 상상의 세계를 만들어낸 경험도 많았다. 성인으로서는 비교적 유명세가 덜한 첫 번째 소설《교수》집필을 이미 마친 상태였다. 아직 출판사를 찾지는 못했지만 자신의 재능을 진지하게 받아들이라는 격려는 충분히 받았다. 샬럿은 동생 앤이 아직 출판되지 않은 본인의 소설《아그네스 그레이》에서 비천한 가정교사의 목소리에 존엄을 부여한 것을 보고 영감을 받았을 수도 있고, 자신이 그 주제를 더 밀고 나아갈 수 있으리라 생각했을 수도 있다. 맨체스터에서 샬럿은 《제인 에어》를 쓰기 시작했다.

"샬럿은 앞을 보지도, 말을 하지도 못하는 아버지 곁에 앉아 감히 연필을 들고, 태어나서 처음으로 자기 목소리로 글을 쓰기 시작했다"라고, 샬럿이 맨체스터에서 보낸 시간이 어쩌면 그렇게 창의력으로 가득할 수 있었는지 탐구하는 소설 《비커밍 제인 에어 Becoming Jane Eyre》에서 저자 실라 콜러는 말했다.

훌륭한 작품은 틈틈이 어렵게 마련한 시간에도 탄생할 수 있다. 그러나 샬럿은 아버지가 침묵할 수밖에 없었던 시간 덕분에 자신이 겪은 상실과 부당함을 들여다볼 감정적 공간을 누릴 수 있었고, 결국 그렇게 찾아낸 것을 《제인 에어》에 활용할 수 있었는지도 모른다. 샬럿은 일인칭 화법을 사용해 자기 삶에서 가장 중요했던 경험—사랑하는 맏언니 마리아의 죽음 등—을 순간순간 떠올리면서 거부할 수 없는 강렬한 이야기를 써냈고, 그 이야기는 가진 것 없는 평범한 여성에게서도 발견할 수 있는 열정과 저항의 힘을 말하는 소설이 되었다.

《제인 에어》는 샬럿이 집필을 시작하고 약 1년이 지났을 무렵인 1847년 가을에 출판된 뒤 순식간에 엄청난 성공을 거두었다. 한 저명한 비평가가 극찬하며 말했듯 독자들은 "영혼이 영혼에게 말을 거는" 느낌을 받았다. 《제인 에어》가 성공하자 출판사는 에밀리의 《폭풍의 언덕》과 앤의 《아그네스 그레이》 출간에도 박차를 가했는데, 같은 가명을 쓰는 두 작가를 어서 빨리 추가해 돈을 벌어들이고 싶었기 때문이다(세 자매는 똑같이 벨이라는 가명으로 책을 발표했다). 이렇게 맨체스터에서의 이례적인 휴식은, 훗날 수많은 문학과 문화가 탄생하는 발판이 되었다.

무르기아 남매에게도 운은 가족사의 명백한 일부다. 신앙과 가족, 공동체의 힘만큼 중요한 역할을 한 것은 아니었지만 어쨌거나 고려해야 하는 현상이다. 무르기아 가문 전설에 등장하는 동전 던지기 일화는 종종 웃음을 자아내지만 때로 어두운 의미가 깔려 있기도 하다. 우연의 역할은 결국 형제자매 관계의 본질, 그토록 밀접한 관계였던 자매가 한집에서 자랐음에도 삶의 궤적이 서로 달라지는 이유를 설명해준다. 그 동전 던지기는 누구보다 강력한 문화를 가진 가족에게까지 무작위의 힘을 행사하는 외부세계의 영향력을 보여준다.

쌍둥이 연구가 밝히는
유전과 환경의 상호작용

쌍둥이이자 풀러턴캘리포니아주립대학교의 발달심리학 교수인 낸시 시걸은 행동유전학 분야의 연구를 수행한다. 그녀는 운보다는 인간 행동에 영향을 미치는 유전자와 환경의 상호작용에 더 관심이 있지만, 실제로 우연 역시 행동에서 나타나는 차이에 있어 일정한 역할을 한다. 몇 년 전 내가 어떤 사례연구를 통해 낸시를 알게 되었을 때 운은 무시할 수 없는 중요한 주제인 듯 보였다. 또한 운은 낸시 본인이 말했듯 쌍둥이로 살아가는 그녀의 삶에서도 중요한 역할을 했다.

필라델피아에서 자란 낸시는 이란성쌍둥이 자매와 나란히 유치원에 향하던 첫날을 지금도 생생하게 기억한다. 낸시는 쌍둥이 자매가 젊고 아름다운 선생님의 손에 이끌려 교실로 들어가는 모습을 지켜봤다. 그 후에 낸시도 어느 교실로 안내되었는데, 이때 만난 선생님은 아까 본 선생님만큼 매력적이지 않았다. 낸시는 그 선생님이 입은 촌스럽고 뻣뻣한 갈색 드레스를 지금도 떠올릴 수 있다. 눈물을 그치지 않는 낸시를 달래려고 결국 또 다른 선생님이 쌍둥이 자매를 데려왔다. 그러나 두 쌍둥이는 그해 내내 서로 다른 교실에서 지내야 했다.

쌍둥이 자매의 학교 경험은 그 이후로도 쭉 달랐다. 낸시는 에너지가 너무 많아서 가끔 교사들이 억눌러야 할 정도였다. 낮잠을 자려고 하지도, 간식시간에 간식을 먹으려 하지도 않았다. 낸시가 하고 싶었던 것은 대화였다. 낸시의 쌍둥이 자매를 맡은 교사들은 그러한 어려움을 겪지 않았다. 3학년 때 두 소녀는 학교가 성적에 따라 반을 나누면서 서로 다른 반이 되었다. 둘 다 가장 높은 반에 들어갈 만큼 성적이 좋았지만, 학교 측은 자매가 같은 반에서 경쟁하거나 함께 계략을 꾸미거나 싸움을 벌이게 하는 대신 낸시의 쌍둥이 자매를 일등 반에 넣고 낸시를 이등 반에 넣었다. (역사적으로 유명한 미트퍼드 여섯 자매 중 하나인 낸시 미트퍼드가 언젠가 "자매들은 인생의 잔인한 역경을 막아주는 방패"라고 말하자 동생 데카는 "하지만 자매들이야말로 인생의 잔인한 역경이야!"라는 말로 응수했다.)

낸시는 당시에는 아무렇지 않았지만 지금 돌아보면 그것이 잘못된 결정이었다고 느꼈다. "부당한 처사였어요. 심각하고 중대한 실수였다고 생각해요. 차라리 저를 다른 학교에 보냈어야 했어요." 장기적으로 보면 그 결정은 그리 중요치 않았다. 낸시는 학계와 텔레비전 프로그램, 책, 인터뷰에서 자신이 빛날 수 있는 자리를 찾았다. 그러나 지금도 그때를 돌아보면 부당함과 고통스러운 상실감을 느낀다. 그 순간 아이가 느끼는 기분과 어른으로 성장한 뒤 그때를 돌아보며 느끼는 기분은 둘 다 정당한 의미가 있다.

온 가족이 뉴욕에 살고 있던 6학년 때, 쌍둥이 자매는 뉴욕시의 공립영재학교 입학시험을 치렀다. 낸시의 쌍둥이 자매가 속한 반은 학생 전체가 입학시험에 응시했지만, 낸시가 속한 반에서는 낸시를 비롯해 단 3명만이 응시 자격을 얻었다. 낸시가 쌍둥이 자매와 학업상 동등한 위치에 설 수 있는 기회, 아니면 적어도 자기 힘으로 두각을 나타낼 기회가 될지도 몰랐다. 그러나 시험날 아침, 말 그대로 불꽃이 튈 뻔했다. 화학실에 있던 낸시가 실수로 가스분사기에 달린 레버 위에 몸을 기댔고, 갑작스레 연기가 흘러나왔다. 심장이 쿵쿵 뛰고 온몸의 감각이 움츠러들었다. 수많은 학생, 아마도 전교생이 (이 지점에서는 낸시의 기억이 정확하지 않다) 학교 밖 거리로 대피했다. 그날 낸시의 쌍둥이 자매도 그 교실에 있었는데, 아마 쌍둥이 중 시험날 대형 사고를 치지 않은 쪽으로 가장 유명했을 것이다. 이 사건은 중요한 결과를 불러오는 우연한 순간 중 하나였다. 그날 오후 마침내 모두가 자리에 앉아 시험을 치르기 시작했을 때 낸시는 여전히 마음을 가라앉히지 못해 결국 헌터칼리지고등학교의 입학시험을 망치고 말았다. 낸시의 쌍둥이 자매는 그렇지 않았다.

낸시는 동네 중학교에서 지극히 행복하게 공부했고 브롱크스과학고등학교의 입학시험을 치른 뒤 합격했다. 낸시의 쌍둥이 자매는 헌터칼리지고등학교를 수석으로 졸업한 뒤 결국 아이비리그에 진학해 아버지의 꿈을 이루었다. 낸시의 아버지는 아이비리그 입학을 꿈꿨지만 그 대신 보스턴대학교에 진학했는데, 낸시가 입학한 대학이 바로 보스턴대학교였다.

이란성쌍둥이 사이에서 나타난 이러한 차이는 부모가 사랑과 보살핌, 지지를 아무리 쏟아부었더라도 이들에게 완벽히 공평한 세상을 만들 수는 없었다는 사실을 보여준다. 더 넓은 관점에서 보면 시걸 자매는 사실상 똑같은 행운을 얻었다. 둘 다 교육수준이 높은 중산층 가정에서 태어났고 일류 대학에 진학하는 추가적 혜택을 누렸다. 이러한 점에서 둘은 이미 대다수 인구에 비해 서로 훨씬 유사했다. 두 사람 모두 만족스럽고 성공적인 경력을 쌓았다. 그러나 뉴욕의 공립고등학교라는 폐쇄적이고 경쟁이 심한 세계에서 아이비리그에 진학하는 것은 선택받은 자가 되는 셈이었다. 쌍둥이 자매의 부모님은 이러한 차이를 민감하게 느꼈을지도 모른다. 낸시의 쌍둥이 자매가 헌터칼리지고등학교에 입학했을 때 가족은 축하하는 자리를 마련하지 않았다. 부모님은 낸시가 브롱크스과학고등학교에 입학할 때까지 기다렸다가 두 딸에게 특별한 식사를 대접했다.

낸시는 보스턴대학교가 충분히 좋은 학교였으며 특히 마지막 학년에는 이곳에서 쌍둥이 연구라는 자신의 소명을 발견할 수 있었다고 말했다. 이상심리학 강의를 들으며 성격발달에 관한 과제를 제출해야 했던 낸시는 자기 경험에서 영감을 얻어 쌍둥이의 교실 분리를 주제로 선택했다. 오늘날에도 낸시는 이러한 분리가 성격에 큰 영향을 미친다고 본다. 그 트라우마는 자매가 헤어진 데서 비롯했을까, 아니면 교사 배정이 불공평하다는 감정에서 비롯했을까? 메리 무르기아가 쌍둥이라는 이유로 불이익을 받았듯, 낸시 역시 쌍둥이를 분리해야 한다는 학교정책 때문에 가장 높은 반에 들어가지 못했다. (낸시는 쌍둥이의 분리를 강제하는 학교정책에 반대하며 이러한 결정은 그때그때의 상황에 따라 다르게 내려야 한다고 믿는다.)

쌍둥이라는 매력적인 주제를 발견한 낸시는 우수한 성적으로 대학을 졸업했고, 그해 봄 시카고대학교의 사회과학대학원에 입학했다. (낸시는 기쁨에 휩싸여 합격 편지를 냅다 던져버리고서 다시 편지를 찾지 못해 15분간 패닉에 빠졌고, 짧은 순간 그런 편지가 애초에 도착하지 않았다고 반쯤 확신하기까지 했다.)

1980년대 초 낸시는 미네소타대학교의 박사후연구원이 되었다. 그곳에서는 심리학자 토머스 부샤드 주니어가 태어나자마자 분리된 뒤 성인이 되어 재회한 일란성쌍둥이의 사례를 연구하고 있었다. 그는 이러한 쌍둥이의 특성과 재능을 체계적으로 비교하면서 쌍둥이가 얼마나 다른 가정환경에서 자랐는지와 상관없이 외모 외에도 놀라울 만큼 뚜렷한 유사점을 드러낸다는 사실을 발견했다. 그 후로 낸시는 학계의 이 연구를 대중화하는 데 일조한 인물 중 한 사람이 되었다. 이 연구에 사용된 방법론은 지금도 논란과 비판의 대상이 되고 있지만, 그럼에도 이 연구는 성격특성과 행동의 발달에 어느 정도 유전적 영향이 있다는 인식을 널리 퍼뜨리는 데 기여했다. 낸시의 저서 《의도적 분리 *Deliberately Divided*》에는 연구를 위해 분리되어 서로 다른 가정에서 자란 일란성 세 쌍둥이를 다룬 다큐멘터리 〈어느 일란성 세 쌍둥이의 재회〉의 바탕이 된 세 쌍둥이의 이야기가 등장한다. 낸시의 또 다른 저서 《탄생은 함께, 성장은 따로 *Born Together—Reared Apart*》에는 다른 사레들과 함께 쌍둥이 짐 형제의 이야기가 나오는데, 이들은 태어나자마자 헤어졌으나 성인이 된 뒤 겨우 세 블록 규모의 작은 바닷마을을 똑같이 휴가지로 고르고 똑같은 담배를 피우고 이름이 똑같은 여자와 결혼했다. 즉 이들은 독특한 버릇과 습관이 기이할 만큼 일치해서 거의 예견된 듯 보일 정도였다.

낸시는 사람의 운명에서 유전자가 중요한 역할을 담당한다고 주장하는 연구—낸시가 처음 발을 들였을 때는 지금보다 더 논란이 많았다—에 평생을 바쳤다. 그러나 낸시의 인생 이야기는 비록 수량화할 수는 없지만 본인이 매우 중요하다고 생각하는 부당하고 기묘한 운명의 장난으로 가득하다. 우연한 결정과 유치원에서의 교사 배정, 화학실에서의 가스 누출 같은 돌발 사건이 미친 파급효과는 과학적 지표로 나타내기 쉽지 않다. 하지만 다른 예측 불가능한 요인과 교차해 알고리즘으로는 포착할 수 없는 미묘한 결과를 만들어내면서 매우 중대한 영향을 미칠 수 있다.

본인의 성장환경 때문에 낸시는 쌍둥이의 역학연구에도 관심이 많았다. 시걸 자매는 서로 싸우지 않았지만 그렇다고 남달리 친하지도 않았다. 두 사람은 다른 친구들과 마찬가지로 서로 관심사가 달랐다. 낸시는 "때때로 어머니에게 '같이 놀 사람이 없다'고 하소연했어요. 쌍둥이 자매가 바로 옆방에 앉아 있는데도요"라고 회상했다. 이와 달리 낸시가 보기에 일란성쌍둥이는 부러울 만큼 서로 친밀하게 연결되어 있는 듯했다. 그들이 함께 보내는 시간의 양에서, 심지어는 그들의 보디랭귀지에서 그 사실을 알 수 있었다.

1993년에 낸시는 쌍둥이 중 하나가 다른 한쪽을 잃었을 때, 이란성쌍둥이가 일란성쌍둥이보다 슬픔을 더 빨리 가라앉힌다는 내용의 연구결과를 발표했다. 그 이후 일란성 남성 쌍둥이가 이란성 남성 쌍둥이보다 더 오래 산다는 연구도 발표되었는데, 연구자들은 자신의 안녕을 세심하게 살피는 인생 동반자의 존재에서 나오는 보호효과 때문일 수 있다고 설명했다.

낸시의 목표는 일란성쌍둥이가 이란성쌍둥이와는 다르게 상호작용하는 모습을 순간 포착할 수 있는지 확인하는 것이었다. 먼저 낸시는 실험에서 사용할 퍼즐을 하나 고안했다. 개 옆에 뼈가 그려져 있는 이 퍼즐은 가장 어린 아이가 6살인 어린이 그룹의 실험 참여자들에게 적합한 난이도로 만들어졌다. 일란성쌍둥이와 이란성쌍둥이인 참여자들은 서로 힘을 합쳐 최대한 빠르게 퍼즐을 완성해야 했다. 그 과정은 영상으로 촬영되었고, 평가자들이 보는 영상에서는 아이들의 얼굴이 가려져 있었기에 평가자들은 자신이 일란성쌍둥이를 보고 있는지 이란성쌍둥이를 보고 있는지 모르는 채로 상호작용의 질―쌍둥이의 몸이 얼마나 밀착되어 있는지, 자세를 잡으며 서로 티격태격하는지―을 평가할 수 있었다.

영상 속 쌍둥이가 일란성인지 이란성인지 파악할 수 있는 다른 단서, 예를 들면 키와 몸무게의 차이가 있었을지도 모른다(낸시는 아이들이 책상에 앉아 있었기 때문에 그러한 차이가 최소화되었다고 말했다). 그러나 연구 결과, 일란성쌍둥이가 이란성쌍둥이보다 더 빨리 퍼즐을 완성했고, 평가자들은 일란성쌍둥이가 우아하고 조화로운 춤을 추는 것처럼 한몸이 되어 움직였다고 묘사했다. 이란성쌍둥이는 퍼즐을 두고 더 많이 다투었고 친밀감도 더 적게 표현했다.

누군가는 일란성쌍둥이가 관심과 주도권, 개성을 두고 더 적게 가 아니라 더 많이 다툴 거라고 생각할 수도 있다. 그러나 이 연구 및 이와 유사한 주제를 탐구한 여타 연구에서, 낸시는 일란성쌍둥이가 이란성쌍둥이나 나이가 다른 형제자매보다 더 협동적이고 서로에게 더 이타적이라는 사실을 발견했다.

때때로 일란성쌍둥이의 관계는 너무 친밀하고 헌신적이어서 보통의 다정한 형제자매가 보이는 가장 관대한 마음을 훨씬 능가하는 듯 보이기도 한다. 2014년 바이애슬론(사격과 크로스컨트리 스키를 합친 스포츠) 선수인 트레이시 반스는 소치올림픽 출전권을 따낸 뒤 몸이 아파 선발전에 참여하지 못한 일란성쌍둥이 자매 레니가 대신 올림픽에 나가 겨룰 수 있도록 출전권을 양보했다. "그냥 자리를 넘겨주는 거라고 생각해요." 트레이시는 당시 NPR에 이렇게 말했다. "저는 여전히 소치에 갈 거예요. 다만 레니를 통해서 가는 거죠." 레니는 트레이시를 너무나도 잘 알았기에 그 결정을 믿을 수 있었다. "저는 누구보다 트레이시를 잘 알아요. 이게 트레이시가 원하는 거고, 저는 그저 트레이시를 행복하게 해주고 싶어요."

우리가 일란성쌍둥이에게서 발견하는 것은, 하나의 배아가 순전한 우연을 통해 둘로 나뉘지 않았더라면 한몸이 되었을 두 인간의 모습이다.

병원에서 뒤바뀐 두 아기

나는 이란성쌍둥이의 엄마가 된 이후 모든 종류의 쌍둥이에 관한 이야기에 관심이 부쩍 많아졌다. 그러나 낸시가 2014년에 연구하기 시작한 보고타의 쌍둥이 두 쌍에 관한 흥미로운 이야기에 마음이 끌린 것은 단지 내가 쌍둥이의 엄마이기 때문만은 아니었다. 그들의 이야기는 신원 오인에 관한 이야기이자 입양에 관한 이야기였고, 희극이자 비극이었다. 또한 이 이야기는 낸시에게조차 성장환경이 성공가능성에 미치는 영향을 새롭게 바라볼 계기를 제공한 하나의 우화이기도 했다.

이 놀라운 이야기는 1988년 12월 말에 콜롬비아의 보고타에서 일란성쌍둥이가 태어나고, 산탄데르라는 외딴 시골 지역에서 또 다른 일란성쌍둥이가 태어나면서 시작되었다. 산탄데르의 쌍둥이 중 1명인 카를로스는 태어나자마자 몸이 너무 아파서 이모가 보고타에 있는 병원으로 데려갔다. 그곳에서 누군가가 우연히 카를로스를 보고타에서 막 태어난 일란성쌍둥이 중 1명 옆에 눕혔던 것 같다. 카를로스는 산탄데르에 있는 집으로 가는 대신, 계속해서 보고타의 쌍둥이 중 1명 곁에 남았다. 그리고 카를로스 대신 보고타에서 태어난 일란성쌍둥이 중 1명인 위이암이 산탄데르로 가게 되었다.

두 쌍의 쌍둥이는 이렇게 섞여버렸다. 산탄데르에서 태어났고 몸이 아팠던 카를로스는 보고타에서 태어난 쌍둥이 중 1명인 호르헤와 보고타에서 자랐다. 그리고 호르헤와 함께 보고타에서 자랐어야 했던 위이암은 카를로스의 일란성쌍둥이인 윌베르와 함께 산탄데르에서 자랐다.

보고타에서 함께 자란 카를로스와 호르헤는 외모가 너무 달라서 사람들은 두 아이가 이란성쌍둥이라고 생각했다. 산탄데르에서 자란

이질적인 형제 위이암과 윌베르도 마찬가지였다.

산탄데르에서 자란 쌍둥이(위이암과 윌베르)는 20대 중반에 이르러 운명적인 결정을 내렸다. 정육점에서 일하기 위해 보고타로 이주한 것이다. 우연히도 보고타에서 자란 쌍둥이 중 1명인 호르헤의 직장 동료가 그 정육점을 찾았다가 도저히 그냥 넘어갈 수 없을 만큼 자기 동료와 꼭 닮은 사람을 목격했다. 여기서부터 연결고리가 이어져서 결국 4명의 청년이 한자리에 모였다. 이들은 이란성쌍둥이라고 생각했던 자신의 형제가 사실 피가 전혀 섞이지 않은 남이라는 사실을 알고 크게 충격받았다. 게다가 2명은 자신의 어머니가 친모가 아니라는 사실, 원래 자신은 먼 곳에 있는 다른 가정에서 자랐어야 한다는 사실을 고통스럽게 받아들여야 했다. 우연이 개입해 네 사람의 인생 궤적을 극적으로 바꿔놓았고, 낸시에게 이 상황은 천성과 양육, 유전과 환경의 경쟁효과를 극명하게 보여주는 사례였다.

이 쌍둥이 두 쌍의 성장환경은 입양되거나 분리된 일란성쌍둥이의 그 어떤 사례보다도 극적으로 달랐다. 보고타에서 자란 아이들은 명문학교에 다니며 책과 잡지, 텔레비전, 컴퓨터, 비디오게임을 충분히 즐겼다. 산탄데르의 아이들은 외딴 시골에서 살며 사탕수수밭에서 몇 시간씩 일했고, 수도시설도 지적 자극도 부족한 집에서 자랐다. 수년간 산을 넘고 깊은 흙탕물을 지나 학교에 다니던 아이들은 결국 12살의 나이에 학업을 중단했다. 새로 진학할 고등학교가 말도 안 되게 멀었기 때문이다. 대학은 애초에 선택지에 없었다. 이들은 콜롬비아의 고된 군복무를 버텨냈다.

일란성쌍둥이들은 이런 성장환경의 차이에도 불구하고 서로 놀라울 만큼 유사했다. 보고타의 친모에게서 태어나 서로 분리된 호르헤와 위이암의 성격을, 친구들은 너 나 할 것 없이 똑같이 묘사했다. 이들은 둘 다 춤 실력이 형편없고 늘 약속시간에 늦었지만 사교적이고 섬세하고 다정하고 대단히 매력적이었다. 산탄데르의 친모에게서 태어난 윌베르와 카를로스는 둘 다 약속시간을 잘 지키고 더 무뚝뚝하고 기분 변화가 더 심했지만 역시 매력이 넘쳐서 지인들에게 인기가 많았다. 또한 두 사람 다 눈에 띄게 옷차림을 뽐냈고 뛰어난 춤꾼이었다.

그러나 분리된 일란성쌍둥이들의 경험은 특정 영역에서 극적인 차이를 드러내면서, 환경이 개인의 유전적 소인을 어떻게 압도할 수 있는지를 여실히 보여주었다. 두 쌍의 쌍둥이에게 여러 검사를 실시한 낸시는 일란성쌍둥이의 IQ가 완전히 똑같지는 않더라도 어느 정도 비슷하리라 예상했다. 그러나 결과는, 특히 호르헤와 위이암의 결과는 그렇지 않았다. 두 사람의 지능점수는 서로보다는 함께 자란 형제의 점수와 더 가까웠다. 12살 때 학교를 그만둔 위이암은 끈기 있게 적성검사를 치르지 못했다. 정답을 몰랐을 뿐만 아니라 질문의 핵심 개념조차 이해할 수 없었기 때문이다. 위이암은 검사를 완료할 의욕도 에너지도 없었고, 관심이 없는 것을 넘어 당혹스러움까지 느꼈다. 당연히 위이암의 점수는 일란성쌍둥이 형제인 호르헤보다 훨씬 낮았다. 아마도 이 검사는 명백히 위이암 안에 있던 지능을 포착하지 못했던 것 같다. 위이암은 이 지능을 발휘해 결국 몇 년 뒤 법학 학사학위를 받고 대학을 졸업하겠다는 목표를 이루었다. 낸시가 실시한 적성검사는 한 번도 치러본 적 없는 시험을 얼마나 잘 치르는가를 측정한 것으로 보였다.

위이암의 경험은 IQ검사가 타고난 지능보다는 계층과 기회를 반영한다는 유구한 비판을 증명한다. 예일대학교 레너드학습연구소의 줄리아 레너드는 자신이 학생 시절에 자주 사용했던 IQ검사의 질문 중 하나를 사례로 들어 이 문제를 설명한다. 그는 검사에 참여한 사람들에게 "상점에서 지갑을 발견하면 어떻게 하시겠습니까?"라고 물었다. 정답은 '점원에게 준다'였다. "그러나 SES(사회경제적 지위)가 낮은 흑인 어린이 대다수는 '건들지 않고 떠난다'라고 대답합니다." 이 아이들은 사람들이 자기 말을 믿지 않을 수도 있다고 생각할 타당한 이유가 있었음에도 IQ검사에서 감점을 당했다.

위이암과 호르헤는 인생관이라는 더 심오한 측면에서도 극명한 차이를 보였는데, 이를 통해 환경이 실제로 그들의 근본적인 가치관에 영향을 미쳤다는 사실이 드러났다. 언젠가 위이암은 내게 "인생에서 쉬운 건 하나도 없어요"라고 말했다. 이 말에는 그가 견뎌야 했던 가혹한 노동, 밭에서 장시간 일하며 쏟은 땀과 수고, 어린아이가 가장 가까운 가게를 다녀오느라 혼자 몇 시간이고 걸으며 느꼈을 피곤함이 담겨 있었다. 호르헤—보고타에서 밝고 낙천적이고 활기차고 자신감 넘치는 청년으로 성장한 위이암의 일란성쌍둥이—가 이런 생각을 드러내는 것은 상상도 할 수 없는 일이었다.

내가 이 4명의 청년을 만났을 때 이들은 정신없이 쏟아지는 새로운 깨달음 속에서 자신이 알던 세상이 뒤집어지는 경험을 하고 있었다. 자신과 똑같이 생긴 사람을 만나는 것만으로도 충분히 당황스러웠을 텐데, 이들은 자신이 잃은 것들을 뼈저리게 느낄 수밖에 없었다.

위이암은 (부지불식간에) 그를 키운 산탄데르 어머니에게 무척 사랑받는 정신적 지주였지만, 두 쌍의 쌍둥이가 재회하기 몇 년 전 세상을 떠난 친모는 결국 한 번도 만나지 못했다. 이 사실 외에도 위이암은 거의 만나자마자 강력한 유대감과 애정을 느낀 일란성쌍둥이 호르헤와 그간 함께하지 못했다는 사실에도 깊은 슬픔을 느꼈다. 간절히 대학에 가고 싶어했던 위이암이었기에, 자신의 진짜 고향인 보고타에서 자랐다면 비교적 손쉽게 대학에 진학할 수 있었으리란 사실도 그를 슬프게 했다.

나는 이들 모두에게서 분노를 감지했다. 자신의 삶이 말도 안 되는 우주적 농담의 결과임을 깨달은 데서 나오는 감정이었다. 쌍둥이로 산다는 것은 우연한 운명의 장난이 얼마나 강력한 영향을 미치는지를 그 누구보다 민감하게 느낀다는 것과 같다. 이란성쌍둥이든(왜 1명은 말을 더듬고 1명은 그렇지 않을까?) 일란성쌍둥이든(동전 던지기에서 왜 언니가 승기를 잡았을까?) 전부 마찬가지다. 숙련된 기술자인 호르헤는 처음으로 자신의 일란성쌍둥이를 바라보는 순간 "내가 거울을 보고 있고 거울 반대편에는 평행우주가 펼쳐져 있는 것만 같았다"고 내게 설명했다. 카를로스는 제대로 교육받지 못하고 정육점에서 일하는 자신의 일란성쌍둥이를 바라보면서, 만약 자신이 산탄데르에서 자랐다면 학교를 오래 다니지 못했으리라는 사실, 정육점에서 일하거나 산탄데르의 수많은 남성 청년처럼 좌파 게릴라와의 전쟁에 이끌렸을지도 모른다는 사실을 직면할 수밖에 없었다. 어쩌면 그는 당시 산탄데르에 만연했던 소규모 접전 중 하나에서 목숨을 잃었을지도 몰랐다.

회계사로서 점점 출세하고 있던 카를로스는 자기만큼 혜택받지 못한 자신의 일란성쌍둥이를 만나고서 비교적 특권적이었던 성장환경—학교교육과 여가시간, 어렸을 때 언어치료사를 만나 윌베르에게는 아직 남아 있던 언어장애를 일찍 고칠 수 있었던 것—이 자신의 성공에 얼마나 크게 기여했는지를 확인할 수밖에 없었다. 호르헤의 친구가 정육점에서 우연히 위이암을 만나지 않았더라면 카를로스가 누린 그 행운이 영원히 어둠 속에 묻혔을 거라는 사실이, 무엇보다 가장 허탈한 운명의 장난일지 몰랐다. 우리의 성공 가능성에 영향을 미치는 수많은 요인은 단순히 그 중요성이 과소평가되는 것이 아니라, 우리의 시야에서 완전히 가려져 있다.

태어난 순서가 성격에 영향을 미칠까?

한 가족 내의 형제자매가 어떤 삶을 살아갈지에 영향을 미치는 여러 가지 힘(가족이 통제할 수 없는 수많은 동전 던지기 게임)이 존재한다. 심지어 가족 내에서도 부모가 통제할 수 없는 강력한 역학이 형제 간의 차이를 낳는다.

출생순서가 영향을 미친다는 주장은 오래전부터 너무나 당연한 사실처럼 여겨졌고, 수많은 엉터리 사회학자가 이 주장에 손쉽게 논리를 갖다붙였다. 형제자매의 출생순서라는 연구주제는 프랜시스 골턴이 처음 저명인사들의 인생을 추적한 후 그중 대다수가 맏이라는 사실을 발견한 뒤로 꾸준히 연구자들의 관심을 끌었다. 맏이였던 지크문트 프로이트는 "가족 내에서 아이가 몇 번째로 태어났는가는 이후 삶의 형태를 결정하는 몹시 중요한 요소이므로 모든 사례에서 중요하게 고려되어야 한다"라고 믿었다. 그러나 프로이트는 형제자매 관계보다는 부모자식 간의 역학관계를 훨씬 중요하게 여겼기에 이 이상으로 출생순서의 영향력을 숙고하지는 않았다. 프로이트의 지적 후계자이자 같은 오스트리아인이었던 알프레트 아들러—우연히도 아들러에게는 지크문트라는 이름의 형이 있었다—는 같은 가족 안에서 성장한 형제자매가 그토록 다른 이유를 설명하고자 체계적인 출생순서 이론을 정립했다. 아들러는 이렇게 말했다. "같은 가족 내의 아이들이 같은 환경에서 성장한다는 생각은 흔한 착각이다. 물론 한 가족 내의 모든 형자자매에게 똑같이 적용되는 것도 많지만, 아이들의 정서 상태는 개별적이며 출생순서로 인해 서로서로 다르다." 어렸을 때 학업성적이나 운동능력이 자기보다 훨씬 뛰어난 형을 두었던 아들러는 어쩔 수 없이 가족의 자원과 관심을 나눠 가져야만 하는, 가운데 낀 동생들이 심리적으로 가장 건강하다고 주장했다. (또한 그는 동생들이 자기 경험뿐만 아니라 손위 형제자매의 실수와 성공을 보고 배울 수 있기 때문에 가장 뛰어난 치료사가 될 수 있다고 믿었다.)

고전정신분석이 정신의학과 행동치료에 밀려 문화적 입지를 잃기 시작하던 1996년, 출생순서라는 주제는 자아에 대한 더 쉬운 심리학적 설명을 제공하는 듯 보였고, 프랭크 설로웨이가 저서 《타고난 반항아 Born to Rebel》를 발표하면서 대중 심리학을 장악하게 되었다. 출생순서가 정체성 형성에 어떤 영향을 미치는지를 학구적으로 폭넓게 설명하고자 한 이 책은 출간 즉시 베스트셀러가 되었고, 진화생물학자 에드워드 O. 윌슨 같은 지식인들에게 "사회과학 역사상 가장 권위 있고 중요한 저작 중 하나"라는 찬사를 받았다.

그러나 이 책에 담긴 연구결과—맏이는 대체로 전통적인 형태의 권위를 수용하는 반면, 자기만의 틈새시장을 찾으려 하는 막내들은 반항아로서 변화를 추구한다—는 한 세기 넘게 이어진 출생순서의 영향력 논쟁을 끝내지 못했다. (심지어 출생순서를 연구하는 학자들의 출생순서를 연구한, 논란이 분분한 문헌들도 존재한다.) '원인이나 결과 없는 반항'은 1999년 설로웨이의 이론에 의문을 제기한 유명 논문 중 하나였다. 현재 스탠퍼드대학교에 재직 중인 사회학자 제러미 프리즈가 공동 집필해 〈미국 사회학 리뷰〉에 게재한 이 논문은 특히 출생순서가 계층이나 젠더보다 개인의 사회적 태도를 더 훌륭하게 예측한다는 설로웨이의 주장에 이의를 제기했다. 프리즈는 먼저 설로웨이의 방법론(그는 주로 서구 백인 남성 중심의 사료에 의존했다)을 비판한 뒤, 전국여론조사센터 National Opinion Research Center에서 약 2천 명을 대상으로 인종이나 여러 정치 문제에 관한 사회적 태도를 알아본 설문조사 결과를 분석했다. 그리고 인종과 나이, 젠더, 부모의 교육수준이 출생순서보다 개인의 사회적 태도를 더욱 잘 예측한다는 사실을 발견했다. 설로웨이는 대다수 혁명가가 막내라고 주장했다. 그러나 프리즈의 연구결과에 따르면 우리가 얼마나 보수적이거나 진보적인지에 가장 큰 영향을 미치는 요인은 가족 내에서의 위치가 아닌 사회경제적 계층에서의 위치였다. 가족의 심리사회적 역학이 성격 형성에 가장 큰 영향을 미친다는 주장에 행동유전학이 이의를 제기하던 무렵, 사회학자들은 가정 내에서 형제자매와 부모가 상호작용하는 방식보다는 경제적 불평등과 인종차별 같은 구조적 힘이 개인의 사회적 태도에 더 강력한 영향을 미친다고 주장하고 있었다.

2015년과 2019년의 주요 연구들도 출생순서가 성실성이나 위험 감수 성향 같은 성격특성에 미치는 유의미한 영향을 확인하지 못했다. 두 연구에서 연구자들은 이전에는 사용할 수 없었던 방대한 데이터 세트를 활용할 수 있었다. 과거 연구자들은 성격을 평가할 때 오로지 가족 내 다른 형제자매의 의견에만 의존하거나, 인터뷰 대상자에게 가족 구성원의 성격특성을 서로 비교해달라고만 했다. 이 방식에는 확실한 결함이 있었다. 예를 들어 장남이 자기 여동생에 비해 더 성실할 수는 있지만, 전체 인구와 비교하면 딱히 그렇지 않을 수도 있다. 브렌트 로버츠는 잘 설계된 연구를 통해 출생순서가 성격에 영향을 미친다는 주장을 반박한 여러 학자 중 하나로, 그는 "맏이는 언제나 동생들보다 나이가 많다"라는 말로 '가족 내' 연구의 본질적 결함을 지적한다. 맏이가 동생보다 더 책임감 있다는 주장은 사실일 수도 있으나, 그것은 타고난 성격이라기보다는 과소평가된 나이의 기능일 수도 있다. 32살인 언니가 27살인 여동생보다 부모님 댁에 전화를 더 많이 한다고 해서, 그 언니가 다른 모든 사람에 비해 특히 더 성실한 것은 아니다(또한 그 성실함이 학업을 얼마나 오래 지속하는가나, 훗날 얼마나 부유해지는가와 같은 다른 결과와 연결되는 것도 아니다). 이런 나이 관련 차이를 보정하거나 가족 간 비교를 이용한 연구에서는 출생순서가 성격에 미치는 영향이 거의 사라졌다.

그러나 여러 연구자들은 계속해서 출생순서의 영향력을 탐구하고 있으며, 스웨덴의 군사 기록 자료에 접근할 수 있었던 컬럼비아대학교의 경제학자 샌드라 블랙도 그중 하나다. 블랙이 2018년에 〈경제학 및 통계학 리뷰〉에 발표한 자신의 논문 '타고난 리더? 출생순서가 비인지적 능력에 미치는 영향'에서 설명했듯, 그 자료에는 징집병의 인지적 능력뿐만 아니라 "병역의 의무와 무장 전투의 요건을 충족할 수 있는 능력"을 검사한 결과가 포함되어 있었다. 스웨덴 군대의 숙련된 평가자들은 여러 가지 측면에서 징집병을 평가해달라는 요청을 받았다. 당신 앞에 있는 사람은 정서가 안정적이고, 끈기 있고, 외향적이고, 기꺼이 책임을 떠안고, 솔선수범할 수 있는가? 블랙은 50만 명이 넘는 남성 표본을 분석했다. 첫째들은 인지검사에서 더 높은 점수를 받았을 뿐만 아니라 군에서 성공적으로 생활할 가능성을 평가하도록 고안된 일반평가에서도 더 높은 점수를 기록했다. "우리는 이 지표를 통해 성격을 파악하고자 했고, 그 결과 다시 한번 가족 내에서 맏이가 되는 것이 더 낫다는 사실을 발견했습니다"라고, 블랙은 연방준비제도 산하 잡지인 〈포올 For All〉과의 인터뷰에서 말했다.

물론 어떤 성격특성을 '더 낫다'라고 말할 수 있는가의 문제는 철학적으로 논쟁의 여지가 있다. 일부 연구자들은 블랙이 확인한 출생순서의 영향력이 너무나 미미하기 때문에 오히려 출생순서가 성격 형성과 무관하다는 사실이 더 강조될 뿐이라고 주장한다. 그러나 블랙은 첫째로 이루어진 자신의 연구집단에서 더 긴 수명과 더 높은 소득 등 (성격과 무관한) 이로운 결과의 증거를 발견하기도 했다. 역시 스웨덴에서 나온 직업 관련 데이터베이스를 분석한 결과, 블랙은 첫째가 셋째보다 기업에서 최고 직위에 오를 확률이 30퍼센트 더 높다는 사실을 발견했다. "첫째는 관리자나 최고관리자처럼 리더십 능력이 필요한 자리에 오를 확률이 더 높습니다. 또한 첫째는 동생들보다 정서가 더 안정적이고 책임감도 더 강합니다. 우리의 연구결과에 따르면 이러한 특성은 출생순서가 내려갈수록 일관되게 줄어듭니다." 역시 스웨덴의 자료를 활용한 2019년의 또 다른 연구는 맏이가 공직에 출마해 당선될 확률이 훨씬 높으며 출생순서가 젠더, 심지어 교육수준보다 성공 가능성을 더 정확하게 예측한다는 것을 발견했다.

맏이들이 일찌감치 야심을 키운다는 주장은 퍽 타당해 보인다. 부모들은 첫째가 태어난 그 순간부터 다음 세대에 큰 꿈을 품기 시작하기 때문이다. 존 F. 케네디의 형이었던 조지프 P. 케네디 주니어 역시 태어난 순간부터 위대한 인물이 되리라는 기대를 한몸에 받았다(그는 제2차세계대전에서 싸우다 목숨을 잃었다). 조지프 케네디 주니어의 할아버지였던 존 프랜시스 피츠제럴드는 1915년에 〈보스턴포스트〉 기자에게 이렇게 예측했다. "물론 조지프가 미국 대통령이 될 겁니다. 그애 부모가 이미 그렇게 정했어요."

조지프 호츠는 2015년에 부모들이 첫째를 더 압박할 타당한 이유가 있을지도 모른다는 결론을 내렸다. 당시 듀크대학교의 경제학자였던 그는 부모들이 실제로 첫째를 다르게 대하는지 측정할 방법을 발견했다. 연구 결과, 부모들은 첫째가 좋은 성적을 받지 못했을 때 더 엄격한 규칙을 적용하고 처벌을 가하면서, 첫째에게 성적 압박을 가장 많이 주는 것으로 나타났다. 1만 2천 명의 청소년을 추적 관찰하고 그들의 어머니를 두 차례 인터뷰해서 나온 데이터를 분석한 내용에 따르면, 첫째는 숙제를 잘하는지 감시당할 확률이 더 높았고 텔레비전 시청처럼 숙제시간을 빼앗을 수 있는 평범한 오락활동을 제한받을 확률도 더 높았다. 이러한 현상은 비례적으로 나타났다. 즉 부모들은 자녀

수가 많을수록 첫째에게 더 많은 압박을 가했다. 호츠의 분석 결과, 첫째의 훈육에 들이는 투자(갈등에서 나오는 스트레스, 자녀를 감시하거나 게으름 피우는 자녀를 처벌하는 데 들어가는 노력)는 만약 그러한 행동이 실질적 결과를 불러오는 '위협'으로 인식되어 첫째가 기준을 세우고 모범을 보이는 계기가 된다면, 그만한 가치가 있었다. 경제학자들은 비용편익에 따른 합리적 반응을 파악하고자 한다. 호츠의 분석에 따르면 부모가 첫째보다 어린 자녀들에게 더 너그러운 것은 논리적 결과인데, 그들이 어린 자녀를 더 좋아하거나 오냐오냐해서가 아니다. 아래로 영향을 미칠 동생의 수가 더 적을수록 힘든 훈육을 통해 얻을 수 있는 보상도 더 적기 때문이다. 또한 허츠는 첫째에게 압박을 주는 것이 실제로 효과가 있는 듯하다는 사실도 발견했다. 첫째들이 형제자매 중 학업성적이 가장 좋다는 사실이 연구를 통해 확인된 것이다. (존 F. 케네디를 비롯한 아홉 남매의 어머니인 로즈 케네디는 이 사실을 스스로 직감한 듯 보인다. 그녀는 회고록《추억의 순간들 *Times to Remember*》에서 "동생들에게 모범이 될 수 있도록 첫째를 잘 키우는 것이 매우 중요한데, 동생들이 첫째를 지켜보기 때문이다. 첫째가 공부도 운동도 열심히 해서 칭찬을 받으면 그 밑의 아이들도 첫째의 선례를 따를 것이다"라고 말했다.)

사회학자 돌턴 콘리는 저서《서열》에서 양육이나 가족 내 역할과 관련된 모든 출생순서 이론에 회의적인 입장을 드러내며, 특정 시점의 가족 내 경제적·상황적 요인이 훨씬 큰 영향력을 발휘한다고 주장했다. 또한 콘리는 출생순서가 중요하다면 그건 가족 내부의 심리사회적 역학 때문이라기보다는 자원이 분배되는 방식 때문이라고 강조했다. 예를 들어 자녀가 3명 이상인 가정에서 중간에 낀 자녀는 첫째나 막내보다 대학에 진학할 가능성이 더 낮다. 콘리의 추측에 따르면, 중간에 낀 자녀들은 재정적 혜택을 가장 먼저 누리지도 못하고, 양육에 연륜이 쌓이고 재정적으로도 가장 안정된 상태에 있는 부모의 혜택을 누리지도 못하기 때문이다.

출생순서 연구나 형제자매 전반에 대한 연구가 힘든 이유 중 하나는, 가족들이 서로 얽히고설키며 누가 첫째인가에 대한 기본적 개념까지 흔들릴 만큼 가족 구조가 복잡하기 때문이다. 형제자매는 부모의 이혼이나 이런저런 형태의 트라우마 및 격변을 서로 다른 인생의 시기에 경험하며, 어떤 시기는 다른 시기보다 더 결정적일 수 있다. 무르기아 가족의 경우 마사가 첫째였지만 마사에게 장애가 있기 때문에 사실상 알프레드가 첫째 역할을 했다. 게다가 무르기아 가족 내에서 출생순서의 역할은 더욱 강력한 길항요인의 작용으로 더 복잡해졌을 수 있다. 무르기아 가족의 초창기는 알프레도가 일용직 노동자로 일했던 시기이자 무르기아 가족이 가장 가난하고 고립되었던 시기였기 때문이다. 알프레드와 로즈 메리, 마사는 생애 초기 몇 년을 동생들보다 훨씬 열악한 환경에서 보냈고 보온조차 힘든 집에서 살았다.

그로프 가족의 둘째 로런은 여러 기업의 CEO가 된 첫째 애덤이 삼 남매 중 가장 공부를 잘했다고 생각했지만, 셋째 세라는 로런이 애덤만큼 우수하거나 차이가 거의 없다고 여겼다(그랬기에 세라는 본인 역시 늘 우수한 학생이었음에도 운동 쪽으로 방향을 틀었다). FAMU의 법률고문이었던 비숍 홀리필드 주니어 역시 엄밀히 말하면 동생들보다 더 전형적인 리더의 위치에 있었다. 매릴린의 말에 따르면, 부모가 가장 똑똑하다고 여긴 자식이자 FAMU의 졸업생 대표였던 비숍이 동생들에게 기준 역할을 했을 수도 있을까? 그럴지도 모른다. 만약 초기 발달이 중요하다면, 누나와 함께 산 시기가 극히 짧았던 비숍을 첫째로 생각하는 것이 타당하지 않을까?

샬럿 브론테는 브론테 가족 내에서 맏이 역할을 했지만—샬럿은 자매들의 글쓰기 사업이 처음 시작되었을 때 사실상 관리자나 마찬가지였다—그런 샬럿에게도 2명의 언니가 있었고, 그 언니들의 영향이 평생에 걸쳐 남아 있었다. 그리고 샬럿은 넷째로 태어난 남동생 브란웰에게 거의 아무런 영향도 미치지 못했는데, 아마도 출생순서보다는 외동아들이라는 역할이 가족 역학에 더 유의미한 영향을 미쳤을 것이다.

첫째가 동생들에게 높은 기준을 설정해주었으면 하는 마음에 부모들이 일부러든 아니든 첫째에게 더 높은 기준을 적용하는 것이 사실이라고 해보자. 이 이론은 효율의 관점에서는 타당하지만, 한편으로는 모든 자녀의 학업성적이 높기를 바라는 부모에게 너무 큰 부담을 지운다. 이때 맏이에게 좋은 성과를 끌어내는 최선의 방법을 알아내는 것은 부모의 몫이 되며, 이 프로젝트는 복잡하고 어려우며 잠재적 문제가 많은 것으로 알려져 있다.

연구자들은 무언가를 실행해야 하는 방법, 또는 효과가 매우 단기적이거나 산발적인 방법보다 더 믿을 만해 보이는 학교 성적 향상법을 발견했다. 이 방법은 매일 수고를 들여 얼마나 벌을 주고 공부를 얼마나 시킬지 등을 결정할 필요가 없다. 단순한 사실 하나, 바로 아이가 몇 개월 때 유치원에 입학하는가만 신경쓰면 된다. 밝혀진 바에 따르면 아이의 유치원 입학시기는 해당 아이뿐만 아니라 아이의 형제자매에게까지 유의미한 영향을 미친다. 많은 부모가 아이의 입학연령을 우연의 문제로 여긴다. 아이가 1년 중 언제 태어났느냐에 따라 입학연령이 달라지기 때문이다. 그러나 일부 부모는 이 변수를 자신들이 스스로 관리해야 하는 문제로 여긴다.

말콤 글래드웰은 2008년의 저서《아웃라이어》에서 캐나다의 엘리트 하키선수 중 압도적 다수가 연초에 태어났다는 연구결과를 소개해 큰 관심을 끌었다. 캐나다의 연령별 하키팀은 1월 1일을 나이를 나누는 기준으로 삼는데, 그러면 연초에 태어난 아이는 연말에 태어난 같은 팀 아이보다 거의 1년을 더 살았을 수 있다는 뜻이다. 더 일찍 태어난 아이들은 당연히 더 어린 아이들보다 강하고 덩치가 크고 신체 협응력도 좋다. 하키 코치들은 이런 아이들을 눈여겨보고 관심을 더 많이 쏟고 뛰어난 선수들이 있는 팀에 집어넣는다. 이미 상당한 신체적 강점을 지닌 아이들이 그 덕분에 긍정적 반응을 얻어 또 다른 혜택을 누리는 선순환이 형성되는 것이다. 글래드웰은 이러한 현상이 학업성적에도 똑같이 적용된다는 연구결과를 소개했다. 이에 따르면 같은 4학년 내에서 더 일찍 태어난 아이들이 더 늦게 태어난 또래보다 주요 표준화 검사에서 훨씬 좋은 성적을 얻었다.

아이의 생일과 학교 입학 기준일 사이의 관계는 그간 상당히 많이 연구되었으며, 이 요인은 스포츠와 성적 외에도 아이 인생의 여러 측면에 중대한 영향을 미치는 것으로 드러났다. 일부 연구에 따르면 동일 학년 내에서 더 일찍 태어난 아이들은 고등학교에서 시험성적이 더 좋을 뿐만 아니라 리더 역할을 맡을 확률도 더 높다. 같은 학년 내에서 비교적 늦게 태어난 아이들은 여자의 경우 10대 때 임신할 확률이 더 높은 것으로 드러났고, ADHD를 진단받아 약물치료를 받을 확률도 더 높다(하나의 우려가 있다면, 사실은 늦게 태어나서 또래보다 발달이 몇 개월 뒤처지는 것뿐인데 ADHD로 오진될 수 있다는 것이다.) 또 다른 연구에 따르면 같은 학년에서 더 늦게 태어난 아이들은 그 밖의 다른 정신건강 문제의 고위험군으로 판단될 가능성이 더 높으며, 경제협력개발기구가 발표한 한 논문 내용처럼 자신이 또래보다 유능하지 못하다고 느낄 확률도 더 높다. 생일이 특정 한두 달 안에 있다고 해서 실제로 정신건강 문제를 겪을 확률이 높아지는 것은 아니다. 그러나 같은 학년 친구들보다 상대적으로 어리다는 불리함을 안고 학교에 다닌다면—처음부터 결코 평평하지 않았던 운동장에서 열패감을 느끼며 친구들을 따라잡으려 한다면—그럴 확률이 높아질 수도 있다.

장기적으로 보면 학교 입학연령의 영향은 더 희미해진다. 학교 입학연령에 관한 샌드라 블랙의 연구는 학교를 일찍 다니기 시작하는 아이들이 오히려 나이 많은 아이들을 따라잡으려고 애쓰느라 IQ가 약간 향상된다는 것을 보여준다. 하버드의 두 경제학자 수전 디나스키와 데이비드 데밍의 연구는 부모들이 아들의 학교 입학을 1년 미루는 경향이, 최근 증가하고 있는 우려스러운 현상(남학생의 고등학교 졸업 비율이 여학생보다 낮은 현상)의 기여 요인 중 하나라고 지적했다. 입학시기에 따른 장단점은 해당 학생의 사회경제적 지위에 따라 다르게 나타날 수 있다.

그러나 자녀의 학교 입학연령이 미치는 더 즉각적인 영향은 현재 폭넓게 받아들여져, 한 자녀의 우수한 학업성적이 다른 자녀에게 미치는 영향을 밝히는 데 사용되고 있다. 오래전부터 사회학자들은 첫째의 학업성적이 향상되면 보통 동생들의 성적도 같이 향상된다는 사실을 발견했다. 그러나 이들은 동생들의 성적 변화 뒤에 실제로 어떤 요인이 있는지는 쉽사리 파악하지 못하고 있다. 가정환경이 모든 자녀에게 유리한 방향으로 바뀌었을까? 형제자매의 유전적 유사성이 성적의 유사한 변화에 얼마만큼 영향을 미쳤다고 볼 수 있을까?

예일대학교의 사회학 교수인 에마 장은 아이들의 생일과 입학일의 관계라는 임의적 요인을 살펴봄으로써, 형제자매에게서 나타나는 현상의 인과관계를 파악할 수 있다는 사실을 깨달았다. 장은 노스캐롤라이나주에서 1988년부터 2003년까지 학교에 입학한 학생 수천 명의 자료를 분석한 뒤 3가지 유의미한 결과를 발견했다. 예상대로 유치원 입학 기준일인 10월 16일 직후에 태어난 아이들, 즉 유치원에 입학하기까지 거의 1년을 기다려야 했던 아이들은 중학생이 되었을 때 같은 반에서 더 늦게 태어난 학생들보다 높은 성적을 거두었다. 그런데 장은 또래에 비해 일찍 태어난 학생들의 동생들 역시 맏이의 성과에서 덕을 본다는 사실을 발견했다. 이들은 자신의 생일이 언제인지와는 관계없이, 학교에 늦게 들어간 아이들의 동생들보다 학업성적이 더 높았다. 마지막으로 장은 빈곤율이 높은 학교에 다니는 아이들에게 이러한 효과가 더 크게 나타난다는 사실을 밝혀냈다.

맏이의 뛰어난 학업성적이 정확히 어떤 방식으로 동생들에게까지 이어지는지는 그저 추측만 할 수 있을 뿐이다. 맏이가 학교에 느끼는 긍정적인 감정이 어떻게든 동생들에게 전염되는 걸까? 맏이가 집에 더 풍성한 지적 환경을 조성하나? 맏이가 동생들을 앉혀놓고 자신이 학교에서 배운 것을 보여주나? 아니면 로즈 케네디의 생각처럼 첫째를 통해 기대치가 설정되는 것일까?

학교 입학일에 관한 연구는 아이 인생에서 얼마나 많은 것이 약간의 운에 좌우될 수 있는지를 일깨워준다. 입학일은 아이가 어찌할 수 없는 요인이다. 이 무작위적 요인이 가장 섬세한 부모가 들이는 최선의 노력보다 더 크나큰 영향을 미치며 더 긴 여파를 남길 수 있다. 이러한 차이는 대개 경제적 문제에서 비롯되기도 한다. 맞벌이 부부라서 보육비를 따로 지불해야 한다면 아이가 같은 반에서 어린 축에 든다는 데서 오는 막연한 염려보다는 당연히 아이를 제때 유치원에 보내고 싶은 욕구가 더 클 수 있다.

유치원에서 나이가 어린 축에 드는 아이가 시간이 흐르면서 점점 어떤 경험을 하게 될지 우리는 쉽게 상상할 수 있다. 처음에 그 아이는 눈에 띄게 산만한 학생, 교사를 힘들게 하는 학생일지 모른다. 여기서 생기는 마찰은 아이에게 전반적인 열등감, 또는 아이의 학습과 성장, 번창을 도와야 할 바로 그 기관에서 소외되는 느낌을 줄 수 있다. 하노버라이프니츠대학교의 경제학자인 패트릭 푸히니는 이러한 연구결과를 종합적으로 요약하며 이렇게 말했다. "종합해보면, 어린 시절에 나타나는 성숙도의 차이가 인적자본의 축적과정을 통해 이후로도 계속 이어져, 성인기의 성과와 생산성에 중요한 영향을 미칠 수 있음이 드러난다."

물론 학교 입학일의 영향력도 통계상의 평균치에 따른 결과일 뿐이다. 부모가 단 하나의 선택, 또는 반복되는 일련의 선택을 통해 자녀가 겪을 고생을 예방하거나 자녀의 성공을 보장할 수 있는 방법은 없다. 자녀의 성격에 영향을 미치는 힘이 자신에게 있다고 믿는 것은 부모의 환상이자 부모로서의 책임이며, 자기 힘의 한계를 인식하는 동시에 그 책임을 진지하게 받아들이는 것은 자녀 양육 프로젝트의 중요한 부분 중 하나다.

    우연의 크나큰 역할, 그 방해물에 대처하는 것 역시 양육 프로젝트의 일부다. 대학 운동부의 선수 모집시기에 어깨를 삐끗하는 스타 선수가 있다면 운 좋게 그 자리를 차지하는 선수도 있다. 스와스모어에서 수영팀에 들어가려던 매릴린은 마지막 남은 자리가 다이빙을 할 수 있는 다른 선수에게 돌아갔다는 말을 들었다. 만약 지원자가 1명 적어서 결국 매릴린이 팀에 들어갈 수 있었다면 어땠을까? 만일 매릴린이 수영팀에서 활약할 수 있었다면 스와스모어에서의 경험 전체, 더 나아가 그 이후의 삶까지 달라졌을까? 높은 공직을 향해 나아가는 메리 무르기아의 거침없는 행보는 동전 던지기로 뒤바뀐 것 같지는 않다. 그러나 동전 던지기의 결과가 달랐다면 메리는 재닛의 행보를 얼마나 똑같이 따라갔을까? 거의 감지하기 힘든 두 사람의 성격 차이가 시간이 흐를수록 눈에 띄는 차이를 만들어냈을까? 어쨌거나 메리는 결국 미국 제9연방순회항소법원의 수석판사가 되었을까?

    텍사스대학교 오스틴캠퍼스의 발달행동유전학자인 캐스린 페이지 하든과 비교행동학자 앤절라 더크워스는 인간을 대상으로 한 실험은 아니지만 인생 초기의 사소한 우연이 얼마나 심오하고 지속적인 결과를 낳을 수 있는지를 생생하게 보여주는 한 연구에 매료되었다.

    암컷 생쥐 40마리가 함께 산다고 상상해보자. 생후 4주가 된 이 쥐들은 생애 주기에서 성체가 되기 직전인 청소년기에 있다. 이들이 서로를 바라보며 수준 높은 추론을 할 수만 있다면, 모두가 자신의 복제품이라는 사실을 깨달을 수 있으리라. 유전적으로 동일하게 길러진 이 쥐들은 개성화 연구의 이상적인 실험대상이다.

이 쥐들을 만들어낸 신, 즉 독일 드레스덴에 있는 한 주요 연구소의 과학자들은 2013년에 결과를 발표한 이 실험을 시작하면서 쾌락의 궁전이자 파놉티콘인 케이지에 쥐들을 풀어놓았다. 5층 높이의 이 케이지는 플라스틱과 판지로 된 튜브, 나무 사다리, 쥐 전용 장난감(이를테면 야금야금 갉아먹거나 안에 둥지를 틀거나 갖고 놀 수 있는 속이 빈 고리버들 공)으로 가득했다. 모든 쥐는 몸에 응답기가 부착되었고, 구조물 주위에 설치된 20개의 안테나가 쥐들의 움직임을 기록했다.

쥐들은 유전적으로 전부 똑같았다. 그러나 연구자들은 이 쥐들이 정확히 똑같은 경로를 따라서 똑같은 튜브를 통해 똑같은 물병이나 똑같은 공으로 다가가지는 않으리라는 것을 알았다. 쥐들은 서로 다른 경로를 따라갈 터였다. 초기의 그 선택, 즉 우연이 미래에 지속적으로 영향을 미칠까? 연구자들은 유전적으로 동일한 이 쥐들이 3개월 뒤 과연 유의미한 면에서 서로 눈에 띄게 달라져 있을지 궁금했다. 이들은 훗날 〈사이언스〉 저널에 게재된 논문에서 "유전적으로 동일한 쥐들이 같은 환경에 서식하면 어떻게 될까?"라고 질문했다. 시간이 흐르면서 개성이 얼마나 발달할 것인가? 개성이 관찰된다면 그에 따라 뇌의 신경조직도 다르게 발달했을까?

3개월 뒤, 연구자들은 시간이 흐름에 따라 실제로 '엄청나게' 차이가 벌어지는 것을 관찰했다. 어떤 이유에서인지 초반에 케이지를 더 야심만만하게 탐색했던 쥐들은 그 후로도 계속해서 장난감과 모험을 찾아 과감하게 움직였다. 반면 어떤 이유에서인지 몇몇 지점에 더 끈덕지게 머물렀던 쥐들은 시간이 흘러도 안전하고 자신이 잘 아는 곳에서 벗어나지 않았다. 심지어 연구자들은 신경세포에서도 그러한 차이를 확인할 수 있었다. 처음부터 계속해서 더 멀리 돌아다니며 새로움을 더 많이 추구한 쥐들의 경우, 인지적 유연성에서 중요한 역할을 한다고 알려진 뇌의 해마 부위에서 뇌세포가 훨씬 많이 증식한 것이다.

과학자들은 쥐를 의인화하는 것을 꺼리며, 이 쾌락의 궁전 파놉티콘의 이야기는 확인 불가능한 미스터리를 품고 있다. 왜 어떤 쥐는 처음에 더 편안함을 느끼거나 더 불안해하거나 더 멀리 탐험할 마음을 먹었을까? 전부 유전적으로 동일한 클론이었는데 말이다. 그럴듯한 설명을 갖다댈 수도 있겠지만 그런 설명에는 사실 아무 의미도 없다. 왜 어떤 쥐는 첫날 쳇바퀴를 세 번이나 탔는데 어떤 쥐는 한 번만 탔는지는 오로지 무작위성으로만 설명할 수 있다. 어쩌면 어떤 쥐는 처음 케이지에 들어갈 때 너무 거칠게 옮겨졌거나, 어미쥐의 포궁에 있을 때 감지 불가능한 트라우마를 경험했을지도 모른다. "작은 변화가 행동 성향의 초기 개체차로 이어졌을 수 있다. 이러한 차이는 다시 경험의 차이를 낳고, 시간이 흐름에 따라 이런 경험의 차이가 축적되어" 발달상의 궤적이 달라지는 결과로 이어진다고, 연구자들은 말했다. 사소한 영향, 이를테면 처음에 쥐를 케이지의 어느 지점에 내려놓았는가조차 연구자들이 말하는 "개체차가 엄청나게 벌어지는" 현상을 낳을 수 있었다.

독일의 연구자들에게 이 결과는 생물체가 새로움과 복잡성에 적응하는 데 해마의 가소성이 중요한 역할을 한다는 사실을 보여준다는 점에서 매우 유의미했다. 또한 연구자들은 생물체가 주변 환경과 상호작용함에 따라 해마에 새 뇌세포가 생겨날 수 있다는 사실, 즉 외부 자극을 받아들이면 자극과 새로움을 받아들이는 능력이 더욱더 커진다는 사실에 주목했다. 유전자가 복제된 쥐가 복잡하고 다채로운 주변 환경에 더 많이 뛰어들수록 학습능력도 더욱 강화되었을지 몰랐다. 연구자들은 뇌의 작동방식을 이해하려고 애쓰며 뇌의 구조와 성장 가능성에 관한 이론을 세우려 하고 있었다. 그러나 그 과정에서 그들은 유전자와 환경의 상호작용을 보여주는 명쾌한 증거를 발견했다. "이 결과는 유전자만 중요한 것도, 환경만 중요한 것도 아님을 보여줍니다. 그리고 이 사실은 인간에게도 적용됩니다"라고, 막스플랑크 인간발달연구소의 선임연구원이자 이 연구를 발표한 연구자 중 하나인 안드레아스 브란트마이어는 학습 및 발달에 관한 연구를 소개하는 디지털플랫폼 〈BOLD〉와의 인터뷰에서 설명했다. "유전자와 환경의 상호작용으로 인간의 개체 차이가 생겨나지만, 발달 역시 세 번째 요소로서 인간의 인생경로에 영향을 미칩니다."

캐스린 페이지 하든은 이 연구가 중요한 발달경로를 생생하게 보여준다고 생각했다. 그녀는 이 실험에 사용된 쥐들 사이에서 "차이를 만든 것은 유전자도, 사육환경도 아니"라고 말했다. "차이를 만든 것은 초기의 우연 또는 무작위성에 대한 경로 의존적 반응입니다. 저는 성격발달도 이와 매우 유사하다고 생각합니다. 운일 수도 있고 잡음일 수도 있는 초기의 편차가 존재하고, 그러한 차이 때문에 다음번에 조금 다른 경험을 할 확률이 높아집니다. 이러한 경험이 쌓여 결국 개개인의 개성이 나타나는 거죠."

부모의 유전자가 수백만 가지 방식으로 섞일 수 있고, 무작위적인 작은 변화가 개인의 삶에서 수없이 많이 발생할 수 있으며, 이러한 요인들이 거의 무한한 방식으로 결합할 수 있음을 생각하면, 자녀에게 영향을 끼치려고 애쓰던 부모는 망연자실한 무기력 상태에 빠질 수 있다. 부모가 자녀 양육에서 내리는 선택은 하나같이 중요해 보이기도 하고, 일상 속에서 매일같이 아이들에게 쇄도하는 그 모든 힘들 앞에서 너무나 하찮아 보이기도 한다.

부모로서 나는 그 무한한 가능성의 변주를 어지러울 만큼 망연자실한 것이 아니라 해방감을 주면서도 설레는 것으로 이해하려 한다. 우리는 그저 아이들을 사랑함으로써 알면서든 모르면서든 무언가를 할 기회를 연이어 만나고, 그렇게 아이들이 발 디디게 된 인생길은 우리가 굽이굽이를 전부 알지는 못해도 결국 어딘가 아름다운 곳으로 이어질 수 있다.

7장

첸 가족

가혹했지만 헌신적이었던

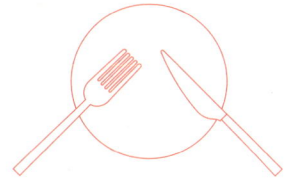

미국으로 향하는 첸 가족의 여정은 탈출에서부터 시작된다.

가장 오래된 기억 중 하나에서 엘리자베스(본인이 미국 이름으로 불러달라고 요청했다)는 몇 시간째 달리는 기차 안에 서 있다. 제대로 서 있기조차 쉽지 않고, 열차 안은 사람들로 빼곡하다. 당시 엘리자베스는 4살이었다. 오늘날 그녀는 기차 이동의 기억으로 남아 있는 당시의 대탈출을 거의 기억하지 못하지만, 만약 그때 탈출에 실패했다면 남동생 1명이 줄었으리란 사실은 알고 있다.

엘리자베스의 어머니 잉은 모든 것을 기억한다. 마음만 먹으면 머릿속에서 영화가 상영되듯 그때의 일이 펼쳐진다. 강렬하고 선명한 색감의 장면들 속에서 조명이 눈부시게 번쩍이고 경보음이 요란하게 울려 퍼진다. 1987년의 어느 따뜻한 오후, 전화가 울렸다. 집에서 5분 거리에 있는 경찰서에 근무하는 친구의 전화였다. 그 친구는 잉에게 경찰들이 너희 집으로 출발했다고 알려주었다.

잉은 셋째를 임신한 지 4개월 차였는데, 이는 중국이 1979년부터 시행한 한자녀 정책(1가구 1자녀 정책)을 명백하게 위반한 것이었다. 이 정책하에서도 중국 정부는 특히 첫째가 딸일 경우 가끔 둘째를 허용했으나, 셋째를 임신한 여성은 강제로 낙태수술을 받을 위험이 있었다. 잉은 당시 2살이었던 아들 '이'를 한 손으로 붙들고 남편 시안에게 엘리자베스를 안으라고 말했다. 잉이 어깨에 가방 하나를 둘러맸고, 가족은 근처에 사는 친구네로 도망쳤다. 친구 집을 안전하게 떠날 수 있을 만큼 바깥이 어두워지자, 가족은 버스정류장으로 나갔다. 여러 대의 버스가 끊임없이 출발하는 그 정류장에서 가족은 기차역으로 향하는 버스에 재빨리 올라탔다. 잉은 사람들로 가득한 더운 버스 안에서 땀을 흘리며, 아무것도 모른 채 일터나 집으로 향하는 다른 사람들의 평온함과 자신의 공포 사이에서 위화감을 느꼈다. 버스가 기차역에 도착하자 잉은 이제 사람들 틈바구니에 편안히 몸을 숨기고 친척이 있는 푸칭행 열차에 올라탈 수 있으리라 생각했다. 그러나 기차역 안에 들어서자마자 역 건물로 달려오는 경찰차의 사이렌 소리가 들렸다. 잉은 경찰이 이미 집을 전부 수색하고 가족의 도주 경로를 예측했을까 봐 두려웠다.

기차는 30분 후에야 출발했다. 남편 시안과 엘리자베스가 기차표를 사러 간 사이, 잉은 아들 이를 끌고 역내에 따로 마련된 수유실로 달려 들어갔다. 수유실 문은 윗부분 절반이 유리로 되어 있었다. 임신한 태가 막 드러나기 시작한 잉은 문 바로 옆에 웅크리고 앉아 단단한 나무로 된 문의 아랫부분에 몸을 숨겼다. 어느 순간 문 너머에서 경찰의 소리가 들려왔고, 잉은 유리를 통해 수유실 안을 훑어보는 경찰의 모습을 상상하며 숨을 참았다. 경찰이 떠나자 잉은 이와 함께 서둘러 수유실을 빠져나왔고, 남편과 딸을 만나 기차에 올라탔다. 그러나 기차에 탑승한 뒤에도 잉은 자신을 찾는 경찰이 매의 눈으로 아이가 있는 임신부를 수색하고 있을 것만 같았다. 그녀는 이를 데리고 열차 화장실에 들어가 문을 잠갔다. 마침내 기차가 움직이기 시작했고, 흔들리는 열차의 리듬이 느껴지자 잔뜩 힘이 들어갔던 잉의 몸에서 긴장이 풀렸다. 결국 해낸 것이다. 다음 정거장까지는 몇 시간을 더 가야 했고, 잉은 경찰들이 기차에서 내렸으리라 확신할 수 있었다. 천천히 또 조심스럽게, 잉은 사람들 틈을 뚫고 나머지 가족들과 재회했다.

엘리자베스는 삼촌이 사는 푸칭에서 잠에서 깼던 것을 기억한다. 온 가족이 느린 여객 열차를 타고 11시간을 이동했고, 이제 엘리자베스는 낯선 침실에 누워 있었다. 그녀는 그 후 몇 주를 일상과 분리된 시기, 도시 소녀였던 자신이 집과 유치원에서 멀리 떨어져 몇 시간이고 밭에서 놀았던 시기로 기억한다.

잉은 푸칭에서 5개월을 더 보내고 마침내 그해 가을 공을 낳은 뒤 남편 그리고 첫째, 둘째와 함께 시원한 호수와 거대하고 웅장한 동굴이 있는 고향 싼밍으로 돌아왔다. 그러나 집으로 돌아왔을 때 공은 가족 곁에 없었다. 국가가 보기에 잉의 가족은 아이가 너무 많았고, 잉의 일가친척이 보기에 자식이 없던 남편의 형은 아이가 너무 적었다. 남편 형의 아내는 아직 임신 전이었다. 가족의 압박과 국가의 위협은 잉이 극복할 수 없을 만큼 컸고, 결국 잉은 슬퍼하며 마지못해 셋째를 남편 형네 부부에게 맡기고 오기로 했다.

그때가 잉이 자식을 영원히 잃어버릴까 두려워했던 두 번째 순간이었다. 그리고 곧 세 번째 순간이 찾아올 예정이었다.

정신없이 고향을 탈출하다

어떤 가족은 극적인 가족사를 반복해 입에 올리면서, 그 이야기가 설명뿐만 아니라 오락의 역할을 겸할 만큼 가볍게 만들어버린다. 반면 어떤 가족은 과거를 아예 말하지 않으려 한다. 어떤 부모는 자녀에게 자기 삶의 특정 시기를 드문드문하게만 알려주며 그 고통스러운 주제 주위로 보호막을 친다. 이에 아이들은 자신이 그 이야기를 늘 모호하게만 알고 있는 것이, 자신의 관심 부족 때문이라고 착각하게 된다.

엘리자베스의 남동생 이는 34세의 유부남이 되어서야 어머니가 동생 공 없이 고향집으로 돌아오게 된 사연을 자세히 알게 되었다. 이는 자기 어머니의 과거를 궁금해하는 나를 위해 통역을 맡고 있었는데, 내가 더 자세히 설명해달라고 부탁하고 어머니가 그 시절에 관한 구체적 질문에 대답하자 돌연 호기심을 보이며 자기도 인터뷰어로 변신했다. 가족이 동생 공 없이 싼밍의 집으로 돌아왔을 때 공은 몇 살이었는가? (생후 50일이었다.) 어머니는 공이 생후 며칠이었는지를 어떻게 정확히 기억하는가? (아들을 두고 떠난 뒤 몇 달 동안 그 숫자에 집착하며 애도했기 때문이다.)

이는 성인이 된 후로는 어머니를 자주 만나지 못하지만, 추수감사절을 며칠 앞둔 그 주에는 부모님이 식당을 경영 중인 버지니아에서 12시간을 운전해 현재 이와 그의 아내 코리사 리가 살고 있는 매사추세츠 워터타운으로 올라와 있었다. 두 사람이 대화를 나누는 동안 밖에서 간간이 내리던 함박눈이 잦아들고 억수같이 쏟아지는 차가운 빗줄기로 바뀌었다. 당시 58살이던 잉은 부숭부숭한 털이 달린 새하얀 산타 모자와 새하얀 패딩 조끼를 걸치고 빈 찻잔에 끊임없이 차를 따르고 있었고, 잉의 남편 시안은 부엌 스토브 옆에서 가족이 먹을 양배추를 작은 산만큼 채썰고 있었다. 그러면서 이따금 칼질을 멈추고 핸드폰으로 전화를 받아, 버지니아에 있는 손님들에게 오늘은 자식들을 만나러 와 있으니 포장 주문을 받을 수 없다고 설명했다. 수십 년간 하루도 쉬지 않고 상하이중식당을 운영해온 시안과 잉에게 이런 휴일은 드문 것을 넘어 거의 전례가 없는 수준이었다.

이가 수십 년 전에 부모님, 누나와 함께 정신없이 고향을 탈출했던 이야기를 어머니와 나누고 있을 때, 당시 30살이었던 공(영어로는 Gang이라고 쓰지만 발음은 '공'에 가깝다)도 부엌에서 아내 스테퍼니와 함께 고급 소고기를 집중해서 굽고 있었다. 넷째이자 막내인 데번—남매 중 유일하게 미국에서 태어났다—은 심부름을 갔다가 아파트로 돌아오는 길을 알려달라며 공에게 전화를 걸어왔다. "길을 잃었다니, 말이 돼?" 공이 18살인 데번에게 말했다. "겨우 두 블록 거리라고!"

그들 모두 고향에서 멀리 떨어져 있었다. 미국으로 이민 온 첸 부부는 버지니아 브리스틀이라는 이름으로 알려진 애팔래치아 지역의 도시에서 아이들을 키웠다. 잉의 어머니, 그리고 공보다 4살 어린 한 사촌도 오랫동안 그들과 함께 살았다. 남매의 어린 시절 내내 집이 너무 좁아서, 잉과 시안은 거실에 있는 소파 위에서 잠을 잤다. 이제 잉과 시안은 식당 옆에 위치한 더 넓은 아파트로 이사했고, 자녀들도 전부 다른 주에 살고 있었다. 이와 의사인 엘리자베스는 보스턴 지역에 거주 중이었고 공은 샌프란시스코에서 일하고 있었으며 데번은 다트머스대학교 1학년생이었다.

　가족 식사가 있던 이날로부터 몇 년 뒤, 어린 시절 이따금 부모님이 식당 재정을 어떻게 관리하고 있는지 걱정하곤 했던 이는 상류층의 특별한 세계에 진입했다. 이가 다섯 번째 직원으로 합류한 식당 관리 소프트웨어 제공업체 토스트Toast가 2021년 보스턴 역사상 최대 규모의 기업공개IPO를 통해 상장한 것이다. 뉴스채널 MSNBC는 토스트의 세 창립자가 서류상 전부 억만장자가 되었다고 보도했다. 어린 시절 무상급식 대상자였던 이가 이제 자손을 대대로 먹여살릴 수 있을 만큼 부자가 되었다. 공도 형을 따라 테크 분야에서 몇 년간 경험을 쌓은 뒤, 2019년 영향력 있는 오픈AI 기술팀에게 자금을 지원받아 언어교육 분야에서 유리한 위치를 선점한 스타트업 스피크Speak에 합류했다.

　세 남매 모두(데번은 이제 대학을 막 졸업했다) 재정적으로 여유로운 삶을 살 수 있는 직업을 갖고 있다. 하지만 그보다 더 의미 있는 것은 셋 모두 자기 부모님이 오랫동안 겪었던 어려움을 똑같이 겪고 있는 사람들에게, 귀중한 도움을 제공하는 일에서 성공을 거두었다는 사실이다. 엘리자베스는 상당히 많은 이민자 환자들을 담당하고 있는 가정의학과 의사이며, 환자 중 다수가 중국인이다. 공과 이는 30년 전 부모님이 이용할 수 있었더라면 어려움이 이루 말할 수 없이 줄어들었을 서비스를 제공하는 사업에 뛰어들었다. 작은 식당 운영을 염두에 두고 개발된 소프트웨어와 하드웨어가 있었더라면, 잉과 시안은 식당을 수월하게 운영할 수 있었을 것이다. 틈날 때 혼자 영어를 공부할 수 있었더라면 (부모자식 관계를 비롯한) 모든 것이 더 나아졌을지도 모른다. 이제 와서 부모님이 수십 년간 겪은 고생을 되돌릴 수는 없지만, 엘리자베스와 이, 공은 모두 자신들과 부모님이 과거에 겪은 고난을 떠올리며 앞으로 나아갈 길을 찾았다.

    이 모든 일이 발생하기 전, 그러니까 온 가족이 미국에 도착하기 전에 공은 푸칭에 있는 큰아버지 부부 집에 계속 머물렀다. 약 5개월이 지났을 무렵, 잉은 또 다른 가족을 통해 공이 방치되고 있으며 영양실조로 목숨이 위태로울 지경이라는 소식을 들었다. 잉의 어머니와 삼촌은 빠르고 단호하게 공을 양부모에게서 떼어내 잉과 시안에게 돌려보냈다.

    공과의 재회는 가족에게 큰 안도감을 주었지만, 한편으로는 가족의 삶에서 가장 중대한 위기이기도 했다. 아이가 셋인 가족은 최하층으로 격하되어 경제적 타격이 큰 벌금을 비롯한 여러 불이익을 받을 수 있었다. 세 아이의 부모는 낯선 사람들의 눈초리를 받았고 일터에서도 환영받지 못했다. 게다가 아이들은 대학에 입학하지 못할 수도 있었다. 공을 유치원에 보내는 일조차 위험했는데, 벌금이 나올까 두려워서 도시에 공을 등록하지 않았기 때문이다. 그러나 중국에서 빠져나갈 방법을 찾는 사람들 중에서 첸 부부는 미국으로 향하는 탈출구를 가진 극도로 운 좋은 축—일부 통계자료에 따르면 100분의 1퍼센트—에 속했다. 시안의 친척 중에는 어부로 하와이에 가서 불법으로 체류하다가 다시 배를 타지 않고 결국 사면기간에 시민권을 얻어낸 사람이 있었다. 시안의 아버지를 비롯한 다른 가족들도 그 친척을 따라갔다. 즉 가까운 친척인 첸 부부도 미국에 갈 수 있다는 뜻이었다. 공이 1살 무렵이던 1988년, 시안은 먼저 일하면서 돈을 모은 뒤 나머지 가족을 데려오겠다는 계획을 세우고 아버지의 뒤를 따라 미국으로 향했다.

잉은 남편이 떠나고 몇 년간 홀로 세 아이를 키우면서, 가족의 미래를 고민하고 자기 삶에서 확실한 것이 무엇인지 생각해보았다. 첫 번째로, 잉은 자신이 미국에서 살아남을 수 있다고 믿었다. 수많은 이민자가 그러했듯이, 그 분야에 경험도 없고 저축액도 없고 영어도 못하지만 중국 식당을 열 수 있으리라 생각했다. 가족 내에서 잉은 가장 상식적인 아이이자, 아버지가 가업을 운영할 때 가장 믿고 의지하는 아이였다. 그 가업은 용접공장이었는데, 중국 정부가 재산권을 인수해가기 전까지 잉의 가족은 그 공장을 통해 경제적 안정을 누릴 수 있었다. 잉은 뛰어난 학생이었지만 잉의 아버지는 딸이 집에 남아 가업을 돕거나, 세 남자형제 대신 빨래와 요리를 도맡기를 원했다. 고등학교를 졸업하고 싶은 마음이 간절했지만 아버지는 잉의 가방을 버리고 심지어 책을 불태우기까지 했다. 학교 선생님들도 집에 와서 문을 두드렸다. 그리고 잉의 아버지에게 말했다. 잉은 **재능이 너무 많습니다. 학교에 다녀야 해요.** 잉은 그토록 간절히 바랐던 학교교육은 받지 못했어도 자신이 똑똑하다는 사실을 잘 알았다.

그렇게 수완이 좋은 잉이었지만 한편으로는 자신이 세 아이를 돌보면서, 동시에 남편을 도와 미국에서 식당을 열고 운영할 수는 없다고 확신했다. 그러면서도 아이들을 고향에 두고 바다를 건너 다른 나라에서 살 수도 없다고 생각했다.

결국 무너진 것은 마지막 확신이었다. 다른 방도가 없었다. 식당을 시작하고 충분히 돈을 모아 미래를 도모하려면 자신과 남편 둘 다 식당에서 풀타임으로 일해야 했다. 아이들은 몇 년간 다른 사람에게 맡길 수 있었지만—재정적 발판을 마련하려는 중국 가정은 흔히들 이렇게 했다—남편을 도와 가족의 생계를 꾸릴 수 있는 사람은 자신뿐이었다.

"고통스러웠어요." 잉이 이렇게 말했고, 이가 그 말을 통역해주었다. "하지만 그게 유일한 방법이었어요. 우리는 완벽한 삶을 살 수 있다는 아메리칸드림을 좇아 이곳에 온 게 아니었어요. 중국에서 너무 불리한 입장에 있었던 거죠. 거기엔 아무 희망도 없었어요."

1992년 가을, 잉은 어머니에게 혼자 세 아이를 돌보는 부담을 안기는 대신 아이들을 각자 다른 집에 맡겼다. 당시 8살이었던 첫째 엘리자베스는 한 외과의사의 집으로 갔는데, 그 의사의 조카가 잉의 아버지가 운영하는 공장에서 일하고 있었다. 의사에게는 딸이 셋 있었다. "내 딸은 의지가 정말 강했어요. 그 가족이 좋은 본보기가 될 거라 생각했죠." 그리고 잉은 둘째 이를 자신이 존경하는 선생님 댁에 맡겼다. 그 선생님이 이를 잘 훈육해주리라 기대한 것도 있지만, 그 지역 공동체에서 지위가 높은 인물의 집에서 살면 다른 사람들도 이를 잘 대해주리라 생각했다. 당시 5살이었던 공은 원래 살던 집에 계속 머물며 할머니의 보살핌을 받았다. 체구가 작고 온화했던 할머니는 치열한 해결사이자 투사, 극복자가 된 딸 잉과는 너무나 다른 여성이었다.

　남편이 미국으로 떠나고 4년이 지난 그해 11월 11일, 잉은 쌴밍에서 기차를 타고 푸저우로 가서 3일을 보냈다. 잉은 "곧장 미국으로 가야 한다면 내가 절대 집을 떠나지 않으리란 걸 알았어요"라고 그때를 회상했다. 잉은 미국이 아니라 그저 푸저우로 가는 거라고 자신을 달랬다. 자녀들과 떨어져 푸저우에 도착한 잉은 호텔방에서 눈물을 흘렸다. 자신을 설득했고, 이 상황을 애도했고, 부당한 국가 권력에 분노했다. 그러면서 언젠가 아이들이 잘 교육받은 교양 있는 전문가가 되어 사람들에게 존경받는 날을 꿈꾸었다. 잉은 마음을 독하게 먹었다. 그리고 비행기에 올라 미래를 향해 떠났다.

　현지의 언어를 말하지 못할 때, 정확히 어떻게 식당을 열 수 있을까? 그러니까 어떻게 메뉴판을 제작하고, 식료품을 구매하고, 직원을 고용하고, 서류작업을 하고, 매장 간판을 주문해서 설치하고, 임대료를 협상할까? 우선은 곧바로 식당을 여는 대신 복제 시스템의 일부가 되어, 선배들의 경험을 앞서 복제한 사람들의 도움을 받아야 한다. 중국 식당을 열고 싶은 사람은 보통 친척인 다른 사람의 식당에서 먼저 일한다. 시안의 경우 뉴욕 북부에서 식당을 연 삼촌 밑에서 일하다가, 버지니아 로어노크에 있는 또 다른 식당에서 일자리를 구했다. 설거지부터 시작한 남자 밑에서 몇 년간 설거지를 하고, 가구가 거의 없는 작은 집에서 역시 설거지를 하는 다른 사람과 함께 산다. 그렇게 돈을 약간 모으고 마침내 요리를 배운다. 그리고 자기 식당을 연다. 가족 네트워크를 이용해 어디서 메뉴판과 식재료, 간장통을 주문할지 조언을 얻는다. 새 식당을 어디에 열지, 건물주와 어떻게 임대료를 협상할지, 실제로 어떻게 생계를 유지하고 손님을 끌어오고 이윤을 얻을지는 스스로 알아내야 한다.

잉이 버지니아로 찾아와 합류했을 때 시안은 중국 식당에서 수년째 일하고 있었다. 잉은 남편이 일하던 로어노크의 식당에서 빈 그릇 치우는 일을 맡았는데, 잉의 회상에 따르면 그 변화가 너무 고통스러워서 몸으로 증상이 나타날 정도였다. 잉은 편두통과 극심한 피로에 시달렸다. 손님의 말을 알아듣지 못해서 마음처럼 돕지도 못했는데, 엘리자베스는 그때 싼밍 집에 모인 자식들과 통화하며 눈물 흘리던 어머니를 기억한다. 그러다 마침내 잉과 시안은 자기 사업을 시작할 장소를 물색하기에 이르렀다.

싼밍에서는 주말마다 할머니가 세 아이를 한자리에 모아 식사를 같이했다. 그럼에도 가족이 뿔뿔이 흩어진 이 시기는 엘리자베스에게 암울한 기억으로 남았다. 부모님이 미국에서 보내준 간식들은 전부 의사의 딸들에게 돌아갔고, 가족의 일원으로 받아들여졌다는 느낌을 단 한 번도 받지 못했다. 엘리자베스는 한바탕 향수병이 밀려들었다. "그 느낌이 기억나요. 엄마가 다시는 돌아오지 않을 거라는 그 느낌이요." 첸 가족의 네 남매 중 엘리자베스는 가장 세심하고 가장 웃음이 적다. 가끔은 무정하기도 하지만 늘 동생들을 지지하고 돕는다. 이제 자신도 아이 엄마가 된 엘리자베스는 재닛과 메리, 라몬이 종종 그렇듯 부모님의 삶의 궤적을 이야기할 때마다 금세 눈물을 터뜨린다.

엘리자베스는 가족과 떨어져 있었지만 그럼에도 어느 정도의 위신을 지니고 있었다. 엘리자베스의 미래가 미국에서 펼쳐지리란 사실을 모두가 알았기 때문이다. 그녀는 훗날 영사관에서 나누게 될 대화를 철저하게 준비했다고 말한다. "코치를 받고 또 받았어요. 우리가 말실수를 하지 않고 비자를 발급받을 수 있도록요."

엘리자베스와 이는 부모님이 자기들을 데리러 올 날을 손꼽아 기다리기에 충분한 나이였다. 그러나 그건 마치 인간의 성장처럼, 미래에 펼쳐진다고는 하지만 지금의 현실과는 전혀 어울리지 않는 그런 종류의 일이었다. 그러던 어느 날, 가족이 뿔뿔이 흩어지고 1년 반이 지났을 무렵, 마침내 미래가 현재와 합쳐지는 그날이 왔다. 문을 박차고 들어온 어머니는 할머니의 부엌 식탁에 기대하는 얼굴로 앉아 있는 세 아이의 모습을 보고 눈물을 흘렸다.

"어머니가 우리를 끌어안았던 것이 기억나요." 엘리자베스가 말했다. "어머니는 쉬지 않고 우리를 어루만지며 자기 무릎 위에 앉혔어요." 잉은 오로지 아이들이 더 살 찌지 않은 것에만 화를 냈다. "미국에 가면 우유 마실 거야. 그것도 아주 많이." 그렇게 그들은 떠났다. 약 3주 뒤 손에 비자를 들고 차갑고 커다란 비행기를 탄 후, 그들을 새집으로 데려다줄 또 다른 비행기로 갈아탔다. 아이들은 내내 얌전했다. 어쩔 수 없이 용감한 어린이가 되어 있었다. 이제 그들은 모두가 궁극적 보상이라고 생각한 것, 바로 미국에서의 삶을 얻게 될 것이었다.

아이들을 미국에 데려왔을 때 잉은 애들이 영어를 거의 모르더라도 스스로 강하다고 느끼길 바랐다. 삼 남매는 잉과 시안이 식당을 연 지역에서 유일한 아시아 어린이들이었는데, 그곳은 인구가 1800명뿐인 애팔래치아의 작은 마을, 버지니아 칠호위였다. 테네시주와의 경계에서 차로 30분 거리에 있는 이 마을은 송어 낚시로 가장 유명했지만, 잉과 시안은 81번 고속도로 출구와 가까운 자신들의 식당에서 내놓는 훌륭한 중국 요리로도 머지않아 이름을 떨치길 기대했다. 아이들이 하루아침에 새 나라의 언어를 유창하게 구사할 순 없었지만, 적어도 잉은 서구 문화를 존중하는 자신의 마음과 아이들이 미국의 자랑이 될 거라는 믿음이 드러나는 당당하고 역사적인 이름을 지어줄 수 있었다.

잉은 아이들의 등교를 준비하면서 첫날 교실에 들어갔을 때 어떻게 자기소개를 할지 가르치고, 새 이름 말하는 법을 연습시켰다.

삼 남매는 긴장과 혼란을 느끼며 주눅 든 모습으로 학교에 도착했다. "내 이름은 엘리자베스예요." 당시 10살이었던 잉의 딸이 선생님에게 말했다. 잉은 자신감 있는 자기 딸에게 영국 왕족의 이름을 붙여주었다. "나는 워싱턴이야." 8살이었던 둘째가 친구들에게 자신을 소개했다. 7살이었던 막내는 이렇게 말하라고 배웠다. "나는 닉슨이야." 때는 1994년이었다.

잉은 닉슨이 중국을 미국에 개방했음을 알았고, 잉에게 닉슨은 닫힌 문을 향해 굴러떨어지던 자신의 가족을 구해준 영웅이었다. 잉도 남편도 대학에 가지 못했고 부부의 양친도 대학에 가지 못한 것은 사실이었다. 그러나 부부는 미국에 데려온 자식들만큼은 대학에 진학할 수 있으리라 확신했다. 아이들은 졸업생 대표가 되고, 미국 최고의 학교에 입학할 것이었다. 낯선 땅에 온 이방인인 잉과 시안은 그럴 수밖에 없다면 누구의 도움도 없이 자기들만의 힘으로 아이들을 스타로 키워낼 작정이었다. 그러나 그들의 삶에 주어진 뜻밖의 멋진 선물 중 하나는, 그럴 필요가 없었다는 것이다.

칠호위는 '사슴이 많은 땅'이라는 뜻의 체로키 인디언 표현에서 나온 이름이다. 이 마을의 중심가는 반 블록 길이에 신호등이 하나뿐이고, 첸 가족이 혀로 맛볼 수 있을 만큼 공기가 신선했으며, 당시에는 작은 식당이 딸린 소규모 호텔이 하나 들어서 있었다. 호텔 주인은 잉과 시안에게 임대료 없이 식당을 쓰게 해주었다. 호텔 손님들에게 식사할 곳이 필요했고, 빈 식당을 차지하기 위해 줄 선 사람도 없었기 때문이다. 첸 가족은 식당에서 차로 5분 거리에 있는 2층 건물의 소박한 아파트에 살았다.

아이들은 새집에 도착한 순간부터 시간 날 때마다 식당에서 일을 도왔다. 몸무게가 30킬로그램도 안 되는 한 소녀와 두 소년이 근처 주유소에서 식당까지 힘겹게 얼음봉지를 질질 끌고 오는 모습을 상상해보라. 손님이 전부 빠져나간 밤이면 아이들은 다음날 저녁을 위해 냅킨 수백 장을 꼼꼼하게 접고, 소금과 설탕 그리고 간장이 든 통을 채우고, 완두콩 수백 개의 질긴 섬유질을 벗겨내고, 자리마다 식탁깔개를 단정하게 펼쳐놓았다. 이는 어린 나이부터 의자 위에 올라서서 튀김기를 만졌다. 이것이 그들의 새 삶이었다. 처음에는 거의 아무것도 이해할 수 없었던 마을, 그리고 반은 거처이자 반은 식당인 새집. 아이들은 부모님이 마지막 접시를 씻고 말려서 선반에 올린 뒤 식당을 싹 치우고 모두와 함께 집으로 돌아갈 때까지, 식당의 빨간 인조가죽 소파 위에 몸을 웅크리고 누워 눈을 붙이곤 했다.

중국에 있을 때 미래는 밝지 않았어도, 적어도 엘리자베스가 느끼기에는 그 시절이 미국에 있을 때보다 더 밝았다. 아버지가 미국에서 일하는 동안 삼 남매는 어머니와 한 침대를 쓰며 서로 어머니 품속에 파고들겠다고 싸웠다. 온 가족이 다시 재회하자 엄청난 안도감이 찾아왔지만, 혼란과 약간의 고통 또한 따라왔다. 중국에서 잉은 아이들이 미국에서 알게 된 모습보다 더 장난기 넘쳤고 사랑 표현도 더 많이 했다. "어머니는 확실히 스트레스가 더 많아졌어요." 엘리자베스가 말했다. "늘 지쳐 있었고요." 아니면 그저 엘리자베스가 어느 정도 성장해서, 어머니가 이제 더는 그런 다정한 행동을 보여줄 필요가 없다고 판단한 것일지도 모른다.

사실 잉의 삶은 중국에서 여러모로 더 수월했다. 가족 공장에서 일했지만 미국에서처럼 일주일 내내 일한 것은 아니었다. 싼밍에서는 자신이 어렸을 때 받았더라면 좋아했을 노래 수업이나 그림 수업에 엘리자베스를 보내고 한숨 돌릴 여유가 있었다. 가족의 지원도 있었고, 어머니가 아이들을 대신 돌봐주기도 했다. 삼 남매를 데려오고 5년 뒤 어머니도 미국에 오기 전까지는 잉과 시안 둘이서 양육과 사업을 전부 해내야 했다.

한때 잉이 아이들에게 듬뿍 보여주었던 쾌활함과 애정은 이제 전보다 적게, 간접적으로만 전달되었다. 잉은 그 방향을 다른 곳으로, 자신들의 잠재적 고객인 이웃에게로 돌렸다. 손님을 기쁘게 하고 싶다는 마음이 겉으로 뚜렷하게 비쳤고, 손님 한 사람 한 사람에게서 느끼는 기쁨 역시 확연하게 드러났다. 영어로 자기 마음을 다 표현할 수 없을 때면 잉은 웃는 얼굴로 손님의 손을 잡고 테이블에 데려가 앉힌 뒤 곧장 차를 따르곤 했다.

칠호위 마을 사람들은 처음부터 첸 가족을 환영했다. 주민들이 자원해서 아이들에게 영어를 가르쳐주겠다고 나섰고, 크리스마스에는 그 영어 선생님 중 하나의 아버지이자 아이들이 한 번도 만난 적 없는 사람이(삼 남매는 몇 년 후에야 페이스북 게시물을 통해 그 사람의 정체를 알았다) 빨간 털옷과 모자를 쓰고 나타나 아이들이 가장 갖고 싶어하던 선물을 하나씩 안기며 남매를 당혹스럽게 했다.

잉의 어머니는 독실한 기독교 신자였고, 애팔래치아에서 잉의 자녀들에게 주어진 기회들은 대부분 종교의 형태를 띠고 있었다. 첸 부부가 일요일마다 교회 예배 후 밀려들 손님을 맞이하려고 분주하게 준비할 때면, 식당 단골손님이었던 캐서린 울펀바거가 아이들을 태우고 교회로 데려갔다. 수요일에는 역시 울펀바거가 집으로 찾아와 하교한 삼 남매를 태우고 AWANA라는 이름의 어린이 사역단체에 데려갔는데, AWANA는 약간 복음주의 스카우트 단체 같은 곳이었다. 그곳에서 아이들은 성경 구절을 외우면 배지를 받을 수 있었다. 어떤 아이는 일주일에 하나를, 어떤 아이는 3개를 외웠다. 첸 가족 친구의 생생한 기억에 따르면, 삼 남매는 이를테면 "그러나 너 베들레헴 에브라다야, 너는 유다의 여러 족속 가운데서 작은 족속이지만…"으로 시작하는 성경 구절을 12개나 14개씩 외워 오곤 했다.

"사진 기억력 같은 건 없었어요." 이는 성경 구절을 매주 10개 이상 외우려고 노력했던 일을 떠올리며 이렇게 말했다. "우리가 다른 애들보다 특히 똑똑했던 것 같지도 않아요. 다만 기록을 깨고 최고가 되고 싶은 마음에 우리끼리 경쟁적으로 구절을 반복해서 암송했죠. 그런 원동력은 어디서 나왔을까요…. 아마 약자이기 때문이었을 거예요." 이는 교회나 학교에서 친구들보다 앞서고 싶다는 자기만의 이유로 성경 구절을 열심히 외웠고, 이런 태도는 그저 형을 따라잡고 싶었던 동생 공에게 직접적인 영향을 미쳤다. "저는 그게 그냥 재미있었어요"라고 공은 말했다.

싼밍에서 삼 남매는 훌륭한 학생이었지만 눈에 띌 정도는 아니었다. 그러나 중국에서 조기교육을 받은 덕에 미국에 도착했을 때 이미 반복훈련과 연습을 하는 법을 알고 있었다. 엘리자베스의 가장 오래된 기억 중 하나는 3살 때쯤 싼밍에서 땅딸막한 연필을 쥐고 글자를 쓰거나 연이어 수학문제를 풀던 것이었다. "5살이나 6살 무렵에는 학교에서 수학문제 100개를 받아서 집으로 돌아왔어요. 다음날 수학 시험에서 좋은 성적을 받으면 보상을 받을 수 있었죠." 잉이 특별히 자식들에게 반복학습을 시키거나 유독 무섭게 공부를 강요한 것은 아니었다. 중국 학교는 그 동네에 사는 모든 아이들에게 그 정도 수준의 노력을 기대했다. "그러다 미국에 왔더니 다른 학생들이 그만큼 열심히 공부하지 않는 거예요." 엘리자베스가 말했다. "우리는 열심히 하는 게 어렵지 않았어요."

영어를 잘 몰랐던 첸 가족의 아이들은 인생에 중요한 영향을 미쳤을지 모를 또 하나의 이점을 누리게 되었다. 이는 2학년부터 5학년까지, 엘리자베스는 학교에 다니는 내내 각 학년에서 가장 나이가 많은 학생이었다. 학교 측에서 아이들이 한 학년 아래로 입학하면 수업을 더 쉽게 따라잡을 수 있으리라고 판단했기 때문이다. 특출한 재능의 유무와 상관없이 두 사람은 1살 어린 반 친구들보다 절제력과 집중력 같은 발달상의 능력이 더 뛰어났을지 모른다. 엘리자베스는 선생님들이 늘 고민 없이 자신을 뛰어난 학생으로 꼽는다고 느꼈다. 본인이 생각하기에는 교사들이 아시아계 미국인 아이들에게 우호적인 편견을 갖고 있었기 때문이다. 그러나 한편으로는 교사들이 엘리자베스의 상대적 성숙함을 알아차렸는지도 모르고, 그렇게 얻은 이점이 동생들의 성적에도 좋은 영향을 미쳤을지 모른다.

버지니아에 도착한 첸 집안 남매들은 이처럼 어른들이 높게 사는 능력을 갖추고 있었을 뿐만 아니라 어머니의 기대도 한몸에 받고 있었다. 한번은 공만 영재교육 프로그램에 뽑히고 이는 뽑히지 않은 적이 있었다. "어머니는 제가 영재가 아니란 사실을 믿으려 하지 않았어요." 잉은 이가 수업시간을 지루해한다는 느낌을 풍겼다고 회상했다. 그 당시 잉은 이를 영재교육 프로그램에 보낼 수 없다면, 이가 수업에 집중할 수 있는 다른 방법을 찾아야 한다고 생각했다. 결국 잉은 학기 중간에 이를 5학년에서 빼내 6학년에 입학시켰고, 이는 친구를 처음부터 새로 사귀어야 했다.

중국에서 첸 가족을 가로막던 장벽은 잉이 미국에서 목도한 탁 트인 기회의 지평선과는 너무나 달랐고, 그 차이가 끊임없이 잉에게 활력을 불어넣었다. "중국에서는 열심히 노력하고 모든 걸 제대로 해내도 여전히 앞서갈 기회를 못 얻을 수 있어요." 잉은 아이들이 가장 어려운 과제에 맞붙기를 바란 이유를 설명하며 이렇게 말했다. "하지만 미국에서는 학교에서 열심히 공부하기만 하면 인생에서 무언가를 이룰 수 있었어요."

삼 남매가 칠호위에서 1년 정도 살았을 무렵 호텔 주인이 건물을 팔았다. 그때 식당은 잘나가고 있었고, 새 주인은 그 공간을 되찾으려고 했다. 그 이후로 1년간 첸 가족은 시안이 다른 사람 식당에서 일해서 번 돈으로 생계를 유지했고 잉은 공장에 나갔다. 두 사람은 버지니아에서 몇 시간씩 차를 몰며 새로 식당을 열 장소를 찾아다녔다. 그렇게 부모님이 나간 날이면 아이들은 통학버스에서 내리자마자 곧장 집으로 돌아왔다. 날이 어두워지고 한참이 지날 때까지 부부가 집에 돌아오지 않는 날도 많았는데, 그럴 때면 아이들은 불안감을 느꼈다. 한 사람이 샤워를 하면 나머지 2명이 만일을 대비해 야구방망이를 들고 화장실 문 앞을 지켰다. 잉이 저녁을 차려두고 나갔지만 때로는 먹을 게 흰밥뿐인 날도 있었다. 생활비가 너무 빠듯했다. 언젠가 새로운 음식이 먹고 싶었던 아이들이 피자를 주문한 날, 잉은 분노하며 그렇게 사치 부릴 돈은 없다고 남매를 꾸짖었다.

그러나 아이들이 미국에 온 첫해부터 집에는 피아노가 있었다. 낡았지만 소리를 잘 냈던 그 피아노는 친절한 이웃이 기증해준 것이었다. 삼 남매는 자기 전에 반드시 피아노를 연습했다. 다음날 어머니의 평가가 기다리고 있단 걸 알았기 때문이다. 아이들은 다 같이 쓰는 침실에서 번갈아 피아노를 연주하며 작고 단출한 방을 머뭇머뭇 반복되는 피아노 소리로 가득 채웠고, 연습을 마친 후에야 잠자리에 들었다.

먹고사는 일에 바쁜 부모가
포기하지 않은 한 가지

결국 첸 부부는 브리스틀에서 식당을 열 만한 곳을 발견했다. 칠호위에서 차로 30분 거리에 있는 브리스틀은 자동차 경주대회 나스카NASCAR의 트랙과 컨트리음악 박물관이 있는 곳이다. 한때는 번창하는 석탄 산업과 함께 철도 중심지 역할을 했지만, 첸 가족이 이사한 1996년 브리스틀은 하락세에 접어들고 있었다. 2002년까지 브리스톨의 빈곤율은 17퍼센트로 버지니아 전체 평균의 거의 2배에 달했다.

부부는 식당에서 차로 7분 거리에 있는 곳에서 머물 집을 찾았다. 작고 단단한 그 빨간 벽돌 건물은 역시 작고 소박한 창문이 달려 있었고, 잉이 텃밭을 만들어 중국 채소를 길러 먹을 수 있을 만큼 마당이 넓었다. 식당은 위치가 완벽했는데, 마을 도서관과 붙어 있었기 때문이다. 부부는 아이들을 책 사이에 안전하게 놔두고 식당에서 일할 수 있었다. 브리스틀의 명물인 상하이중식당은 옆 건물로 이사했을 뿐 오늘날까지도 변함없이 운영되고 있다.

식당 장식은 대부분 가족사진이다. 고등학교 악단에서 단장으로 활약하는 데번, 자신의 결혼식에서 하얀 민소매 드레스를 입은 아리따운 엘리자베스(본인처럼 어렸을 때 중국에서 미국으로 이민 온 사람과 결혼했다), 대략 7살 때 초록색 양복을 차려입은 작고 땅딸막한 데번. 또 다른 사진 속에서는 민소매 차림의 다부진 이가 공 옆에서 데번을 품에 안고 미소 짓고 있다. 그 옆에는 10년 만에 처음 중국으로 여행을 떠난 가족들의 사진이 걸려 있다(엘리자베스는 대학 진학 전에 외할머니와 다시 한번 중국을 찾았다).

상하이중식당은 첸 가족의 집이자 그들이 브리스틀을 집으로 여길 수 있게 도와준 곳이다. 학교가 끝나면 아이들은 곧장 식당으로 와서 나란히 테이블에 앉아 숙제를 했다. 그런 아이들의 모습이 전시된 듯 훤히 보였다. 식당에서의 삶이라는 연극 속 연극처럼, 아이들은 사람들이 보는 앞에서 인생을 살아가며 자신의 성실함을 드러냈다. 식당에서 가족들이 일하는 모습도 늘 전시되었고, 부엌도 안이 훤히 들여다보였다. 손님들은 식당 운영에 얼마나 많은 수고가 드는지 알 수 있었다. 캐서린 울펀바거는 엘리자베스가 16살 때 태어난 데번이 아직 아기였을 때, 계산대에서 겨우 1미터 떨어진 아기울타리 안에서 녹초가 된 잉이 데번과 나란히 낮잠 자는 모습을 본 적이 있다. "그 가족이 얼마나 열심히 일하는지 모두가 다 봤어요. 그 모습을 보면 나도 돕고 싶어졌죠." 잉은 쾌활한 사람이었고 한결같이 손님에게 친절했지만, 자신과 남편이 완전히 녹초가 되었다는 사실을 숨기지는 못했다.

첸 가족은 식당을 운영하면서 놀라울 만큼 든든한 소속감을 얻었다. 신발가게를 운영하는 사람은 아마도 1년에 한 번 가을 무렵에 대부분의 손님을 만날 것이다. 그때 모두에게 발이 정말 많이 컸다고 말하면서, 마지막 만난 뒤로 시간이 정말 많이 흘렀다는 말을 대신하게 될 것이다. 그러나 작은 마을에서 식당을 운영하는 사람, 게다가 일요일마다 인기 뷔페를 제공하는 사람은, 매주까지는 아니더라도 그만큼 자주 거의 모든 주민을 만나게 된다. 그 사람은 손님에게 자신이 만든 음식, 자신의 문화를 함께 나눈다. 그 사람이 파는 것은 안락함과 기쁨, 교감이다. 첸 가족의 경우, 이들은 의식적으로든 무의식적으로든 또 다른 것을 팔고 있었으니 그건 바로 첸 가족이었다.

"첸 가족은 누구보다 따뜻한 사람들이었어요"라고 울펀바거는 회상했다. "손님이 식사를 할 때 옆에 와서 앉곤 했죠. 그런 일이 아주아주 많았어요. 감기가 심하면 잉이 뭔가를 주면서 '이거 꼭 먹어요'라고 말했어요. 내가 들어갈 때마다 오늘 정말 예쁘다고 말해주곤 했고요."

첸 부부의 아이들도 울펀바거의 마음을 사로잡았다. "그 애들은 공손하고 예의 있고, 친절하지 않은 적이 단 한 번도 없었어요."

식당이 곧 집이었기 때문에 아이들의 특출함은 눈에 띄지 않고 지나가는 법이 없었다. 브리스틀처럼 빈곤한 지역에서 외식을 할 만큼 돈이 있는 사람들은 보통 경제적으로 안정된 편이었다. 즉 손님들은 첸 가족을 도와줄 수 있는 위치에 있었다. 미국에 오고 첫 1년간 아이들은 이웃에게 기증받은 낡은 피아노로 연습을 했고, 이 선물은 훗날 아주 혁혁한 역할을 했다.

이후 수년간 음악은 삼 남매의 삶에서 기쁨이자 강점, 도약의 발판이 되었고, 한편으로는 집 안에서 가장 괴로운 순간들을 야기하는 원인이 되기도 했다.

잉의 아버지는 활을 사용해서 2개의 현을 켜는 중국의 전통 악기 얼후를 아름답게 연주했다. 잉 역시 음악을 사랑했지만 수업을 받지는 못했다. 잉은 자신이 그렇게 많은 기회를 박탈당했다는 데 분노했고, 아이들에게 눈앞의 기회를 붙잡으라고 강력하게 요구했다. 극단적일 만큼 심했던 분노와 요구 사이에는 직접적인 상관관계가 있는 듯 보였다.

많은 부모는 어린 자녀가 한 번에 15분이라도 악기를 연습해주길 바란다. 떼쓰거나 거부하지 않고 그보다 오래 악기를 연습하는 아이는 드물다. 그렇다면 공을 비롯한 삼 남매가 거부하지 않고 열심히 피아노를 연습하게 만든 요인은 조기교육 외에 또 무엇이 있었을까?

"죽을지도 모른다는 공포요." 공이 반농담조로 말했다. 삼 남매가 남달리 자제력이 뛰어난 어린이였던 것은 사실이지만, 그런 삼 남매일지라도 잉의 강력한 요구가 없었다면 피아노를 시작한 초기에 그렇게 오랫동안—아주 어렸을 때부터 최소 1시간—연습할 수는 없었을 것이다. 들어보니, 주변 사람을 불안하게 하는 걷잡을 수 없는 분노로 잉을 몰아넣는 상황이 몇 가지 있었다. 공에 따르면 "하나는 자신이 이용당한다고 느낄 때였고요. 다른 하나는 우리가 연습하지 않을 때였어요." 잉은 적절한 교육을 받지 못했기 때문에 아이들 옆에 앉아 기술을 가르치거나 개선해줄 수 없었다. 잉이 할 수 있는 것은 힘과 공포를 사용해 아이들을 기필코 연습시키는 것뿐이었다.

잉이 그렇게 열심히 아이들을 압박한 이유에 대해, 아이들을 아이비리그에 입학시키려고 했다든가, 아이들이 사람들에게 칭찬받는 모습을 보는 일이 만족스러웠다든가 하는 익숙한 설명을 기대하기 쉽다. 그러나 잉은 늘 식당에서 일하느라 아이들의 독주 공연조차 놓칠 때가 많았고, 가끔 사람을 고용해 밤에 쉬는 대신 장시간 일해서 아이들의 레슨 비용과 악기 구입비를 충당하는 편을 택했다. 잉은 가족의 지위를 유지하려고 애쓰거나 성공한 이웃을 쫓아가려고 노력하는 사람이 아니었다. 자녀들의 말에 따르면 첫째부터 셋째가 어렸을 때만 해도 잉은 미국에서 명문대에 입학하려면 우수한 성적 외에 다른 교외활동이 더 필요하다는 사실을 거의 알지 못했다.

잉의 자녀들은 어머니를 이상화하지 않지만 어머니의 동기를 지나치게 단순화하지도 않는다. "어머니는 우리 삶에 아름다움을 불어넣으려 하셨던 것 같아요." 엘리자베스가 말했다. "악기 연주 실력이 우리에게 얼마나 많은 문을 열어줬는지 어머니가 알게 된 건 나중의 일이었어요." 이는 어머니와 자식들의 연주 실력의 관계가 단순한 자부심이나 야망의 문제보다는 더 복잡하다고 생각한다. 그는 어머니가 자식들에게서 가능성을 보았고, 음악이 안겨주는 풍성한 기쁨을 자식들이 누릴 수 있기를 바랐다고 느꼈다.

내가 잉에게 직접 질문했을 때 그녀는 평생 수많은 불운을 겪은 아버지에게 음악이 어떤 의미였는지를 직접 목격했기 때문이라고 설명했다. 잉의 아버지는 어렸을 때 자기 아버지를 잃었고 교육도 거의 받지 못했지만 그럼에도 불구하고 번창하는 사업체를 일궈냈다. 그러나 1966년에 시작된 문화대혁명 때 공장을 잃고 다시 가난에 시달리게 되었다. "아버지는 시련을 많이 겪으셨어요. 하지만 현악기와 타악기 등 여러 중국 악기를 연주하는 뛰어난 음악가이기도 하셨죠. 아버지는 행복한 남자였어요. 나도 우리 애들이 음악을 잘 연주할 수만 있다면 행복한 사람이 되리라고 생각했어요. 음악이 애들의 마음과 생각을 열어줄 거라고요."

아말리아 무르기아의 축복 기도처럼, 잉은 음악이 아이들에게 경제적 지위를 초월하는 슈퍼파워가 되어주기를 바랐다. 그녀는 아이들이 악기를 연주할 수 있는 한 언제나 공동체 속에서 조화를 이루며 살 수 있을 거라고 내게 말했다.

동기가 뭐였든 의도가 아무리 좋았든, 잉은 자식들에게 가혹하게 피아노를 연습시켰다. 언제나처럼 길길이 화를 낼 때면 심심찮게 아이들을 때렸다. 때로는 집게나 주걱, 벨트처럼 아무거나 손에 잡히는 것을 이용하기도 했다. 아이들은 어렸을 때 진심으로 어머니를 무서워했다. 냉혹한 폭언도 있었다. 삼 남매가 미국에 도착하자마자 학교에 고용되어 아이들에게 영어를 가르친 앤절라 소프는 "한번은 애기만 전

해들었는데도 눈물이 났어요"라고 말했다.

자식들의 인생 전반에 걸쳐 잉은 네 자녀 모두에게 어마어마한 불안감을 안겼고, 그건 오로지 잉이 음악을 통해 아이들의 삶이 더 낫고 아름다워지리라 깊이 확신했기 때문이었다.

이제 자신도 부모가 된 공은 어머니의 훈육방식을 떠올리며 경악을 금치 못한다. 어머니의 체벌을 용서하는 것은 아니지만 그때 어머니가 왜 그렇게 분노했는지는 전보다 더 깊이 이해하고 있다. 당시 어머니는 자식들이 집중하지 못하는 것을 자신이 그토록 힘겹게 마련해준 기회에 대한 모욕으로 인식했을지도 몰랐다. 공은 어머니가 특히 미국 생활 초반에 그런 감정들 속에서 거의 아무 도움도 받지 못했다는 사실을 잘 알고 있다. "돈도, 공동체도, 친구도 없었어요." 공은 어머니가 자신들을 말 잘 듣고 열심히 연습하는 아이들로 만들 수는 있었지만 절대 물러서지 않는 그 사나운 태도 때문에 많은 관계를 망쳤고, 그렇게 망가진 관계 중에는 어머니가 그토록 열심히 일한 이유인 자식들과의 관계도 포함되어 있었다고 말했다.

오랫동안 어머니에게 복잡한 감정을 느껴온 엘리자베스는 어머니의 체벌에 공과 의견을 같이한다. 엘리자베스 역시 어머니에게 연민을 느낀다. 어머니는 아마 어렸을 때 자신이 경험한 대로 똑같이 자기 자식들을 훈육했을 것이다.

아버지인 시안은 아이들의 삶에서 훨씬 더 차분한 인물이었다. 남매는 어머니의 가혹한 요구 앞에서도 아버지가 자기들 편이라고 느꼈다. 공은 "심적으로는 아버지와 더 가까워요"라고 말했다. 나는 잉에게, 성취해야 한다는 압박을 주지 않는 부모가 한 사람 있다는 것이 아이들에게 도움이 되었다고 생각하는지 물었다. 잉은 이렇게 대답했다. "아뇨, 애들 아빠도 같이 밀어붙였다면 더 좋았을 거예요."

식당은 첸 가족의 생계수단이었지만 아이들이 학교에 있지 않을 때 대부분의 시간을 보내는 집이기도 했다. 처음에 첸 부부는 식당 뒷방에 피아노를 두었다가 나중에는 식당 안에 소형 그랜드피아노를 두었다. 식당에 앉아 시안의 특기인 얇고 바삭한 춘권이나 북경오리구이를 먹는 손님들은 종종 첸 남매 중 하나가 피아노를 연습하는 소리를 들을 수 있었다. 아마 아이들은 처음에 체르니 연습곡을 뚱땅거리다 몇 달 뒤에는 단순한 모차르트 미뉴에트에 돌입하고, 자꾸만 틀린 음을 치는 바람에—D플랫, D플랫, D플랫—똑같은 네 마디를 치고 또 치다가, 마침내 정확히 E를 눌러서 안정감 있는 마무리에 도달했을 것이다. 아이들이 나이가 들어 더 어려운 곡, 아마도 베토벤의 〈월광 소나타〉 같은 더 현란한 곡을 칠 때면 연주가 끝난 뒤 여러 테이블의 손님들이 예외 없이 박수갈채를 보냈다. 중학생이 되자 삼 남매는 각자 악기를 하나씩 더 배우기 시작했고—엘리자베스는 클라리넷, 이는 트럼펫, 공은 색소폰—이따금 손님들은 이 악기들의 소리를 배경음악 삼아 식사를 하기도 했다.

아이들이 피아노를 연습하고 있으면 손님이 조용히 다가와 피아노 위에 올려둔 항아리에 팁을 넣는 일도 많았다. "가끔은 우리가 그냥 연습하고 있는 게 분명한데도 팁을 주셨어요." 공이 말했다. "아마 엉망으로 쳤을 거고, 분명 듣기 짜증났을 거예요." 하지만 그 손님들이 하려던 말은 "고마워요"보다 더 중요한 것이었다. 그들은 **힘내요**라고 말하고 있었다.

식당은 돈의 측면에서는 첸 가족에게 그리 많은 것을 안겨주지 않았지만(여러 해가 지나도 마진은 여전히 쥐꼬리였다) 첸 가족은 식당을 하나의 자원으로 활용했다. 식당은 단순한 식당이 아니라 아이들의 풍요로운 생활 환경이었다. 손님들은 난방장치 수리공에서 NASCAR 직원, 은퇴자, 맥줏집 바텐더 등으로 다양했다. 그중에는 의사와 변호사, 음악교사 같은 전문가들도 있었고, 이들은 자기 친구들을 데려와 소개해주거나 엘리자베스에게 어디에 가면 수준 높은 클래식음악을 들을 수 있고 어떤 공연을 놓쳐선 안 되는지를 알려주었다.

엘리자베스는 종종 좋아하는 손님 옆에 앉아 그들이 식사할 때 말동무가 되어주며 가능한 많은 조언을 받았다. 그 손님들은 엘리자베스 학교 친구들의 부모님이거나, 아니면 그냥 중국 음식을 좋아하는 사람들이었다. 그들은 때가 되자 과로에 지친 고등학교 진로상담 교사를 대신해 엘리자베스가 어떤 대학에 지원하면 좋을지 말해주기도 했다.

많은 교사가 첸 가족을 도우려고 식당을 찾았다가 오히려 자신이 도움을 받곤 했다. 아이들이 다니는 중학교의 악단 감독이었던 벤 파크스는 매일 동료들과 함께 상하이중식당에서 점심을 먹었다. "매번 돈을 내겠다고 했는데 극구 사양하시더군요."

잉에게 교사들을 대접하는 것은 존경심을 드러내는 방법이자 전문 음악가들과의 유대를 강화하는 방법이었다. 벤 파크스는 음악을 사랑하는 다른 친구들을 데려오기 시작했다. 아이들의 음악 선생님 중 하나였던 톰 크로퍼드는 "한번은 그 식당에 가서 여기는 뭔데 목관악기대회가 열리고 있는 거지?라고 생각한 기억이 나요"라고 회상했다. 그러면서 식당에 갈 때마다 아는 음악가와 마주쳤다며, 음악가들이 첸 남매 이야기를 듣고 식당에 찾아오곤 했다고 말했다. 근처 고등학교에서 악단 감독을 맡고 있던 또 다른 손님은 데번이 자기 고등학교 악단에서 단장을 맡을 수 있도록, 자원해서 데번을 가르쳤다. 훗날 초등학교 교장이 된 아이들의 5학년 교사 브리틀 씨 역시 상하이중식당에서 자주 식사를 했다. 그녀는 종종 엘리자베스에게 《게이샤의 추억》과 《삼나무에 내리는 눈》 같은 책을 가져다주었다. 또 다른 손님은 그리스 동맹군을 이끌며 수가 월등히 많은 페르시아군과 맞서 싸운 스파르타 전사 300명에 관한 베스트셀러 역사소설 《불의 문 Gates of Fire》을 선물해주었다.

엘리자베스는 스파르타의 규율에 감동받아 이 책을 세 번이나 읽었는데, 아마 그 규율이 일주일에 6~7일씩 일하던 자기 부모님에게서 본 규율과 닮았다는 사실은 인식하지 못했을 것이다. 책 속의 한 위대한 스승은 "고된 훈련은 허리를 강화하기 위한 것이 아니라 정신을 단련하기 위한 것이다"라고 말했다. "스파르타인은 이렇게 말한다. 어떤 군대든 힘이 남아 있으면 승리할 수 있다. 진짜 시험은 힘이 완전히 빠져서 오로지 의지만으로 승리를 이끌어야 할 때 찾아온다." 이런 문장도 있었다. "습관이 네 아군이 되어줄 것이다. 생각이 오로지 한 방향으로 뻗어나가도록 정신을 훈련하고 다른 방식으로 생각하기를 거부하면, 그 습관이 전투에서 크나큰 힘이 될 것이다." 이 책은 엘리자베스에게 깊은 인상을 남겼고, 그녀는 동생들에게도 그 인상을 각인시키려고 노력했다. "이렇게 생각했던 게 기억나요. 스파르타 사람들이 뛰어난 전사가 되려고 저렇게 훈련한 것에 비하면 내 삶은 그리 힘든 것도 아니야. 내 목표를 이루기 위해 훨씬 더 열심히 노력할 수 있어."

잉은 동네에 훌륭한 교육자가 있다면 아무리 연결고리가 없어도 어떻게든 그들을 설득해 자기 자식을 가르치게 했다. 데번은 일요일마다 실버타운에 가서 메리 랜드럼에게 음악이론 수업을 받았던 것을 기억한다. 메리 랜드럼은 80대의 은퇴한 음악 교수로, 젊은 시절 이스트먼음악대학교에서 석사학위를 받은 피아니스트이자 오르가니스트였다. 랜드럼은 자신이 가진 풍성한 음악사 지식을 어린 학생에게 선물했고, 그 보답으로 잉은 수업이 끝나면 랜드럼 옆에 앉아 식당에서 가져온 수프나 볶음밥을 떠먹여주었다.

잉은 자기 눈에 보이는 기회는 전부 붙잡았고, 어떻게 해서든 자식들이 재능 있는 사람들과 만날 수 있게 했다. 어느 날 오후 악단에서 한창 연습 중이던 공은 핸드폰으로 어머니의 전화를 받았다. 그날 밤 마을 공연장에서 연주할 예정인 유명 피아니스트가 방금 식당에 들어왔다는 것이었다. 잉은 당시 중학교 2학년이었던 공에게 지금 바로 식당으로 와서 당시 공이 연습 중이던 쇼팽의 〈녹턴〉을 연주하라고 했다. 공은 한참 후에야 식당에 갈 수 있다고 말하며 확실하게 거절 의사를 표했다. 그리고 안도감을 느끼며 다시 친구들과 연습을 시작한 뒤 어머니와의 전화 통화를 새까맣게 잊었다. 그런데 다음날 저녁 일을 도우러 식당으로 간 공의 눈에 즉시 모르는 여자가 들어왔다. 세련된 머리 모양과 질 좋은 코트 때문에 그 여자가 버지니아 남서부 시골 출신이 아니라는 사실을 알아차릴 수 있었다. 잉이 여자에게 공을 소개했다. 여자는 어제의 그 피아니스트였고, 잉이 고집을 부려서 공의 연주를 들으러 다시 찾아온 것이었다. 공은 식당 안쪽에 있는 뒷방으로 어머니를 끌고 들어갔다. 둘은 고함을 지르며 싸우기 시작했는데, 한 마디 한 마디가 밖에 있는 귀한 손님에게 들릴 수 있다는 사실을 두 사람 다 알았기 때문에 싸움은 더욱 극적으로 변했다.

"이렇게 꼭 나한테 망신을 줘야겠어요?" 공이 (자기 기억에 따르면) 이렇게 소리쳤다. "저 사람은 내 연주에 관심 없어요. 난 준비도 안 됐어요! 엄마가 끌고 나가면 그냥 연주하는 그런 사람이 아니라고요!" 잉은 이미 저 여자에게 네가 피아노를 연주할 거라고 말했고, 저 여자가 밖에서 기다리고 있으니 선택의 여지가 없다고 받아쳤다. 어쩌면 귀한 손님은 두 사람이 몸싸움을 벌이는 소리까지 들었을지 몰랐다. 잉은 공을 식당으로 끌고 나가려 했고, 공은 저항했다. 마침내 두 사람이 다시 식당에 모습을 드러냈다. 잉은 웃고 있었고, 얼굴이 새빨개진 공은 손님과 눈을 마주치지 못했다. "어쩌겠어요. 내 어머니인 걸요. 결국 어머니를 위해 연주할 수밖에 없었죠."

공은 쇼팽의 〈녹턴 올림 다단조〉를 연주했다. 왼손이 천천히 움직이며 잔잔한 음을 이어가는 동안, 오른손은 트릴 섞인 강렬한 선율을 노래하는 곡이었다. 공은 피아노를 치면서 피아니스트의 침착함을 느낄 수 있었고, 그 조용한 카리스마는 피아니스트가 이룬 성취에서 나오는 것이리라 생각했다. "왼손 연주가 아무리 좋아도 절제해야 해요." 공은 피아니스트가 이렇게 말했다고 회상했다. "그리고 박자표는 신경쓰지 말아요. 쇼팽의 〈녹턴〉은 악보에 쓰인 대로만 연주해선 안 돼요. 박자와 템포를 느끼면서 연주하는 게 더 중요해요."

공이 그 정도로 실력이 뛰어난 피아니스트 앞에서 피아노를 연주한 것은 이번이 처음이었다. 그 강렬한 감정적 기억이 음악과 완전히 뒤섞여버려서, 지금은 그 곡이 가장 좋아하는 곡 중 하나지만 공은 그전부터 그랬는지 피아니스트를 만난 후에 그렇게 되었는지 기억하지 못한다. "어머니는 그저 저를 자랑하고 싶었던 걸까요, 아니면 정말로 뛰어난 피아니스트의 지도를 받게 하고 싶었던 걸까요? 잘 모르겠어요."

서로를 가르치며 커가는 집

첸 남매가 점점 나이를 먹어가면서 정체성의 중심은 식당에서 학교생활 쪽으로 넘어갔다. 엘리자베스가 고등학교에 입학한 무렵에는 이미 가족관계가 일반적 통념과는 다르게 재편되어 있었다. 잉과 시안은 식당일이 너무 바빠서 아이들의 삶을 세세하게 통제할 수 없었다. 온 가족이 집에서 보내는 시간이 어찌나 짧았던지 부엌 하부장 위에 상부장도 없이 몇 년이 흘렀는데, 잉이 부엌 리모델링을 시작하자마자 금세 흥미를 잃었기 때문이다. 자식들의 활동을 감시할 여유가 있었더라도 첸 부부는 미국의 학제에 익숙하지 않아서 그럴 수 없었을 것이다. 엘리자베스는 이렇게 말했다. "어머니는 우리를 압박하는 법을 잘 알았어요. 하지만 우리가 고등학교, 아니 중학교에 입학했을 때부터는 우리가 어떤 수업을 들어야 하는지, 어떤 활동에 지원해야 하는지를 잘 모르셨어요."

2000년에 당시 8살이었던 삼 남매의 사촌 중 하나가 막 유럽으로 이민한 부모님이 그곳에서 삶을 꾸리는 동안 미국에 와서 첸 가족과 함께 살게 되었다. 8살은 자신이 다소 어색하게 합류한 가족의 특이한 면을 충분히 알아차릴 수 있는 나이였다. 그 사촌―실명을 밝히지 않으려 했다―은 자기 가족이 그리워서 향수병을 앓았고, 그때 이미 학교에서 스타였던 삼 남매를 도저히 따라잡을 수 없었다. "그집 자식들은 너무 잘나갔어요. 제가 겨룰 수 있는 수준이 아니었어요."

사촌은 잉이 성격이 강하고 가족 대표로서 확실히 야망이 크다는 점을 인정하면서도, 잉에게는 같은 지역 식당에서 일하는 다른 친척들과 구별되는 독특한 면이 있었다고 감탄했다. "다른 사촌들의 부모님은 '피아노 치느라 시간 낭비하지 말고 식당에 나와서 일이나 도와, 손이 부족하니까'라고 말했어요. 반면 잉은 자식들의 교외활동이 우선이었고 식당은 그다음이었죠."

사촌이 생각하기에 잉보다 더 독특했던―더 큰 영향을 미친―점은, 첸 남매가 특이할 만큼 사이가 가깝고 더 많은 성취를 이룰 수 있도록 따뜻하게 서로를 격려한다는 것이었다. "셋이 그렇게 서로의 뒤를 밀어준 것이 성공의 열쇠였어요." 사촌은 그들이 천재는 아니었지만 남매 간의 상호작용을 통해 자신에게 있는 재능을 더욱 증폭시켰다고 말했다. 사촌이 떠올리는 장면 속에서 첸 남매 중 하나가 피아노를 연주하고 있으면 그 옆에는 꼭 동생의 기술을 다듬어주는 누나나 형이 있었다. 삼 남매는 머리를 맞대고 숙제를 함께했고, 그럴 때면 첫째나 둘째가 동생이 모르는 것을 가르쳐주었다.

고등학생이던 엘리자베스는 클라리넷을 배운 기간이 공이 색소폰을 배운 기간보다 3년 더 많았지만 그래도 공과 꼭 이중주를 연주하고 싶었고, 공이 학교에서 별다른 자극을 못 받고 있다고 느꼈다. "그래서 학교에서 막 배우기 시작한 곡보다 훨씬 어려운 곡을 연주하게 했어요."

엘리자베스는 고등학교 때 샌프란시스코음악원의 졸업생이자 널리 존경받는 목관악기 강사였고 훗날 식당의 손님이 되기도 한 크로퍼드에게 개인 수업을 받기 시작했다. "열심히 연습해서 크로퍼드 선생님께 좋은 인상을 주고 싶었어요. 어머니보다 크로퍼드 선생님을 실망시키는 게 훨씬 더 무서웠어요. 그래서 공도 그분께 수업을 받게 했어요." (그러자 크로퍼드는 첸 가족의 수업료 부담을 줄여주기 위해 시간당 비용을 낮추었다.)

엘리자베스는 요구가 많지만 합리적이고, 동생들이 음악이라는 영역 바깥에서 어떤 기회를 붙잡아야 도움될지 잘 이해하는 일종의 부모 같은 존재였다. 그는 동생 이에게 레슬링에 에너지를 쏟아보라고 권했다. 이의 체격(이는 또래에 비해 몸이 말랐다)이 약점이 되지 않는 드문 스포츠가 바로 레슬링이라고 생각했기 때문이었다. 그러나 그보다도 엘리자베스는 레슬링 코치의 교육방식이 이에게 큰 도움이 되리라 생각했다.

삼 남매가 서로에게 중요한 원동력이 되어준 것 외에도, 엘리자베스는 겨우 고등학교 2학년 때 어머니를 보고 배운 대로 동생들이 탁월한 멘토를 찾도록 독려했다. 그중 한 사람이 크로퍼드 선생님이었고, 또 한 사람이 학교의 레슬링 코치인 에드 크레슬이었다. 에드 크레슬은 1971년 버지니아주 선수권대회의 우승자이자 높은 수준을 요구하는 것으로 명성이 자자한 전설적 인물이었다. "바른 생활을 엄격하게 유지하는 분처럼 보였어요"라고 엘리자베스는 말했다. "다른 코치들에게선 그런 면을 찾을 수 없었고요. 레슬링선수들은 그 코치님이 자신들을 깊이 염려하고 있단 걸 느낄 수 있었어요. 그래서 그분이 존경스러웠어요."

이의 강점은 언제나 규율이었다. 첸 부부의 자녀 중에서 가장 열심히 식당일을 도운 사람이 바로 이였다. 엘리자베스와 공에게 식당일은 억지로 떠맡겨진 의무이자, 공부할 시간과 친구 만날 시간을 확보하기 위해 어떻게든 해결해야만 하는 귀찮은 문제였다. 그러나 왜인지 이는—엘리자베스와 공은 이가 두 아들 중 형이기 때문일지도 모른다고 생각했다—식당일을 자신의 책임으로 여겼다. 이는 9살 때부터 계산기로 영수증 금액을 합산하고, 그렇게 나온 숫자를 빤히 들여다보며 부모님에게 이 금액으로 가족이 얼마나 살 수 있는지 묻곤 했다. 늦은 밤에 바닥을 걸레질할 때면 식당의 재정문제가 더 시급하게 느껴졌고, 그래서 더더욱 열심히 바닥을 닦았다. 이는 언제나 실제로 문제가 발생하기 전에 물품 고장이나 일손 부족을 미리 예측하려 했다. 이에게는 걱정이 큰 문제였고 노동이 그 문제의 해결책이었다.

고등학교 1학년이 끝난 여름, 이는 식당에서 일할 때 받은 팁을 모아 전직 올림픽 선수 2명이 운영하는 레슬링캠프에 일주일간 참여했다. 이는 자신이 오랫동안 식당에서 일한 덕분에 변명하거나 남 탓할 여지가 없는 스포츠에 꼭 필요한 강철 멘탈을 지닐 수 있었다고 생각했다. 레슬링 매트 위에서는 후보선수 없이 오로지 자신과 상대 선수뿐이었다. 이는 2학년 때부터 경기에서 승리했다. 이에게는 모든 경기가 풀어야 할 수수께끼였고, 그러기 위해서는 의지나 완력뿐만 아니라 지략과 여러 기술이 필요했다. 이는 선수권대회 우승자의 위엄을 보여주고자 여전히 매트 위에서 선수들과 레슬링을 했던 에드 크레슬 코치와 함께 서로를 붙잡고 훈련을 거듭하면서 점차 기량을 갈고닦았다.

"이는 무언가를 증명해야 하는 아이처럼 보였어요"라고, 크레슬은 말했다. "하지만 이에게는 훌륭한 레슬링선수에게 필요한 강인한 정신력도 있었죠." 크레슬은 자신의 코칭방식을 "끊임없는 주입과 끊임없는 세뇌"라는 말로 표현했다. 그는 하나의 메시지를 끊임없이 강조했다. 절대 지지 말 것. 고등학교 3학년 때 이는 거의 1년 내내 버지니아주에서 2위를 차지했고, 준결승까지 진출한 뒤 자기 체급에서 주 전체 6위에 안착했다. 부모님은 일정이 바빠 겨우 한 경기만 보러 올 수 있었다. 한번은 경기를 보러 온 할머니가 상대 선수에게 달려들려고 했는데, 할머니가 보기에는 상대 선수가 사람들의 응원을 받으며 자기 손자를 흠씬 두들겨 패고 있었기 때문이다.

세 자녀가 고등학생이 되자 첸 부부는 자식들의 생활 관리를 학교 교사와 강사, 코치 그리고 자식 본인들에게 맡겼다. 잉은 엘리자베스가 이미 16살이었을 때 태어난 늦둥이 데번을 키우느라 정신이 하나도 없었다. 첸 남매는 무르기아 남매와 마찬가지로 3명으로 이루어진 협의회이자 동맹을 이루었다. 이 소규모 가족 협력단은 어떤 스포츠를 해야 할지(공은 형인 이를 따라 레슬링을 시작했다), 어떤 심화과정 수업을 들을 것인지 등 각자가 어떤 선택을 내릴지를 다 같이 신중하게 논의했다. 그러나 무르기아 사 남매가 그중 최고가 되겠다는 경쟁심에서 동력을 얻었다면, 첸 남매는 동생이 자신을 능가하기를 바랐다. "우리는 늘 동생들이 우리보다 잘 해내기를 바랐어요"라고 이는 말했다.

　형제자매 사이의 경쟁은 보통 지나치게 가까운 관계에서, 특히 자원(애정 또는 기회를 얻기 위해 필요한 돈)이 부족할 때 발생하는 원초적이고 고통스러운 결과다. 아마도 첸 남매는 모든 것을 스스로 알아서 해야 했기 때문에 더욱 끈끈하게 서로를 도왔을 것이다. 한편 동생들의 기준이 된 엘리자베스는 어린 시절 동생들과 오랫동안 고통스럽게 떨어져 지낸 경험 때문에 가족의 재결합을 언제까지나 감사하게 여겼다.

　미국 생활이라는 공통점 역시 부모님에게 물려받은 가치관만큼 삼 남매를 하나로 뭉치게 했다. "우리가 무엇을 겪고 있는지 이해하는 사람은 우리뿐이었어요"라고 엘리자베스는 말했다. "브리스틀에서 우리가 겪은 경험은 유일무이한 것이었으니까요." 당시 브리스틀에서 아시아계 미국인 인구는 0.5퍼센트 미만이었고 95퍼센트가 백인이었는데, 이 정도면 근처에 있는 대다수 도시보다 인종이 다양한 편이었다. 데번은 대학에 지원할 때 쓴 에세이에서 자기 고향에 대한 깊은 애정을 드러냈지만 너희는 개를 먹느냐는 농담과 어디 출신이냐는 질문(데번은 브리스틀에서 태어났다), 지금 당장 중국어를 해보라는 요구를 계속해서 들었던 것을 떠올리기도 했다.

　세라 그로프가 수영 실력으로 언니를 뛰어넘었듯이, 공은 레슬링에서 이보다도 더 빨리 실력을 발휘했다. 그러나 공은 세라처럼 의욕이 더 충만했다기보다는 기꺼이 시간을 들여 동생의 자세를 봐주는 형에게 큰 도움을 받았다.

　고등학교 2학년 때 공은 결정을 내려야 했다. 버지니아주 레슬링

결승전에 출전할 것인가—코치는 공이 해당 체급에서 우승할 가능성이 있다고 생각했다—아니면 올스테이트 밴드All-State Band(오디션을 통해 실력 있는 학생들을 선발하는 권위 있는 주립 악단—옮긴이) 오디션에 참가할 것인가? 첸 가족이 음악적 성취를 더 중요시한다는 사실을 알았던 크레슬 코치는 공의 선택을 막지 않았다. 공은 버지니아주에서 가장 특권층에 속하는 학생들, 즉 워싱턴 DC 바로 외곽에 사는 외교관과 정부 관료의 자식들과 경쟁하고 있었다. 음악 여름캠프에서 친구들과 대화하다가 알게 된 사실에 따르면, 그 애들의 부모님은 시간당 200달러까지 들여서 유명 강사의 수업을 받게 했다. 오디션을 치르고 2주 뒤, 공은 자신이 모교 역사상 최초로 올스테이트 밴드에 합격했을 뿐만 아니라 색소폰 파트에서 가장 명예로운 자리인 수석연주자가 되었음을 알게 되었고, 3학년 때 이 위업을 다시 한번 달성했다.

공은 금메달과 맞먹는 크나큰 성취를 이루었다. 그러나 첸 남매가 거둔 이례적인 성공은 겉보기에 상충하는 듯 보이는 두 힘의 작용으로 설명할 수 있다. 첸 남매에게는 명백히 탁월함을 기대하는 어머니가 있었지만, 그 어머니는 늘 시간이 부족해서 자식들에게 전적인 독립성을 부여할 수밖에 없었다. 삼 남매는 서로에게 의지하며 또래보다 일찍 성숙해질 수밖에 없었다.

때때로 첸 남매는 너무 어린 나이에 주어진 독립성을 감당하느라 감정적 어려움을 겪기도 했다. "우리가 모든 힘을 쥐고 있었어요." 엘리자베스가 말했다. "영어를 할 줄 알았으니까요. 아마 가끔은 부모님을 무시하기도 했을 거예요. 그저 영어를 한다는 이유로 그 모든 힘을 가졌기 때문에요." 첸 남매는 식당의 법적 문제, 예를 들어 보건당국에서 온 편지와 연체된 청구서를 처리했고, 여름캠프 장학금이나 거버너스 스쿨Governor's School 같은 주 단위 교육 프로그램을 제때 알아서 신청했다.

우리는 세련된 사람들이 아니야. 공이 더 좋은 방법이 있었을지도 모른다고, 무언가를 깨달은 듯, 또는 난처한 듯 말할 때마다 잉과 시안은 중국어로 이렇게 말하곤 했다. 첸 남매는 나이가 들면서 점점 부모님이 학교생활과 연애 방식, 중국 식당 운영—성공의 기준에 따라 다르지만 첸 부부는 식당을 훌륭하게 또는 그럭저럭 괜찮게 운영했다—에 대해 얼마나 모르는지를 지적하기 시작했다. 우리는 세련된 사람들이 아니야. 이 말은 곧 이런 뜻이기도 했다. 우리는 **교육받은** 사람들이 아니야.

졸업생 대표였던 엘리자베스는 대학에서 제공하지 않는 모든 것을 지원하는 게이츠밀레니엄 장학금을 받고 밴더빌트대학교에 진학해 의대 예비과정을 밟으며 클라리넷을 공부하다가 의대 공부에 집중하기로 결정했다. 이(역시 졸업생 대표였다)는 코넬에 진학했고 학비는 대출금과 넉넉한 장학금으로 충당했다. 공(역시 졸업생 대표였다)은 엘리자베스가 아직 밴더빌트에 재학 중이었던 고등학교 3학년 때 예일에 지원했는데, 합격 발표일에 레슬링대회에 참가하느라 인터넷에 접속할 수 없었다. 엘리자베스는 자신이 일하는 연구실에서 동생 대신 사이트에 로그인해보려 했지만 공이 계속 틀린 번호를 알려주었다. "멍청이 같은 자식, 넌 예일대에 들어갈 자격이 없어." 엘리자베스는 동생에게 소리쳤다.

엘리자베스가 그렇게 긴장한 것은 동생의 합격을 간절히 바랐기 때문만은 아니었다. 엘리자베스는 공이 대학에 제출한 에세이에 자기 이야기를 썼다는 사실을 알고 있었다. 그 에세이에는 엘리자베스가 처음에 공에게 미국이라는 나라를 소개해줬으며, 학교에 어떤 옷을 입고 가야 하고 선생님이 자기 돈을 대신 낼 필요가 없도록 급식비나 수학여행비를 집에서 언제 받아놔야 하는지를 알려줬다고 적혀 있었다. 공은 이렇게 썼다. "그리고 나중에 누나는 부모님의 말을 문자 그대로나 비유적으로 내게 통역해주려 했다. 나는 중국어 실력이 그리 좋지 않아서 부모님과 조금이라도 복잡한 대화를 나누려면 누나의 도움을 받아야 했다. 그러나 한편으로 누나는 내가 부모님의 시각에서 문제를 바라볼 수 있도록 도와주기도 했다."

엘리자베스는 공의 생명을 구하기 위해 도망쳤던 중국에서의 더운 저녁을 여전히 기억했고, 부모님이 공과 이를 위해 얼마나 많은 것을 버리고 왔는지—친척으로 가득한 할아버지댁, 주말마다 대가족이 다함께 떠났던 공원 나들이, 이방인이 아니라는 감각—를 동생들보다 더 생생하게 기억하고 있었다. 엘리자베스는 동생들에게 더 많은 부담을 안기지 않으려고 노력했지만, 나이들수록 동생들에게 잠재력을 발휘하라고 요구했다.

공이 비밀번호를 기억해내기를 기다리는 동안, 엘리자베스는 이 미국 대학의 답변이 공의 가치뿐만 아니라 공의 길잡이이자 부모님의 대리인으로서 자신의 가치까지 확인해줄 것이라는 생각이 들었다. "공이 에세이에 제 얘기를 썼기 때문에, 왜인지 이런 생각이 드는 거예요. 공이 합격하지 못하면 내가 부족해서 그런 거다. 정말로 부족했던 거면 어떡하지?"

7장. 첸 가족

마침내 공은 비밀번호를 기억해내서 누나에게 알려주었지만, 핸드폰 너머로는 침묵만 들려올 뿐이었다. 그때 우연히 한자리에 있던 연구실 관리자는 나중에 엘리자베스를 놀려댔다. 동생한테 멍청한 자식이라고 소리를 질러대던 엘리자베스가 어느 순간 말없이 눈물을 흘리고 있었던 것이다. 그녀가 물끄러미 바라보던 화면에는 **축하합니다**라는 단어가 흘러가고 있었다.

어머니를 향한 존경과 원망이 뒤섞인 복잡한 감정

첸 남매가 거둔 성공은 그들의 어머니가 생각한 성공과 일치했을까? 이것이 바로 기대치의 문제다. 여러 가정 위를 맴도는 부모의 기대는 줄을 그어 지울 수 있는 명확한 목표와 달리 모호하고 이행하기도 더 어렵다.

엘리자베스는 자신이 10대 때 목격한 상황 때문에 의학을 선택했다고 생각한다. 어머니가 데번을 임신했을 때였는데, 부모님이 나누는 애정생활의 증거였던 그 임신이 당시 엘리자베스에게는 개인적인 굴욕처럼 느껴졌다. "한 달간 어머니와 대화하지 않았어요." 하지만 엘리자베스는 어머니 인생의 다음 단계에서도 언제나처럼 어른 역할을 하며 어머니와 산부인과 의사 사이에서 통역을 도맡아야 했다. 식당 단골손님이었던 그 의사는 한 번도 병원비를 요구하지 않았다. 그때까지 엘리자베스는 의사와 만난 적이 거의 없었다. 남매 중 그 누구도 정기검진을 받지 않았는데, 돈도 시간도 부족했던 첸 가족에게 정기검

진은 사치였기 때문이다. 엘리자베스는 수많은 사람에게 음식을 차려 주고 그렇게 열심히 일했던 어머니가 보살핌의 대상이 되는 것을 목격하고 꽤나 충격을 받았다. "의사들이 어머니를 그렇게 염려하는 게 진심으로 놀라웠어요. 의사들에겐 어머니의 임신이나 아이를 낳을 수 있는 능력 외에 어머니 본인의 건강도 무척 중요한 요소였어요."

엘리자베스는 레지던트 때 몇 년간 하루에 11시간씩 일했고, 잉은 딸이 너무 힘들게 일하는 건 아닐까 걱정했다. 그러면서 압박감 때문에 의사라는 더 안전한 직업을 택하는 대신 음악가가 되었어야 하는 건 아닐까 고민했다. 잉이 그렇게 고생하며 노력한 것은 결국 딸이 자기 꿈을 따르거나 편안한 삶을 살기를 바라서가 아니었던가? 언젠가 엘리자베스는 내게 말했다. "이제 어머니는 의대에 가라고 밀어붙인 것을 후회한다고 말씀하실 거예요." 그 말은 엘리자베스를 가슴 아프게 했는데, "그건 나 자신이 내린 결정이기 때문"이었다. 한편으로 잉의 말은 다른 종류의 불안감을 일으키기도 했다. 어머니는 내가 자랑스럽지 않은가? 나에게 실망했나? 이와 공이 나보다 더 좋은 선택을 내렸다고 생각하나?

이가 코넬에서 전기공학을 전공하고 처음 얻은 직업은 엘리자베스가 의대를 다니고 처음 진료를 시작했을 때만큼이나 업무량이 많고 혹독했다. 그가 졸업과 함께 GE에서 맡은 일은 기차 관련 소프트웨어 제품의 프로그래밍을 감독하는 것이었는데, 그러려면 기차를 타고 캐나다 전역을 이동하며 긴 시간을 보내야 했다. 당시 이는 올랜도에 살면서 시도 때도 없이 캐나다의 외딴 마을로 날아가 자그마한 기차역에서 몇 시간씩 기다리곤 했다. 일단 기차에 타면 잠들지 않고 22시간 연속으로 자신이 관리하는 시스템이 잘 돌아가는지 확인해야 했다.

"식당에 있을 때와 똑같은 기분이 들었어요. 여기에 내 모든 것을 쏟아야 한다는 그런 기분이요." 스트레스에 시달리며 완전히 지쳐버린 이는 결국 기차 위에서 쓰러졌고, 원인은 위궤양으로 밝혀졌다. 이는 자기 한계를 받아들이고 싶지 않았지만 자기 노동관 때문에 몸이 상하고 있다는 사실을 인정해야만 했다.

이는 회복기를 가진 뒤 하버드경영대학원에 지원해 합격했다. 그리고 졸업생 게시판에 올라온 글을 보고 당시 직원이 고작 4명뿐이었던 토스트에 지원했다(토스트 측은 좀 더 그럴듯해 보이려고 한 투자자의 사무실에서 이의 면접을 보았다). 토스트 직원들은 포장 주문을 처리하고 재고를 파악하고 기프트카드와 급여를 관리할 수 있는 시스템을 식당에 팔고자 했다. 이는 이 크고 작은 기능들을 사용할 수 있었다면 자기 가족의 삶이 더 수월하고 업무 스트레스가 더 적었으리란 걸 알았다. 그리고 아직 학생일지라도 자신이 토스트에서 즉시 쓸모를 발휘할 수 있으리란 것도 알았다.

2013년에 토스트팀에 합류하고 그해 여름부터 창립자 중 하나의 집 지하실에서 일하기 시작한 이는 순식간에 업체의 첫 번째 판매를 성사시켰다. 첫 고객은 커피숍을 운영하는 이의 친척이었다. 토스트가 처음으로 시스템을 판매한 8개 식당 중 하나는 바로 버지니아 브리스틀에 있는 상하이중식당이었다. 토스트의 기업강령 작성을 도왔던 이는 다음 구절을 즐겨 말하곤 했다. "업계 종사자들이 마음껏 손님에게 기쁨을 주고 번창할 수 있도록 돕는다." 과거에 이는 식당에 자신의 거의 모든 것을 바쳤다. 요즘 이는 가끔씩 그때의 시간을 보답받고 있다고 말했다. 식당에서 오랜 시간 일했던 이는 어떤 서비스가 필요하고 어떤 오류가 문제가 될지를 직감할 수 있었다. "사람들은 종종 토스트가 이렇게 대단한 성공을 거둘 줄 어떻게 알았느냐고 물어요. 그러면 저는 몰랐다고 말해요. 제가 토스트에 합류한 건 토스트가 사람들에게 도움되는 서비스를 만들려고 했기 때문이에요."

팬데믹 전에도 이는 식당이 고객과 관계를 맺고 부모님 식당과 브리스틀 주민이 서로에게 느낀 것 같은 유대감을 키울 수 있는 서비스에 늘 관심이 많았다. 이의 부모님은 식당에 걸어 들어오는 광부들을 알았고 교사와 경찰관을 알았으며, 같은 지역에서 수십 년간 장사하면서 그 사람들의 자식까지 알게 되었다. 더 큰 도시에 있는 식당들도 손님들과 그런 돈독한 관계를 맺을 수 있게 도울 방법이 없을까? 어떤 부서를 이끌고 싶냐는 질문에 이는 소비자 디지털 비즈니스 부서를 선택했다. 이는 온라인 포장 및 배달 주문, 적립 포인트, 기프트 카드 등의 서비스를 제공했는데, 이런 서비스 대다수가 이메일 주소를 통해 식당과 고객을 연결하고 정보 공유 수단을 다양화해서 식당이 손님을 더 자세히 파악할 수 있게 도왔다.

이가 처음 개발을 시작했을 때만 해도 이 사업 부문은 토스트의 포트폴리오에서 아주 작은 부분만을 차지하고 있었다. 그러다 팬데믹이 닥쳤다. 일부 통계에 따르면 겨우 몇 달 사이에 대다수 도시에 있는 식당들이 수입의 거의 80퍼센트를 잃었다. 이의 부서는 아직 영업 중인 식당들에게 가장 긴급하게 필요한 것을 제공할 수 있었다. 토스트는 직원의 50퍼센트를 해고해야 했지만(그러나 곧 직원 수를 회복했다), 회사 규모가 줄어드는 와중에도 이의 팀은 서비스를 확대해 회사의 지속적인 성장에 기여했다. 2020년에 80억 달러였던 토스트의 기업가치는 2021년 9월에 상장할 때 약 300억 달러까지 올라 있었다.

이는 기업공개 때 부모님을 보스턴으로 모셔 와야 할지 고민하며 망설였다. 아직 영어에 자신이 없는 부모님이 대중교통 이용을 어려워할지도 몰랐기 때문에 안 그래도 정신없을 며칠 동안 스트레스가 더 심해지리라 생각한 것이다. 당시 다트머스대학교를 한 학기 휴학하고 이와 함께 지내고 있던 데번은 자기 생각을 강력히 주장했다. "제가 거둔 성취도 아니잖아요. 그런데도 부모님이 꼭 오셔서 형의 성취를 봐야 한다고 생각했어요." 결국 부모님은 보스턴으로 왔고, 천장에서 풍선들이 떨어지는 장면과 축하파티, 증권거래소의 초조한 분위기, 그리고 주식가치가 치솟으면서 사람들이 내뱉는 환호성을 두 눈으로 직접 목격했다.

공은 첫째부터 셋째 중에서 가장 성격이 밝았고 좀 더 철학적이었으며, 똑같이 근면성실했지만 더 온화했다. 30살이 되었을 때 공은 소비자와 서비스 제공자를 연결하는 샌프란시스코의 기술회사 섬택 Thumbtack에서 일하고 있었다. 재미있고 흥미진진한 일이었지만 가끔 공은 자신이 무엇을 위해 일하고 있는지, 심지어 자신이 어떤 사람이 되어야 하는지 모르겠다는 생각이 들었다. 공의 부모님은 그에게 선택권을 주기 위해 거의 연중무휴로 하루 18시간씩 일했다. 이제 공은 이런 부모님의 노력에 보답하는 가장 좋은 방법이 그저 열심히 일하는 것이 아니라, 자기 재능을 어디에 쏟아부을지 고민할 자유를 누리는 것이라고 생각하게 되었다.

어렸을 때 공은 그림을 잘 그렸다. 격려 차원에서였을지도 모르지만 손님들이 공의 그림을 구매할 정도였다. 예일에서 외교정책을 공부할 때도 때때로 잉은 공에게—이건 이것대로 공을 미치게 했는데—외교정책 대신 미술을 공부해야 하는 것 아니냐고 묻곤 했다.

공은 미국으로 이민 온 삼 남매 중 막내였기 때문에 부모님과 대화할 때 미묘한 의미의 차이를 전달할 수 있을 만큼 중국어를 잘하지 못했다. 중학교 때 한 선생님은 중국의 문화대혁명을 가르치면서 공에게 수업 진행을 도와달라고 부탁했다. 공의 가족이 실제로 문화대혁명을 온몸으로 통과하긴 했지만, 공은 다른 친구들만큼이나 그 내용을 잘 몰랐다. 공은 대학을 졸업하자마자 중국으로 넘어가서 후난성에 있는 창사에서 영어를 가르치기 시작했다. 그리고 창사에서 함께 영어를 가르치던 예일대 동문 스테퍼니 쳉과 사랑에 빠졌다.

부모님은 공이 경제적 안정을 추구하기보다는 가장 보람찬 삶을 살기를 바랐지만 어쩌다보니 경제적 안정이 공을 찾아왔다. 공은 스테퍼니와 만난 지 2년이 되었을 때 나파밸리에 있는 스테퍼니의 부모님 집을 방문했다. 그때서야 공은 자신과 스테퍼니의 성장환경이 얼마나 다른지를 온전히 이해하게 되었다. "조금 과할 거야." 스테퍼니는 포도밭과 호수, 작은 골프장을 갖춘 약 80만 제곱미터 넓이의 저택을 방문하기에 앞서 이렇게 경고했다. 홍콩 출신인 스테퍼니의 아버지는 금속 부품을 만드는 기업을 물려받아 조리도구 제국으로 키워낸 사람이었다.

스테퍼니는 공과 결혼한 후 처음으로 브리스틀을 찾았다. 두 사람은 공의 부모님이 식당 옆에 사둔 아파트로 막 이사할 무렵에 겨우 짬을 내어 부모님 댁을 방문했다. 스테퍼니가 태피스트리와 19세기에 제작한 스타인웨이 피아노, 높은 아치형 천장이 있는 자기 부모님 댁을 공에게 처음 보여줄 때 그랬던 것처럼 공도 잔뜩 긴장한 채 자기 부모님 댁을 소개했다. 이 빠진 초록색 조리대와 청소용품으로 가득 찬 두 번째 샤워실, 오랫동안 첸 부부의 침대 역할을 한 거실 소파까지, 스테퍼니는 집 안 곳곳을 자세히 둘러보았다. 그리고 현관문을 걸어 나오면서 별말없이 공의 손을 꼭 붙잡았다. 현관에는 붉은색과 금색뿐인 중국의 전통 신 그림과 함께 중국어가 쓰여 있는 두루마리가 걸려 있었다. 중국어의 뜻은 이러했다. **축하합니다, 번창을 기원합니다.**

그때까지 자신이 쌓은 커리어를 돌아보던 공은 대학 졸업 직후 창사에서 영어를 가르치던 시절에 가장 큰 보람을 느꼈다는 사실을 깨달았다. 그때 공은 자신이 하는 일이 학생들의 삶에 얼마나 직접적인 영향을 미치는지 느낄 수 있었다. 지금도 가끔 떠오르는 학생이 하나 있었는데, 그 학생은 학교에서 가장 낮은 반에 배정되었지만 수많은 시간을 힘들게 준비해 오디션을 치른 끝에 결국 영어 연극 〈미녀와 야수〉의 주인공 역할을 꿰찰 수 있었다. 그 학생은 공에게 그때가 자기 인생에서 가장 빛나던 시기 중 하나였으며 다른 사람에게 인정받는 드물고 유의미한 순간이었다고 말했다. 공이 가르친 많은 학생이 그 후로 미국이나 캐나다로 이민을 갔고, 공은 자신이 그 과정에서 어려움을 덜어주었다는 것을 알았다. 공이 살면서 만난 코치와 교사도 그에게 큰 의미였기에, 공은 자신도 다른 사람을 그렇게 도와줄 수 있으면 좋겠다고 생각했다.

공은 부모님이 영어를 더 유창하게 말할 수 있었다면 삶이 완전히 달라졌으리란 걸 알았다. 그랬다면 부모님은 자식들에게 그렇게 많이 기댈 필요가 없었을 것이다. 여행도 더 많이 다녔을지 모른다. 어머니는 분명 학교로 돌아갔을 것이고, 어쩌면 대학까지 졸업했을 것이다. 자신과 부모님의 관계도 더 돈독했을지 모른다. 감정이나 복잡하고 애매한 상태, 이 모든 것은 표현할 시도조차 없이 침묵 속으로 사라졌다. 스테퍼니와 함께 일을 그만두고 몇 달간 여행을 다녀온 공은 AI를 통해 사용자 맞춤형 대화 환경을 제공하는 언어교육 프로그램 스피크에서 일하기 시작했다. 스피크는 2022년에 마이크로소프트와 긴밀하게 협업하는 AI 연구소 오픈AI의 공개투자를 받고 파트너십을 맺으면서 역량이 비약적으로 향상되었다. 공이 그곳에서 맡은 직책은 성장책임자였다.

첸 가족에게 데번은 늘 미국식 성장환경의 영향력을 보여주는 존재였다. 데번은 남매들보다 키가 훨씬 컸는데, 잉은 쌀가루와 물을 섞은 미음이 아닌 우유를 먹고 자라서 그런 거라고 생각했다. 데번의 기억이 쌓이기 시작할 무렵에는 이미 엘리자베스가 의대에 다니고 있었다. 그 말은 가족 중 한 사람이 이미 전문직 입성을 앞두고 있었다는 뜻이었다. 두 형 역시 명문대에 다니고 있었다. 식당에 세금 문제나 재정적 문제가 발생해 가족 경제에 어려움이 생기면 나이 많은 형과 누나가 개입해서 해결해주었다. 데번도 식당일과 학교생활, (다양한) 악기 연습에 열심히 임했지만 누나와 형들이 보호해준 덕분에 부모님이 식당에서 어떤 심각한 문제를 겪든 별 부담을 느끼지 않았다. 누나와 형들은 그렇게 동생을 응석받이로 키우면서도—엘리자베스는 데번에게 비싼 식사를 사주는 것을 좋아했다—데번이 어린 시절에 너무 책임감 없이 자라서 자기들 같은 원동력이 없을까 봐 걱정했다.

데번이 브리스틀에 있는 고등학교에 진학했을 무렵에는 경기 침체로 세수가 감소하고 인구수도 줄어들면서 학교 예산 역시 크게 삭감된 상태였다. 과거에 첸 남매가 누렸던 기회들, 예를 들면 대형 크리스마스 퍼레이드에서 다른 악단들과 함께 공연하기 위해 잉글랜드로 떠나는 여행 등이 더이상 제공되지 않았다. 뛰어난 학생들을 위한 수준 높은 공인 교육과정인 국제 바칼로레아 프로그램—첫째부터 셋째는 전부 참여했다—역시 종료되었다. 공이 올스테이트 밴드에 합격했을 때 학교 측에서는 30여 명의 이름을 더 넣을 수 있을 만큼 넉넉한 크기로 명판을 주문 제작했다. 그러나 공이 졸업한 이후 단 한 사람도 그 명판에 이름을 올리지 못했다.

누나와 형들처럼 데번도 고등학교 졸업생 대표였던 것은 사실이다. 그러나 남매들이 안심하기에는 2등과의 점수 차이가 너무 적었다. 누나와 형들은 데번이 텔레비전을 너무 많이 보고 비디오게임을 너무 많이 한다고 걱정했다. "데번도 그럭저럭 잘했어요." 엘리자베스는 한숨을 쉬며 이렇게 말했다.

데번이 고등학교에 다닐 때 누나와 형들은 같은 집에서 데번을 밀어붙일 형제자매가 하나도 없어서 데번이 자신들과는 너무 다른 경험을 하게 될까 봐 우려했다. 엘리자베스는 각자 자신이 있는 곳에서 독서모임을 하자는 아이디어를 떠올렸다. 데번이 최소한 누나 형들과 활발하게 대화할 수 있을 만큼이라도 어려운 책을 꼼꼼히 읽게 하기 위해서였다. 삼 남매는 한 달에 한 번 영상통화를 하며 그 달의 책에 대해 토론했다. 그렇게 오바마 대통령이 추천한 인류 역사에 관한 책 《사피엔스》와 베트남 이민자 가족의 이야기가 담긴 그림책 《우리가 했던 최선의 선택》을 읽었다. 데번이 대학에 지원할 때도 삼 남매가 책임을 분담해 1명은 에세이, 1명은 지원서, 1명은 시험 준비를 도왔다. 데번은 자신이 가장 실망시키고 싶지 않은 사람이 어머니가 아니라 누나와 형들이라고 말했다.

2018년 가을, 데번은 다트머스대학교에 입학했다. 그는 피아노와 바이올린, 색소폰 등 가장 많은 악기를 연주했지만 악기를 배우는 태도는 첸 남매 중 가장 무성의했다. 어머니의 요구 앞에서는 가장 편한 길을 택했는데, 데번은 자신이 적극적으로 실력을 갈고닦으며 음악에서 위안이나 기쁨을 얻기보다는 연습하는 척만 했다고 말했다. 어머니가 언제 분노를 쏟아낼지 확신할 수 없었던 데번은 어린 시절 거의 내내 복통을 앓았다. 고등학생이 되자 체벌이 사라졌고 연습을 더 하라는 어머니의 요구에서 자신을 감정적으로 분리할 수 있었지만—그때쯤 데번은 어머니의 요구가 얼마나 비이성적인지 알았다—어쨌거나 연습은 계속했다. 어머니의 감정 기복에 시달리는 것보다는 그 편이 더 수월했기 때문이다. 데번은 브리스틀에서 자신을 가르쳐준 음악 선생님들께 감사함을 느끼지만 누나 형들이 놀라워할 만큼 음악사 수업과 합주를 오롯이 즐긴 것은 어린 시절에 살았던 집을 떠나 다트머스에 온 이후였다. 결국 음악과 컴퓨터과학을 복수 전공한 데번은 새로운 환경에서 음악과의 관계를 다시 정립한 후에야 음악을 즐길 수 있게 되었다. 이제야 자기 가치를 증명하거나 어머니의 욕망을 채우기 위해서가 아니라, 음악 그 자체를 위해 색소폰을 연주하게 된 것이다.

데번은 2023년에 다트머스대학교를 졸업하고 아마존에서 일자리를 얻었다. 이제 그는 전문지식을 쌓고 돈을 쏠쏠히 벌고 형제자매가 없는 시애틀로 이사할 것이었다. 데번은 사업가 정신의 사례, 즉 부모님의 선례를 따르지 않고 거대 기업에 취직했다. "누나와 형들은 일하기 위해 사는 사람들이에요. 저는 살기 위해 일하는 사람이고요."

기술업계 종사자인 공은 기업 창립자들에게서 볼 수 있는 의지, 어떻게 보면 망상으로 보이기까지 하는 그 의지를 자기 어머니에게서 발견한다고 말했다. 이런 사람들은 자신이 산을 옮길 수 있고 자기 뜻대로 사람들을 움직일 수 있고 거대한 장애물을 극복할 수 있다고 지나치게 확신한다. 이따금 공은 어머니가 그러한 과업을 실제로 해냈음을 인정하기도 한다. 잉과 시안은 쉬지 않고 뼈 빠지게 일해서 네 자식을 엄청난 특권의 세계로 밀어넣었다. 첸 남매는 자식의 출세를 위해 고되게 일한 부모님에게 감사함과 경외감을 느끼면서도 한편으로는 과거를 돌아보며 강렬하고 복합적인 감정과 분노를 느끼기도 한다. 공은 그 영향이 지금도 남아 있음을 안다. 이를테면 그는 직장에서 자신이 실수를 저질렀을지 모른다는 생각만으로도 극심한 스트레스에 휩싸인다.

자식들이 전문직을 얻은 지 한참이 지난 지금도 잉은 아무도 요청하지 않은 진로 조언을 해주곤 한다. 데번은 대학원에 가야 하지 않겠니? 공도 대학원에 가는 게 안 낫니? 잉에게 교육은 부동산만큼 좋은 것, 손으로 만질 수는 없어도 내가 소유할 수 있고 언제나 나의 성장에 도움이 되는 것이었다.

오랫동안 잉은 자식들을 위한, 그러나 실은 자신을 위한 꿈을 꾸었다. 그 꿈은 바로 가족의 재결합이었다. 수많은 부모가 자기 자식이 세계를 정복하길 바라지만 세상이 얼마나 넓은지, 그 야심이 자식들을 어디로 데려갈지에 대해서는 그다지 깊이 고민하지 않는다. 최근 몇 년간 잉은 잠시 식당 문을 닫고 자식들을 만나러 가는 사치를 누렸다. 그러나 자식들이 가족의 식당 사업에 합류한 이웃 친척들처럼 손주들이 가까운 곳에 사는 것과는 결코 같지 않았다.

잉은 기회와 인맥이 있는 도시에서의 화려한 삶으로 자식들을 쏘아 올렸지만, 요즘도 가끔 브리스틀을 떠나기로 한 자식들의 결정을 다시 생각해보곤 한다. 잉이 보기에 공이 현재 스테퍼니, 두 자녀와 함께 살고 있는 샌프란시스코는 지진과 대형 산불이 없는 브리스틀에 비해 너무 위험하다. 이따금 잉은 공에게 말한다. 이것저것 생각해봤을 때 네가 집으로 돌아오는 것을 고민해보는 게 좋겠다고.

8장

양육의 영향을 찾아서

옥스퍼드대학교의 통계유전학 교수이자 유전학의 패러다임을 바꾼 논문의 저자인 오거스틴 콩 역시 중국 가정에서 성장했다. 그의 가족은 운이 좋아졌다가 나빠졌다가 다시 좋아지는 부침을 겪었다. 오거스틴의 부모님은 공산주의 정권이 집권하기 전에 홍콩으로 이주했고, 그 과정에서 상당한 재산을 잃었다. 결국 과거의 경제적 지위를 완전히 되찾지는 못했지만 오거스틴의 아버지는 어찌저찌 공장을 열어 1970년대에 가족 구성원 7명(오거스틴과 그의 형제자매 4명, 그리고 삼촌과 고모)을 미국으로 유학 보낼 수 있을 만큼 충분히 돈을 모았다. 오거스틴은 아버지가 가족에게 교육의 기회를 보장할 수 있었던 원동력이 고학력자였던 친할아버지에게서 나왔다고 생각한다. "아버지는 자신이 최선을 다해 우리의 교육을 지원하지 않으면 할아버지를 저버리는 거라고 생각했을 거예요."

오거스틴은 캘리포니아공대에서 수학을 전공하고 하버드에서 통계학으로 박사학위를 받은 뒤 우연히 유전학 연구에 발을 디뎠다. 그리고 2018년 그가 〈사이언스〉에 발표한 논문이 그해 유전학 분야에서 가장 중요한 논문 중 하나로 선정되었다. 이 연구에 자극받은 많은 과학자들이 자신의 데이터를 새로운 시각으로 재검토하게 되었다. 오거스틴의 논문은 유전학을 도구로 사용해 부모의 양육이 어떻게 자녀의 성공에 기여하는지를 새로운 방식으로 분석할 수 있게 해주었다.

연구자들은 이제 타액이나 피를 소량 채취하는 것만으로 한 사람이 가진 유전적 구성요소 대다수와, 개인의 발달에 영향을 미치는 선천적·후천적인 돌연변이에 관한 정보를 주기적으로 수집할 수 있다. 최근 몇 년간 DNA검사가 점차 정교해지면서 통계학자와 유전학자가 수백만 명의 개별 유전체 데이터를 분석할 수 있게 되었다. 이처럼 표본 수가 충분히 많아진 덕분에, 오늘날 유전학자들은 수많은 유전적 변이와 특정 소질 및 결과 사이에서 작지만 의미 있는 관련성을 포착하고 있다.

처음에 오거스틴 같은 연구자들은 주로 환자의 유전체와 건강 사이의 관련성을 밝히는 데 관심이 있었다. 수천 가지 종류 중 어떤 유전자 변이가, 이를테면 체질량지수나 암 발병 위험과 관련이 있을까?

학교를 얼마나 다녔는가 같은 교육 정도도 분석에서 고려할 수 있는 요인이었기에, 연구자들은 종종 사람들에게 관련 정보를 제공해달라고 요청했다. 시간이 흐르면서 교육 정도에 관한 유전적 데이터가 충분히 모인 결과, 연구자들은 개개인의 학교 체류기간과 관련된 유전적 변이 수백 가지를 파악할 수 있었다. 그 이후로도 데이터가 계속 모여서 이제 그 수가 4천 개를 넘어섰다. 교육기간과 유전적 변이 사이의 관련성은 중요하지만 너무 미묘해서, 개개인의 수준에서 결과를 유의미하게 예측할 수는 없다.

부모의 유전자는 유전되지 않을 때조차 영향을 미친다

오거스틴이 일하던 아이슬란드의 기관은 대규모 유전체 데이터 세트에 접근할 수 있었는데, 연구자들이 아이슬란드인 2만 1천 명을 그 부모와 비교할 수 있는 양이었다. 오거스틴은 부모에게서 물려받은 유전자가 자녀의 삶에 어떤 영향을 미치는지보다, 그런 유전자가 유전되지 않았을 때 어떤 일이 발생하는지에 더 관심이 있었다. 유전학자들은 대학 졸업과 관련된 유전적 변이를 물려받은 아이들이 더 높은 확률로 대학을 졸업하리라 예상했다. 그렇다면 그 유전자를 물려받지 않은 자식들은 어떨까?

동물 연구자들은 전달되지 않은 유전자가 자식에게 막대한 영향을 미칠 가능성을 오래전부터 고려해왔는데, 이러한 인과관계는 '유전적 양육genetic nurture'이라는 이름으로 알려져 있다. 예를 들어 어떤 소에게 우유를 많이 만들게 하는 유전자가 있다면, 그 소의 새끼들은 우유 생산과 관련된 유전자를 물려받지 않았어도 더 덩치 크고 건강하게 자라날 확률이 높고, 그러므로 우유도 더 많이 생산할 수 있다. 그러나 유전적 양육이 인간에게 어떻게 적용되는가 하는 문제는 최근 들어서야 연구자들에게 크게 관심받기 시작했다.

오거스틴의 연구결과는 어떻게 해석하느냐에 따라 환경의 영향력을 강조하는 사람들과 유전론자 모두에게 혼란이나 기쁨, 또는 실망을 안길 수 있었다. 오거스틴은 교육 정도와 관련된 유전자 변이들이 해당 유전자형을 물려받지 않은 자식의 교육 정도에도 상당한 영향을 미친다는 사실을 발견했다. (그 영향력은 실제로 전달된 유전자가 미치는 영향력의 약 30퍼센트 정도였다.)

부모의 유전자는 유전되지 않을 때조차 자녀의 교육 정도에 어느 정도 영향을 미치는 듯 보였다. 즉 그간 일부 연구자들이 유전자 자체의 영향력만 지나치게 강조하고 양육의 영향력을 과소평가했다는 뜻이었다.

프린스턴대학교의 사회학자이자 생물학 박사학위 소지자이기도 한 돌턴 콘리는 이렇게 말했다. "내 생각에 오거스틴의 논문은 모두에게 충격을 줬어요. 이제 유전학자들은 이렇게 말해요. '잠깐만, 당신이 유전자의 직접적인 영향이라고 말하는 것은 사실 어느 정도 환경의 영향입니다.' 하지만 유전학자들은 사회과학자들에게 이렇게 말할 수도 있죠. '이봐요, 당신이 환경(양육의 영향력)을 측정하고 있을 때 사실 당신이 측정하는 건 메타유전체입니다. 간접적이지만, 어쨌든 유전의 영향이라고요.'"

측정 가능한 삶의 성취인 교육 정도는 행동유전학 분야에서 언제나 다소 특이한 경향을 보였다. 아이의 교육 정도는 연구자들이 양육환경의 상당한 영향력을 확인할 수 있는 결과 중 하나다. 이란성쌍둥이는 키와 이혼율, 외향성 정도에서 큰 차이를 보일지 몰라도 대학 진학률은 비교적 유사한 경향을 보인다(그렇다고 일란성쌍둥이의 대학 진학률만큼 비슷한 것은 아니다).

특히 요즈음, 특히 미국에서, 부모가 가진 힘의 상당 부분은 자녀의 교육수준에 미치는 영향력과 밀접하게 연결되어 있다. 대학 졸업생은 결혼하고, 결혼생활을 유지하고, 집을 소유하고, 결혼이 주는 심리적 혜택을 누릴 확률이 고등학교만 졸업한 사람보다 더 높다. 대다수 경제학 연구자들은 대학 등록금이 너무 비싸서 빚더미에 앉을 위험 때문에 대학 진학을 주저하게 만드는 오늘날에도, 대학 졸업장이 장기적으로는 경제적 보상을 안겨준다고 생각한다.

하지만 교육 정도의 유전적 양육에 대한 연구에서, 정확히 무엇이 소의 엄청난 우유 생산과 똑같은 역할을 하는 것일까? 해당 유전자의 어떤 발현 형태(양육의 영향) 때문에 그 유전자를 물려받지 않은 아이들조차 교육 정도가 높아지는 결과가 나오는 것일까? 오거스틴의 논문은 전달되지 않은 유전자, 즉 부모의 행동이 어떻게 교육 정도에 영향을 미치는가 하는 문제에는 답하려 하지 않았다. 아마 이런저런 자질이 복잡하게 뒤섞인 탓이겠지만, 오거스틴이 강하게 끌리는 추측이 하나 있다. (교육적 성취의 한 사례로서) 부모가 대학에 진학한 것은 자녀의 대학 진학에 도움되는 환경을 조성하는 데 반드시 필요한 조건이 아니었다. 실제로 교육수준이 높은 사람들에게서 흔히 발견되는 유전적 변이를 많이 지니고 있던 아이슬란드의 어머니 중 다수가 대학에 진학하지 않았고, 그 나이대 여성 중 제때 대학에 진학한 사람은 거의 없었다. 그럼에도 그들의 유전자는 자녀에게 간접적으로 영향을 미쳤다.

그 이후로 유전학자들은 오거스틴의 연구결과에서 여전히 중요한 통찰을 얻을 가능성을 배제하지 않은 채로, 그의 연구에 환경적인 혼란 변수가 있었을지 모른다고 문제를 제기했다. 오거스틴과 협력한 대니얼 벤저민은 만일 이 연구가 문제 제기를 버텨낸다면 "부모의 영향력 연구에 완전히 새로운 접근법을 제시할 것"이라고 말했다. 연구자들은 해당 유전자가 어떤 식으로 부모에게 영향을 미쳐서, 즉 부모의 어떤 행동과 연관되어서 그 유전자를 물려받지 않은 아이들에게까지 영향을 미치는지 파악하려고 노력할 수 있다. 그리고 그렇게 얻은 정보로 지금까지 실시된 양육 연구 전체를 혁신적으로 확장할 수 있다.

오거스틴은 사회심리학자나 발달심리학자는 아니지만 한때 누군가의 어린 자식이었고, 모두가 그렇듯 성장환경이 자신에게 어떤 영향을 미쳤을지 돌아보곤 한다. 오거스틴은 본인과 네 형제자매뿐만 아니라 삼촌과 고모까지 미국으로 유학 보낸 아버지의 영웅적 행위에 분명 깊은 인상을 받았다. "완벽한 사람은 아무도 없습니다. 제 아버지도 절대 완벽한 사람이 아니지만, 이 대단한 일 하나만은 해내셨죠." 오거스틴은 7명의 미래에 크나큰 가능성을 열어준 것이 아버지 인생의 가장 큰 업적이라고 생각했다.

과학은 이론에서 출발하고, 이론은 종종 개인적 경험에서 비롯된다. "저는 사실―지금 시점에 이건 순전한 추측입니다만―교육 정도와 강한 관련이 있는 변이 상당수가, 말하자면 사람을 더 똑똑하게 만드는 변이가 아니라고 생각합니다. 저는 이런 변이들이 일종의 미래 계획 능력과 관련된 변이, 또는 '만족 지연' 변이라고 생각해요. 이 사람들은 미래를 내다보고 계획하는 경향이 더 강합니다." 오거스틴은 이들이 미래의 이익을 위해 현재의 고통을 견딜 수 있는 사람들, 오거스틴의 아버지가 종종 그랬듯 자녀에게 미래를 생각하라고 말하는 사람들, 힘들고 고된 시간이 끝난 후에(그런 시간은 늘 있을 수밖에 없다) 찾아올 보상을 위해 힘든 일이나 공부를 참아내는 사람들이라는 이론을 세웠다. 이들은 푸저우의 호텔방에서 3일간 홀로 앉아 두고 온 아이들 생각에 눈물 흘리면서도 그들 앞에 기다리고 있는 미래를 떠올릴 수 있는 사람들이다. 이들은 대학 졸업장이 훗날 보상을 가져다주리라 믿으며, 어린 나이에 집으로부터 멀리 떨어진 대학에 진학해 학업과 농사일을 몇 년씩 번갈아가며 하는 사람들이다.

더 나아가 오거스틴은 이들이 특정 방식으로 미래를 떠올리는 사람들일지 모른다고 생각했다. "희망을 갖는 것은 매우 중요합니다. 희망을 잃으면 동기도 사라지기 때문입니다. 이런 사람들에게는 모든 것을 다 해내면 상황이 좋아지리라는 낙관주의와 희망이 있어요. 이렇게 동기가 생기면 노력을 기울이게 되고요. 반면 안 좋은 상황이 더 나아지지 않을 거라고 믿으면 노력을 쏟지 않게 됩니다. 미래 계획도 세우지 않을 거예요."

수학을 전공하고 통계학으로 박사학위를 받아 유전학자가 된 오거스틴은 사회심리학의 고전 원리인 기대-가치이론과 비슷한 것에 도달한 듯 보였다. 즉 행복한 결과를 기대하지 않으면(최소한 희망이라도 없다면) 가치 있는 그 어떤 목표도 추구할 동기가 생기지 않는다는 것이다. 그러나 약간의 믿음만 있어도 훨씬 멀리 나아갈 수 있고 전혀 보장되지 않은 미래의 기쁨을 위해 현재의 지루함이나 상실, 고통을 참아낼 수 있다는 오거스틴의 생각은 다소 진부하게 들릴 수도 있다. 만족을 지연하는 사람들은 무언가를 맹목적으로 믿는 사람들일까, 아니면 전반적으로 더 낙관적인 것일까? 그게 아니라면 그저 자신에 대한 믿음이 더 강한 것일까?

개별화된 멘토링의 중요성

언젠가 공 첸이 예일대에 다닐 때 동문 자녀였던 한 친구가 '천성 대 양육'이라는 언제나 흥미진진한 주제로 대화를 꺼냈다. 그 학생은 자신이 매일매일 하루 10시간씩 농구를 연습해도 절대 뛰어난 농구선수는 되지 못할 거라면서 공에게 유전자의 한계에 대해 설명하려 했다. 어쩌면 이 친구는 보수적인 대중과학서를 읽고 있었을지도 모른다. 특정 인구가 하층 계급에서 벗어나지 못하는 이유 역시 유전자 때문이라고 말했기 때문이다.

공은 "그 자리에서는 정말 무슨 말을 해야 할지 몰랐어요"라고 말했다. 공은 자신이 그 친구가 생각하는 하층 계급 출신이라고 밝히기가 꺼려졌다. 그 친구가 자기 부모님을 어떻게 생각할지도 알 수 없었다. 만약 공의 가족이 중국에 남았고 세 자녀 가정을 처벌하는 정부 정책이 유지되었다면, 아마 공의 가족 역시 언제까지나 하층 계급에서 벗어나지 못했을 터였다. 그리고 그 사회적 지위는 가족의 능력을 반영하는 것이 아니라, 인간종의 유지를 위해 반드시 필요한 생식의 욕망을 억압하는 비인간적인 정부 정책의 결과였을 것이다. 공은 환경과 문화적 맥락이 중요하다는 사실을 알았다. 친구의 SAT 점수가 자기보다 높다고 해서, 그 친구가 에둘러서 주장한 것처럼 친구의 유전자가 더 우월한 것은 아니라고 생각했다. 그건 친구의 가족이 공은 누릴 수 없었던 온갖 종류의 값비싼 과외에 돈을 댔기 때문일 가능성이 높았다. 그러나 공은 친구에게 아무것도 설명할 수 없었다. 그 친구는 단 하나의 종류의 환경, 즉 이런저런 장애물을 완화해줄 재정적 완충 장치를 갖춘 환경밖에 몰랐기 때문이다.

어쩌면 공도 남다른 어머니와 도움을 아끼지 않은 브리스틀 공동체가 없었다면 아무리 재능이 많았어도 결국 그 기회들을 누리지 못했을지 몰랐다. 잉은 아이들이 좋은 영향을 받을 수 있도록 브리스틀에 거주하는 고학력자들을 끌어들이는 데 맹렬히 몰두했고, 가족의 소득 수준으로는 누릴 수 없는 사치를 어떻게든 자녀에게 제공했다. 첸 남매는 꽤 어렸을 때 첫 번째 무료 피아노 강습을 마친 뒤 근처에 있는 기독교 대학인 킹대학교에서 학생들을 가르치던 음악학 석사학위 소지자에게 강습을 받았다. 데번은 동시에 두 선생님에게 피아노 강습을 받은 적도 있다(공은 이 사실을 믿을 수 없었다). 두 번째 선생님이 미시간대학교에서 음악학 박사학위를 받은 사람이었고 잉은 도저히 이 기회를 놓칠 수 없었다. 데번에게 처음 바이올린을 가르친 선생님은 지역 교향악단의 악장이었다.

첸 남매는 음악 수업을 받은 덕분에 연주 실력을 키우고 기회를 얻을 수 있었다. 그러나 그 선생님들이 첸 남매에게 음악을 가르치지 않고, 그저 일대일 또는 소규모로 좋은 시간을 보냈더라도 이들의 미래는 더 밝아졌을지 모른다.

2008년에 헬렌 네빌이 이끄는 오리건대학교의 신경과학자팀이 한 연구결과를 발표했다. 처음에 이들은 이 연구를 통해 음악 교육이 취약계층 아이들에게 특히 큰 도움이 된다는 사실을 증명할 수 있으리라 생각했다. 규모는 작지만 매우 흥미로운 이 연구는 음악 훈련이 주의력을 개선해서 '여러 다양한 인지능력'을 향상시킨다는 가설을 확인하고자 했다. 이 연구를 위해 취약계층 아동을 위한 연방정부 복지프로그램인 헤드스타트에 등록된 학생들 중 일부가 소규모로 매일 1시간 미만씩 음악을 배웠다. 연구자들이 설정한 다른 집단의 학생들은 학생과 교사 비율이 똑같이 낮은 소규모 형태로 음악 훈련 대신 집중력 훈련을 받았다. 또 다른 집단의 학생들은 역시 친밀한 소규모 형태로 전형적인 헤드스타트 커리큘럼의 교육을 받았고, 마지막 집단의 학생들은 전형적인 학급 규모(교사 2명당 학생 20명)로 똑같은 헤드스타트 커리큘럼을 따랐다.

연구자들은 실제로 음악을 배운 학생들이 전보다 집중력이 좋아지고 더 능숙하게 숫자를 다루며 인지능력 퀴즈도 더 잘 풀게 되었음을 발견했다. 소규모로 집중력 훈련을 받은 아이들도 마찬가지였다. 그런데 음악이나 집중력을 특별히 강조하지 않고 소규모로 평범한 헤드스타트 커리큘럼을 따른 집단에서도 똑같은 결과가 나타났다. 개선 효과가 나타나지 않은 유일한 집단은 대규모로 평범한 헤드스타트 커리큘럼을 따른 집단이었다.

연구진이 내린 잠정적 결론에 따르면, 소규모 집단에서 어린이들의 능력이 향상된 것은 "보통 음악 훈련에는 일대일이나 소규모로 학생을 지도하는 시간이 수반되는데, 이러한 시간 자체가 집중력을 훈련할 기회를 늘리기 때문"일 수 있었다.

부모들은 음악 훈련에 집중력을 강화하는 힘이나 풍성한 인지적 혜택이 있으리라 생각할 수도 있다. 그러나 네빌의 연구에 따르면 음악 교육은 학생이 학습 과정에서 교사(보통 고학력자)와 일대일로 시간을 보낼 수 있는 드문 과외활동이라는 데 그 가치가 있을지도 모른다.

잉만 첸 남매를 위해 노력한 것은 아니었다. 네빌의 연구에서 매우 가치 있는 것으로 드러난 종류의 기회를, 브리스틀 공동체도 처음부터 첸 남매에게 제공했다. 첸 남매는 어렸을 때 또래 미국인 아이들에 비해 교육자들과 친밀한 시간을 더 많이 보냈다. 처음에는 학교에서 삼 남매에게 영어교사를 붙여주었다. 학교가 끝나면 역시 셋이서 ESL 자원봉사자인 앤절라 소프에게 영어를 배웠는데, 훗날 매디슨위스콘신대학교의 컴퓨터과학과 행정부에서 일한 앤절라는 수생태학 석사학위가 있는 고학력자였다. 앤절라는 첸 남매의 영어 실력이 좋아진 후에도 오랫동안 매주 아이들과 시간을 보냈다. 그리고 삼 남매와 가까워진 뒤에는 아이들이 각자 창의성을 발휘할 수 있게 도왔다. "엘리자베스의 생일을 맞아 중국 설화를 바탕으로 '금발 공주'라는 제목의 연극을 올렸던 것이 기억나요. 아이들이 직접 무대에 올랐죠." 앤절라는 삼 남매와 함께 게임을 만들었고, 남매가 성장한 뒤에는 같이 나들이를 갔다. 남매의 첫 극장 방문, 상하이중식당이 아닌 식당에서의 첫 식사 모두 앤절라와 함께한 것이었다. 삼 남매가 학교생활을 잘 헤쳐나가면서 결국 앤절라는 멘토이자 가족의 친구 같은 존재가 되었다.

데번이 12살이었을 무렵 누나와 형들은 일상에서 데번을 도와주기에는 너무 멀리 떨어져 있었다. 그러나 잉은 오랜 세월에 걸쳐 성인 친구들과 영향력 있는 인물들, 롤모델을 확보해두었다.

가끔 집에 돌아온 공이 보기에는 데번의 음악 수업 일정이 지나치게 빡빡해 보였다. 마치 어머니가 막내를 향한 야망으로 마지막 발악을 하는 것 같았다. 잉은 그저 데번을 비디오게임에서 떼어놓으려는 것이라고 했지만 그뿐만은 아니었다. 잉은 갈수록 자원이 줄고 학교 예산이 삭감되는 지역에서 아들이 적극적인 고학력 멘토들을 일대일로 만날 수 있는 방법을 찾고 있었다.

잉은 아들이 이런 수업에서 무엇을 얼마나 얻는지, 편하게 쉬거나 친구들과 어울릴 시간을 얼마나 빼앗기고 있는지 분명 제대로 알지 못했다. 그러나 어떤 면에서 잉의 본능은 더 예리했을지 모른다. 지난 10년간 쌓인 탄탄한 연구결과에 따르면 주기적으로 양질의 과외지도를 받는 것이 학급 규모를 줄이거나 여름학교를 통해 수업을 보충하는 등의 다른 개입보다 학생의 학업성적 향상에 더 도움이 되는 것으로 나타났다. "과외지도는 그간 엄격한 평가를 거친 여러 교육개입 중 가장 효과가 좋다"라고, 2021년 논문에서 브라운대학교의 교육경제학 부교수인 매슈 크래프트는 말했다. 크래프트가 2024년의 미출간 논문에서 자세히 설명한 후속연구에 따르면, 265개의 실험을 분석한 결과 과외지도가 중학교에서 약 1년간 공부한 것과 같은 수준으로 학생의 학업성적을 향상시키는 것으로 나타났다. 또한 이 연구는 수업의 규모가 커질수록 개인 지도의 효과가 감소하는 것을 발견했는데, 크래프트는 이 사실이 과외의 잠재력을 부정한다기보다는 해결해야 할 문제라고 이해한다.

개별화된 멘토링의 중요성에 관한 가장 훌륭한 연구는 독일에서 이루어졌다. 이 연구에서 대학생들은 '록 유어 라이프Rock Your Life'라는 이름의 프로그램을 통해 대학생 수백 명을 최소 일주일에 한 번씩 취약계층 가정으로 보냈다(그중 4분의 1이 이민자 가정이었다). 이 실험은 청소년에게 크나큰 영향을 미쳤는데, 경제학 지표에 따른 이들의 노동시장 가치가 크게 높아진 것이다. 또한 이 실험은 어린이에게도 좋은 영향을 미치며 성격 변화라는 불가능해 보이는 목표까지 달성했다. 실험에 참여한 어린이들은 처음보다 더 '친사회적'으로 변했고, 친절한 태도로 타인을 변호하고 돕고 위로하고 협력하는 모습을 더 많이 나타냈다.

자녀를 더 호기심 많고, 적극적이고, 지적 자극을 누리는 사람으로 키워야 한다는 부담이 오롯이 부모에게만 전가되어서는 안 된다. 첸 부부처럼 경제적 어려움을 겪는 부모라면 더더욱 그렇다. 돈에 쪼들리는 부모는 자녀를 세심하게 지도할 수 있는 기질과 재능을 갖추었다 해도 아마 시간이 부족할 것이다. 수입과 지출을 겨우 맞추고, 두 곳에서 일하거나 한 곳에서 장시간 일하고, 서로 다른 세 종류의 쿠폰을 들고 서로 다른 세 종류의 가게에 들르고, 무언가가 고장나면 사람을 부르는 대신 직접 고치는 데는 시간이 많이 든다. 잉의 자녀들은 어머니의 뛰어난 수완과 매력의 혜택을 받았다. 첸 남매에게 크나큰 고통을 준 그 의지 덕분에, 잉은 남매에게 남다른 기회를 제공할 수 있었다.

오거스틴이라면 가장 영향력 있는 잉의 자질, 첸 남매에게 가장 큰 도움이 된 자질이 바로 가족을 위해 장기적인 안목으로 결정을 내린 것, 즉 자신을 희생하며 18개월 동안 아이들과 떨어져서 레스토랑에서 장시간 일한 것이라고 말했을 것이다. 잉은 자신이 줄 수 있는 것을 아이들에게 주었다. 그것은 때로는 너무 과했고 때로는 충분치 못했지만, 결국 잉이 아이들에게 품은 가장 대담한 희망을 현실로 이뤄냈고 아이들 역시 그러한 어머니의 업적을 인정한다. 이제 자신도 어머니가 된 엘리자베스는 마음속에서 잉의 양육방식과 화해한 듯 보인다. 엘리자베스는 말했다. "어머니는 본인이 생각하는 최선의 방식으로 저희를 키우셨어요."

9장

파울루스 가족

예술가로 키워내기

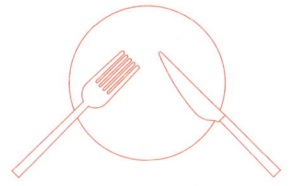

어렸을 때 일상 속에서 다른 가족들을 관찰하며 혼자 연구를 이어간 것 외에, 나는 다른 가족들에 관한 책을 읽는 일도 좋아했다. 특히 산업효율 전문가인 프랭크 벙커 길브레스의 열두 자녀 중 2명이 쓴 그 유명한 회고록 《한 다스면 더 싸다 Cheaper by the Dozen》에 나오는 온갖 의례와 의식이 나를 사로잡았다. 나는 길브레스의 아이들처럼 일과를 기입하는 차트를 쓰고 싶었다. 그랬다면 매일매일 키와 몸무게를 적는 의무를 성실하게 이행했을 것이고, 그전에 몸을 씻고 양치를 했다는 사실도 제대로 기록했을 것이다. 나는 길브레스가 특유의 호루라기를 불어 아이들을 소집할 때마다, 내가 있었다면 가장 먼저 도착했을 거라고 생각하곤 했다. 목적이 분명하고 엄격한 그 생활방식이 마음에 쏙 들었고, 내 안에 있는 자제력의 가능성이 깨어나지 않았을까 봐 걱정스러웠다. 나는 이 책을 쓰면서 만난 남다른 가족들이 길브레스

가족이나 케네디 가족처럼 자녀에게 극한의 훈련을 실시하고 있으리라 예상했다. 영화 〈로얄 테넌바움〉에서 벤 스틸러가 연기한 홀아비가 불특정 비상사태 시 집에서 빨리 탈출하기 위해 두 아들에게 고강도 반복훈련을 시키듯이 말이다.

그러나 나는 그런 가족의 부모가 알프레도와 아말리아처럼 강하고 존경받는 인물이긴 해도 가족을 먹이고 입히느라 너무 바빠서 내가 생각하는 '기업가형 양육', 즉 유용한 능력을 키우고 야망을 북돋고 미래의 목표를 중심으로 형제자매를 결속한다는 분명한 목적을 추구하는 양육이라는 사치를 부릴 여력이 없다는 사실을 발견하곤 했다. 내가 알게 된 부모 중에는 어쩔 수 없이 자녀의 곁에 있어주지 못한 경우도 있었다. 취재 초반에 네 자녀가 전부 종신교수가 된 한 이민자 가족을 소개받았는데, 결국 그들은 자신의 성장 이야기를 들려주지 않기로 결정했다. 부모님이 근근이 힘겹게 생활을 꾸려가는 동안 방치되어야만 했던 과거를 다시 떠올리기가 너무 고통스러웠기 때문이다. 그들의 어린 시절을 남다르게 만든 요인은, 그게 뭐든 간에 기업가형 양육과는 정반대에 있었다.

또한 우리는 자녀의 남다른 성공이 부모가 들인 노력의 증거처럼 보이는 기업가형 양육의 사례만 접하게 되는 경향이 있다. 부모의 지시에 따라 '할 수 있다'라는 주문을 외웠지만 시간이 흐르면서 자신은 할 수 없다는 사실, 예를 들어 소설을 완성하거나 국가대표팀에 들어가거나 기술산업에 혁명을 일으킬 수 없다는 사실을 깨닫게 된 사람들의 이야기는 우리 귀에 잘 들려오지 않는다.

우리는 데니즈 모리슨처럼 크게 성공한 사람들의 생생한 회고를

접한다. 그녀는 2013년 링크드인에 '아버지에게 배운 인생 교훈'이라는 제목의 짧은 글을 올렸다. 당시 모리슨은 캠벨수프의 CEO였고, 모리슨의 여동생 매기 와일더로터는 프런티어커뮤니케이션스의 CEO였다(현재는 도큐사인의 회장이다). 〈월스트리트저널〉의 2011년 보도에 따르면 역시 미국 기업의 임원인 두 자매가 더 있는 데니즈와 매기 자매가 모두 미국의 상장 대기업을 이끄는 최초의 사례였다. 링크드인에 올린 글, 그리고 자매들이 참여한 여섯 차례의 다른 인터뷰에서 모리슨은 성취 지향적인 가족문화를 생생하게 보여주며 AT&T의 전 임원이자 전형적인 기업가형 부모인 아버지 데니스 설리번에게 그 공을 돌린다. 설리번의 집에서 아이들은 마치 학교가 곧 직장이고 자신들은 높은 인센티브를 받는 회사 직원인 듯했다. A를 맞으면 추가로 용돈을 받고 C 이하를 맞으면 지급금이 삭감되었다. 두 자매는 매주 책 한 권을 읽고 구두나 서면 중 자신이 선호하는 방식으로 보고해야 했다. 매주 해야 할 일이 적힌 쪽지 하나가 각자의 일 항아리에 들어 있어서, 그 주가 끝날 때까지 해당 집안일을 마무리해야 했다(아니면 협상에 대한 인센티브로서 다른 자매와 해야 할 일을 바꿀 수도 있었는데, 아마도 《한 다스면 더 싸다》에 나온 유사한 내용에서 영감을 얻은 듯하다). 〈월스트리트저널〉의 2007년 기사에 따르면 자매의 아버지는 오전 6시에 자매를 깨워서 온 가족이 함께 맨손 체조를 했다. "우리집에서 '못 해요'라는 말은 금지어였어요." 데니스는 《쟁취하다: 비즈니스 세계 정상에 오른 선구적 여성들이 힘겹게 얻은 교훈 Earning It: Hard-Won Lessons from Trailblazing Women at the Top of the Business World》에서 이렇게 과거를 회상했다. "부모님은 이렇게 말하곤 하셨죠. '그런 말은 우리 사전에 없어.'"

이런 기업가형 양육 이야기는 흥미롭기도 하지만—양육을 책임지는 성인에게 얼마나 큰 자제력과 집중력이 요구되는지가 뚜렷하게 드러난다—한편으로는 생각만으로도 지치는 느낌이 들 수 있다. 바로 이러한 이유에서 나는 로런스 파울루스라는 기업가형 부모의 양육방식에 각별한 애정을 느낀다. 자녀의 삶을 풍성하게 만들기 위한 파울루스의 남다른 양육방식은 성취보다는 자신이 사랑하는 것들을 자녀가 놓치지 않고 똑같이 경험하기를 바라는 마음에 더 초점이 맞춰져 있기 때문이다.

물질보다 감각을 풍요롭게 하다

순수예술을 다루는 텔레비전 프로그램의 제작자였던 로런스는 뉴욕 WCBS-TV 방송국에서 나름 성공적인 커리어를 쌓았다. 로런스와 그의 아내 테루코는 맨해튼에 있는 방 2개짜리 비좁은 아파트에서 자녀 3명을 키웠다. 로런스는 독학으로 뜨문뜨문 음악을 배웠고, 유명한 예술작품을 내놓은 적도 없다. 그러나 그는 드러나지 않은 뉴욕의 위대한 인물 중 하나이자, 뉴욕의 에너지에서 힘을 얻고 다시 본인의 열정을 통해 더 많은 에너지를 만들어내는 종류의 사람이었다.

로런스는 이런 자신의 열정에 종종 온 가족을 끌어들였는데, 그와 테루코가 당시 11살이었던 첫째 재닛과 10살이었던 스티븐, 태어난 지 겨우 두 달 된 막내 다이앤을 데리고 웨스트 66번가로 향한 1966년 9월 16일 저녁도 그런 날 중 하나였다. 〈뉴욕타임스〉의 기사처럼 "위대한 사회 Great Society 정책하에서 기대 이상의 성과를 낸 사람들" 수백 명이 티아라와 흰색 연미복, 시폰드레스 차림으로 레드카펫 위를 걸어 창문이 환히 빛나는 새 건물 쪽으로 향하고 있었다. 파울루스 가족은 링컨센터에 있는 분수 옆에 자리잡았다. 사람들은 메트로폴리탄오페라하우스의 개막 공연을 관람하러 그곳을 찾은 것이었고, 초연이었던 그날의 공연은 새뮤얼 바버의 오페라 〈안토니우스와 클레오파트라〉였다.

극장 안의 관객들은 공연을 보고 크게 실망했고, 심지어 실패작이라는 말까지 나왔다(다음날 〈뉴욕타임스〉의 평론가는 "예술의 측면에서 볼 때 그날 저녁의 거의 모든 것이 전반적으로 실망스러웠다"라고 단언했다). 그러나 극장 바깥에 있던 로런스는 자신이 위대한 것을 경험했다고 느꼈다. 파울루스 가족은 공연 티켓을 살 형편이 못 됐지만 로런스는 문화사에서 매우 중요할 그 행사에 물리적으로나마 가까이 있고 싶었다. 그래서 온 가족이 건물 바깥에 앉아 공연 실황을 즐길 수 있도록 미리 트랜지스터라디오를 준비했다. 라디오는 다이앤의 유아차 안에 놓여 있었고, 그 결과 다른 오페라 애호가들이 같이 공연 실황을 들으려고 가족 주위로 모여들었다. 로런스는 식사자리에서 종종 이날의 경험을 회상하며, 너무나 뉴욕스러웠던 이 장면에서 자기 가족이 일종의 (주변부) 스타가 된 것을 무척 자랑스러워했다. 오래도록 지워지지 않고 남아 있는 이미지 중 하나는 그 순간의 드라마와 전율, 넋을 잃은 낯선 사람들의 시선을 감지하고 있었을 아기 다이앤의 모습이다. 결국 다이앤은 미스터리한 힘의 중심에 있다는 느낌을 자아내고 함께 나누는 일에 평생을 바치게 된다.

로런스와 일본에서 태어난 그의 아내 테루코는 여러모로 평범한 사람들이었지만 자녀 양육을 평생의 업적이자 최고 수준의 창의적 표현으로 여겼다는 점에서 독특한 부모이기도 했다. 부부의 첫째 아이인 재닛 파울루스는 세계 최고의 오케스트라와 협연하는 전문 하프 연주자로 성장했다. 둘째이자 외아들인 스티븐 파울루스는 여러 뉴스 채널의 본보기 역할을 하는 뉴욕의 혁신적인 지역 뉴스채널 NY1을 설립하는 데 중요한 역할을 했다. 막내인 다이앤 파울루스는 당대 가장 영향력 있는 현대극 연출가 중 하나이자 주류 관객이 생각하는 연극의 가능성을 확장한 혁신가다.

"저는 늘 부모님을 생각해요. 저의 멘토이자 루마니아의 유명한 연극 오페라 감독인 안드레이 세르반은 '훌륭한 배우는 무대 위에서 자기 자신뿐만 아니라 자신의 조상까지 품고 있다'라고 말하곤 했어요. 정말 아름다운 생각이죠. 그런데 이 말은 사실이에요. 배우들은 그 순간 자기 자신뿐만 아니라 자기 앞에 있었던 모든 것이 돼요. 제가 부모님을 생각하는 방식도 이와 비슷해요."

독일에서 이민 온 소방관의 아들로 태어난 로런스 파울루스는 1930년대 초에 처음으로 연극을 향한 사랑을 키우기 시작했다. 어렸던 로런스는 동네의 여름 전용 극장에서 무대에 오르고 자신이 연기에 재능이 있음을 깨달았다. 배우의 길을 가볼까 고민했으나, 1941년에 징집되어 입대해야만 했다. 파울루스 가족의 이야기에 따르면 연극이 로런스의 목숨을 살린 것일지도 몰랐다. 군대 사무직 면접에서 로런스는 윌리엄 사로얀의 희곡 〈그대 인생 최고의 시간 The Time of Your Life〉

에 나오는 대사를 읊었다. "토대 같은 건 없다. 그곳이 어디든." 맥락은 모르겠지만 이 선택이 면접관에게 깊은 인상을 남겼고, 결국 로런스는 사무직에 채용되었다(그가 타이핑을 할 줄 알았던 것도 도움이 되었다). 로런스는 전쟁 내내 미국을 떠나지 않았고, 실제 전투에 한 번도 참여하지 않은 채로 중위까지 진급했다.

로런스는 전쟁이 끝난 뒤에야 미국 밖으로 나갔다. 선택권이 주어지자 연합군의 일본 점령의 일환으로 남은 임기를 도쿄에서 보내기로 한 것이었다. 도쿄에서 그는 미국에서는 오로지 꿈만 꿔볼 수 있었던 연극의 기회를 붙잡았다. '동양의 라디오시티 뮤직홀'이라는 이름으로 알려진 어니파일극장에서 대중적인 오락극을 연출한 것이었는데, 어니파일극장은 미 점령군이 일본의 극장을 압류해 새로 이름 붙인 곳이었다. 로런스는 관객 3천 명을 앞에 두고 공연을 올렸고, 노엘 카워드의 희곡 〈사생활 Private Lives〉에서 아내에게 퇴짜 맞은 강직한 남편 빅터 역을 직접 연기했다. 〈스타스 앤드 스트라이프스〉의 기자는 이 공연이 "여러 점령군의 장교와 고위급 시민"으로 이루어진 수많은 관중에게 "대단한 폭소"를 자아냈다고 보도했다.

1947년, 당시 33살이었던 로런스는 백화점에서 쇼핑을 하다가 카운터에서 일하고 있는 19살의 일본 여성을 만났다. 그 여자의 손가락에 베인 상처가 있는 것을 보고 로런스가 말을 걸었다. "아야, 아야." 그는 여자가 영어를 잘 못하리라 짐작하고 손가락을 가리키며 말했다. "네, 손가락을 베였어요." 테루코가 말했다. 이 일화는 앞으로 펼쳐질 그들의 관계를 상징적으로 보여주었다. 이 관계는 의도는 선했지만 가부장적이었던 로런스의 충동에서 시작되었고, 매우 유능한 여성인 테루코는 이를 받아들였지만 때로는 인내심을 발휘해야 했다.

로런스는 미국인 기준에서도 몹시 사교적인 인물이었고 점령군의 일원이었다. 승승장구하며 자신감 넘치는 상태로 일본에 도착한 그는 꿈의 직업이었던 연극을 향한 열정을 마음껏 폭발시켰다.

그와 달리 테루코는 자신이 알던 세상이 무너지는 모습을 지켜보아야 했다. 테루코가 다니던 대학은 잿더미로 변했다. 꽃을 수출입하던 아버지의 사업은 진주만공격 직후 와해되었다. 도쿄대공습 때 테루코는 목숨을 건질 수 있기를 바라며 공동묘지에서 잠을 잤다. 이후로도 한평생 불꽃놀이를 피했는데, 하교하던 중 한 블록 너머에서 터진 폭탄 소리와 너무나 비슷했기 때문이다. 전쟁이 끝날 무렵 테루코는 고아가 되어 있었다. 17살이었던 그녀는 전쟁에 참전해 몸이 쇠약해진 오빠를 등에 업고 구호소가 나타날 때까지 수킬로미터를 달렸고, 오빠가 건강을 되찾을 때까지 직접 병간호를 했다. 테루코의 또 다른 오빠는 일본군으로 전투에서 싸우다가 목숨을 잃었다.

로런스와 테루코는 이런 주변 환경의 차이 외에 기질적인 면에서도 확연하게 달랐다. 테루코가 자신을 잘 통제하고 집중력이 뛰어났다면, 로런스는 익살스러운 타고난 쇼맨이었다. 그럼에도 두 사람의 자녀들은 처음 만난 두 사람이 서로의 어떤 면에 끌렸는지 이해할 수 있었다. 두 사람을 서로에게 이끈 것은 각자가 지닌 매력, 예술을 향한 공통의 사랑, 안정감을 향한 갈망이었다. 두 사람은 사적 관계 금지 규정을 어기고 도쿄의 어느 언덕에 작은 은신처를 마련했다. 이곳에서라면 자신들의 관계를 들키지 않으리라 생각했지만, 어느 날 헌병대가 집을 급습하면서 목가적인 나날들은 끝이 났다. 둘의 거의 모든 소지품이 압류되었다. 테루코는 잠시 구금되었고, 로런스도 일주일 간 정직 처분을 받았다. 둘의 관계는 비밀과 불확실성으로 가득했고, 두 사람의 이야기는 사실상 오페라나 다름없었다. 이 모든 일이 지나고 테루코가 20살을 맞이한 1948년, 둘 사이의 로맨스는 급작스레 끝이 났다. 로런스가 전 세계를 여행하겠다며 도쿄를 떠난 것이다.

"배를 탄 지 4시간밖에 안 지났는데 테루코를 매일 볼 수 없다는 게 이상하고 힘들 거라는 걸 벌써 느낄 수 있어." 로런스는 1948년 크리스마스 이틀 뒤에 친구에게 보낸 편지에서 이렇게 말했다. "테루코는 멋진 여자고, 지금 나 때문에 처한 상황보다 더 나은 대접을 받아야 해. 테루코는 진짜 힘든 시험대에 오르게 될 거야. 내 인생이 쓰인 책을 들여다보고 테루코가 정말 나의 운명인지 확인하고 싶다는 생각을 종종 해. 하지만 35년간 독신으로 산 나로서는 정착을 고려하기가 쉽지 않아." 이렇게—파울루스 남매는 성인이 된 후 아버지의 편지를 발견할 때까지 부모님의 이 시기에 대해 잘 알지 못했다—테루코는 '불쌍한 나비들', 즉 미군에게 버림받은 일본인 여성들 무리에 합류하게 되었다. 로런스는 부모님에게 보내는 편지에서 테루코보다 더 헌신적인 여자는 없다는 사실을 자기도 안다고 말했다. 동시에 그는 일본에서든 미국에서든 "편견이 극심한 옹졸한 사람들"에게 시달리는 삶을 맞이할 준비가 아직 안 되어 있었다.

로런스는 18개월 동안 전 세계를 여행했다. 상하이를 시작으로 뭄바이와 카이로, 마르세유, 런던을 거쳐 미국으로 돌아왔고, 그러는 내내 우편과 전화로 테루코와 계속 연락했다. 테루코는 로스앤젤레스에 사는 언니와 함께 일하며 미국 입국을 노렸고, 마침내 1950년

9월에 또 다른 언니가 살고 있는 시카고에 도착했다. 그리고 텔레비전 업계에서 막 커리어를 쌓기 시작한 로런스에게 경제적 도움을 받아 뉴욕으로 자리를 옮긴 뒤 스태튼아일랜드에 있는 작은 가톨릭대학교를 다니면서 로런스의 요청에 따라 가톨릭으로 개종했다.

전쟁이 끝나고 5년 후, 각각 로스앤젤레스와 시카고에 사는 언니들과 멀리 떨어져 살던 테루코는 이미 자신을 한 번 버린 적 있는 14살 연상의 미국인을 다시 한번 믿어보기로 결정했다. 언니들은 미국인과의 결혼을 반대했고, 결국 테루코의 가족 중 누구도 두 사람의 결혼식에 참석하지 않았다. 테루코는 좀처럼 강렬한 감정을 드러내지 않는 조용한 여성이었다. 파울루스 남매는 테루코의 말년에야 어머니가 자기 미래에 베팅한 대가를 지금도 얼마나 많이 곱씹고 있는지를 서서히 이해하기 시작했다.

두 사람은 테루코(미국인 친구들은 테리라고 불렀다)가 26살, 로런스가 41살이던 1954년에 결혼했다. 그리고 빠르게 두 아이를 낳았다. 1955년에 첫째 재닛이, 1년 뒤에 스티븐이 태어났는데, 이 무렵 부부는 넓고 저렴한 집을 찾는 제대군인 가족들의 물결에 따라 롱아일랜드 메릭에 살고 있었다. 1960년 부부는 다시 뉴욕시 어퍼웨스트사이드로 이사했다. 텔레비전 생방송의 전성기이던 그 당시 로런스는 뉴욕 CBS방송국에서 일하고 있었고, 아이들이 잠들기 전에 걸어서 집으로 퇴근할 수 있기를 바랐다. 몇 년 사이 수많은 가족이 교외로 떠났지만 테루코와 로런스는 맨해튼 생활을 고집했다. 예술을 사랑하고 자녀에게 헌신하는 부부에게는 이것이 타당한 선택이었다. 로런스는 현대의 양육문화에서 흔히 보이는, 자녀 양육에 깊이 관여하는 아버지였다. 그는 아이들을 애지중지 아꼈고, 풍성한 경험을 제공하려고 애썼으며, 아이들과 보내는 시간을 무엇보다 우선시했다.

그 무렵 로런스는 연기나 연출을 하고 싶다는 희망을 접고 CBS에서 가장 호화로운 예술 프로그램의 제작책임자로 일하며 자기 일에서 문화적 충족감을 얻었다. 로런스와 테루코는 두 자녀가 로런스의 일에서 얻을 수 있는 혜택을 반드시 누리게 했다. 이들 가족은 CBS에서 방영되어 널리 사랑받은 레너드 번스타인의 청소년 음악회를 관람하러 뉴욕 필하모닉 공연을 찾았다. 로런스는 살바도르 달리를 소개하고 표도르 도스토옙스키의 작품을 드라마화했으며 〈오셀로〉에 파격적으로 흑인 배우를 캐스팅했던 CBS의 예술 프로그램 〈3번 카메라〉 세트장에 종종 재닛과 스티븐을 데려갔다. 그 세트장에서 피아니스트 글렌 굴드와 볼쇼이발레단의 스타들을 아이들에게 소개했고, CBS의 30인조 오케스트라를 지휘했던 알프레도 안토니니를 집으로 초대해 저녁식사를 함께하기도 했다.

8살이었던 재닛에게 하프를 교육시켜야겠다고 결정한 로런스는—그렇게 하면 재닛이 특별해질 수 있다고 생각한 것이었는데, 특별함은 재닛보다는 로런스가 더 중시한 가치였다—CBS TV 스튜디오 오케스트라의 하프 연주자인 펄 처톡에게 하프 연주가 없는 간주곡 때 재닛이 옆에 앉아 있게 해달라고 부탁했다. 그의 부탁에 응한 처톡은 알고 보니 동네 이웃이기도 했다. 그때 파울루스 가족은 링컨센터에서 겨우 몇 블록 떨어진 링컨타워에 살고 있었다. 이 주택 단지는 예술가와 학자, 작가, 음악자들이 모여 사는 하나의 동네였다. 훗날 유명한 음악 교육자가 된 처톡은 재닛이 연습에 사용할 수 있도록 작은 하프를 빌려주었고, 수업에 열심히 집중한 성실한 소녀 또는 로런스를 향한 애정으로, 강습비를 단 한 번도 청구하지 않았다.

로런스가 자녀에게 큰 포부를 품었다는 사실은 그가 식사자리에서 거듭 이야기하는 20여 개의 일화 중 하나에서도 잘 드러난다. 1962년 그리스계 캐나다인 소프라노 테레사 스트라타스가 CBS의 퀴즈 프로그램인 〈진실을 말해봐〉에 출연했다. 로런스는 관객석에서 스트라타스의 어머니를 발견하고 대화를 나누다 자신이 진짜로 묻고 싶었던 질문을 넌지시 던졌다. 따님을 그렇게 성공한 인물로 키워낸 비결이 뭐죠? 스트라타스의 어머니가 내놓은 대답이 이 이야기의 절정이었다. "땅콩버터를 많이 먹이면 됩니다!"

로런스가 이 어이없는 결론의 이야기를 즐겨 말한 것을 보면, 자신의 질문이 스트라타스 어머니의 코믹한 대답을 낳았다는 사실을 그가 어느 정도 자각하고 있었음을 알 수 있다. 파울루스 가족의 삼 남매는 자신들이 예술계 종사자가 되어야 한다고 부모님이 미리 결정했다는 데 모두 동의하지만, 부모님의 명확한 사명을 원치 않는 압력으로 경험한 적이 한 번도 없었다는 데에도 모두가 동의한다. 로런스는 전염성이 강한 활기찬 열정의 소유자였고, 테루코는 비판 없이 삼 남매를 지지해주었다. 만일 가족이 여전히 메릭에 살고 있었다면 로런스와 테루코는 아이들에게 동네 극장의 오디션을 보라고 권했을지 모른다. 그러나 이곳은 맨해튼이었고, 이들 가족에게 동네 극장은 링컨센터였다. 뉴욕주립극장(현재는 데이비드 H. 코흐 극장)에서 첫 공연인 〈왕과 나〉를 준비하던 1964년, 테루코는 당시 9살과 8살이던 재닛과 스티븐을 데리고 시암 왕의 자녀 역할 오디션을 보러 갔다. 스티븐의 회상에 따르면 당시 오디션장은 아시아인처럼 보이려고 기모노를 입고 눈에 짙은 아이라인을 그린 백인 아이들로 가득했지만, 테루코는 그런 노력을 기울이지 않았다. 재닛과 스티븐은 요청에 따라 최선을 다해 몸을 쭈그리고 점프하고 달렸지만 결국 둘 다 오디션에서 떨어졌다. 아니, 적어도 둘은 자신들이 오디션에서 떨어졌다고 생각했다. 스티븐은 어른이 된 후에야 자신은 오디션에 합격하고 누나 재닛은 불합격했다는 사실을 알게 되었다. 테루코는 둘 다 하거나 둘 다 안 하거나라고 단호히 결정했다. 예술은 기쁨을 주고 자신감을 얻기 위해 하는 것이므로, 만약 재닛이 가슴 아픈 거절을 경험해야 한다면 스티븐 홀로 기회를 잡는 것은 아무 의미가 없었다.

기회는 안타깝게 놓쳤지만 파울루스 가족은 그렇게 수준 높은 공연의 오디션에 참여할 수 있었던 것 자체를 감사하게 여겼다. 로런스에게 맨해튼은 각종 문화행사와 예술인들을 우연히 만날 수 있는 이상적인 장소였고, 그 모든 만남이 로런스가 뉴요커로서 쌓은 고유한 정체성의 일부가 되었다. "빰빰빰 빰!" 한번은 길에서 지휘자 주빈 메타를 보고 베토벤 〈교향곡 5번〉의 그 유명한 도입부를 우렁차게 노래한 적도 있었다. (주빈 메타는 "음이 틀렸소!"라는 말로 응수했다.) 다이앤은 자신이 어렸을 때 부모님과 길을 가다가 우연히 존 레넌과 오노 요코를 만난 적이 있다는 이야기를 들었다. 로런스는 당시 아이가 없던 존 레넌과 오노 요코가 파울루스 부녀를 보고 발걸음을 멈췄다고 말했다. 로런스와 테루코는 유명인이 아니었지만, 1950년대 후반에 인종이 다른 부부로서 아이를 낳았다는 점에서는 선구자나 다름없었다.

뉴욕의 거리는 로런스에게 언제나 열려 있는 무대와도 같았고, 부끄러움이 많은 아이였던 재닛에게 이 사실은 큰 고통이 될 수 있었다. 재닛은 같이 길을 걷다가 아버지가 자기 팔을 꽉 붙잡으면 무언가 나쁜 일이 벌어진다는 뜻임을 잘 알았다. 보통 그 나쁜 일이란 아버지가 목청껏 노래를 부르는 것이었다. "아버지는 제가 수줍음이 많다는 걸 아셨어요. 전 그냥 어디 가서 숨고 싶었어요. 하지만 제가 도망치지 못하도록 아버지가 저를 꽉 붙잡았죠. 제가 수줍음을 덜 타고 더 쇼맨십을 갖추게 하려는 심산이었어요."

로런스의 기획자다운 본능, 이를테면 재닛과 스티븐을 셰익스피어 공연의 배우로 세우겠다는 계획은 가족의 집이라는 사적 공간 안에서 더 흔쾌히 받아들여졌다. 연출가 조지프 팝이 당시 새로 지은 델라코테 야외극장에서 처음으로 셰익스피어 공연을 무대에 올렸던 1960년대 초, 로런스는 지역채널인 WCBS-TV를 도와 이 공연을 텔레비전으로 생중계했다. 재닛과 스티븐은 1964년에 이 '셰익스피어 인 더 파크'의 〈햄릿〉 공연을 관람했다(이 공연은 지역채널에서 광고 없이 3시간 연속으로 방영되었다). 어느 날 로런스는 이 공연에서 자기 자식들이 연기하는 모습을 보고 싶어졌다. 스티븐이 로미오 역할을 맡고 재닛이 줄리엣 역할을 맡으면 어떨까? 재닛이 10살이었을 때, 로런스는 재닛과 스티븐에게 발코니 장면의 대사를 외우게 했다.

"로미오, 로미오, 어찌하여 당신은 로미오인가요?" 재닛은 나와 대화하던 중에 자신이 지금도 그 대사를 기억하고 있다는 걸 보여주려고 대사를 암송했다. "아버지를 잊고 그 이름을 버리세요. 아니면 사랑의 맹세라도 해주세요. 그러면 저도 캐퓰릿이라는 이름을 버리겠어요."

재닛은 과시하는 행위를 대체로 불편해했지만, 아버지가 자신들에게 풍성한 문화생활을 제공하려고 애써준 것에는 감사함을 느꼈다. 링컨타워로 이사하기 전에 파울루스 가족은 더 업타운 쪽에 있는 작은 아파트에서 살았는데, 그 아파트 벽에는 세계지도가 붙어 있었다. 식사를 할 때면 로런스는 기다란 지시봉으로 지도 위의 한 나라를 가리켰다. 그리고 재닛에게 먼저 그 나라의 이름을 말해보라고 한 뒤 그 나라에 있는 도시 5개의 이름을 대라고 했다. "시험 같은 건 아니었어요. 억지로 한 것도 아니었고요. 그보다는 끊임없는 학습에 가까웠죠. 그게 우리의 일상이었어요."

재닛이 고등학교에 진학할 때가 되자, 부모님은 러시아의 교육자 탈리아 마라가 설립한 작은 학교인 국립발레아카데미에 재닛을 입학시켰다. 집에서는 차분하게 자녀를 지지해주던 부모님이었지만, 발레아카데미의 엄격한 교육방침에 마음이 끌린 것이 분명했다. 재닛이 또래에 비해 키가 크고 자세가 구부정했던 것이 부모님이 발레학교를 선택한 이유 중 하나였지만, 재닛은 수업을 받을 때 자신의 키가 발레에 적합하지 않다는 느낌을 종종 받았다. 이 학교의 요구사항은 때때로 너무 가혹했다. 쪽 맨 머리에서 머리카락이 흘러내린 학생은 수업에서 쫓겨났다. 14살이었던 재닛은 매일 밤 집에서 발레화를 묶을 리본을 다림질했다. "우리가 받은 교육은 근면함과 존경심, 겸손함, 정직함에 토대를 두고 있었어요. 그래서 가끔은 아픈 진실도 열린 마음으로 받아들여야 했죠." 마치 파울루스 부부가 재닛의 훈육을 외부에 위탁한 뒤 평온하고 따뜻한 가정생활로 힘든 수업을 견딜 만하게 만들어준 것 같았다. 학교와 집이 모두(또는 이 사안에서 부모가 모두) 강압적이었다면 재닛은 반항하거나 학교를 그만뒀을지도 모른다.

테루코의 자기 통제력과 근면한 노동관은 그녀의 일터이기도 했던 가족의 작은 아파트에서 늘 뚜렷하게 드러났다. 노련한 재봉사였던 테루코는 아이들을 사립학교에 보내기 위해 집에서 작은 사업을 시작했다. 천과 이런저런 부재료가 가득한 침실 앞 복도에서 늦은 밤까지 바느질하는 날이 많았던 테루코는 이 작업장을 잘나가는 1인 인테리어 기업으로 키워냈다. 그녀는 커튼과 쿠션, 정교한 물결 무늬의 식기 받침과 식탁보를 만들어서 파크애비뉴에 있는 부티크들에 직접 홍보하고 판매했다. 결국 테루코는 팜비치에 사는 손 큰 부자들도 단골고객으로 끌어들일 수 있었다. 한번은 재클린 케네디가 테루코의 식탁보로 만든 치마를 입은 사진이 〈위민스 웨어 데일리〉에 실렸다. 그 모습이 어찌나 널리 찬사를 받았는지 윈저 공작부인인 월리스 심프슨이 테루코를 월도프타워에 있는 자기 집으로 초대해 똑같은 옷을 만들어달라고 할 정도였다. 테루코는 링컨타워에 있는 아파트를 떠나는 일이 좀처럼 없었지만, 사립학교뿐만 아니라 이런저런 수업과 공연 티켓, 값비싼 악기처럼 맨해튼에서 아이들에게 주고 싶은 기회를 제공하기 위해 돈을 버느라 거의 언제나 일하며 주문을 처리했다.

테루코의 프로젝트는 창의성이 필요한 일이었지만 언제나 처리해야 할 주문이 기다리고 있었다. 다이앤은 11살 때 꼭 보고 싶었던 공연을 보러 테루코와 함께 브로드웨이에 갔다가 조명이 꺼지자마자 엄마가 잠들어서 실망했던 기억이 있다. "잔뜩 심술 났던 것이 기억나요. 어떻게 그 와중에 잠들 수 있느냐고 생각했죠." 하지만 어른이 된 뒤에는 어머니가 얼마나 지쳐 있었을지, 일을 멈추고 의자에 앉는 것이 어머니에게 얼마나 드문 일이었을지 생각하면 가슴이 찢어진다고 말했다.

테루코나 로런스는 자녀에게 제공해주고 싶은 예술적 경험이 있는데 돈이 부족할 경우 본인의 재능을 이용해 기어코 그 경험을 제공했다. 로런스는 피아노를 마련하려고 존경받는 피아노 조율사이자 강사인 한 친구에게 건반을 분리한 뒤 다시 완벽하게 조립하는 법을 배웠다. 그렇게 종종 경매에서 낡은 피아노를 구입해 수리했고, 자신이 잠재력을 최대한으로 끌어올릴 수 있는 더 좋은 피아노가 시장에 나오면 기존의 피아노를 팔았다. 재닛이 처음 소유한 하프는 윌리처사의 오래된 스타크 모델이었는데, 로런스는 이 하프를 170달러를 주고 구매해서(해당 모델 중 상태가 좋은 것들은 당시에도 5천 달러가 넘는 가격에 팔렸다) 하피스트인 또 다른 친구의 도움을 받아 하프 줄을 교체했다.

어린 시절 재닛은 여름마다 미시간에서 열리는 일류 음악캠프에 참여해 하프를 배웠다. 재닛이 2학년에 올라갈 무렵 이 학교에서 연중 기숙학교에 다닐 수 있는 부분 장학금을 제안하자 파울루스 부부는 크게 기뻐했다. 재닛은 오늘날 인터로컨예술아카데미라는 이름으로 알려진 이 학교의 제안을 받아들였다. 오케스트라에서 연주할 수 있는 동시에 실내악 경험도 쌓을 수 있다는 점에서 매우 중요한 기회였다고 재닛은 말했다.

재닛이 집을 떠나 기숙학교에 입학한 사건이 로런스에게 영감을 불어넣은 듯했다. 이제 재닛이 부분 장학금을 받았고 테루코의 사업도 잘되고 있으니, 스티븐도 사립학교에 보낼 수 있었다. 이번에는 해외로 보내면 어떨까? 스위스에 있는 학교에 다니면 스키도 배우고 프랑스어도 유창하게 말할 수 있을 터였다. 스티븐이 14살을 앞두고 있던 1970년 여름, 로런스와 스티븐은 스위스를 여행하며 여러 기숙학교를 둘러보았고 결국 스티븐은 그중 한 학교에 진학했다. 때로는 10개월 연속으로 가족을 만날 수 없었고, 국제전화 요금도 터무니없이 비싸던 시절이었다.

"아버지의 추진력 덕분이었어요." 스티븐이 말했다. "아버지가 이런저런 일들을 밀어붙이면 우리는 '알겠어요'라고 했죠." 테루코는 자식 둘을 먼 곳으로 보내는 기분이 어떠했든 (재닛은 어머니가 몹시 가슴 아파했으리라 생각한다) 그 결정을 받아들였다. "어머니는 한 번도 불만을 드러내지 않으셨어요." 재닛이 말했다. "아버지의 광기와 새로운 아이디어를 그저 견뎌내셨어요."

발레학교가 대다수 부모는 강요하기 어려운 수준의 엄격한 생활을 재닛에게 제공했듯이, 기숙학교 생활도 매우 체계적으로 짜여 있었고, 그러한 경향은 1970년에 특히 심했다. 어린 소년들은 한 달에 한 번 머리를 깎았고, 교사들과 격식 있는 관계를 유지했으며, 소등시간은 저녁 9시 30분이었다.

스티븐이 유럽에 있는 기숙학교에 다닐 때에도 로런스는 아이들이 어디로 더 멀리 모험을 떠날 수 있을지 계속해서 고민했다. 방랑벽은 사실상 파울루스 가족의 가치관이었고, 로런스는 자신이 18개월간 전 세계를 여행한 이야기를 들려주며 그 가치관을 더더욱 강화했다. 인도에서 인형극단에 합류하고, 베니스로 향하는 화물선에서 선장과 함께 식사를 하고, 프랑스에서 이탈리아로 아코디언을 불법 운반하고, 아테네의 목욕탕에 들어가고, 레스토랑 비평가 행세를 하며 유럽 전역의 별 3개짜리 식당에서 무료 식사를 얻어낸 그였다.

어느 날 로런스는 〈뉴욕타임스〉를 넘겨 보다가 고등학교 2학년과 3학년을 대상으로 하는 바다 위 학교에 관한 기사를 읽었다. 그 학교 학생들은 7개월간 노르웨이의 대형 범선을 타고 북아프리카와 남아메리카, 카리브 일부 지역을 들를 예정이었다. 로런스는 스티븐에게 관심 있느냐고 물었고, 그렇다고 대답한 스티븐은 결국 기숙학교를 그만두고 바다 위 학교에 입학했다. 스티븐은 바다 한가운데서 밤하늘을 수놓은 오로라를 구경했다. 그는 해먹에서 자면서 선원으로 장시간 일했다. 배 위에서 쫄딱 젖은 채 보낸 날들도, 사람들이 거의 찾지 않는 벽지의 항구에서 보낸 날들도 있었다. 스티븐은 "제 인생 최고의 경험이었어요"라고 말했다.

성인이 된 재닛은 음악아카데미에 입학하기로 한 결정을 돌아보며 더 복잡한 심경을 느꼈다. 이 학교 덕분에 커리어를 쌓을 수 있었다는 점은 인정하지만, 그 안에는 통렬한 후회가 뒤섞여 있었다. 재닛은 부모님께 감사함을 느끼면서도 한편으로는 기회를 붙잡는 데 상실이 따른다는 것(어린 시절 부모님 집에서 보낼 수 있는 시간이 줄었다는 것)을 인식하고 있다. "부모님이 내린 결정을 의심한 적은 한 번도 없었고 무조건 부모님을 신뢰했어요. 그 대가가 무엇이었는지는 나중에서야 깨달았고요."

야구를 좋아하는 부모가 자기 아이를 재빨리 어린이 야구단에 등록시키는 것처럼, 파울루스 부부는 아이들이 예술계에 진입할 수 있는 지점을 열심히 찾았다. 테루코는 바느질을 할 때 종종 볼륨을 최대로 높이고 오페라를 들었다. 가장 위대한 형태의 예술은 바로 오페라라고, 테루코는 확신을 품고 아이들에게 말하곤 했다. 그리고 스티븐이 12살이 되자 성악 수업에 보냈는데, 스티븐은 수업에 고작 두 차례 나간 뒤 그만두었다. 아무도 다시 수업에 나가보라고 권하지 않았으나, 그 이후로 스티븐이 어떤 성공을 거두든 테루코는 그가 오페라 가수라는 진정한 소명을 놓친 것처럼 여겼다고, 훗날 다이앤의 남편이 된 기업가이자 동료 연극 연출가이며 고등학생 때부터 파울루스 가족을 잘 알았던 랜디 와이너는 말했다. 테루코가 그러한 아쉬움을 얼마나 여러 번 표했는지 랜디는 점점 이 상황을 우스꽝스럽다고 여기게 되었는데, 스티븐이 성악에 재능이 있다고 판단할 근거가 전혀 없었기 때문이다(스티븐 본인도 자신은 그런 재능이 없다고 내게 장담했다). 랜디는 "스티븐을 알고 지낸 지 40년인데, 그 친구가 노래하는 것을 말 그대로 한 번도 들어본 적이 없어요"라고 말했다.

재닛과 스티븐은 로런스와 성격이 달랐고, 로런스는 때때로 그 사실에 놀라고 심지어 짜증스러워했다. 로런스가 지도하고 본보기를 보였어도 두 자녀를 더 외향적으로 만들지는 못했다. 로런스가 공공장소에서 갑자기 우렁차게 노래를 부를 때면 재닛은 안절부절못하며 몸을 숨기려 했는데, 그래서 로런스는 노래를 부르기 전에 재닛의 팔을 움켜쥐었다. "아버지는 부끄러움을 많이 타는 스티븐과 저에게 크게 실망하셨어요. 집에 손님이 왔을 때 우리에게 피아노를 치게 하는 것은 이빨을 뽑는 것만큼 힘든 일이었어요. 그러다 제가 하프 수업을 받기 시작했는데, 아버지는 제가 사람들 앞에서 하프를 연주했으면

했고 저는 하기 싫어했어요. 정말 난처했죠."

스티븐보다 10년 늦게 태어난 다이앤은 늦둥이인 덕분에 가족의 사랑을 독차지했다. 가족에게 예상치 못한 활기와 새로움을 안겨준 다이앤은 메트로폴리탄 오페라하우스에서 개막공연이 열린 날 밤 링컨센터의 열광한 관객 한가운데에 있던 바로 그 아기였으며, 언니 오빠에게 듬뿍 사랑받는 귀여운 막내였다. 삼 남매 중 다이앤의 관심사와 본능이 로런스의 쇼맨 감성을 가장 자연스럽게 채워주었다. 어린 다이앤은 로런스가 제안하는 의상은 뭐든 입고 아버지의 지시에 따라 포즈를 취한 채 바보 같은 사진을 찍곤 했다. "다이앤이 태어나자 아버지의 전성기가 찾아왔어요." 재닛이 말했다. "안도감이 들 정도로요."

재닛은 스티븐이 다닌 스위스 기숙학교의 선생님이었던 영국인 손님이 가족과 함께 식사하던 날을 생생하게 기억하고 있다. 재닛은 아버지의 바람과 달리 손님 앞에서 하프를 연주하지 않으려 했지만, 아직 5살이 채 안 된 다이앤은 당당히 앞으로 걸어나가 감탄하는 관객 앞에서 하프로 〈런던 다리가 무너지네〉를 연주했다. 오랜 시간 열심히 연습해서 놀라운 실력을 습득한 자신은 불가능한 방식으로, 어린 여동생이 아버지의 소원을 너무나 손쉽게 이뤄주는 광경 앞에서 10대 재닛이 반은 안도하고 반은 놀라는 모습을 쉽게 상상할 수 있을 것이다.

다이앤이 태어난 1966년에 로런스와 테루코는 각각 52살과 38살이었다. 그때 파울루스 부부는 전보다 더 부유해져 있었고, 뉴욕의 사정에도 빠삭했으며, 자녀가 여러 예술프로그램을 이수하는 것을 지켜보고 다른 부모들과 정보를 나눈 경험도 있었다. 그럼에도 파울루스 가족은 자녀를 엘리트 사립학교에 보내는 집단에서 너무 멀리 떨어져 있었기에 다이앤에게 면접의 기회를 줄 수 없었다. 이 문제는 다이앤의 표준화 시험 점수가 월등히 높게 나오면서 해결되었다. 다이앤은 엘리트 여학교인 브리얼리Brearley에 입학해 그곳에서 13년을 배웠다.

로런스는 다이앤이 이미 갖고 있는 재능을 더욱 강화하는 데도 온 힘을 쏟았다. 그는 초등학생이었던 다이앤에게 〈뉴욕타임스〉를 큰 소리로 읽게 하고 다이앤의 발음을 교정했다. 다이앤이 텔레비전을 보는 것은 허락했지만, 그 시간에 자신을 전쟁터에 끌려가지 않게 해준 기술, 즉 타이핑을 익혀야 한다는 조건을 달았다. 다이앤은 〈소머즈The Bionic Woman〉나 PBS방송국의 프로그램을 보면서 동시에 속기를 연습하는 보기 드문 10살짜리 소녀였다.

또한 로런스는 클래식 작곡가의 자화상이 그려진 엽서로 일종의 포스터를 만들어 부엌 식탁에서 보이는 벽에 붙여놓았는데, 배치는 작곡가가 태어난 순서를 따랐다. 왼쪽 윗부분에는 하얗고 긴 가발을 쓴 헨델이, 그 옆에는 더 짧은 가발을 쓴 바흐가 있었고, 오른쪽으로는 하이든과 온화한 얼굴의 모차르트가 있었으며, 그렇게 작곡가들이 이어지다가 동그랗고 까만 안경을 쓴 완고한 표정의 쇼스타코비치에서 끝이 났다. 이들의 이름은 엽서에 쓰여 있지 않았지만, 이 위대한 작곡가들에게 감사하는 마음을 딸에게 심어주려 했던 아버지의 교육 덕분에 어린 다이앤은 한 사람 한 사람의 이름을 연대순으로 줄줄 읊을 수 있었다.

다이앤은 브리얼리에 입학할 무렵 다른 많은 소녀들이 그렇듯 동네에 있는 YMCA에서 무용 수업을 듣기 시작했지만 곧 학원을 옮겼다. 그곳은 링컨타워에 있는 집에서 겨우 몇 블록 떨어진 곳에 있는 뉴욕시발레단의 부속학교, 미국발레학교였다. 얼마 지나지 않아 다이앤은 뉴욕시발레단의 오디션을 통과했다. 그렇게 8살에는 〈호두까기 인형〉의 크리스마스 파티 장면에 등장하는 어린이 역할을 맡았고, 9살에는 조지 발란친의 지도 아래 〈불새〉의 무대에 올랐으며, 12살에는 〈할리퀸아드〉 공연에서 무대 위에 있는 무용수 4명 중 한 사람으로 바리시니코프와 나란히 춤을 췄다.

다이앤과 같은 시기에 뉴욕시발레단에서 활동한 한 소녀의 사진을 담은 질 크레멘츠의 1976년 포토저널리즘 책 《어리디어린 무용수 A Very Young Dancer》는 어린아이의 눈으로 바라본 예술세계의 신비함뿐만 아니라 그 안에서의 스트레스를 생생하게 보여준다. 무용 강사는 배에 힘을 주라고 10살짜리 아이를 압박하고 어머니들에게서 나올 수 있는 캐스팅 불만을 사전에 차단한다. 다이앤은 이처럼 엄격한 훈련이 힘들긴 해도 그 덕분에 무대에 오르는 사람이 몇 번이고 접할 수밖에 없는 가혹한 피드백에 익숙해졌다고 생각하게 되었다. "어떤 학생들은 그 앞에서 무너집니다." 다이앤은 2012년에 컬럼비아대학교 동창회지에서 이렇게 말했다. "저는 오히려 그런 피드백을 즐겼어요. 너는 아직 부족하다는 말에는 대단한 훈련 효과가 있습니다."

로런스는 아이들이 창의적인 활동을 할 수 있는 공간에 관한 신문기사를 늘 스크랩해서 모아두었다. 1969년에 맨해튼에서 설립된 최초전원어린이극단 First All Children's Theatre 에 합류해보라고 다이앤에게 제안할 수 있었던 것도 그래서였다. 극단의 창립자이자 예술감독이 1979년의 〈뉴욕타임스〉 기사에서 말했듯, 이 극단은 오로지 16세 이하의 배우들만 받으면서도 독창적이고 '매우 진지한' 오프오프브로드웨이 작품을 올렸다. 같은 기사의 내용에 따르면 감독들은 "잠재적 재능과 힘들고 엄격한 훈련에 성실히 임하려는 태도, 부모의 승인"을 기준으로 단원을 선발했는데, "단원으로 활동하겠다는 선택은 야심 많은 어머니나 아버지가 아닌 아이 본인이 내린 것이어야" 했다. 10살 무렵 이 극단에 합류한 다이앤은 3년 뒤인 1979년 《잭과 콩나무》를 소재로 한 〈클레버 잭〉이라는 작품에서 벤 스틸러와 함께 주연을 맡았다.

아무 조건도 흔들림도 없는
양질의 관심

다이앤이 13살이 되자 로런스와 테루코는 결정을 내려야 한다고 느꼈다. 그리고 다이앤이 어떤 진로를 선택해야 한다고 생각하는지, 당시 23살이던 재닛에게 의견을 물었다. 다이앤은 무용과 연기를 하고 있었지만 방과후 매일 성실하게 연습한 덕분에 피아노 실력도 매우 준수해서 인터로컨예술아카데미 입학을 노릴 수도 있었다. 하지만 정말 그래야 할까? 파울루스 부부는 당시 클리블랜드음악원을 졸업한 재닛에게 물었다. 다이앤을 음악학교에 보내야 할까, 아니면 프랑스어를 완벽하게 구사할 수 있도록 스티븐이 다닌 기숙학교 같은 곳에 보내야 할까? 재닛은 부모님이 자신에게 의견을 물어서 다행이라고 생각했는데, 이 사안에서는 생각이 확고했기 때문이다. "그러지 마세요. 집에 데리고 계세요."

재닛은 어린 여동생은 물론이고 부모님과도 더 많은 시간을 보내고 싶었다. 지나간 인생을 바꾸기엔 이미 늦었지만, 다이앤이 자신과 똑같이 후회하는 것은 막을 수 있었다. 재닛은 자신과 스티븐이 10대 초반에 학교 진학으로 집을 떠난 것이 얼마나 중차대한 일이었는지를 가족 중 누구도 제대로 이해하지 못했다고 생각했다. 아이들이 자신이 사랑하는 분야에서 잠재력을 발휘하겠다는 의지가 아무리 높아 보여도, 부모는 다음과 같이 답하기 어려운 질문을 던져야만 한다. 이 아이들은 꿈을 좇기 위해 자신이 무엇을 포기해야 하는지 온전히 이해할 만큼 충분히 성숙했는가? "한번 떠나면 다시는 돌아갈 수 없어요." 재닛의 생각이 너무 확고해서 결국 부모님은 재닛의 조언을 따랐다. 재닛은 가족과 대화를 나눌 때 자신이 다이앤 인생의 결정적 순간에 어떤 역할을 했는지를 종종 언급하곤 했는데, 이런 발언은 재닛이 스스로 얼마나 많은 것을 놓쳤다고 생각하는지를 증명한다. 또 다이앤이 뉴욕에서 부모님의 온전한 관심을 받으며 더 보호받는 고등학생 생활을 누리게 하는 데 재닛이 얼마나 큰 책임감을 느꼈는지를 잘 보여준다.

"다이앤은 정말 운이 좋았어요"라고 랜디는 말했다. "하지만 그건 다 재닛 덕분이었어요."

다이앤은 어머니와 더 많은 시간을 보낼 수 있었던 것이 자신이 누린 행운 중에서 큰 부분을 차지했다고 말했다.

로런스와 아이들의 교류에는 장난기와 에너지가 가득했다. 그러나 다이앤은 매일 테루코와 단둘이 시간을 보내면서 아무 조건도 흔들림도 없는 양질의 관심을 누렸다. 다이앤은 초등학교 1학년이나 2학년 무렵 매일 방과후에 어머니와 몇 시간이고 학교놀이를 했다. 선생님 역할을 맡은 자신이 학생 역할을 맡은 어머니를 가르쳤던 놀이였다. 이따금 테루코는 일 사이사이에 짬을 내어 다이앤과 링컨타워 근처에 있는 댐로시공원에 갔고, 그곳에서 다이앤은 다이애나 로스 같은 전설적인 가수들이 수천 명의 관중 앞에서 공연한 대형 야외무대에 올라가 노래하고 춤을 췄다. 그럴 때 다이앤은 어머니가 자신을 주의깊게 바라보고 있음을 느낄 수 있었다. 그때 테루코가 보인 관심은 실제로 다이앤이 뉴욕시발레단에서 웅장한 무대에 올라 춤출 때와 똑같았다. 테루코는 다이앤이 출연하는 공연을 빠짐없이 관람했고, 그건 며칠 밤 연속으로 공연 내내 극장 맨 뒤에 서 있어야 할 때도 마찬가지였다. 테루코는 그날 다이앤의 춤이 어땠는지에 대해서는 별말을 하지 않았다. 그저 끊임없이, 그러나 온화하게 관객석을 지켰다.

"어머니는 욕망 없이 깊이 바라보는 법을 아셨어요. 바라는 게 많은 부모와는 정반대였죠. 애를 밀어붙이고 가르치는 매니저 같은 엄마들 있잖아요. 스타 운동선수나 체조선수가 된 아이들 사이에서는 너무 흔한 이야기죠. 그런 엄마들은 아이를 몰아세워요. 우리 어머니는 욕망 없이 바라보는 매우 선불교적인 태도를 가지고 있었지만 늘 제 곁에 있었어요. 누군가가 바라봐주지 않으면 내 존재를 확인받을 수 없잖아요. 어머니는 제 평생에 그걸 해주셨고, 그 덕분에 내적 자신감이랄지 자아감이 생긴 것 같아요."

다이앤은 하버드대학교에 입학해 1988년에 우수한 성적으로 졸업했지만 그때까지만 해도 예술가로서의 삶을 어떻게 시작해야 할지 명확한 그림이 없었다.

다이앤은 재닛의 선례를 통해 2가지 사실을 알 수 있었다. 하나는 예술가로서 살 수 있다는 것이었고, 다른 하나는 예술가로 사는 삶이 힘들다는 것이었다. 로렌스가 재닛에게 하프를 권한 것은 하프가 독특한 악기이기 때문이었다. 그러나 모든 오케스트라에 필요한 하피스트는 단 한 사람뿐이었다. 단순히 하프를 옮기는 데만도 거대한 차량이 필요했다. 재닛은 하피스트로서 대단한 성취를 거두었지만—메트로폴리탄 오페라에서 〈라 보엠〉과 〈니벨룽의 반지〉를 연주했다—재닛과 첼리스트인 남편은 재닛이 마침내 멕시코 유수의 오케스트라 중 하나인 멕시코시티의 UNAM필하모닉오케스트라에서 수석하피스트 자리를 얻기 전까지 오랫동안 생계 유지에 어려움을 겪었다. 재닛의 삶을 통해 다이앤은 예술가로 산다는 것이 어떤 의미인지를 이해할 수 있었다. 그리고 어쩌면 다이앤은 언니 덕분에 자신 역시 더 안전한 길을 택하지 않고 고난을 맞닥뜨려도 된다고 느꼈을지 모른다.

대학 졸업 직후 다이앤은 연출가인 마이크 니컬스와 유명한 메소드 연기 강사인 조지 모리슨, 코미디극단 세컨드시티 The Second City의 공동설립자인 폴 실스가 만든 뉴액터스워크숍 New Actors Workshop에서 수업을 듣기 시작했다. 다이앤과 랜디는 비전통적인 장소에서 빠르고 즉흥적으로 만든 공연을 올렸는데, 예를 들면 어퍼웨스트사이드의 공동체 텃밭에서 〈십이야〉를 공연하는 식이었다. 뉴욕보다 부담이 덜한 환경에서 실험적인 연극을 하고 싶었던 다이앤과 랜디는 위스콘신 도어카운티에 농장이 있던 폴 실스의 제안에 따라 그곳으로 자리를 옮겼고, 뉴액터스워크숍을 통해 알게 된 다른 연극인들도 이곳에 합류했다. 그 과정에서 다이앤은 자신의 능력과 기질이 배우보다는 연출가에 더 적합하다는 사실을 깨달았다(에이전트에게 '베트남 술집 여자'처럼 보이지 않도록 프로필 사진을 다시 찍으라는 소리를 들었을 때 깨달은 통찰이었다). 도어카운티에서 다이앤과 랜디가 만들어낸 공연들은 그간 받았던 연극 훈련을 남김없이 활용하는 동시에, 잃을 것은 적고 실험할 여지는 많았던 예술가들의 느슨한 에너지를 덧입힌 것이었다. 두 사람은 동네 술집 밴드와 함께 〈템페스트〉를 각색한 공연을 올렸고, 괴물이 섹스치료사와 상담하는 아방가르드한 〈프랑켄슈타인〉을 만들었으며, 동네의 어린이 배우 25명이 출연한 베토벤에 관한 연극에서는 출연진 대부분이 미시간호수의 물속을 걸어다니는 장면을 연출하기도 했다.

다이앤의 부모님은 다이앤이 쥐꼬리만한 예산으로 생계를 유지하고 공연을 만들던 시절에 언제쯤 경제적 안정을 찾을지 설사 궁금했어도 그 생각을 결코 입 밖으로 꺼내지 않았다. "부모님은 제게 '이제 정신 좀 차려' 같은 말을 한 번도 안 하셨어요. 지금 생각해보면 그런 압박이 전혀 없었던 것 같아요." 뉴욕에서 지낼 때 다이앤은 가족의 한 친구 밑에서 임시직으로 일했고, 부모님 집에 살았기 때문에 집세를 낼 필요가 없었다. "전 제가 좋아하는 일을 찾아다녔어요. 부모님은 저를 언제나 지지해주셨고요. 우리 가족은 연극에 경외심을 느꼈어요. 아버지는 독특한 기질의 소유자였고 어머니는 반항아였죠. 어머니는 배를 타고 미국으로 건너와서 가족의 반대를 무릅쓰고 아버지와 결혼한 사람이잖아요. 자유로운 영혼으로 살면서 미지의 길을 택하는 것이 어떤 것인지 두 분 다 잘 이해하고 계셨어요. 두 분은 히피는 아니에요. 그렇게 보이진 않았어요. 하지만 시대를 앞서간 분들이었어요."

재닛과 스티븐은 약 14살쯤 집을 떠났지만 다이앤은 오랫동안 집을 떠나지 않을 운명인 듯 보였다. 처음에는 랜디가 옆집에 있는 스튜디오로 이사를 왔다. 두 집이 너무 붙어 있어서 테루코는 숟가락으로 벽을 두드려 저녁식사를 하러 건너오라고 신호를 보낼 정도였다. 결국 랜디는 파울루스 가족의 집으로 들어왔고, 다이앤과 랜디 커플은 경제적인 이유로 20대 후반이 될 때까지 침실 2개짜리 아파트에서 부모님과 함께 살았다.

다이앤이 미시간호수에서 어린이 배우들을 지도하며 임시직으로 일할 때, 스티븐은 (미네소타대학교에서 학사학위를 받고) 뉴욕대 저널리즘대학원을 졸업한 뒤 아버지의 도움을 받아 보도국 조사원으로 처음 일자리를 얻은 WCBS-TV에서 이미 10년간 차근차근 승진하고 있었다.

로런스에게 아들과 1년 정도 함께 일했던 그 직장은 불만의 근원이었다. 그가 가장 사랑했던 예술 관련 생방송 프로그램이 1970년대에 인기를 잃고, 재무과의 중간관리자로 직무가 바뀌면서 일에서 느끼던 기쁨이 사라진 것이다. 오랫동안 로런스는 직장 밖에서 직업적 만족을 찾으려 했다. 그는 아이디어는 넘치지만 끝까지 마무리를 못 짓는 사람이었다. 영화관을 하나 인수할 생각으로 가족들을 데리고 뉴욕시에서 1~2시간 거리에 있는 망해가는 영화관들을 둘러보기도 했고, 유료 손님에게 일종의 '핸젤과 그레텔' 같은 경험을 제공하겠다며 수만 제곱미터에 달하는 버크셔 땅을 구입하기도 했다. 로런스는 뉴욕시에서 열리는 경매를 사랑했고, 글리세린 비누나 실론티를 20킬로그램 넘게 들고 집으로 돌아오는 날도 있었다. 그 물건들을 아름답게 포장해서 수년에 걸쳐 선물로 나눠주는 일은 테루코의 몫이었다. 1970년대의 중국음식 열풍에 휩싸인 로런스는 몇 시간을 준비해서 가족들에게 호화로운 만찬을 차려주었다. 다이앤은 "아버지는 셰프였고, 아버지가 그릇을 수천 개씩 쓰면서 부엌을 어질러놓으면 어머니가 전부 치운다는 것이 우리 가족 사이의 농담이었어요"라고 말했다. "하나의 은유였죠."

　　스티븐은 아버지처럼 활기 넘치는 성격은 아니었지만 기업문화를 더 잘 이해했고, 어머니를 통해 근면한 노동관을 내면화하고 있었다. 교대근무를 한 번도 거절한 적 없었고, WCBS-TV에서 2년이 채 안 되는 기간에 몇 번의 승진을 거친 뒤 은퇴할 무렵의 아버지보다 더 많은 수입을 벌어들이고 있었다. 중요한 뉴스가 있는 날이면 회사에서 잠을 잤고, 크리스마스에 일하는 직원들을 위해 자전거를 타고 베이글을 사서 시내로 달려갔다. 1991년 스티븐이 소속된 팀에서 오로지 뉴욕의 소식만 다루는 새로운 24시간 뉴스채널이자 당시 미국에 몇 없는 24시간 지역 뉴스채널 중 하나였던 NY1을 만들었다. (그해의 뉴스 중 하나는 어퍼웨스트사이드의 공동 텃밭에서 셰익스피어의 〈십이야〉가 공연된다는 것이었다.) 보도책임자 자리에서 시작한 스티븐은 2년 뒤 NY1을 운영하고 있었고, 이제 이 채널은 뉴욕시 주민이 가장 많이 시청하는 지역 뉴스채널 중 하나가 되어 있었다. 해당 뉴스 포맷이 너무 큰 성공을 거두어서, 스티븐은 순식간에 뉴욕의 명물이 된 이 뉴스채널의 성공을 재현하길 원하는 국제 미디어기업들과 컨설팅 계약을 협상하는 데 많은 시간을 보냈다. 경제전문지 〈크레인즈〉는 그해의 영향력 있는 40대 미만 뉴요커 40명 중 하나로 스티븐을 선정하며 "스티븐 파울루스가 근처에 있으면 대단한 일이 벌어진다"라고 전했다.

뉴욕시에서 유명한 언론인이 된 스티븐은 때때로 불편한 스포트라이트를 받기도 했다. 2010년 실직당한 기자 아델 사마르코가 스티븐을 포함한 직원 몇 명을 성희롱과 차별 혐의로 고소한 것이다(스티븐은 여성 동료의 신체를 두고 부적절한 발언을 한 혐의를 받았다). 배심원단은 1시간 미만의 논의 끝에 사마르코의 주장에 아무 근거가 없다는 판단을 내렸다. 2016년에 자리에서 물러난 스티븐은 16개의 지역 뉴스채널을 이끌고 뉴욕 최초의 24시간 스페인어 뉴스채널의 출범을 감독하며 뉴욕 언론계에 중요한 영향을 미친 공로를 인정받았다.

20대의 다이앤이 허접하고 실험적인 극단을 꾸리고 있던 때, 떠오르는 경영진이었던 스티븐은 그 좋은 학교를 우등생으로 졸업한 여동생이 여전히 남자친구와 함께 부모님 집에서 살고 있는 것이 재미있다는 티를 팍팍 내곤 했다. "오빠가 이렇게 농담하던 게 기억나요. '다이앤은 하버드까지 나왔는데 결국 다이앤과 랜디는 마당에 빨래 널린 집에 살 거고 애들은 실험극을 하겠지.' 틈만 나면 제 앞에서 실험극 얘기를 들먹였어요."

그러나 다이앤은 부모님과 함께 보낸 20대 대부분의 시간을 일평생 감사히 여기게 되었다. 1993년, 27살이었던 다이앤은 그럴 수 있었다 해도 부모님 집에서 나가지 않았을 것이다. 그해 테루코가 암에 걸려 2년 후인 67살에 세상을 떠났기 때문이다.

　마지막 몇 달 동안 테루코는 전과 달리 삼 남매에게 솔직한 마음을 드러냈다. 삼 남매는 어머니와의 대화에서 처음으로 후회의 기미를 감지했다. 테루코는 재닛에게 이렇게 말했다. "여자 친구들과 시간을 많이 보내렴." 재닛은 이 말에서 더 많이 그러지 못한 어머니의 아쉬움을 느꼈다. 테루코는 일평생 쉬지 않고 일하며 자녀와 로런스에게 헌신했고, 테루코를 이해하는 친구는 많지 않았다. 뉴욕에 일본인 친구들이 있었지만 미국인과 결혼한 사람은 아무도 없었다. 테루코는 자신이 비록 남편을 사랑했지만 그 과정에서 자기 안의 무언가를 잃은 것 같다는 말을 다이앤에게 분명히 전달했다.

　"저는 어머니가 나름대로 엄청난 용기를 발휘했다고 생각해요. 그러나 어머니의 삶에 여성으로서의 해방은 없었어요. 어머니는 그러한 해방을 제 언니와 저에게서 발견했죠. 제 생각에 어머니는 우리가 품은 가능성과 우리 스스로 목소리를 낼 수 있다는 사실을 기쁘게 여기셨던 것 같아요." 테루코는 좀처럼 자기 감정을 드러내지 않았지만, 집 안에 흐르던 음악을 통해 남몰래 자기 감정의 깊이를 탐구하고 있었을지도 몰랐다.

　재닛은 테루코가 푸치니를 좋아했으며 가장 좋아하는 오페라 중 하나였던 〈나비부인〉을 집에 가장 많이 틀어놓았다고 말했다. 〈나비부인〉은 미래를 약속해놓고 자신을 버린 미 해군 중위와 자기 아이를 위해 자신의 모든 것을 포기하는 일본인 여성에 관한 이야기다.

예술을 추구할 자유를 허락하기

다이앤은 1997년 컬럼비아예술대학에서 석사학위를 받았다. 그 무렵 다이앤과 랜디는 관객이 1970년대 클럽의 현란함과 공동체적 그루브에 몰입할 수 있는 〈한여름 밤의 꿈〉을 제작하고 있었다. 다이앤은 어렸을 때 고전발레를 배우고 부모님과 오페라를 보러 가고 브로드웨이 공연을 수없이 많이 관람했지만, 랜디와 그녀는 스튜디오54Studio 54와 록시롤러스케이트장, 댄스테리아Danceteria를 자주 찾는 클럽 키즈이기도 했다. 이런 클럽에서 두 사람은 첫 LP를 발매한 Run-D.M.C의 음악에 맞춰 춤을 추었고, 캐런 핀리와 존 섹스 같은 행위예술가들이 오락 또는 예술의 경계를 밀어붙이는 것을 지켜보았다. 이제 두 사람은 광란의 파티처럼 화려하고 다소 방탕하며 자유분방한 셰익스피어 공연을 올리고 싶었다. 이미 록 버전의 〈템페스트〉를 만든 경험이 있던 그들은 건방지고 대담한 태도로 〈한여름 밤의 꿈〉에 접근했다. 셰익스피어 공연에 나이트클럽의 에너지와 매력을 담으면 왜 안 되지? 처음에 랜디는 〈동키 쇼〉라고 이름 붙인 이 공연을 시내의 작은 극장에 올렸다. 그러나 떠오르는 야심 찬 프로듀서 조던 로스가 이 프로젝트를 맡으면서 더 넓은 극장을 찾았고, 더 노련한 음향 및 조명 디자이너가 합류했다. 랜디는 이미 실력을 인정받은 이 전문가들이 적어도 자신들만큼 다이앤의 기준이 높다는 사실을 즉시 알아차렸다고 말했다. 이 공연은 큰 성공을 거두었고, 다이앤은 처음으로 미래가 창창한 독창적 예술가로 자리매김하게 되었다. 1999년 첼시에 있는 엘 플라밍고 클럽에서 이 공연이 처음으로 공식 개막했을 때 〈뉴욕타임스〉의 피터 마크스는 "음악이 사랑의 양식이라면 〈동키 쇼〉는 할라

피뇨 한 사발이다"라고 평했다. 빙빙 도는 무용수들과 명목상의 셰익스피어 플롯으로 비평가들을 자극한 〈동키 쇼〉는 원래 6주간 무대에 오를 예정이었지만 런던과 에딘버러에서 추가 공연이 이어지면서 그 기간이 6년으로 늘어났고, 다시 아메리칸레퍼토리시어터$_{A.R.T.}$에서 10년간 공연되었다.

뉴욕에서 〈동키 쇼〉가 개막했을 때 다이앤은 33살이었다. 널리 인정받지 못하고 수년을 노력한 끝에 찾아온 성공이었다. 누군가는 다이앤이 결국 성공할 수 있었던 이유가 부모님이 성취에 집착하지 않았기 때문이라고 주장할지도 모르지만, 사실은 오히려 그 반대였다. 파울루스 부부는 재닛과 마찬가지로 다이앤에게도 더 관습적이고 안정적인 커리어 대신 예술을 추구할 자유를 허락해주었다. 다이앤의 창조적 야심을 위해 말 그대로 집을 제공해주었고, 이 안식처에서 다이앤은 미래가 불확실할 때도 계속해서 앞으로 나아갈 수 있었다. 대학원을 졸업한 직후 다이앤은 결국 〈동키 쇼〉로 발전할 작품 준비에 뛰어드는 대신 명망 있는 연출가 양성 프로그램을 들을까 고민했다. 다이앤의 멘토였던 연출가 앤 보가트는 이렇게 말했다. "마음 가는 대로 하세요. 그 안에 보물이 있으니까." 다이앤이 보가트의 조언을 따를 수 있었던 이유는 평생 그와 비슷한 말을 듣고 자랐기 때문이었다.

스티븐과 재닛은 결국 '셰익스피어 인 더 파크'에서 로미오와 줄리엣 역할을 맡지 못했지만, 현재 하버드의 아메리칸레퍼토리시어터에서 예술감독을 맡고 있는 다이앤은 퍼블릭시어터가 운영하는 센트럴파크의 델라코테극장에서 뮤지컬 〈헤어〉 리바이벌 공연의 연출을 맡게 되었다. 〈헤어〉는 어렸을 때 오빠 스티븐과 함께 지그펠드극장에서 처음 본 뒤로 다이앤이 쭉 좋아했던 공연이었다. 이 밖에도 다이앤은 브로드웨이에서 여러 대형 뮤지컬을 연출했는데, 이야기의 중심에 여성, 특히 여성의 고통과 힘이 있는 경우가 많았다. 자기 결정권을 찾아 나서는 노동계급 여성들의 앙상블이 나오는 〈웨이트리스〉는 창작팀 전원을 여성으로 구성해 역사에 남았고, 아메리칸레퍼토리시어터 역사상 가장 큰 성공을 거둔 공연인 〈재기드 리틀 필〉은 겉으로는 강인해 보이지만 사실은 고군분투 중인 한 어머니가 과거와 현재의 트라우마 앞에서 가족을 지키기 위해 노력하는 이야기다.

다이앤은 토니 연출상을 받은 6명의 여성 중 하나다. 자신에게 토니상을 안긴 브로드웨이 뮤지컬 〈피핀〉 리바이벌 공연에서 그녀는 남성 뮤지컬 배우 벤 베린이 멋지게 연기했던 리딩플레이어 역에 여성 파티나 밀러를 캐스팅했다. 2013년 다이앤은 공중곡예와 줄타기가 등장하는 이 공연의 개막 직전에 덴버공연예술센터의 인터뷰어에게 이렇게 말했다. "제게 〈피핀〉의 주제는 이거였어요. 우리는 삶에서 비범한 존재가 되기 위해 어디까지 갈 수 있을까? 지금 이 질문은 그 어느 때보다 더 중요합니다. 우리는 자신을 어디까지 밀어붙일까요? 영광이란 무엇일까요? 비범하다는 것은 무엇이며, 그렇게 되기 위해 우리는 삶에서 어떤 선택을 내릴까요?"

토니상 시상식에서 다이앤은 남편과 딸들에게 영광을 돌렸지만, 그전에 관객석에 앉아 있던 스티븐과 재닛, 그리고 부모님에게 먼저 감사를 전했다. 다이앤은 북받치는 목소리로 이렇게 말했다. "부모님은 딸이 바랄 수 있는 가장 큰 선물을 제게 주셨습니다. 그 선물은 사랑하는 일을 하면서 살라는 격려였고, 제게 그것은 연극이었습니다."

다이앤 파울루스는 브로드웨이 연출가로 가장 잘 알려져 있지만, 캐나다오페라컴퍼니에서 〈마술피리〉를, 시카고오페라극장에서 〈오르페오〉와 〈돈 조반니〉, 〈피가로의 결혼〉을 연출하며 어머니가 가장 사랑했던 오페라에 다년간 경의를 표하기도 했다.

스티븐은 여동생의 명성이 놀라울 만큼 커져서, 결국 자신의 구역에서까지 자기 명성을 능가하는 광경을 지켜보았다. 어느 여름날 스티븐은 NY1이 스폰서로 참여한 메트로폴리탄 오페라 공연을 보러 프로스펙트 공원을 찾았다. 메트로폴리탄 오페라에서 일하는 한 친구가 VIP석에 있는 그를 발견하고 가까이 다가와서, 단장이었던 피터 겔브를 소개해주겠다고 했다. 스티븐은 그 이유가 자신이 이 공연을 후원하는 뉴스채널의 중요 인물이기 때문이라고 생각했다. 그러나 겔브에게 가까이 다가갔을 때 친구는 이렇게 말했다. "피터, 이쪽은 스티븐이에요. 다이앤 파울루스의 오빠죠."

"그때 깨달았죠. 내가 내 여동생의 오빠라는 걸요." 스티븐은 체념과 자랑스러움이 뒤섞인 목소리로 말했다. "그게 제가 유명한 이유였어요."

자신이 이루지 못한 꿈을
자녀에게 바랄 때

로런스 파울루스는 전형적인 기업가형 부모였고, 자녀 양육에 확고한 철학을 품고서 최선을 다해 아이들이 위대함을 접할 수 있게 했던 사람이었다.

그러나 기업가형 부모는 취재 과정에서 내가 거듭 만난 또 다른 유형의 부모, 바로 꿈이 좌절된 부모와 더러 겹칠 때가 있다. 그런 부모가 꼭 패배감에 휩싸여 있거나 자녀의 의욕을 꺾는 것은 아니다. 오히려 그들은 유독 험난한 분야에서 꿈을 이루지 못한 사람들, 과거에 자기 삶에 있었을지 모를 장애물을 자녀의 삶에서 기꺼이 없애주려고 애쓰는 사람들이다.

뉴욕시의 또 다른 유력 가문인 와서스타인 가족의 어머니는 자기 자신도 유명한 인물이었지만 적어도 자신이 생각하기에는 야심이 부당하게 좌절된 여성이기도 했다. 롤라 와서스타인은 다섯 자녀의 어머니인데, 그중 3명이 특히 놀라운 성취를 이루었다. 브루스 와서스타인은 당대 가장 영향력 있는 금융인 중 하나로 자산운용사인 라자드의 회장이자 CEO이고, 웬디 와서스타인은 극작가이며, 샌드라 와서스타인 마이어는 선구적인 여성 마케팅 임원이다.

롤라는 유명해지고 싶은 마음이 간절했다. 롤라가 어렸을 때 무용수가 되고 싶었다는 사실을 자녀 모두가 알았다. 그러나 지식인이자 고등학교 교장이었던 롤라의 아버지가 무용을 배우지 못하게 했다. 롤라는 자기 딸들을 반드시 무용 수업에 등록시켰고, 딸들이 수업을 받을 때면 창문 옆에 서서 교실 안을 들여다봤다. 딸들의 자세를 보고 감탄하려는 것이 아니라 본인이 직접 다양한 동작을 연습하기 위해서였다. 체구가 작았던 롤라는 평생 스타 같은 태도를 유지했다. 70살이 훌쩍 넘을 때까지 가죽바지와 레오타드를 입었고 늘 가슴을 활짝 펴고 있었다. 깨어 있는 시간은 대부분 브로드웨이의 전문가들과 무용 수업을 받는 데 썼고, 나이 이야기가 나오면 코믹하게 반항하거나 자기 나이를 부정했다. (사실 웬디의 첫 희곡이 플레이라이츠 호라이즌에서 공연된 이유는 롤라가 댄스스튜디오에서 알게 된 지인을 우연히 다시 만났는데, 그 사람이 얼마 전부터 플레이라이츠 호라이즌 극장에서 근무하고 있었기 때문이다.)

롤라는 다섯 자녀 중 3명이 단순히 대단한 커리어가 아니라 눈에 잘 띄는 공적인 커리어를 쌓았다는 사실에 무척 흡족해했을 것이다. 와서스타인 가문의 또 다른 딸로 버몬트의 유서 깊은 저택에서 여관을 운영했던 조젯 와서스타인 리비스의 딸인 멀리사 리비스는 할머니를 사랑이 넘쳤던 분으로 기억한다. 비록 그 사랑은 기대로 점철되어 있었지만 말이다. "조부모님은 조건부 사랑을 중요하게 생각했어요." 뉴욕에서 작곡가이자 널리 인정받는 어린이 공연 배우로 활동하다가 버몬트에 있는 부모님의 여관 윌버턴을 물려받은 멀리사가 말했다. "조건 없는 사랑이 아니었죠." 멀리사는 어머니 세대가 할머니 롤라에게서 얼마나 큰 압박을 받았을지 상상할 수 있었다. 브루스 삼촌과 웬디 이모의 기사를 오려 넣은 액자로 벽이 뒤덮여 있던 할머니의 드넓은 아파트에 들어서면 손녀인 자신조차 뛰어나야 한다는 압박을 느꼈기 때문이다. 멀리사는 돌아가신 할머니의 목소리를 쉽게 떠올릴 수 있었다. 끊임없이 쏟아지는 말 속에서도 언제나 메시지는 명확했다. 더 잘해야 한다. "2군이 되었다고? 잘했다, 이제 주전이 되어야지. 연극에 출연한다고? 그러면 주인공을 해야지. 아기가 생겼다고? 둘째는 언제 낳을 거니? 우리 가족에겐 성취가 중요했어요. 너무나 명백했죠." 그러나 한편으로 할머니는 멀리사가 무얼 하든—멀리사가 노래하는 것을 보려고 직접 맨해튼에서 날아온 버몬트중학교의 합창

단 공연이든, 뉴욕 시내에서 열린 카바레 공연이든—대단히 자랑스러워했다. 할머니에게 대리만족이란 모든 콘서트, 모든 연주회, 모든 무용 공연에 빠짐없이 참석하는 것을 의미했다.

누나 레슬리는 예술가이고 남동생 에릭은 빈심포니오케스트라에서 약 30년간 호른 수석을 맡은 극작가 토니 쿠슈너 역시 가족사의 핵심에 어머니의 좌절된 야망이 있었다. 토니 쿠슈너의 어머니 실비아 쿠슈너는 스타 바순 연주자였고, 18살의 나이에 뉴욕시티오페라 오케스트라 최초의 여성 수석연주자 중 한 사람이 된 인재였다. 첫 아이였던 레슬리가 걸음마를 배울 무렵 무언가로 괴로워하기 시작하자, 실비아는 심리치료사의 말대로 자신이 바쁜 공연 일정 때문에 집을 자주 비우는 것이 문제라고 믿었다. 나중에 부부는 레슬리의 분노 발작이 기질이나 발달 지연이 아니라 심한 난청 때문임을 깨달았지만, 그 사실을 몰랐던 쿠슈너 가족은 루이지애나의 레이크찰스로 거주지를 옮겼다. 휴스턴심포니와 뉴올리언스심포니에서 클라리넷을 연주했던 토니의 아버지 윌리엄 쿠슈너는 실비아가 아이들을 더 잘 돌볼 수 있도록 레이크찰스에서 아버지의 목재 사업을 물려받았다. 토니는 2022년 〈가디언〉과의 인터뷰에서 어머니가 "큰 상실감을 느꼈고 직업적 자부심에 상처를 입었다"고 회상했다. 이보다 앞선 〈뉴요커〉와의 인터뷰에서도 비슷한 생각을 드러냈다. "어머니는 세상이 자신을 이해하지도 인정하지도 않는다고 느꼈고 이에 분노했어요." 토니의 어머니는 꿈이 좌절된 부모였고, 자신의 야망을 자녀들에게 흘러넘치도록 쏟아부었다. 쿠슈너 부부는 일주일에 한 번 아들 에릭을 호른 수업에 데려갔는데, 레이크찰스에서부터 뉴올리언스까지는 차로 편도 4시간 거리였다. 토니 역시 자신이 성취를 거두길 바라는 어머니의 욕망을 강하게 느꼈다. "제 성공은 어머니에게 엄청나게 중요한 문제였어요." 그는 〈뉴요커〉의 인물 기사에서 이렇게 말했다. "제게 칭찬을 퍼부으신 적은 없지만, 제가 토론대회에서 우승했다고, 에이전트가 생겼다고, 또는 지원금을 받았거나 좋은 평가를 들었거나 당신의 기대감(제가 예술가로서 성공하는 것)이 실현될 듯한 기미가 보인다고 말씀드리면 어머니의 목소리에서 희열이 느껴졌죠. 제가 좋은 소식을 전하면 점점 흥분하면서 '그래, 그렇게 계속해'라고 외치시곤 했어요."

실비아 쿠슈너는 레이크찰스의 지역 극단에 자기 감정을 쏟아부었다. 1997년에 토니가 〈케년 리뷰〉에 쓴 내용에 따르면, 그의 회상 속에서 어머니는 "아마추어 배우였지만 감정의 깊이와 힘이 상당한 진정한 비극 배우였다." 그의 아버지 역시 음악활동을 멈추지 않았고 알렉산드리아와 루이지애나, 레이크찰스에서 오케스트라를 지휘했다. 그러나 쿠슈너는 부모님 두 분 모두 "자신이 성공하지 못했고 자신의 재능을 온전히 인정받지도 못했다는 기분을 느꼈다"고 말했다.

누군가는 한때 꼭 의사가 되고 싶었던 봉 돌리기 전국 챔피언이자 장학금 수혜자 지닌 그로프에게서 꿈이 좌절된 부모의 힘을 발견할지도 모른다. 간절히 교육받고, 또 악기를 연주하고 싶었지만 한 번도 기회를 얻지 못했던 첸 남매의 어머니 잉 웨이도, 재능 있는 윈턴 마살리스 형제들의 아버지인 엘리스 마살리스도 마찬가지다. 엘리스 마살리스는 윈턴의 전기작가였던 레슬리 고스에게 이렇게 말했다. "윈턴이 아직 어렸을 때 나는 여전히 뉴욕에 간절히 가고 싶었어요." 그러나 엘리스 마살리스는 결국 뉴올리언스에 남았고, 그곳에서 널리 존경받았지만 결코 북쪽으로 향한 다른 동료들만큼 명성을 얻지는 못했다. 고스는 윈턴이 아버지의 좌절을 목격했기 때문에 '더 높은 목표를 세우고' 뉴욕으로 향했다고 생각하는지 물었다. "윈턴이 아버지의 꿈을 이루려고 노력하고 있었던 걸까요?" 한 인터뷰에서 고스가 이렇게 묻자, 엘리스 마살리스는 천천히 고개를 끄덕이며 이렇게 대답했다. "그럴지도요. 그럴지도 모르죠."

누군가는 패트릭 브론테에게서도 꿈이 좌절된 부모를 발견할지 모른다. 에세이 작가 엘리자베스 하드윅은 1972년에 〈뉴욕 리뷰 오브 북스〉에 발표한 브론테 자매에 관한 에세이에서 그를 "실패한 작가"로 간결하게 묘사했다. 패트릭 브론테는 출간 경력이 있는 지역 작가였고, 주로 복음주의에서 글쓰기의 영감을 얻었다. 그러나 브론테의 전기작가 줄리엣 바커는 그가 위대한 문학을 열렬히 사랑했고 독서가 유행이 아니던 시절에도 딸들이 다양한 책을 읽게 허락했다고 말했다. 패트릭 브론테는 자신이 남긴 여러 작품 중 하나에서 시를 쓸 때 느껴지는 "형언할 수 없는 진정한 기쁨"을 말하기도 했다. 그는 지역사회에 봉사하며 많은 업적을 남겼지만, 아일랜드의 가난에서 벗어나 케임브리지에서 성공하겠다는 야심을 품은 남자가 한때 꿈꿨을지도 모를 영예와 명성을 얻지는 못했다.

내 친구와 친구의 어머니가 종종 곱씹곤 하던 개념이 하나 있었으니, 바로 성취도 높은 형제자매 사이에서 부모님을 향한 사랑 및 존경이 야망과 뒤섞이는 현상을 잘 보여주는 '마무리하는 자식'이라는 개념이다. 마무리하는 자식은 꿈과 재능이 있었지만 타이밍이 좋지 않았거나 때가 너무 일렀던 부모님의 야망을 대신 충족해주는 자식이다. 마무리하는 자식과 그 부모는 이러한 역학을 의식조차 못 할지도 모른다. 그러나 이때 자식의 성취는 부모의 소명에 대한 응답으로 보일 수 있고, 이러한 전개는 마치 운명처럼 느껴진다.

어쩌면 공적으로 대단한 성취를 이룬 부모보다 꿈이 좌절된 부모가 훨씬 큰 동기를 부여할지도 모른다. 다이앤과 스티븐 파울루스 모두 아버지가 본인 또는 변화하는 환경의 한계에 부딪혔던 분야에서 활동했고, 결국 각 분야에서 아버지가 처음에 스스로에게 품었던 기대를 훨씬 뛰어넘었다.

2002년 당시 36살이었던 다이앤은 〈수박과 수영하기 Swimming with Watermelons〉라는 제목의 희곡을 직접 써서 연출했다. 일본에서 펼쳐진 부모님의 연애 이야기를 바탕으로 귀엽고 다정한 정서를 담아 만든 이 연극은 로어맨해튼에 있는 빈야드극장에서 공연되었다. 어머니는 몇 해 전에 돌아가셨지만 아버지는 아직 살아 계셨다. 부모님의 유품과 기념품을 살펴보던 다이앤은 신문에서 오려둔 기사 하나를 우연히 발견했는데, 그 기사에는 다리를 꼰 채 손에 대본을 들고 있는 아버지의 사진이 실려 있었다. "이런 내용이었어요. '로런스 파울루스는 오늘밤 반드시 공연을 올려야 한다며 머리를 쥐어뜯었다.'" 다이앤은 아버지가 도쿄에서 연출한 공연에 관한 기사의 사진 설명을 떠올리며 이렇게 말했다. "아버지가 연극을 사랑한단 건 알았어요. 제 평생 아버지가 저를 극장에 데려갔으니까요. 하지만 그 기사를 보는 순간 머릿속에 전구가 반짝 켜지는 느낌이었어요. 이렇게 생각했죠. 내가 지금 왜 이 일을 하고 있는지 이제야 알겠네." 다이앤은 완전히 집중하고,

몰입하고, 아마 정신이 하나도 없었을 사진 속 그 사람에게 깊이 공감했고, 그 순간 그 사람을 동료로 느꼈다. "이렇게 생각했어요. 그래, 나도 저 느낌 알지."

랜디는 다이앤의 머릿속에 전구가 반짝 켜진 그 순간을 이해할 수 없었다. 랜디가 기억하는 한 로런스는 극장에서 보낸 날들을 자주, 심지어 집요하게 이야기하며 자신이 올린 공연, 관객의 규모, 배우들의 이름을 장황하게 묘사하곤 했기 때문이다. "제2차세계대전 당시 공연을 올렸던 때가 그분 인생의 전성기였어요. 그때 이야기를 하고 또 하셨죠."

로런스는 늘 웃는 얼굴로 유머를 가득 담아 그때를 이야기했다. 랜디는 다이앤이 그 기사를 봤을 때 무언가 다른 것, 즉 아버지가 얼마나 다른 길을 갈망했는가를 처음으로 이해했으리라 생각했다. 그때 다이앤은 자기 아버지의 모습에서 유쾌한 아버지와 공존하던 꿈이 좌절된 부모를 발견하고 있었다. 그 역할에 깊이 몰입한 아버지의 모습을 보면서—어떤 면에서는 자기 자신을 보는 것 같았다—다이앤은 아버지가 미국으로 돌아왔을 때 무엇을 잃었는지 느낄 수 있었다. 아버지는 한때 자신이 사랑했던 커리어를 다시는 되찾지 못했던 것이다.

〈수박과 수영하기〉는 〈버라이어티〉에서 "발랄하고 귀여운 공연"이라는 평을 받았지만 연애 초반의 본질적인 권력 차이를 비롯해 부모님의 결혼생활에 내재해 있던 고통스러운 역학을 넌지시 드러내기도 했다. 다이앤에게 이 공연은 부모님을 더 가까이 느끼고 두 분의 역사를 기릴 수 있는 기회였으나, 어머니의 죽음을 여전히 애도하던 중에 어머니를 주제로 만든 작품이었기에 감정적으로 벅찬 프로젝트이기도 했다.

〈동키 쇼〉의 첫 공연 때 배우로 참여했던 레이첼 머디는 다이앤 파울루스가 평소 무표정하게 자기 생각을 말하고 늘 자기 감정을 통제하는 강인한 연출가라고 말했다. 그러나 빈야드극장에서 〈수박과 수영하기〉를 정식으로 공연하기 전에 시범공연을 올리던 때, 다이앤이 슬픔에 잠겨 벽에 몸을 기댄 채 흐느끼며 우는 모습을 본 적이 있다고 회상했다.

"어머니와 대화를 나누면서 전에 한 번도 물은 적 없었던 질문들을 직접 물어볼 수 있다면 얼마나 좋을까 하는 생각에 마음이 너무 아팠어요"라고, 다이앤은 말했다. "우리가 부모님을 얼마나 모르는지 깨닫는 때는 보통 너무 늦은 후죠."

테루코는 기업가형 부모도, 꿈이 좌절된 부모도 아니었다. 어쩌면 테루코는 삶의 끝에 이르러 자신을 반면교사로, 아이들을 힘 있는 사람으로 키우는 과정에서 자기 자신을 잃어버린 부모로 느꼈을지 모른다. 그러나 테루코는 분명 역경을 극복한 사람이자 말 그대로 생존자였고, 다이앤과 재닛은 고요하게 비범했던 어머니의 강인함에 고무되어—어쩌면 어머니의 강인함 덕분에—예술가가 될 수 있었다. "다이앤은 자기 어머니를 숭배했어요"라고, 랜디는 말했다. 그러자 재닛이 덧붙였다. "우리 모두가 그랬어요."

로런스의 명백한 기업가형 양육방식—세계지도, 클래식 작곡가, 셰익스피어 희곡의 대사 암기—은 쇼맨십의 일환이었고, 이런 행동은 결국 자녀들의 예술 사랑을 한층 더 키워주었다. 그러나 파울루스 삼 남매가 생각하기에 자신들이 각자의 분야에서 탁월함을 발휘할 수 있었던 이유는 어머니인 테루코에게 있었다. 어머니가 되는대로 꾸린 작업장에서 만들어낸 작품은 일종의 고급 예술이었고, 삼 남매가 매일같이 어머니에게서 목격한 것은 식탁보를 한 장 더 만들고 식탁에서 아이들의 말을 경청하고 아이들이 저마다의 소명으로 끌려가는 모습을 욕망 없이 바라보는 인내심 있는 태도였다.

로런스는 양로원에서 옛날 뮤지컬 노래를 부르고 다른 입소자들에게 추파를 던지며 말년을 보냈다. 그러나 세상을 떠나기 몇 년 전 다행히도 빈야드극장에서 〈수박과 수영하기〉 공연을 관람할 수 있었다. 다이앤이 오늘 이곳에 아버지가 오셨다고 알리자 관객들이 일제히 자리에서 일어나 그에게 박수를 보냈다. 다이앤이 알기로 아버지가 평생을 갈망해온, 바로 그런 기립박수였다.

10장

의심하는 태도와 강렬한 호기심

경험에 대한 개방성

1861년, 에드워드 에머슨—미국의 에세이스트이자 철학자, 노예제 폐지론자인 랠프 월도 에머슨의 아들—은 매사추세츠 콩코드에 있는 진보적인 사립학교에 다니고 있었다. 같은 학교에 다니는 에드워드의 친구 윌키 제임스와 로버트슨 제임스 형제는 20세기 가장 유명한 사상가 2인의 동생이었다. 소설가 헨리 제임스(대표작으로 《아메리칸》과 《여인의 초상》이 있다)와, 집안의 맏이로 현대심리학의 토대를 마련한 철학자이자 사상가인 윌리엄 제임스가 두 사람의 형이었다.

어느 봄방학에 뉴포트에 있는 제임스 가족의 집을 방문한 17살의 에드워드는 제임스 형제들만큼이나 비범했던 그들의 저녁식사 장면을 편지에 담았다.

자기 아버지에게 "통통하고 다정한 윌키"라고 불리는 윌키가 뭐라고 말하면 건방진 막내 밥이 즉시 반박해요. 그러면 윌키가 온화하게 자기 발언을 변호하고 침묵하던 헨리도 윌키를 옹호합니다. 밥이 더 무례하게 자기주장을 고집하면 아버지인 제임스 씨가 중재자로 나서고 맏이인 윌리엄도 대화에 참여하지요. 그러나 중재자의 목소리는 곧바로 싸움꾼들의 소리에 묻혀버리고, 이내 제임스 씨도 힘차게 경기장에 들어섭니다. 토론이 점점 격해지면서 싸움꾼들이 나이프 쥔 손을 마구 흔들어대자, 더 평범하지만 자애롭고 쾌활한 제임스 부인이 웃는 얼굴로 저를 바라보며 이런 말로 안심시켰습니다. "신경쓰지 말렴, 에드워드. 칼로 찌르진 않을 테니까. 애들이 집에 오면 늘 벌어지는 일이란다." 그리고 말없는 여동생은 싸움꾼들 옆에서 웃으며 조용히 식사를 했습니다.

이 장면은 다양한 주제를 가리지 않고 논하던 자유분방한 포어 가족의 식사 장면과 놀라울 만큼 비슷하다. 한편으로는 이매뉴얼 형제가 식사자리에서 나누던 대화의 정신을 일깨우기도 한다. 시카고 시장과 주일본 미국대사로 근무한 람 이매뉴얼, 영향력 있는 스포츠 및 엔터테인먼트 회사 엔데버Endeavor의 최고책임자인 아리 이매뉴얼, 그리고 저명한 생명윤리학자이자 펜실베이니아대학교 교수인 에제키엘 이매뉴얼이 바로 이매뉴얼 형제다. "우리집에서는 저녁식사 때 나눌 대화를 준비해야 했어요." 람은 2008년에 월간지 〈워싱토니언〉에 이렇게 말했다. "준비가 안 되어 있으면 대화에서 배제되었죠." 람은 그런 식사자리가 "검투사들의 결투" 같은 분위기를 풍겼다고 묘사하기도 했다.

이매뉴얼 형제의 아버지이자 사회정의를 중시하던 이스라엘 태생의 소아과 의사 벤저민 이매뉴얼은 도발적인 생각을 환영하며 아들들에게 서로 상반되는 2가지 생각을 물려주었다. "하나는 늘 권위에 도전하라는 것이고, 다른 하나는 늘 권위를 존중하라는 것"이었다고, 람은 회상했다.

제임스 형제의 아버지 헨리 제임스 시니어도 불손함을 높이 평가하며 자녀에게 이런 태도를 심어주려고 애썼다. 그의 딸 앨리스가 일기에서 회상한 내용에 따르면, 헨리 제임스 시니어는 자기 장례식에서 발언하는 사람은 "무조건 이 말만 해야 한다"라고 주장했다. "'이곳에 잠든 이는 평생 탄생과 결혼, 죽음과 관련된 의례가 터무니없는 허튼짓이라고 생각했다.' 이 말 외에는 단 한마디도 더 못 하게 해라." 이처럼 "과격하게, 때로는 순진무구하게 기존 규범에 의문을 제기하고 전통적으로 엄숙하게 여겨진 영역에 가볍게 접근하려는" 헨리 시니어의 태도를 그의 자식들도 적극 받아들였고 그중에서도 특히 윌리엄 제임스가 그러했다고, 《철학적 형제자매: 앨리스와 윌리엄, 헨리 제임스의 다양한 유희적 경험 Philosophical Siblings: Varieties of Playful Experience in Alice, William, and Henry James》의 저자인 제인 F. 스레일킬은 말했다.

단순한 규범을 넘어 거의 신성하다고 여겨지는 의례를 허튼짓으로 치부할 수 있으려면 상당히 불손한 동시에 자아도 강해야 한다. 부유한 집안에서 태어났고 에머슨과 작가 토머스 칼라일 같은 인물들을 친구로 둘 만큼 재능이 뛰어났던 헨리 제임스 시니어는, 야심이 대단해서 인간과 신의 이상적인 관계에 관한 자신의 심오한 철학적 사유를 표현하겠다는 목표로 수많은 책을 집필했다. 패트릭 브론테처럼 그 역시 자신의 저서로는 한 번도 큰 관심을 받지 못했지만 전혀 주춤하지 않고 책 출간을 이어갔다. 헨리 시니어는 본인이 생각한 자신의 또 다른 소명, 즉 재능 있는 자녀들을 교육하는 데서 더 큰 성취감을 느꼈을지도 모른다. 답답하고 권위적인 환경에서 성장한 그는 자기 자녀들만큼은 당당하게 스스로를 표현할 수 있기를 바랐다.

진보적인 사회운동가 사울 알린스키는 1971년에 출간된 영향력 있는 저서《급진주의자를 위한 규칙 Rules for Radicals》에서 "호기심과 불손함은 함께 간다"라고 주장했다. 그러면서 호기심 많은 사람에게는 그 무엇도 신성하지 않으며 모든 것이 의문스러울 수 있다고 덧붙였다.

의심하는 태도와 강렬한 호기심, 이 2가지는 여러 흥미로운 선구자와 혁신가, 창작자에게서 공통으로 발견되는 자질이다. 또한 줄리아 레너드는 이 2가지가 특히 팬데믹 이후로 아이들에게 꼭 심어주어야 할 자질로 꼽히고 있다면서, 그 배경에는 '배우는 법을 배우는' 능력을 점점 강조하는 심리학계의 경향이 있다고 말했다. "이러한 자질이 있으면 기꺼이 배우려 하고 학습에 아무 저항도 느끼지 않습니다. 새로운 경험에 열려 있고 그런 경험을 궁금해하는 사람에게는 학습이 당연한 삶의 일부이기 때문이죠. 아이들을 관찰해보면 이 자질들이 활력의 징후임을 알 수 있습니다. 그런 아이들은 이 세상에 참여하고 싶어해요."

또한 호기심은 창의성과 밀접한 관련이 있는 성격특성, 바로 경험에 대한 개방성의 중요한 측면이기도 하다.

로버트 맥크래와 폴 코스타는 1997년 자신들의 저서《성격심리학 핸드북 Handbook of Personality Psychology》중 '빅 파이브 big five' 성격특성, 즉 신경성과 외향성, 성실성, 우호성, 경험에 대한 개방성을 설명한 영향력 있는 장에서 "신경증 환자가 신경성 면에서 높은 점수를 받는 전형적 사례라고 할 수 있다면, 예술가는 경험에 대한 개방성이 높은 적절한 사례로 볼 수 있다"라고 설명했다. 경험에 개방적인 사람들, 즉 흔히 '개방성'이 높다고 하는 사람들은 미술이나 음악에 더 쉽게 감동받을 수 있는데, 그렇다고 꼭 이들이 더 세련됐다거나 교육수준이 높다는 뜻은 아니다(교육 추구 성향이 있을 수는 있다). 이들은 새롭고 풍부한 경험을 찾아 여행을 떠나고 싶어할 가능성이 더 높다. 맥크래와 코스타가 썼듯이 이들은 "어린 시절에 세상을 바라보며 느꼈던 경이감을 어른이 되도록 잃지 않은 것처럼 끝없는 호기심을 지니고 있다. 이들은 이단적이고 생각이 자유로우며 관습을 어기는 경향이 있다."

경험에 대한 개방성은 헨리 제임스 시니어와 벤저민 이매뉴얼 같은 다양한 사람들에게서 공통으로 발견되는 지적 호기심을 여러 방면으로 보여준다. 아마 개방성은 벤저민 이매뉴얼과 첸 부부, 아말리아 무르기아처럼 과감하게 이민을 결심한 사람들에게서도 공통으로 나타나는 자질일 것이다. 외국에서 처음부터 다시 시작하는 위험을 감수하고 완전히 새로운 문화에서 새로운 경험에 마음을 여는 것보다 자국에 남아 있는 편이 훨씬 안전하기 때문이다. 개방성은 이민자이자 창작자였던 테루코 파울루스와 문화 및 예술을 향한 아내의 사랑을 함께 공유한 로런스 파울루스의 성격특성을 상당 부분 보여주기도 한다.

인지과학자 스콧 배리 코프먼의 말에 따르면 경험에 대한 개방성은 "내적 경험을 인지적으로 탐구하게 하는 원동력"으로 설명할 수도 있다. 성실성이 계획하고 미리 생각하는 것과 관련된 성격특성이라면, 개방성은 황홀경에 빠졌든 일상 속에서 공상 중이든 지금 이 순간에 온전히 머무는 것과 관련된 성격특성이다. 개방적인 사람은 자기 내면을 잘 드러내는 사람, 그러니까 너무 투명하다거나 지나치게 정직한 사람이라기보다는, 바깥세상을 자기 내면으로 기꺼이 받아들이는 사람이다. 문화와 상관없이 개방성이 높은 사람의 지표 중 하나는 음악이나 연극, 뜻밖의 아름다움에 자주 전율하는 것이다.

특정 자질을 길러주는 일이 가능할까?

개방성은 높은 행복감 및 우수한 스트레스 적응력과도 관련있는데, 이 2가지는 잉이 음악을 통해 자녀에게 전해주고 싶었던 것이다. 일부 연구는 개방성이 초기에 성공을 예측할 수 있는 여러 지표들과도 밀접한 관련이 있음을 보여준다. 2019년에 발표된 연구에 따르면 지적 호기심과 창의성은 성실성이나 자제력 같은 자질보다 학생들의 읽기 및 수학 능력의 차이를 예측하는 데 더 중요한 역할을 한다고 밝혀졌다.

경험에 대한 개방성이 높은 부모, 예를 들어 자녀가 자신처럼 여행과 예술을 사랑하며 전율을 느끼고 열렬한 호기심의 장점을 누리기를 바라는 부모가 자녀에게 그런 성격특성을 심어주는 것이 가능할까? 튀르키예에서 실시한 한 장기 프로젝트는 일부 교사에게 학생들의 호기심을 자극할 수 있는 교육 도구를 제공해 미스터리와 유머, 장난 등의 요소를 활용하는 교수법을 고안할 수 있도록 도왔다. 그 결과 이런 교수법의 혜택을 받은 학생들은 대조군에 비해 학습에 더 호기심을 보였는데, 학생들의 호기심은 실험이 끝날 무렵 자신이 가진 토큰을 다양한 주제에 관한 새로운 정보가 담긴 책자와 교환하려는 의사를 통해 측정되었다.

이 프로젝트를 진행한 연구자이며 현재 코넬대학교의 경제학 및 행동과학 교수인 술레 앨런은 이 연구의 목적이 어린이들의 성격을 바꾸는 것이라기보다는 아이들이 이미 지니고 있는 자질을 활성화하는 것이라고 말했다. 그는 아이들과 프로젝트를 진행할 때 타고난 호기심을 되살려내려고 노력하며, 암기식 교육이 이런 호기심을 너무나 자주 짓밟는다고 생각한다. "우리는 질문하는 습관, 자신에게 주어진 것을 전부 믿지는 않는 습관을 형성해주려고 합니다. 이런 습관이 있으면 탐구심이 강하고 기꺼이 위험을 감수하는 사람이 되죠. 무언가 새로운 것이 있다면 어서 도전해보세요!"

이 연구에 참여한 교사들은 부모들이 대개 구할 수 없는 폭넓은 교육과 자료를 제공받았다. 그러나 자녀에게 개방성을 길러주고 싶고 경제적으로도 여유가 있는 부모라면 대학에 입학할 나이가 된 자녀에게 여행이라는 선택지를 권유할 수 있다. 2013년에 발표된 한 연구에서 독일의 연구자들이 유럽의 대학생 중 다른 유럽 국가로 유학 간 학생들을 추적한 결과, 장기 여행이 이들의 정서적 안정성, 특히 역경을 견디는 능력뿐만 아니라 경험에 대한 개방성까지 높여준다는 사실이 드러났다. 이러한 효과는 그 여행이 단순 관광을 넘어 실제로 오랫동안 다른 문화와 교류할 수 있는 기회로 이어질 때 더더욱 강해졌다. 시간이 흐르면서 해당 학생의 사회연결망이 변화하고 확장될수록 이들의 개방성도 더 커졌는데, 다른 환경에서 온 사람들 및 다른 가치관과의 만남이 10대 후반과 20대 초반이라는 중요한 발달단계에서 이미 진행되고 있던 정서적 성장에 더더욱 힘을 실어주었기 때문이다.

성격 연구자들은 문화적 노출이 성격에 미치는 영향이 아직 온전히 밝혀지지 않았다고 경고한다(수많은 인생 경험과 의도적 개입의 영향이 그렇듯, 문화적 노출의 영향이 꼭 오래 지속되는 것도 아니다). 그러나 개방성의 지표 중 하나인 여행을 향한 깊은 사랑은 이 책에 등장하는 여러 가족에게서 공통으로 나타난다. 제임스 집안 자녀들은 어린 시절에 유럽 여러 도시를 옮겨다니며 교육받았다. 이매뉴얼 형제에게 여행은 중요한 가족 가치였다. 에제키엘 이매뉴얼은 자신의 회고록 《유대인의 형제 교육법 *Brothers Emanuel*》에서 "아버지에게 여행은 사치가 아니었다"라고 말했다. "아버지는 여행이 이 세상과 자기 자신을 이해하는 데 반드시 필요하다고 믿었다." 로런 그로프와 애덤 그로프도 대학에 입학하기 전 1년간 해외여행을 다녀왔는데, 둘 다 이 경험이 자신의 성격 형성에 큰 영향을 미쳤다고 말했다. 로런스 파울루스는 세계 곳곳을 여행했을 뿐만 아니라 자녀들도 자신과 똑같은 사람으로 키웠다. 스티븐은 스위스에서 학교를 다니고 바다를 항해했으며, 다이앤의 작품은 4개 대륙에서 공연되었고, 스페인에서 5년간 거주하다 완전히 멕시코로 이주한 재닛은 성인이 된 후 거의 대부분의 시기를 해외에서 보냈다.

자녀에게 호기심이나 경이감(또는 그릿이나 성실함) 같은 자질을 길러주고 싶은 부모는, 사실상 본인 생각에 바람직하거나 자녀의 성공에 도움되는 방향으로 아이의 성격을 바꾸려 하는 것이다. 부모가 이런 자질을 심어주지 못했다고 자책할 때, 이들이 느끼는 죄책감의 바탕에는 애초에 아이의 성격을 바꿀 엄청난 힘이 자신에게 있다는 불확실한 전제가 깔려 있다.

만약 있다면, 성격을 바꾸는 요인은 무엇일까? 월터 미셸은 1968년 저서 《성격과 평가 Personality and Assesment》를 출간하며 성격 연구 분야에 폭탄을 던졌다. 이 책은 해당 분야의 대다수 연구자들이 오랫동안 품고 있던 가정, 즉 성격은 시간이 흐르고 상황이 바뀌어도 안정적으로 남아 있는 여러 특성으로 요약될 수 있다는 가정에 의문을 제기했다. 1973년에 미셸은 또 다른 영향력 있는 논문을 발표해, 심리학 분야에서 성격특성과 관련해 인간의 행동과 성과를 이해하고자 할 때 맥락과 그 사람의 감정상태를 간과한다는 점을 시사했다. 그러면서 사람들은 상황에 따라 행동을 바꾸며 일관성 없이 행동한다고 주장했다. 그는 수십 개 연구를 재분석한 결과를 근거로 내놓았지만 본인의 인생 경험도 이 이론의 증거가 되었다. 어린 시절 미셸은 나치 점령을 피해 빈의 온 가족이 땡전 한푼 없이 뉴욕으로 도망친 뒤 신경쇠약에 걸린 유한부인이었던 어머니가 웨이트리스로 열심히 일하는 모습을 지켜보았다. 한편 빈에서 권위적인 분위기를 풍기는 권력자였던 아버지는 뉴욕에 오자 점점 쇠약해졌고 가정형편이 나빠진 충격에서 영영 회복하지 못했다.

미셸은 마시멜로 실험을 처음 실시한 과학자로도 유명한데, 이 실험은 어린 나이에도 만족을 지연할 줄 알았던 어린이들이 어떤 이

점을 누리는지를 오랜 시간 추적 관찰한 연구다. 대부분 4세 전후였던 실험 참가자들은 첫 번째 마시멜로를 먹지 않으면 그 보상으로 마시멜로를 하나 더 준다는 말을 들었고, 이때 만족을 지연한 아이들은 수십 년 뒤 교육과 건강, 심지어 결혼 만족도 면에서 더 좋은 결과를 보였다(그러나 다른 연구에서는 이런 장기적인 결과를 재현하지 못했으며, 일부 비판적 연구자들은 미셸의 실험 참가자들이 대부분 스탠퍼드 학자의 자식이라는 실험 대상의 동질성 문제를 지적했다.) 미셸 역시 더크워스처럼 **KIPP**에 자문을 제공했고, 미국 교육자들은 자제력과 인내심, 그릿 같은 비인지적 능력을 추구해야 한다는 생각에 사로잡혔다.

그릿은 상당히 미국적인 신념, 즉 열심히 노력하고 열정을 잃지 않으면 누구든 약점을 극복할 수 있다는 소망적 사고를 드러내는 반면, 경험에 대한 개방성과 호기심은 오래전부터 보다 미심쩍은 것, 즉 지적 우월주의와 반항, 심지어는 의심하고 전복하고 차이를 추구하는 집착 행동의 느낌을 풍겨왔다. 이처럼 경험에 개방적인 사람들의 행동은 어쩌면 자기 방종으로 보일 수도 있다. 헨리 제임스 시니어의 절친한 친구였던 미국의 위대한 에세이스트 랠프 월도 에머슨은 방랑벽에 관해 쓴 에세이에서 자꾸만 여행을 떠나며 자녀를 해외로 데려가는 친구의 선택을 대놓고 비판했는지도 모른다. "대체로 경박한 사람만 여행을 떠난다." 본인 역시 널리 여행을 다녔던 에머슨은 이렇게 말했다. "집에서 해야 할 일이 없는 당신은 도대체 어떤 사람인가?"

이제 새로이 가치를 인정받은 개방성은 '넛지$_{nudge}$', 즉 위험 부담이 적고 저렴하지만 놀라울 만큼 극적인 결과로 이어질 수 있는 개입을 추구하는 연구자들에게 주목받고 있다. 2018년에 발표된 개방성에 관한 또 다른 연구에서 연구자들은 개방성이 낮은 사람들이 삶의 지평을 확대할 수 있도록 장려하고자 했다. 그리고 그 방법으로 대학생들에게 자신을 성찰하거나 미학과 새로운 아이디어, 감정을 탐구하는 에세이를 써달라고 요청했다. 실험 결과는 실망스러웠다. 실험일로부터 겨우 5일이 지났을 때 측정한 것이긴 하지만, 학생들의 개방성에 아무런 변화도 없었던 것이다(대조군에 속한 학생들은 그저 그날 하루에 있었던 일들을 주제로 에세이를 썼다.)

이 연구가 실패한 이유는 실험기간이 짧아서가 아니었다. 이미 개방성이 높은 사람들은 실험 이후 실제로 개방성이 더 높아졌다. 해당 과제를 신선하고 재미있게 여길 가능성이 더 높았기 때문이다. 그러나 처음부터 개방성이 높지 않았던 사람들에게는 그 어떤 변화도 나타나지 않았다. 우리가 바람직하다고 여기는 많은 성격특성이 그렇듯, 청년들이 그러한 특성을 취할 수 있도록 단순히 격려하거나 방법을 찾아주는 것만으로는 변화를 끌어내기 힘들다. 오히려 연구자들은 그러한 노력이 의욕을 떨어뜨릴 수 있다는 사실을 발견하곤 한다. 예를 들어 요청에 따라 외향성이 요구되는 행동을 한 내향인은 처음에는 활력이 높아졌다고 느낄 수 있지만 "종국에는 기운이 빠지는 것"을 경험한다고, 2020년 〈성격 연구 저널〉에 게재된 연구의 저자들은 말했다. 결국 요청에 따라 스스로 자연스럽지 않게 행동하면 역효과만 발생할 뿐이었다.

1890년 헨리 제임스 시니어의 장남 윌리엄 제임스는 지대한 영향력을 발휘한 저서 《심리학의 원리 *The Principles of Psychology*》를 출간해 자신의 이름을 가장 널리 알린 심오하고 독창적인 생각들을 드러내며 '의식의 흐름'이라는 개념뿐만 아니라 서로 다른 뇌 부위가 서로 다른 생각과 정서, 감정에 대응한다는 이론을 대중화했다. 또한 그는 오늘날에도 심리학 분야에서 끊임없이 논쟁과 토론을 불러일으키는 성격 관련 문제에 자기 의견을 보탰다. 성격은 안정적인가? 시간이 흐르면서 바뀔 수 있을까? 그러한 변화를 예측할 수 있나? 성격을 고의로 바꿀 수 있을까? 성격은 어떤 상황에서 바뀌어야 할까?

제임스는 《심리학의 원리》에서 우리가 어떤 사람이 되느냐는 습관에 달려 있다고 주장했다. 우리의 성장환경, 그리고 그 환경 안에서 우리가 매일매일 내리는 선택이 습관을 만들고, 그러한 습관이 평생에 걸쳐 우리라는 사람을 형성한다는 것이다. 그는 습관이 제공하는 안정성이 필수적이면서 동시에 해방감을 준다고 하면서, 이러한 안정성은 삶을 제약하기도 하지만 우리 모두가 예측 불가능한 격변의 세상에 살지 않기 위해서 꼭 필요하다고 주장했다. 제임스는 이렇게 썼다. "우리 대다수가 30살이 될 때쯤에는 성격이 석고처럼 굳어져 두 번 다시 부드러워지지 않는다는 사실은 이 세상에 좋은 일이다."

헨리 시니어는 어린아이 같은 열정의 소유자였고 자녀에게 헌신했으며 경험에 개방적인 인물이었지만 자녀의 미래에 대해서는 상당히 경직된 생각을 품고 있었고, 특히 장남인 윌리엄에게 기대하는 바가 컸다. 아버지의 개방성을 쏙 빼닮은 윌리엄이 화가가 되고 싶어 하자 헨리 시니어는 갑자기 온 가족의 짐을 싸서 대서양 너머 유럽으로 떠나면서 일부러 윌리엄의 그림 수업을 방해했다. 윌리엄은 아버지의 독촉에 결국 의대에 진학했으나 기질적으로 너무 맞지 않아서 결국 본인이 '영혼의 수난' 시대라고 칭한 극심한 심리적 고통, 즉 끔찍한 우울증의 시기를 맞이했다.

윌리엄 제임스는 자신이 30대가 되고 아버지가 말년에 이르러서야 자신의 생각을 사로잡은 더 추상적이고 철학적인 질문들에 진지하게 빠져들며 앞에서 말한 초기 심리학 개념에 집중했다. 그는 아버지가 세상을 떠나고 10년 후에 《심리학의 원리》를 바탕으로 심리학 입문서를 써서 발표했는데, 그 안에는 어떤 사람이 될지 결정하는 것은 개개인의 책임이라는 내용의 격언이 담겨 있었다. "행동을 뿌리면 습관을 거둔다. 습관을 뿌리면 성격을 거둔다. 성격을 뿌리면 운명을 거둔다."

습관과 관련해서 제임스가 하는 말에는 종종 암울한 저류가 흐를 때가 있다. 마치 남이 강요한 습관 대신 자기만의 습관을 세우는 것이 평생의 가장 중요한 투쟁이었던 듯하다. 그는 이렇게 말했다. "우리 모두는 습관 때문에 성장환경 또는 과거에 내린 선택의 경로 위에서 인생이라는 싸움에 임하게 되고, 자신과 잘 안 맞는 일에 최선을 다하게 된다. 자신에게 잘 맞는 다른 일이 없고, 다시 시작하기에는 너무 늦었기 때문이다." 습관이 자신을 개발하는 좋은 도구일 수도 있지만, 항상 그런 것은 아닌 듯 보인다. 누군가의 습관이 다른 사람에게는 지옥일 수도 있다. 다음과 같은 제임스의 유명한 격언은 부모가 아닌 아이를 위한 철학으로 이해하는 것이 가장 바람직할지 모른다. "자신의 성격을 빚어라. 자신의 습관을 선택하라. 자신의 씨앗을 뿌려라."

11장

워치츠키 가족
세상을 바꾸겠다는 야심

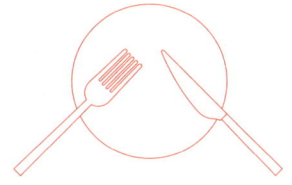

부단하게 노력하는 한 어머니를 상상해보자. 이 어머니는 부모의 기대치가 낮은데도 스스로 열심히 교육받은 사람이고, 세 딸을 향한 높은 기대치를 빼면 시체인 사람이다. 딸들이 경쟁이 심한 팰로앨토의 고등학교에 다니면서 과제로 리포트를 쓰면, 근처 고등학교에서 저널리즘을 가르치는 그녀는 빨간 잉크로 뒤덮은 리포트를 딸들에게 돌려주었다. 이걸 그대로 제출해서 C나 D를 받아도 되고, 아니면 다시 써도 돼. 이 어머니는 최대한 중립적으로 말했다. 어쩌면 그 리포트는 정말 C나 D를 받았을지도 모르고, 그렇지 않았을지도 모른다. 어쨌든 어머니가 생각하기에—이 집안에서 어머니의 의견은 무척 중요했다—그 리포트는 제출할 수 없는 상태였다. 딸들은 모두 리포트를 다시 썼다. 그리고 내용이 좋아졌다. 어머니는 말했다. 이제 B를 받을 수 있겠구나. 딸들은 다시 한번 에세이를 수정했다. 그들은 A를 받고 싶었다.

이 이야기는 현명한 어머니의 일화처럼 보인다. 어머니는 기대치가 높았지만 과제를 다시 쓰라고 강요하지는 않았다. 딸들에게 자율권을 준 것이다. 딸들이 리포트를 다시 썼다는 것, 그리고 결국 A를 받았다는 것이 그녀의 지혜를 보여주는 증거 아닐까?

세 딸 중 둘은 역사에 남을 매우 영향력 있는 여성으로 성장했고, 나머지 하나는 풀브라이트 장학생이자 HIV와 아동 비만의 확산을 연구하는 종신교수, 프랑스어와 스페인어, 스와힐리어 구사자가 되었다.

2019년 이 가족의 막내딸이자 소비자 직접 유전자 검사기업 23앤드미 23andMe의 설립자인 앤 워치츠키가 빳빳한 흰색 셔츠를 입고 하늘을 바라보며 즐거운 추억을 떠올리듯 입을 활짝 벌려 웃고 있는 사진이 〈잉크Inc.〉 매거진 표지에 실렸다. 그 옆에 실린 기사 제목은 '내가 받은 최고의 사업 조언'이었다. 이 주제로 에세이를 쓴 앤은 어머니 에스터 워치츠키가 과제를 검사한 일화로 글을 열었다. "나는 어머니가 우리를 가르치는 방식을 진심으로 존경한다. 어머니는 처벌을 사용하지 않는다. '네가 제출한 이 글은 형편없어. 이 경험을 통해 배우렴'이 어머니의 방식이다."

앤 워치츠키는 자기 사업에도 이와 똑같은 피드백 방식을 적용하고 있다고 말했다. 유전자 검사에 혁신을 일으키겠다는 목표로 시작한 23앤드미는 그간 이용자 수가 1500만 명에 달한다.

그러나 세상 어딘가에는 이 과제를 그대로 제출하면 D를 받을 거라는 말을 어머니에게 들으면서도, 앤 워치츠키와는 기질이 다른 아이가 있을지도 모른다. 그 아이는 내적으로 약간 무너질지도 모르고, 어머니의 의견을 무시할지도 모른다. 과제를 찢어버리거나, 자기는 글을 못 쓰는 사람이라는 결론을 내리고 글쓰기를 싫어하게 될지도 모른다. 수년 뒤 심리상담소에서 어머니가 학교 숙제에 지나치게 간섭했고, 친구 엄마들 중에는 딸의 과제를 그렇게 심하게 비판하는 사람이 없었다고 말할지도 모른다. 이런 이야기는 〈잉크〉 매거진에 실리지 않는다. 만일 그 사람이 성공한다면 다른 이야기를 말할 것이고, 그 사람이 관습적인 의미에서 특별히 성공을 거두지 못하면 애초에 〈잉크〉 매거진과 인터뷰를 나눌 일도 없을 것이다.

    자녀 양육에 관한 조언에는 반드시 작은 경고 문구가 붙어야 한다. '집에서 따라 하지 마시오.' 아니면 최소한 '똑같은 결과가 나오지 않을 수 있습니다'라도. 그러나 오랫동안 너무나 많은 사람이 세 딸을 어떻게 키웠는지 물어본 탓에, 에스터 워치츠키는 결국 《용감한 육아 How to Raise Successful People》라는 제목의 책을 써서 2019년에 출간했다. 팰로앨토 고등학교에서 40년간 저널리즘을 가르친 에스터 워치츠키는 수천 명의 학생을 가르치며 좋은 결과를 내왔지만 양육 전문가로서는 당연히 표본의 수가 매우 적었다. 워치츠키 자매는 이상적인 환경에서 고성능 소재로 제조된 21세기의 걸작품 같은 인물들로, 여러 면에서 이례적이라고 볼 수 있다. 이들이 거둔 성공은 운명과 적절한 장소, 타이밍, 힘든 노력, 독창성이 맞물린 결과이며, 학생들이 '워즈'라고 부른 카리스마적 인물, 에스터 워치츠키의 도움도 받았을 것이다.

    나는 워치츠키 가족의 이야기가 홀리필드 가족처럼 어린아이를 잃은 경험에서 시작되었다고 생각한다. 이 상실에서 각오가 생겨났고,

그 힘을 다음 세대의 아이들에게 남김없이 쏟아부은 것이다. 워치츠키 가족의 경우 잃어버린 아이는 생후 16개월에 아스피린 한 주먹을 입에 넣고 꿀꺽 삼켜버린 에스터의 남동생이었다. 에스터의 부모님은 우크라이나와 시베리아 출신으로 로스앤젤레스 선랜드 지역에 자리 잡은 유대인 이민자였다. 이들은 가난한 지식인이었다. 얼마나 가난했냐면, 9살 무렵 빠르게 성장하고 있던 에스터(부모가 원했던 것보다 키가 더 컸다)가 때때로 배를 주릴 정도였다. 16개월 된 남동생이 아스피린을 삼켰을 때, 에스터의 부모님에게 전화를 받은 의사는 걱정하지 말라고 했다. 남동생이 점점 의식을 잃어서 걱정하지 않을 수 없는 상황이 되자, 부모님은 가장 가까운 병원으로 남동생을 데려갔고 에스터도 함께 달려갔다. 그 병원의 의사들은 남동생의 위를 세척했지만, 상태가 아직 심각한데도 더이상의 처치를 해주지 않았다. 에스터와 부모님은 다른 병원에 가봤지만 그곳에서도 역시 치료를 거부당했다(에스터는 그 이유가 '치료비를 지불할 수 있다는 증거'를 제시하지 못했기 때문이라고 생각한다). 마지막으로 찾아간 병원의 의사들이 남동생을 살리려 애썼지만 그때는 이미 늦은 후였다.

에스터는 자율성이라는 자신의 맹렬한 엔진이 그날 생겨났다고 생각한다. 그날 이후로 에스터는 의사들이 모르는 것이 없다고, 권위자들은 남들이 모르는 지식을 안다고 두 번 다시 생각하지 않았다. 누가 자신을 보호해줄 거라고 두 번 다시 믿지 않았다. 에스터는 자신의 미래를 직접 만들어가며 스스로를 보호하기로 했다. 무적의 존재가 되기 위해 배워야 할 것은 무엇이든 배울 작정이었다.

"내가 사회에 나가서 세상을 바꿀 수 있을 것 같았어요"라고, 에스터 워치츠키는 세 딸을 길러낸 팰로앨토의 자택에서 내게 말했다. 다른 맥락에서라면 애석함의 기미가 서려 있을지도 모를 발언이다. 과연 누가 진짜로 세상을 바꿀 수 있을까? 한 인간이 세상을 얼마나 통제할 수 있을까? 에스터 역시 다른 사람들만큼 고통에서 자유롭지 못하다. 2024년 2월에 19살이었던 손자를 잃었고, 6개월 뒤 56살이었던 딸 수전이 비소세포폐암으로 세상을 떠났다.

그러나 본인이 직접 세상을 바꾸지는 못했더라도, 에스터는 세상을 바꾼 딸들을 키워냈다.

스스로 생각하고, 자기 생각을 믿을 것

1970년대와 1980년대에 딸들을 STEM 분야의 사업가로 키워낸 것도 충분히 신기한 일이었을 텐데, 앤과 수전은 이 시대 가장 혁신적인 사업, 좋게든 나쁘게든 오늘날 우리가 스스로를 이해하는 방식에 크나큰 영향을 미친 사업을 앞장서서 구축해냈다.

에스터의 말에 따르면 세 딸이 혁신가가 된 것은 우연이 아니었다. 에스터가 1973년에 셋째 앤을 낳은 직후 한 친구에게 전화가 왔다. "또 딸이라니 어떡하니." 에스터처럼 그 친구도 남아를 더 선호하는 정통 유대인 가정에서 성장했다. 어린 에스터는 가족의 돈은 무조건 네가 아닌 다른 남자 형제를 학교에 보내는 데 쓸 거라는 말을 들었다. 이러한 생각에 물들어 있었기 때문에, 에스터는 본인 역시 셋째 딸을 낳았을 때 아주 잠시 안타까움을 느꼈다고 털어놓았다. 그러나 그녀는 자기 연민을 혐오하며 오로지 자율성만을 중시하는 사람이다. "맙소사." 에스터는 친구에게 이렇게 말했던 것을 떠올렸다. "내가 보여줄게. 이 애들은 네가 어디에서도 본 적 없는 인물로 성장할 거야. 그리고 정말로 그렇게 됐죠." 그 이후로 친구는 그런 말을 한 것을 몇 번이고 사과했다. 그러나 오늘날 에스터는 그 친구가 진심으로 자신을 안타까워하며 모욕을 주지 않았더라면, 과연 딸들이 이만큼 대담한 야심을 품을 수 있었을까 궁금해하곤 한다. 그 모욕은 워치츠키 가족에게 일어날 수 있는 가장 좋은 일이 아니었을까?

에스터의 프로젝트는 바로 그것이었다. 딸들을 지금껏 본 적 없는 인물로 키우는 것. 어떻게 하면 이처럼 원대한 목표를 달성할 수 있을까? 어쩌면 그런 자신감(원대한 목표를 달성할 수 있다는 자신감)을 아이들에게 자연스럽게 심어주는 사람이 되는 데서 시작할 수 있을지 모른다. 에스터가 그 방법을 알아내지 못할 이유가 어디에 있겠는가? 누가 에스터에게 너는 그럴 수 없다고 말할 수 있겠는가?

에스터는 아이들을 혼자 키우지 않았다. 그녀는 장학금을 받고 다닌 버클리캘리포니아대학교에서 남편 스탠리 워치츠키를 만났다. 워치츠키 자매의 부모가 된 두 사람의 만남은 두 에너지 입자의 충돌과도 같았다. 입자 1이었던 19살의 에스터는 젊고 활기찬 학부생이었다. 골판지 상자를 타고 기숙사 계단을 미끄러져 내려가던 그녀는 입자 2였던 폴란드 난민 출신 스탠리 워치츠키의 발에 쾅 부딪혔고—에스터의 키는 거의 180센티미터였다—스탠리의 명석함이 곧 에스터의 눈에 띄었다. "나보다 더 똑똑한 사람을 찾기는 쉽지 않았어요"

라고, 에스터는 말했다.

스탠리 워치츠키의 딸들이 아버지의 일을 이해할 수 있을 만큼 충분히 컸을 무렵, 그는 스탠퍼드대학교의 물리학 교수였다(그리고 나중에 학과장이 되었다). 스탠리의 가장 큰 직업적 목표는 당대 가장 야심 찬 프로젝트 중 하나였던 수십억 달러 규모의 초전도 초대형 입자 가속기Superconducting Super Collider를 설계하고 자금을 확보하는 것이었다. SSC라고도 불리는 이 가속기는 다른 유사한 장치보다 20배 큰 에너지로 입자를 충돌시킬 수 있었다. "이런 충돌이 일어나면 그 결과로 어떤 입자와 힘이 발생할까?" 스탠리 워치츠키는 연방정부에 SSC의 자금 지원을 요청한 1985년의 〈비스마르크 트리뷴〉 사설에서 이렇게 물었다(결국 이 계획은 비용이 너무 막대하다는 이유로 취소되었다). "물리학자들은 서로 다른 예측을 내놓고 있지만 진짜 답은 아무도 확실히 알지 못한다. 유일하게 확신할 수 있는 것은 우리가 그 결과를 통해 이 세계를 더욱 깊이 이해할 수 있다는 것이다. 인류에 대해 쉬이 절망할 수 있는 이 시기에, 우리는 이 도전으로 다시 새로운 활력을 느껴야 한다." 세 자매의 어머니는 세상을 바꾸고 싶었고, 아버지는 이 세상의 신비를 파헤치고 싶었다. 두 사람의 야심은 처음부터 대단했지만, 그렇다고 그 야심이 이기적이기만 한 것은 아니었다. 인간 이해의 한계를 뛰어넘는 것, 이것은 워치츠키 가족의 중요한 가치였고, 설거지를 하거나 빌려 입은 옷 때문에 티격태격하는 일만큼이나 일상적인 삶의 일부였다.

야심 찬 프로젝트는 작은 것에서부터 시작된다. 에스터의 경우 그 시작은 작은 아이들이었다. 워치츠키 가족은 그로프 가족처럼 뒷마당에 수영할 수 있는 곳이 있었고, 홀리필드 부부처럼 에스터도 안전뿐만 아니라 자기 효능감을 위해 반드시 수영할 줄 알아야 한다고 생각했다. 워치츠키 자매가 수영을 배운 이유는, 에스터의 말에 따르면 "내가 아이들이 어렸을 때부터 자신감을 심어주려 했기 때문"이었다. 수전은 3살에 수영을 시작했고 둘째 재닛은 아기 때 이미 수영을 할 줄 알았다. 에스터는 자신이 직접 구매한 책 《아기에게 수영 가르치는 법 Teach Your Baby to Swim》의 도움을 받았다고 설명했다. 수전과 재닛은 5살이 되었을 때 둘 다 수영팀에 들어갔다. 앤 역시 일찍부터 두각을 나타냈다. 5살에 지역 챔피언십 대회에서 접영으로 우승을 차지한 것이었는데, 접영은 앤이 수영팀에서 배우기 전 이미 에스터가 가르친 영법이었다. 세 자매는 모두 학교에 입학하기 전부터 글을 조금이라도 읽을 수 있었다. "내가 애들한테 이걸 전부 가르친 이유요? 사람은 자기 환경을 통제할 수 있어야 하니까요." 에스터는 딸들이 책뿐만 아니라 도로표지판과 신문도 읽을 수 있기를 바랐다. 워치츠키 자매가 숫자 세는 법을 배워야 했던 이유는, 자전거를 타고 5분간 언덕을 내려가면 나오는 식료품점에서 혼자 아이스크림을 산 후 거스름돈을 챙길 수 있어야 했기 때문이다. "남동생의 죽음에서부터 이 모든 게 시작되었어요." 에스터는 말했다. "그때 우리 가족은 환경을 통제하지 못했어요. 그래서 동생을 잃었죠."

어떻게 보면 에스터의 양육법은 1970년대에 비슷한 집단에 속한 다른 부모들의 양육법과 그리 다르지 않았다. 당시의 지배적인 양육방식은 무해한 방치였다. 에스터가 〈타임〉지에 말했듯 그녀가 아이들에게 수영을 가르친 이유는 수영장에서 내내 아이들을 주시하고 싶지 않아서이기도 했다. 워치츠키 가족 같은 중산층 부모들이 오늘날보다 위험을 훨씬 잘 감수했던 당시로서는 충분히 타당한 결정이었다. 1970년대의 팰로앨토는 학구적인 동네였을지 몰라도 아직 히피 분위기가 강하게 남아 있었다. 학생들은 그레이트풀 데드 콘서트에서 학교 선생님과 마주쳤고, 부모들은 어린아이들이 주말 저녁까지 자전거를 타고 동네를 돌아다니는 것을 흔쾌히 내버려두었다.

동시에 에스터는 그로프 가족에 맞먹는 에너지와 노력으로 생산성에 대한 남다른 기준을 세웠다. "우리는 다 같이 둘러앉아서 텔레비전을 보며 **그냥 좀 쉬자**라고 말하는 가족이 전혀 아니었어요"라고 앤은 말했다. "텔레비전을 보려면 동시에 다른 일을 끝내야 했죠. 언니들과 제가 드라마 〈산타바버라〉에 푹 빠졌던 시기가 있었는데요, 특히 여름에 매일매일 그 드라마를 봤어요. 그때 어머니는 제가 드라마를 보는 동안 꼭 다림질을 시켰어요. 저는 다림질을 해서 시간당 7달러를 벌었고요."

앤은 때때로 어머니의 에너지가 버거웠다고 털어놓았다. "미칠 지경이었어요. 주말 아침에도 아침 6시나 7시에 저를 깨우곤 했어요. 청소기를 밀면서 문을 쾅쾅 들이박았죠. 그러면 저는 이렇게 소리쳤어요. '나 자고 있어! 아직 자는 중이라고!' 어머니는 제 말을 그냥 무시했어요. 그냥 뒤돌아서 문을 닫고 나갔죠. 우리를 철저히 무시했어요." 에스터가 자동차 내부를 분해해서 직접 수리하는 것은 일상적인 광경이었다. 언젠가 집의 전기회로를 교체하고 싶었던 에스터는 관련 책을 구매한 뒤 한 손에는 손전등을, 다른 손에는 설명서를 들고 사다리를 기어올라가서 직접 회로를 교체했다.

이런 에스터의 본보기를 고려했을 때, 워치츠키 자매가 근면함과 진취성을 보여주는 귀감이라는 사실―이들이 어렸을 때 길가에서 이웃에게 레몬을 팔았으며, 심지어 그 레몬이 열린 나무의 주인에게까지 레몬을 팔았다는 사실―이 그렇게 놀라운 일일까? 아이들이 주위 어른들의 행동을 관찰하고 따라 한다는 것은 발달심리학의 핵심원칙 중 하나이며, 줄리아 레너드의 연구 대부분을 뒷받침하는 개념이기도 하다. 특정 행동이 보상으로 이어지는가? 다른 어른들이 그 행동을 장려하는가? 아니면 벌을 주는가?

수전 워치츠키가 태어나기 7년 전, 훗날 스탠퍼드에서 스탠리 워치츠키의 동료가 된 앨버트 반두라가 캠퍼스에서 실험을 하나 실시한 뒤 당시로서는 놀라운 결과를 발견했다. 기업가 수전 워치츠키가 막대한 영향력을 지닌 플랫폼으로 키워낸 유튜브에 들어가면, 코다크롬 필름으로 찍은 흐릿한 실제 실험 영상을 찾아볼 수 있다. 영상을 보면 새하얀 셔츠와 종아리까지 오는 길이의 치마를 입고 단정하게 머리칼을 매만진 여성이, 보보 인형이라는 이름으로 불리는 오뚝이 인형을 가지고 놀고 있다. 처음에 이 여성은 나무망치로 인형을 살살 때리다가 이내 공처럼 발로 차기 시작한다. 그리고 결국에는 범인을 체포하는 경찰처럼 다리를 벌리고 인형을 깔고 앉아 주먹으로 퍽퍽 내리친다(그러나 주먹질은 일종의 놀이처럼 보이고 얼굴에도 악의가 전혀 없다). 이처럼 여성이 분노를 표출하는 동안 한 아이가 유리창 뒤에서 이 모습을 지켜보고 있다.

반두라는 뒤이어 그 아이를 인형 앞에 세웠을 때 무슨 일이 일어날지 확신하지 못했다. 어쩌면 아이는 앞선 여성의 모습을 보고 자신의 분노가 해소되었다고 느낄 수도 있었고, 안타까워하며 인형을 껴안을지도 몰랐다. 그러나 그 아이는—레이스 달린 치마를 입은 여자아이든, 단추 달린 셔츠를 단정하게 바지 안에 넣어 입은 남자아이든—현저히 높은 확률로 인형에게 폭력을 행사했다. 이 실험 결과가 발표된 때는 정책 입안자들이 처음으로 텔레비전 속 폭력을 우려하던 시기였다. 스탠퍼드 감옥 실험처럼 매우 극적인 다른 사회심리학 실험과 마찬가지로, 반두라의 실험은 모방 학습 그리고 암묵적으로는 양육과 같은 힘 앞에서 인간의 성격이 얼마나 쉽게 변하는지에 대한 사람들의 인식을 크게 바꿔놓았다.

청년 세대가 권위와 어른들을 의심하던 1960년대에, 프로이트에게 영향받은 심리학 전문가들이 우리 삶의 궁극적 어른인 부모의 힘과 영향력을 재확인하고 있었다는 것은 역사의 기묘한 우연이다. 반면 새로운 유전학 연구(일부는 초기에 23앤드미가 수집한 데이터의 도움을 받았다)가 서서히 학술지에 실리면서 유전적 요인이 성격특성 같은 자질에 영향을 미칠 수 있음을 일반 대중에게 시사하는 바로 이 시기에, 교육수준이 높은 부모들은 자기 자녀를 전보다 훨씬 강하게 통제하려 하고 있다.

파급력이 상당했던 이 보보 인형 연구에도 한계는 있었다. 실험 참가자들은 전부 5세 이하였기에 추론능력이 제한적이었다. 5세 아동의 반응은 10세 아동의 반응과는 거의 관련이 없다. 또 오뚝이 인형에게 가짜로 폭력을 행사하는 낯선 여성을 보고 아이가 어떻게 반응하는가는, 같은 인간에게 실제로 폭력을 저지르는 성인을 보고 아이가 어떻게 반응하는가와는 거의 관련이 없다. 과학은 "언제 무슨 일이 일어나는가"를 관찰하는 데 능할 뿐 "왜 무슨 일이 일어나는가" 또는 '언제'와 '무슨'이 어떤 상황에서 동일하게 작동하는가를 밝히는 데는 그리 정확하지 않다. 많은 행동유전학자가 보기에 부모의 모범적 행동이 끼치는 영향을 측정하려는 연구들은 대부분 불확실하다. 발달심리학자들은 모범 행동이 부모가 자녀에게 영향을 미치는 주요 방법이라고 여긴다. 하지만 많은 사람들은 모범 행동에 관한 대다수 연구가 사실 그리 많은 것을 말해주지 못한다고 주장할 것이다. 연구자들은 온화한 행동의 모범을 보이는 부모와 상냥한 자녀 사이에서 상관관계를 찾을 수도 있지만, 행동유전학자들은 성격이 느긋한 부모가 느긋한 성격을 타고난 아이를 낳을 확률이 더 높다는 점을 지적할 것이다. 부모의 모범 행동이 실제로 어느 정도 영향을 미칠지도 모른다. 하지만 그 정도는 얼마만큼일까? 게다가 상냥한 성격을 타고난 아이는 주위 사람들에게서 온화한 행동을 이끌어냄으로써, 미묘하게 자기 주변 환경을 스스로 구성할 수 있다. 문제가 더 복잡해지는 이유다. 성격으로 이어지는 길은 서로 교차하고, 포개지고, 그러다 다시 돌아와서 만난다.

2023년의 팟캐스트 인터뷰에서 미디어 스타이자 인생 코치인 제이 셰티는 수전 워치츠키에게 어머니를 영감을 주는 존재로 묘사한 이유를 물으며, 어머니가 어떤 방식으로 영향을 끼쳤는지 자세히 설명해달라고 부탁했다. 그러자 수전은 약간 즐거워하면서 셰티에게 지금 당장 어머니에게 전화해보라고 권했고—"분명 어머니는 이 프로그램에 출연하고 싶어할 거예요!"—유머와 솔직함을 담아 머뭇머뭇 대답했다. "우리 어머니는 늘 하고 싶은 말이 있어요. 어머니의 말이 끊이질 않는다는 사실이 어렸을 때는 정말 끔찍했어요. 어머니는 저를 난처하게 하고, 불만을 드러내고, 자기가 원하는 대로 일이 풀리지 않는다고 불평하고, 이의를 제기했어요. 늘 자기 의견이 있는 분이었죠." 수전은 어머니가 불만을 토로한다면 그건 다음 사람의 경험을 위해서였다고 말했지만, 그것이 어머니의 가장 큰 목적은 아닌 듯했다고 설명했다. "어머니는 자기 의견을 말하고, 참고 견디지 않고, 독립적으로 사고해야 한다고 진심으로 믿는 분이에요." 어머니의 이런 행동이 어렸을 때는 정말로 끔찍하고 난처했다고, 수전은 다시 한번 강조했다. 이런 면에서 어머니의 행동을 모방하려는 생각은 딱히 없는 듯했다. 그러나 그녀는 "어머니는 스스로 생각하는 법을 제게 가르쳐주셨다"고 말했다. "어머니는 사람들이 터무니없는 말을 할 때 스스로 생각하고 자기 생각을 믿으라고, 일반적인 생각에 쉽게 동조하지 말라고 가르치셨어요."

《용감한 육아》에서 에스터는 신뢰Trust와 존중Respect, 자립Independence, 협력Collaboration, 친절Kindness의 앞글자를 딴 TRICK 원칙을 이용해 성공하는 사람을 키우기 위한 지침을 설명한다. 이 책에서 그녀는 자녀를 키우면서 저지른 평범한 실수(13살 난 딸의 일기장을 우연히 발견하고 아무 이유 없이 읽은 것)와 보다 이색적인 실수(두 딸에게 한 대 있는 볼보 자동차가 오로지 네 것이라고 거짓말한 것—딸 하나는 이미 대학에 가 있었기 때문에 이 거짓말은 생각보다 오래 이어졌다)를 솔직하고 정감 있게 인정한다. 그러나 한편으로는 자신이 부모로서 많은 것을 제대로 해냈다고 말하면서, 그 덕분에 딸들이 높은 성취를 거둘 수 있었음을 암시한다. 그녀는 딸들에게 그릇의 본보기가 되었고, 하기로 한 것은 끝까지 해내라고 격려하면서도 때로는 유연하게 딸들이 방향을 수정할 수 있도록 했다. 또 딸들의 자율성을 인정하고 존중하면서도, 앤이 러시아의 벽지를 여행하고 있을 때 딸의 위치를 찾아낼 만큼 사랑하는 마음으로 아이들을 보살폈다.

에스터의 책은 성공한 가족을 소개하는 책들의 계보에 속해 있다. 어떤 면에서 이러한 계보는 개스켈이 쓴 샬럿 브론테 전기에서부터 시작된다고도 할 수 있다. 아마 나는 이 책 집필을 시작하기 전에도 이런 책들에 끌렸을 것이다. 이런 책들은 남다른 판단으로 성공을 의도하고 계획하는, 매우 이례적인 가족의 인류학적 측면을 고스란히 보여주기 때문이다.

"아이의 행동을 바꾸기 어렵다면 자신을 바꾸자"

일란성쌍둥이인 테니스 복식 챔피언이자 둘 다 뛰어난 음악가인 마이크 브라이언과 밥 브라이언의 아버지 웨인 브라이언은 자식을 챔피언으로 키워내는 '공식'이 무엇이냐는 질문을 하도 많이 받은 나머지, 그 내용을 책의 형태로 대중에게 공개하는 것만이 답이라고 판단했다. 《내 아이를 운동, 예술, 학업의 챔피언으로 키우기 Raising Your Child to Be a Champion in Athletics, Arts and Academics》는 얇고 꾸밈없고 빠르게 읽히는 지침서다. 확실히 브라이언은 쌍둥이 아들의 양육을 즐거워한 것 같지만, 때때로 그의 조언은 선의를 가진 부모가 친구에게 해줄 법한 조언과 그리 다를 바 없다. 그는 아이가 경기에서 졌을 때 부모가 어떻게 반응해야 하는지에 대해 먼저 '균형 잡힌 관점'을 제공한 뒤("나도 네 나이 때 중요한 경기에서 진 적이 있는데, 지금은 어쩌고저쩌고") 피자 같은 메뉴로 즐겁게 저녁식사를 하며 아이를 격려하라고 조언한다. 어떻게 하면 아이가 스포츠를 열심히 연습하도록 유도할 수 있을까? 브라이언이 '정신 나간 열정'이라고 칭하는 것을 아이 안에 심어주어야 하며, 그럴 수 있는 유일한 방법은 그 활동을 "재미있게 만드는 것"이다. 이를테면 스포츠 경기를 보러 가는 길에 차 안에서 들을 음악을 아이가 직접 선택하게 하라. 또 다른 방법은? "경기가 끝난 뒤 피자를 먹으며 즐거운 시간을 보내야 한다."

그러나 이 가족의 몹시 남다른 사고방식을 엿볼 수 있는 부분이 중간중간 등장하기도 한다. 목표 설정의 중요성을 논하는 장에서, 브라이언은 부모들에게 목표(글쓰기 대회나 곧 있을 연주회, 테니스 랭킹)를 냉장고와 화장실 거울에 붙여놓으라고 조언한다. 나와 내 남편은 경기를 마친 우리 아들들에게 피자를 아주 많이 사주었고, 아이들의 목표가 무엇이든 재미있게 만들려고 열심히 노력했다. 그러나 내가 화장실 거울에 목표를 붙였다면 아들들이 아예 양치를 안 했을 거라는 생각이 든다. 그러면서도 이 글을 쓰는 지금 약간의 죄책감과 의심이 피어오른다. 어쩌면 내 선택이 틀렸고, 목표를 붙였다면 막 싹트기 시작한 아이들의 열정을 더 북돋을 수 있었을지 모른다. 더욱이 그렇게 하면 어떠한 가족 가치를 강화했을지도 모른다. 즉 성취는 매일 반복되는 일상 의례의 일부가 될 만큼 몹시 중요하다는 가치 말이다. 그러나 우리 아이들이 잠들기 직전에 거울에 붙은 그 목표를 힐끗 쳐다보는 모습(다음 목표보다 훨씬 흥미로울지 모를 꿈에 빠져들려는 바로 그 순간에 시야가 좁아져버리는 상황)을 상상하는 것만으로도 내 안에 어떤 반발심이 생겨난다.

브라이언의 책 14장에서 독자들은 브라이언 가족을 가장 잘 설명해주는 조언을 만나게 된다. "이 점은 아무리 강조해도 부족하다. 집에 텔레비전을 놓지 마시라! 좋다. 이제 텔레비전을 치우기로 했으니, 비디오게임도 전부 치우시라." 그는 텔레비전과 비디오게임이 "진정한 잠재력에 도달할 기회를 빼앗는다"라고 설명했다. 그러면서 이러한 쾌락은 시간을 너무 많이 잡아먹으며, 움직이는 디지털 이미지라는 손쉬운 보상과 비교하지만 않는다면 훨씬 더 즐겁게 누릴 수 있는 활동에 그 시간을 쏟을 수 있다고 강조했다.

이런 조언은 아이폰의 시대에 더욱 실천하기 어려워졌지만, 브라이언이 이 책을 쓴 2004년 기준으로도 이 스크린 금지 정책은 기술의 해악보다는 브라이언이 얼마나 남다른 사람인지를 잘 보여준다. 그는 자식을 챔피언으로 길러내겠다는 의지가 너무나 확고해서, 다른 부모들이 너무나 하고 싶어하면서도 그럴 의지를 좀처럼 끌어모으지 못하는 일을 기꺼이 해내는 극단적인 부모가 된 사람이었다.

브라이언은 분명히 자기 내면에 추진력이 있었고, 그 힘으로 아들들에게 추진력을 심어주려 했다. 책 전반에 걸친 그의 조언(스크린을 없애라, 자기 가족이 오전 7시에 꼭 음악 연습을 하듯 루틴을 만들어라)은 전혀 난해하지 않다. 이 책에 나와 있지 않은 내용은 아마도 많은 부모에게 가장 필요할 조언, 즉 자녀를 바꾸는 방법이 아니라 본인이 웨인 브라이언처럼 남다른 집중력과 활기찬 자기 통제력을 갖춘 부모로 변신하는 방법일 것이다. 아이의 행동을 바꾸기가 어렵다면 한

번 자신의 행동을 바꿔보라고, 컬럼비아대학교에서 유전체를 연구하는 전염병학자 댄 벨스키가 언젠가 내게 말했다. "아무리 마음이 굴뚝같아도, 우리의 행동을 통해서 아이의 행동을 바꾸는 최선의 방법이 무엇인지는 추측하기 힘듭니다. 우리의 행동이 여러 면에서 중요하면서도 자기 행동을 크게 바꿀 수 있는 사람은 드물기 때문에 더욱 그렇습니다."

브라이언의 큰 야망과 쌍둥이 아들을 향한 헌신은 당신들도 비범한 자식을 길러낼 수 있다고 장담하는 책을 쓴 또 다른 부모, 라슬로 폴가르에 비하면 양호한 편이다. 헝가리의 교육심리학자였던 폴가르는 철저한 의도에 따라 체스 역사상 가장 큰 성공을 거둔 여성 3명을 키워냈고, 그의 딸들은 겨우 10살 때 체스 챔피언의 자리에 올랐다. 세 딸 중 2명은 그랜드마스터 타이틀을 얻었는데, 막내 유디트 폴가르는 겨우 15살에 그 목표를 이루었다(보비 피셔의 기록을 한 달 앞당겼다). 2002년에 유디트는 체스 챔피언 가리 카스파로프를 상대로 우승을 거두며 여성이 남성보다 체스 실력(지능을 의미한다고 여겨진다)이 떨어진다는 뿌리깊은 인식을 뒤흔드는 데 일조했다. 첫째인 수전과 막내인 유디트는 각자 다른 시기에 전 세계 최고의 여성 선수 자리에 올랐다.

1989년에 폴가르는 《천재를 키워라! *Raise a Genius!*》를 출간해 "모든 건강한 아이는 뛰어난 사람, 즉 천재로 길러낼 수 있다"고 주장했다. 그는 자신이 결혼하기도 전에 자식들을 비범한 사람으로 키우겠다고 약속하며 아내의 환심을 샀다는 이야기를 즐겨 언급했다. 수전 폴가르가 저서 《돌파 *Breaking Through*》에서 인용한 어머니 클라라 폴가르의 말에 따르면 라슬로는 클라라와 처음 만난 날 자식을 6명 낳고 싶다면서 "구체적인 목표를 세워서 자식들을 많이 가르치고 아낌없는 사랑으로 키우겠다"라고 말했다. 집에 돌아간 클라라는 부모님께 이 친구 가족의 아들이 꽤 흥미롭긴 하지만, 그 사람과 결혼하는 일은 상상할 수 없다고 말했다. 그러다 시간이 흐르면서 마음을 바꾸었다.

딸들을 천재로 키운 비결이 들어 있으리라 예상되는 라슬로의 책은 각종 이론으로 가득하지만 그만큼 모순도 많다. 그는 아이가 자신의 천재성을 발견할 수 있게 돕는 가장 좋은 방법이 아이의 열정을 따르는 것이라고 말한다. 첫째 수전의 경우 그 열정은 체스를 향한 듯 보였다. 수전은 3살 때 보관장에 들어 있는 체스 세트를 우연히 보고서는, 이 이상하게 생긴 말들은 무엇이냐고 어머니에게 질문을 퍼부었다. 라슬로 가족은 평소 주변 사람을 지치게 할 정도로 활기찬 수전이 체스에 집중할 때만큼은 차분해진다는 사실을 발견했다. 그렇다면 둘째 딸과 셋째 딸도 체스를 가장 큰 관심사로 삼은 것은 단순한 우연이었을까? 아니면 체스는 그들이 남다른 집중력을 가지고 관심을 쏟은 대상일 뿐이었을까? 이 책은 어떻게 라슬로가 겨우 1년 만에 수전을 강력한 경쟁자로 키워냈는지, 그리하여 10살 학생들이 참가한 지역 챔피언십에서 겨우 4살이었던 수전이 어떻게 우승할 수 있었는지에 대해서도 그리 많은 단서를 내놓지 않는다. 수전이 우승하고 얼마 지나지 않아 라슬로 부부는 홈스쿨링을 승인하지 않는 헝가리 정부를 상대로 싸움을 벌였다. 홈스쿨링은 라슬로가 세운 계획의 중요한 일부였다. 홈스쿨링을 해야 하루에 더 많은 시간을 체스에 쏟을 수 있었기 때문이다.

라슬로가 자기 아이를 낳기도 전에 몇 시간이고 천재에 관한 책을 읽으며 도출한 천재 키우기 방정식은, 본인의 말마따나 '천재성 = 노력 + 우호적 환경'으로 요약할 수 있다. 이 우호적 환경에는 일찍부터 꾸준히 아이 교육에 전념하는 부모, 즉 아이가 아주 어릴 때부터 특정 전문 분야의 교육을 하루 4~5시간씩 집중해서 실시하는 부모도 포함되었다. 라슬로는 그 어떤 아이를 데려와도 자신이 체스 천재로 키울 수 있다고 떠벌리고 다닐 만큼 이 방정식을 굳게 믿었다. 수전이 《돌파》에서 회상한 내용에 따르면 한번은 네덜란드의 억만장자인 요프 파노스테롬(체스와 당구의 광팬으로, 두 종목을 모두 후원했다)이 라슬로에게 "개발도상국에서 세 남자아이를 입양해 우리 자매와 똑같이 길러낼 수 있도록" 도와주겠다고 나섰다. 수전은 라슬로가 이 제안을 진지하게 고려했으나 어머니가 거절했다고 말했다. "어머니는 삶에 체스만 있는 것이 아니며 나머지는 결국 자기 몫이 되리란 걸 알았다."

어머니 클라라는 자신의 딸들이 제 아버지가 지닌 교육적 재능의 산물이라기보다는 한 신경과학자가 〈사이콜로지 투데이〉에서 한 말처럼 '아름다운 우연'에 더 가깝다는 사실을 이해하고 있었는지도 모른다. 세르비아 출신의 신경과학자 오그니엔 아미지츠는 체스 그랜드마스터가 되겠다는 꿈을 안고 젊은 시절 소련으로 이주까지 한 사람이었다. 그러나 아무리 노력하고 훈련해도 그랜드마스터가 될 수 없었던 아미지츠는 결국 자기 재능의 방향을 신경과학으로 돌렸다. 그는 헌신적이고 잘 훈련받은 아마추어 선수와 진짜 그랜드마스터 사이의 신경학적 차이를 알아내고자 했다. 그가 발견한 결과는 데이비드 엡스타인이 '스포츠 유전자'에 적용한 이론을 체스선수들에게도 적용할 수 있다는 것, 즉 타고난 재능만으로는 스타가 될 수 없고, 타고난 재능 없이 의욕이나 최상의 훈련만으로도 그랜드마스터라는 탁월한 결과를 얻을 수 없다는 것이었다. 아미지츠는 세계 최고의 체스선수들에게서 훈련을 통해 습득할 수 없는 특별한 자질을 발견했다. 뇌를 스캔한 결과, 체스 그랜드마스터들은 장기기억 및 상위 수준의 처리와 관련된 뇌 부위를 이용해 과거에 치른 수천 번의 경기가 담긴 방대한 데이터베이스에 접근할 수 있었다. (반면 평범하게 노력하는 체스선수는 단기기억에 의존했다. "아마추어들은 기존 지식 위에 새로운 정보를 덮어씁니다"라고 아미지츠는 〈사이콜로지 투데이〉에 말했다. "얼마나 답답할지 상상이 가십니까!") 그 이후로 이런 높은 수준의 기억력 중 얼마만큼이 타고난 능력 또는 훈련에서 비롯되었는지를 두고 논쟁이 계속되고 있다. 그러나 아미지츠는 폴가르의 세 딸이 남다른 뇌 용량을 지닐 수 있었던 이유가 온종일 체스를 몇 시간씩 연습했기 때문이 아니라고 생각했다. 오히려 그는 세 딸의 어린 시절을 체스에 쏟아붓겠다는 폴가르의 남다른 의욕이 없었더라면, 그 재능이 전혀 자각되지 않고 묻혀버렸을지도 모른다는 점에 주목했다.

양육의 힘에 관한 자신의 이론을 증명하기 위해 아이를 입양한다는 생각은, 두 아들을 입양하고 《탁월함을 위한 홈스쿨링 *Homeschooling for Excellence*》이라는 자녀 양육 지침서를 쓴 데이비드 콜팩스와 미키 콜팩스 부부에게는 아마 혐오스러운 것이었을 테다. 진보적인 학자이자 사회운동가였던 이들은 폴가르가 딸들을 위대한 체스선수로 길러내던 때와 거의 같은 무렵에 총 4명의 아들을 키웠다. 콜팩스 부부는 자식에게 상당히 비관습적인 교육을 제공했음에도 네 아들 중 3명을 하버드에 보낸 홈스쿨링 부모로 명성을 얻으며 엄청난 화제가 되었고, 1980년대의 짧은 시기에 토크쇼와 수많은 뉴스 기사의 칭송을 받았다. (하버드는 그 자체로 하나의 극단적 환경으로 콜팩스 부부의 책에도 여러 차례 등장하며, 닭이 먼저냐 달걀이 먼저냐와 같은 질문을 낳는다. 이 대학의 입학처는 정말로 미래 지도자를 선발하는 데 탁월한 능력이 있는 것일까, 아니면 하버드라는 브랜드와 이 대학이 제공하는 특권 및 인맥이 졸업생들의 출세를 앞당긴 것일까?)

콜팩스 부부의 맏아들 그랜트는 오바마 행정부에서 에이즈 정책 국장으로 일한 뒤 샌프란시스코 공중보건국 국장이 되었다. 드루 콜팩스는 법학학위를 받은 뒤 다시 하버드 의대에 진학했고, 멘도시노카운티로 돌아가 응급실 의사가 되었다. 그리고 입양한 두 아들 중 형이었던 리드는 현재 전국에서 인정받는 인권 전문 로펌에서 파트너로 일하며 공정주거법 문제에 헌신하고 있다. 입양한 아들 중 동생인 가스는 발달장애인들과 함께 일한다.

데이비드 콜팩스는 라슬로 폴가르처럼 처음부터 자식들에게 큰 야심을 품은 것이 아니었다. 데이비드는 사회학 교수로서 개인의 잠재력을 제한하거나 실현하는 사회 구조 및 환경을 연구하는 데 몰두했다. 그의 정치적 견해와 저술이 몹시 급진적이었기에, 세인트루이스 워싱턴대학교에서 그는 사회학계가 정치적으로 너무 보수적이라고 비판하고 흑표범단(아프리카계 미국인의 권익 보호를 도모한 마르크스주의 무장단체—옮긴이)을 지지한 것에 대해 해명하라는 요구를 받은 뒤 종신교수직을 거부당했다. 결국 일을 구하지 못한 것이 일부 원인이 되어, 그와 런던정경대에서 석사학위를 받은 그의 아내 미키는 당시 활발하게 이어지던 '땅으로 돌아가자' 운동(산업문명에 반발하며 자연으로 돌아가 자급자족 생활을 추구했던 사회운동―옮긴이)에 합류하기로 결정했다. 1972년 두 사람은 캘리포니아 북부의 삼나무숲 산꼭대기에 자리한 아직 개발되지 않은 땅 19만 제곱미터를 구매했다. 자식들에게 대안적이고 이상적인 학습 환경을 만들어주기 위해서라기보다는 가진 돈으로 영구 거주지를 마련하고 싶어서였다.

데이비드와 미키 콜팩스 부부는 회고록《낙원에서의 힘든 나날들 *Hard Times in Paradise*》에서 숲이 우거진 수천 제곱미터의 땅에 집과 염소농장을 짓는 일이 얼마나 힘겹고 고되고 위험했는지를 생생하게 묘사한다. "가난하게 사는 것은 정말이지 지겨운 일이다. 늘 돈 걱정뿐이다." 미키는 1975년 일기에 쓴 이 글을 발췌해 회고록에 실었다. "가난한 삶의 힘든 점은 시간을 전부 빼앗긴다는 것이다." 콜팩스 가족은 몇 달간 물뿌리개로 샤워를 하고 빨래판으로 빨래를 하고 빗속에서 휴대용 난로로 요리를 했다. 수년간 가장 가까운 수원에서 집으로 물을 퍼와야 했고, 아들들도 여기에 힘을 보탰다. 생존하기 위해서는 독창성과 어느 정도의 운이 필요했다(돌진해오는 수소를 본 그랜트가 더 빨리 달려서 도망치려 하는 대신, 우연히 손에 들고 있던 나무 판자로 소를 후려치는 현명한 선택을 내렸을 때처럼 말이다).

콜팩스 가족의 집에는 전자기기 스크린뿐만 아니라 전화기도 없었다. 전기가 없었기 때문이다. 아이들이 즐길 수 있는 평범한 오락은 책과 보드게임, 그리고 이따금 라디오에서 흘러나오는 〈새도〉 같은 고전 라디오드라마뿐이었다. 첫째와 둘째, 셋째는 대략 같은 시기에 거의 저절로 글 읽는 법을 터득했는데 각각 9살과 6살, 4살 때였다.

이들 형제는 고장난 발전기에 달린 기화기의 작동 원리를 이해하고 싶거나 집 주변을 에워싼 삼나무숲이 또 어느 지역에 있는지 알고 싶으면 《월드북 백과사전》을 펼쳤다. 맏이인 그랜트가 미국 원주민에 관한 책에서 본 방법을 이용해서 직접 땅을 개간하고, 기둥과 나뭇가지를 엮어 만든 2미터 높이의 울타리를 둘러서 약 90제곱미터 넓이의 텃밭을 만들기도 했다. 참나무숲에 직접 트리하우스를 지었고, 자라면서 미적분학과 유전학, 발생학을 공부했다. 가족이 나무를 팔아서 번 수익에 돈을 보태기 위해 그랜트는 품종이 우수한 염소를 키우기 시작했고, 네 형제는 돼지를 잡아서 시장에 내다팔기도 했다. "저는 우리 네 형제가 하버드의 그 어떤 학생보다 동물의 신체 구조를 더 잘 알았다고 생각해요." 드루는 케임브리지에 도착하고 얼마 지나지 않았을 무렵 〈AP 통신〉에 이렇게 말했다. "얼마 전에 수업에서 흰쥐를 해부했는데 정말 지겨웠어요. '여기가 위고, 여기가 심장이다' 수준이었거든요."

그들의 삶은 계속되는 현장학습이었다. 미키의 일기를 보면, 그 삶은 진이 빠지고 위험하고 아주 가끔만 즐거웠다. 콜팩스 가족은 (신념뿐만 아니라 가난 때문에) 쌀과 콩으로 연명하고 굿윌 중고매장에서 옷을 사 입었으며 등유 램프를 켜놓고 책을 읽었다. 이들의 집은 "아름다운 시베리아였지만, 좋은 교수직 제안이 있으면 기꺼이 떠났을 것"이라고, 1992년에 데이비드 콜팩스는 그때의 고립된 생활을 돌아보며 샌프란시스코의 한 리포터에게 말했다.

그러나 세 아들에게 호의적인 관심이 쏟아진 뒤인 1988년, 데이비드와 미키는 마치 자신들의 경험이 비슷한 결과를 얻고자 하는 다른 부모들에게 지침이 될 수 있으리라는 듯 책《탁월함을 위한 홈스쿨링》을 출간했다. 그리고 자신들의 삶이 피치 못하게 제공한 풍요로움의 한 사례를 설명하며 "드루는 7살 때 자기 양 우리의 바닥 면적을 계산하는 데 피타고라스의 정리가 아주 유용하다는 사실을 이해했다"라고 말했다. 미키는 그저 생존하기 위해 힘들게 노동해야 했기 때문에 아이들이 독서할 수 있는 드문 시간을 더 소중히 여기게 되었다고 말한다. 그랜트는 원래 책을 전혀 읽지 않다가 9살에 미국 원주민에 푹 빠진 후 그 관심을 채우기 위해 순식간에 읽기를 마스터했고, 1년도 지나지 않아 '대학 수준의 인류학 논문'을 읽고 있었다. 콜팩스 가족은 성공적인 홈스쿨링을 원하는 부모들에게 최고의 수학 교재(《스펙트럼 수학문제집》시리즈, 지금도 구매할 수 있다)와 글쓰기 안내서(스트렁크와 화이트의 《스타일의 요소 The Elements of Style》와 윌리엄 진서의 《글쓰기 생각쓰기 On Writing Well》)를 추천한다. 물론 콜팩스 형제의 지식이 그렇게 깊고, 역량이 그토록 뛰어날 수 있었던 이유는 특정 교재가 아닌 특이하고 유난히 도전적이었던 성장환경 덕분이었다. 콜팩스 부부의 양육방식에는 평범한 부모들이 따라 할 만한 사례가 거의 없지만, 나는 이들의 이야기에서 내가 평소 진실이라고 믿는 개념이자 줄리아 레너드의 연구가 입증하는 개념, 즉 아이들은 우리 생각보다 훨씬 많은 일을 할 수 있다는 것을 더더욱 믿게 되었다. 아이들은 자신들의 공헌이 꼭 필요하다고 느낄 때 가장 잘 자란다. 콜팩스 가족의 경우, 일부러 시간을 들여 그러한 기회를 만들거나 꾸며낼 필요가 없었다. 생존의 문제가 무시할 수 없을 만큼 절박했기 때문이다.

콜팩스 형제는 이상적인 목적을 추구하며 유의미한 직업생활을 영위하는 사람들로 성장했고, 이들을 키운 부모 역시 삶에서 이상적인 목적을 추구하고자 했던 사람들이었다. "자기 아이가 더 나은 인간이 되기를 바란다면 자신이 더 나은 인간이 되어야 한다"라고, 언젠가 어린이책 저자인 모 윌렘스는 〈뉴욕타임스〉와의 인터뷰에서 말했다. (우리 대다수에게는 말처럼 쉽지 않은 일이다.) 콜팩스 형제들이 정기적으로 만난 유일한 롤모델인 콜팩스 부부는 비범하고도 뚜렷한 가치관의 소유자였고, 뛰어난 개인인 동시에 뛰어난 전문 교육자였기에 그 가치관을 전수하는 능력 역시 탁월했다(지닌 그로프와 밀리센트 홀리필드, 엘리스 마살리스, 에스터 워치츠키처럼 말이다). 런던정경대에서 석사학위를 받은 미키 콜팩스는 가족이 오래 살던 지역을 떠나 새로운 곳에서 다시 시작하기 전까지 고등학교 교사로 일했다. 아이들은 책에서 읽은 내용과 부모님의 행동으로만 이루어진 완전 밀폐된 세계에 살고 있었다. 형제자매가 공유하는 환경(같은 부모를 둔 것도 여기에 포함된다)이 혼자 있을 때 학교나 동네에서 다른 어린이 또는 어른을 접하는 것처럼 대다수 어린이가 개인적으로 경험하는 세계와 이렇게 순수하게 분리되는 경우는 드물다. 콜팩스 형제들은 성장하는 거의 내내 학교에 다니지 않았고 실제 이웃도 없었다. 이들이 가진 것은 부모와 책, 재치뿐이었고, 폴가르 자매들이 체스를 둔 시간만큼이나 오랫동안 기지를 남김없이 활용해야 했다.

이런 자발적 고립이 부모의 영향과 형제가 서로에게 미치는 영향을 더욱 강화했을지도 모른다. 이들에게 다른 종류의 메시지를 보내거나 정신을 산란하게 할 사람은 아무도 없었다. 나는 콜팩스 가족의 이야기를 읽으면서 세리나 윌리엄스와 비너스 윌리엄스 자매를 떠올렸다. 이 자매 역시 다소 고립된 삶을 살았기 때문에 서로에게 미치는 영향이 훨씬 더 강력했을지도 몰랐다. 윌리엄스 자매는 서로 외에도 의붓 언니 3명이 더 있었지만 이들 모두 자랄 때 친구가 별로 없었다고, 내가 2007년 〈뉴욕타임스〉에 기고한 세리나 윌리엄스의 심층기사에서 자매의 언니 아이샤 프라이스가 말했다. 윌리엄스 가족은 모두가 밤 10시에 소등하고 잠자리에 들었는데, 아이샤는 18살에 대학에 입학하고 나서야 이러한 규칙이 유별나다는 사실을 깨달았다고 했다. 자매는 총 5명이었지만 침대는 4개뿐이어서, 언니들은 번갈아가며 세리나가 비집고 누울 공간을 마련해주었다. 무르기아 쌍둥이와 콜팩스 가족, 브론테 자매처럼, 윌리엄스 자매도 정서적으로나 물리적으로 무척 가까웠다.

직업에서 만족을 얻지 못한 데이비드 콜팩스도 정확히 꿈이 좌절된 부모의 범주에 속한다. "이곳으로 이사하지 않았더라면 우리는 교수인 아버지 밑에서 A를 받으며 운동부 활동을 하는 교외의 백인 중산층 아이가 되었을 거예요."라고, 1986년 그의 아들 드루는 한 기자에게 말했다. "저에게는 가장 좋은 환경이었지만, 아버지가 원하는 일을 할 수 없다는 점이 안타까워요." 동시에 데이비드와 미키 콜팩스는 비범한 자율성의 소유자였다. 두 사람은 건축이나 농업에 경험이 전무했음에도 10년 넘게 각고의 노력을 기울여 자신들의 두 손으로 수천 제곱미터에 달하는 황무지를 제대로 된 집과 근사한 농장으로 탈바꿈했다. 이들은 비범한 인물이자 역경을 극복한 인물이었다. 패트릭 브론테가 전기작가 엘리자베스 개스켈에게 드러낸 감정에 이들 역시 공감했을 것이다(라슬로 폴가르도 그랬을 것이고, 비너스와 세리나의 아버지인 리처드 윌리엄스도 분명 그러했을 것이다). 브론테는 이렇게 말했다. "내가 차분하고 침착하고 안정적인 세상 사람들 중 하나였다면 지금의 내가 되지 않았을 겁니다. 그리고 아마 우리 애들 같은 애들도 없었겠지요."

라슬로 폴가르와 콜팩스 부부의 남다른 점은 이들이 자녀에게 매우 남다른 환경을 조성해주었다는 것이다. 라슬로의 경우 그 환경은 선택의 결과였고, 콜팩스 부부의 경우 다른 방식으로 살고 싶다는 본인들의 열망과 빈곤의 결과였다. 워치츠키 자매의 양육 과정이 특별할 수 있었던 이유 역시 1970년대와 1980년대의 팰로앨토라는 특별한 환경 때문이었다. 워치츠키 부부는 이 도시의 문화를 직접 만들었다기보다는 선택했다.

에스터 워치츠키는 잉이 식당과 공짜 음식, 칭찬, 매력을 이용해서 그러했듯 아이들에게 풍성한 문화 환경을 조성해주기 위해 교육수준이 높고 교양 있는 사람들을 가까이 끌어들이려고 애서 노력할 필요가 없었다. 그저 집 문을 열고 아이들을 바깥에 내보내기만 하면 됐다. 워치츠키 가족이 살던 동네는 '교수 거주지'로 알려져 있었다. 세 자매는 작지만 활기찬 동네의 수영팀에서 스탠퍼드 교수의 자녀들과 함께 수영했고 (우등생들이 모인) 교실에서 그 아이들과 경쟁했다.

워치츠키 자매가 레몬을 따게 해준 옆집 할아버지는, 새로운 기법을 개발해 정부와 기업들이 복잡한 결정을 내리는 방식을 근본적으로 바꾼 수학자 조지 댄치그였다. 소녀들은 리글리 껌과 요크페퍼민트초코 과자를 먹으러 옆집으로 달려갔고, 그러다 자연스럽게 체스의 수를 배우거나 할아버지가 즉석에서 낸 수학문제를 맞히려고 서로 경쟁하곤 했다. 현재 워싱턴대학교에서 환경 및 산업 보건과학 교수로 일하고 있는 세 자매의 친구 캐런 레비는 1996년에 세상을 떠나지 않았더라면 2002년에 대니얼 카너먼과 함께 노벨상을 받았을 행동경제학자 아모스 트버스키의 옆집에 살았다. 캐런의 아버지는 20년간 스탠퍼드대학교 종양학과의 학과장으로 일했고, 스탠 워치츠키가 입자물리학의 새 지평을 열어주리라고 기대받았듯 그 역시 새로운 암 치료법을 발견하리라는 기대를 받았다. 어딜 가나 지식이 널려 있었다. 그 지식은 워치츠키 자매가 나무에서 딴 레몬만큼이나 구하기 쉬웠고 무료로 아낌없이 나누어졌다. 앤과 캐런은 수학문제를 풀다가 막히면 (저녁 8시나 9시, 10시에) 학교의 수학 핫라인으로 전화를 걸어 수학 정리와 숫자 0의 개념, 삶의 의미를 두고 가장 좋아하는 선생님과 몇 시간이고 대화를 나누었다. 워치츠키 자매에게 학교와 집은 다른 많은 아이들의 삶에서처럼 완전히 분리된 세계가 아니었다. 앤이 중학교 2학년 때 에스터는 같은 학군의 고등학교에서 전설적인 저널리즘 선생님이 되어가고 있었다.

앤이 놀라워하는 사실은 자신과 언니들이 전부 남성이 주도하는 분야에 진출했다는 것이 아니라, 이런 자매가 더 있다는 것이다. 워치츠키 자매는 딸이 셋인 가족 둘과 친하게 지냈는데, 이 두 가족의 딸들 역시 법과 사업, 과학 분야에서 성공적인 커리어를 쌓았다. 그중 한 친구는 온라인 완구 유통업체 이토이즈eToys의 이사였고, 캐런 레비 역시 워싱턴대학교에서 자기 연구팀을 운영하고 있다. "꽤 난해한 종류의 일을 하는 친구들도 있지만 모두가 자기 일에 열정적이에요"라고, 앤은 말했다.

수전 워치츠키도 자신이 속한 공동체에서 같은 인상을 받았다. "우리 주변에는 멋진 사람이 정말 많았고, 다들 진심으로 무언가 의미 있는 일을 하고 싶어했어요"라고, 수전은 2014년 〈패스트 컴퍼니〉에 말했다. 그 사람들의 목표는 유명해지거나 돈을 버는 것이 아니라 무언가 의미 있는 일을 하는 것이었다. 열정이 있었고, 흥미로운 대상을 발견했으며, 그것이 소중했기 때문이다. 수전은 말했다. "그 대상은 개미나 수학일 수도 있었고 지진이나 고전 라틴문학일 수도 있었어요."

앤 워치츠키와 캐런 레비에게는 친한 친구가 또 하나 있었는데, 각자에게 3명의 어머니가 있는 것처럼 느껴질 만큼 사이가 가까웠다. 앤은 어른이 되어서도 레비의 집을 방문하면 레비의 부모님을 히브리어로 '엄마'와 '아빠'라는 뜻의 이마와 아바라고 불렀다. 워치츠키 자매는 성격이 강한 어머니 에스터의 손에 자랐지만, 공감능력이 뛰어난 심리치료사인 친한 친구의 어머니 손에 자라기도 했다. 동시에 스탠퍼드의 저명한 생화학자이자 종양학 교수로 변명을 용납하지 않는 엄한 사랑을 베푼 캐런의 어머니 쇼샤나 레비의 손에 자라기도 했다.

1998년, 워치츠키 자매가 혁신가가 되는 데 최소 에스터만큼 큰 영향을 미친 인물이 자매의 삶에 나타났다. 그 인물은 바로 스탠퍼드에서 컴퓨터공학 박사과정을 밟던 중 새로운 사업을 시작한 세르게이 브린이었다. 브린과 래리 페이지는 수전 워치츠키의 한 친구에게 스타트업을 차릴 공간이 필요하다고 말한 적이 있었다. 이미 2개의 학위를 취득하고(그중 하나는 경영학이었다) 인텔에서 일하고 있던 수전이 막 첫 집을 구매했을 무렵이었다. 수전은 두 청년에게 차고를 빌려주기로 했다. 두 사람은 수전에게 이렇게 약속했다. "1년 뒤에는 많은 사람이 우리 검색엔진을 알게 될 거예요." 수전은 이렇게 생각했던 것을 기억했다. 너희들이 그렇게 중요한 사람이라면 왜 우리집 차고에 있는 거야?

수전은 여러 차례 배달음식을 함께 먹으며 브린과 페이지를 더욱 잘 알게 되었고, 두 사람의 회사가 규모를 키워가자 결국 회사를 그만두고 둘과 합류했다. 수전은 구글의 열여섯 번째 직원이었다.

처음으로 대학들을 설득해 대학 웹사이트에 구글 검색도구를 무료 제공하는 방식으로 제휴를 맺은 수전이 없었다면, 지금의 구글이 아니었을지도 모른다. 수전은 구글의 강력하고 인기 있는 검색도구를 수익화할 책임을 맡았고, 눈에 보이지 않는 중개인 역할을 하며 웹사이트 운영자의 수고 없이도 웹사이트에 수익형 광고 콘텐츠를 게재해주는 프로그램 애드센스AdSense를 개발하는 데 일조했다. 훗날 16억 5천만 달러에 유튜브를 인수하자고 구글 직원들을 설득한 사람도 수전이었는데, 이 투자로 구글은 2023년 400억 이상의 수입을 거둬들였다.

이처럼 수전이 구글에서 명성을 쌓아가는 동안 예일대를 졸업한 앤은 생명공학 투자 분야에서 일하고 있었다. 수전은 브린에게 앤을 소개해주었다. 앤과 브린(두 사람 다 자신감 넘치는 운동 애호가였다)은 곧 연애를 시작했다.

새천년의 초반, 앤의 남자친구는 차고에서 시작한 스타트업을 십억 달러 가치의 기업으로 키워냈다. 앤의 언니는 기술기업에서 승승장구하며 위험을 감수하면 보상이 따라온다는 사실을 증명해냈다. 앤은 한 인터뷰어에게 이렇게 말했다. "언니가 애드센스를 처음 시작했을 때가 기억나요. 뭐 이런 식이었어요. '나도 잘 모르겠어. 어떻게 되나 봐야지.'" 기회를 붙잡기 위해 수전에게 확신이 필요한 것은 아니었다. 필요한 것은 직감 그리고 직감을 행동으로 옮기는 자신감뿐이었다.

앤에게도 직감이 있었다. 앤은 예방치료에 보상을 제공하지 않는 보건의료체계 바깥에서 해결책을 마련할 방법을 찾아야 한다고 생각했다. 권위에 의문을 품어야 한다고 배웠던 앤은 의사라는 중재자에게 의존하지 않고 소비자에게 직접 정보를 제공하는 것을 두려워하지 않았다. 생각을 넓혀서 소비자에게 직접 DNA 검사결과를 제공하면 어떨까? 그러면 자신의 유전적 위험을 확실하게 파악한 환자들이 더 의욕적으로 생활방식을 바꿀 수 있을지도 모르고(활동량을 늘리고 더 건강하게 먹는 식으로) 기업 규모가 충분히 커지면 네트워크 효과가 생길지도 몰랐다. 즉 수십 만 개의 유전체 염기서열 데이터로 과학자들이 중병을 훨씬 빠르게 진단하고 그 원인을 밝힐 수 있었다. 앤은 브린에게―둘은 나중에 결혼했다가 이혼했다―260만 달러 상당의 대출을 받아 23앤드미를 창업했고, 이 기업은 절정기에 그 가치가 60억 달러에 이르렀다.

여성의 커리어에 남자 형제의 유무가 미치는 영향

수전과 앤은 팰로앨토의 자원에 깊이 연결되어 있었고, 그 고향(자신들의 세력권)이 역사상 어디와도 견줄 수 없는 혁신과 상업의 중심지로 발전하던 바로 그 시기에 성년을 맞이했다. 앤이 이 게임에 들어섰을 때 수전의 커리어는 성장가도를 달리고 있었다. 이처럼 스타트업에서 족적을 남긴 언니가 없었더라면 과연 앤은 자원과 자금, 영감을 얻을 수 있었을까? 남성이 주도하는 분야에서 자매 둘이 그토록 대단한 영향력을 발휘하게 된 것은 우연일 수 없다. 보통 자매들은 서로 도움을 주고받으며 성공에 다다른다.

캐런 레비 역시 앤처럼 팰로앨토에서 알고 지내던 여러 성공한 딸 셋 가족 이야기를 꺼냈다. "우리에게 남자 형제가 하나라도 있었다면 이만큼 격려받을 수 있었을지 모르겠어요. 남자 형제를 더 격려한다는 선택지가 아예 없었으니 원하는 것은 뭐든 해도 된다는 말을 들을 수 있었죠." 앞에서 언급한 딸만 넷에 아들은 없었던 설리번 가족(네 자매 중 2명이 〈포천〉에서 선정한 500대 기업의 CEO가 되었다)의 집에서도 똑같은 역학이 작동하고 있었는지도 모른다.

덴마크의 미시경제학자 안네 브레뇌는 이러한 현상을 연구한 뒤 자신의 2022년 논문 제목처럼 "남자 형제가 여성의 젠더 순응성을 높인다"는 결론에 도달했다. 덴마크의 방대한 행정자료 정보를 분석한 브레뇌는 여동생이 있는 여성과 달리 남동생을 둔 여성은 여성이 주도하는 분야—보통 STEM 분야가 아니며, 전통적으로 남성이 주도하는 분야처럼 보상이 많지도 않다—의 커리어를 선택할 확률이 더 높다는 것을 발견했다. 남동생이 있는 여성은 여동생과 함께 자란 여성들에 비해 출산 후 소득도 더 적었다. 브레뇌는 딸들이 집에서 독립하기 전부터 진학과 관련해 어떤 선택을 내리는지를 연구한 뒤 "여동생이 아닌 남동생이 생기는 우연한 사건이 가족 내에서 여성이 사회화되는 방식을 크게 바꾸고, 그 결과 이들은 일찍부터 다른 커리어를 선택하게 된다"라고 설명했다. 브레뇌 본인도 남동생이 있는데, 그는 자신의 경우가 꼭 이 연구결과를 반박하는 것은 아니라고 덧붙였다. "누가 알겠는가? 내게 남동생이 아닌 여동생이 있었더라면 내가 경제학자가 아닌 물리학자가 되었을지!"

브론테 자매가 어린 시절을 보낸 집에서 직업적 야망은 주로 브란웰의 것이었다. 그러나 브론테 자매는 서로에게서 가능성을 확인했고, 더 실질적으로는 각자가 가진 아이디어의 발판 역할을 해주었다. 브론테 집안의 가정부였던 마사 브라운은 개스켈과의 인터뷰에서 브론테 자매가 소설을 쓸 때면 종종 밤 11시가 넘어서까지 잠자리에 들지 않고 식탁 주위를 뱅뱅 돌며 작업 과정을 논의하고 앞으로의 계획을 이야기했다고 말했다.

이 의식이 삶에서 너무 큰 부분을 차지했기에 샬럿은 두 여동생이 죽은 후에도—에밀리는 《폭풍의 언덕》 출간 1년 뒤인 30살에, 앤은 그로부터 약 5개월이 지난 29살에 세상을 떠났다—계속해서 식탁 주위를 돌았다. 브라운은 가족의 한 친구에게 보내는 편지에서 "브론테 양이 혼자서 걷고 또 걷는 소리를 들으면 가슴이 미어집니다"라고 말했다.

브론테 자매는 가명으로 글을 썼고, 샬럿은 한때 브란웰과 매우 가까운 사이였음에도—언젠가 자신과 동생들이 "모두 같은 틀에서 나온 것처럼" 생각이 꼭 같다고 말한 적도 있었다—브란웰이 자신들의 커다란 비밀을 알지 못한 채 죽었다고 생각했다. 그리고 브란웰이 세상을 떠난 직후 출판사에 보낸 편지에서 "불행했던 내 남동생은 자기 누이들이 어떤 글을 썼는지 전혀 몰랐다"고 말했다. "브란웰은 우리가 책을 냈다는 사실을 전혀 몰랐어요. 우리는 브란웰이 스스로 시간을 낭비하고 재능을 남용한 것에 깊은 회한을 느낄까 봐 우리의 일을 말하지 못했어요. 이제는 영영 알 수 없겠지요. 지금은 너무 고통스러워서 이 문제를 더 오래 생각할 수 없네요."

브론테 자매가 비밀을 지킨 데는 더 현실적인 이유가 있었는지도 모른다. 비평가 클레어 하먼이 내게 한 말처럼 자신들이 돈을 벌기 시작한 것을 알아챈 브란웰이 돈을 빌려달라고 부탁할까 봐 걱정되었을 수도 있고, 예술가이자 소득자로서의 삶을 살기 시작한 자신들의 앞길을 브란웰이 방해할까 봐 염려했을 수도 있다. 브론테 자매가 이 놀라운 성공 소식을 브란웰에게 알리지 않기로 결정한 사실은 이들이 막 결성한 전원 여성의 협업팀을 얼마나 결연하게 지키려 했는지를 잘 보여준다.

1869년에 발표된 《유전되는 천재》의 저자 프랜시스 골턴은 재능 있는 가족의 목록에 브론테 자매를 무성의하게 집어넣었다. 자매를 '문학가 부록'에 대충 끼워 넣으면서 틀린 정보를 제공한 것이다. 골턴은 《제인 에어》 출간 당시 샬럿의 나이를 9살이나 차이 나게 표기했고 샬럿이 결핵으로 사망했다고 적어놓았다(샬럿은 임신 중 합병

증 때문에 비극적으로 사망했다). 그러면서 브란웰이 "브론테 가족 중 가장 위대한 타고난 천재일 것"이라고 선언했다.

만일 골턴이 워치츠키 가족을 연구했다면 스탠리와 에스터가 버클리대학교 기숙사에서 만나기 한참 전에 시작된 이들의 남다른 가족사를 되짚어봤을지도 모른다. 스웨덴을 거쳐 미국으로 넘어온 폴란드인 이민자였던 스탠리의 어머니 야니나 워치츠카는 의회도서관에서 폴란드 작품을 관리하는 존경받는 사서였고, 그녀에게 장서 수집은 중요한 국가적 사안이자 직업적 열정의 대상이었다. 그러나 이 일은 야니나 워치츠카의 마지막 커리어일 뿐이었다. 과거에 그녀는 서구 문화가 14세기 독일 왕실의 지도력에 미친 영향을 연구해 폴란드에서 박사학위를 취득한 학자였다. 자기 시어머니가 비범한 인물이라고 생각했던 에스터는 "그 세대 여성 중에서 박사학위를 딴 사람은 어머니 말고 본 적이 없어요"라고 말했다.

야니나의 남편 프란치셰크 워치츠키는 농사꾼 가족에서 태어났지만 아들을 잃고 자신을 거의 입양할 뻔한 부유한 가족과 가까운 사이가 되었다. 그는 항소심 판사가 된 뒤에도 자신의 뿌리를 잊지 않고 노동계급의 권리를 옹호했다. 나치의 폴란드 침공 이후에는 폴란드 망명정부에서 일하기 위해 고국을 떠나 폴란드 인민당 대표가 되었다. 나는 앤 워치츠키가 자기 일에 대해 말하는 것을 들으며 그녀가 자기 조부모와 닮은 점이 너무 많아서 깜짝 놀랐다. 앤은 한 인터뷰에서 이렇게 말했다. "솔직히 말하면 저는 반항정신이 투철한 회사를 만들고 싶었어요. 우리 회사는 로빈후드 정신이 있었죠. 미래를 창조하려면 어떻게 해야 할까요? 시스템을 안에서 바꿀 수 없으니 바깥에서 보다 급격한 조치를 취해야 했어요."

골턴은 워치츠키 자매의 조부모를 비롯한 수많은 사람의 삶에 지대하고 끔찍한 영향을 미쳤다. 그는 쌍둥이 연구에서 (엉성한) 돌파구를 마련한 공로를 인정받고 있다. 그의 이 연구는 유전의 영향력을 분간하기 위해 일란성쌍둥이와 이란성쌍둥이를 비교하는 연구로 이어졌고, 이렇게 얻어낸 통찰이 행동유전학의 토대가 되었다. 그러나 골턴은 지적 호기심이 궁극적인 엘리트주의 세계관과 맞물린 인물로도 악명이 높다. 그는 우생학이라는 용어―그리스어로 '좋은 태생'이라는 뜻이다―를 만듦으로써 나치 독일을 비롯한 여러 국가에서 본인은 상상조차 하지 못했을 현대 역사상 가장 악랄한 결과를 불러오는 데 일조했다. 독일에서 골턴의 연구결과는 아리아인 우월주의와 반유대주의를 정당화하는 데 이용되었고, 각각 우크라이나와 러시아 출신 유대인이었던 에스터의 부모님이 억압을 피하고 더 많은 기회를 찾아 미국으로 이주한 것 또한 같은 뿌리에서 나온 교묘한 편견 때문이었다.

23앤드미는 축적된 자료를 통해 유전학자들이 초기에 수천 개의 유전자 변이와 교육수준 사이의 연관성을 찾을 수 있도록 도왔다. 연구자들이 이런 연관성을 확인하려던 이유는, 예를 들면 유치원 진학의 유익에 대한 대규모 연구에서 유전적 요인을 통제함으로써 더 나은 연구결과를 도출하기 위함이었다. 그러나 교육수준에 대한 전장 유전체 연관 분석 Genome-Wide Association Studies, GWAS에 참여한 일부 연구자를 비롯한 여러 유전학 연구자들은 2021년 〈뉴잉글랜드 의학 저널〉에 실린 논문에서 이 새로운 형태의 연구가 무책임하게 사용될 가능성에 대해 '사회 전체의 논의'가 필요하다고 촉구했다. 특히 이들은 의학적 위험이 아닌 다른 이유로 부모의 배아를 검사해주는 회사, 가령 부모에게 대학을 졸업할 확률이 가장 높은 배아를 골라주겠다고 약속하는 회사가 있을 수 있다고 경고한다. 이 논문은 여러 요인으로 인해 배아 검사 기업이 부모에게 충분한 정보를 제공하는 것이 거의 불가능하다고 주장한다. 그러면 부모들은 정보를 제대로 숙지한 상태에서 선택을 내릴 수 없고 실제 차이가 얼마나 제한적인지도 온전히 인식하기 어렵다. 그 외에도 이 논문은 특정 선택지를 제공하는 것 자체가 문제를 일으킬 수 있다는 점을 지적한다. 그러면서 이런 회사들이 부모에게 특정 피부색이나 머리색을 가진 배아를 골라준다면 "명시적으로나 암묵적으로 특정 형질이 가치나 낙인을 지닌다는 신호를 보냄으로써 생물학적 우월성이라는 인종차별적 개념을 강화해 인종적 편견 및 차별을 확대할 수 있다"라고 말한다. 이 논문은 골턴이 말한 '인간종의 개선' 개념이 다른 집단에서 다른 형태로 재등장할지 모른다는 우려를 제기한다.

최근 몇 년간 23앤드미는 개인정보 침해 문제로 소송과 비판에 휘말렸다. 전성기에 60억 달러에 달했던 기업 가치가 헐값으로 떨어지면서 나스닥 상장을 유지하기 어려워졌다. 2024년 가을을 기준으로 23앤드미를 비상장사로 전환하겠다는 앤의 계획도 아직 실현되지 않았다. 처음 사업을 시작할 때 앤은 사람들이 스스로 질병을 예방할 수 있는 더 좋은 수단을 제공하는 것이 목표라고 말했다. 앤의 전남편 세르게이 브린처럼 유전자 특성상 자신이 일반인보다 파킨슨병에 걸릴 확률이 더 높다는 사실을 안다면, 일부 과학자가 예방 효과를 기대하는 몇몇 조차를 사전에 취할 수 있을 것이기 때문이다. 그러나 위험 요인을 인지하는 것이 행동의 변화로 이어지지는 않는다는 사실이 드러났는데, 검사 이후 제공된 조언이 평생 들어온 조언(운동을 더 많이 하고 더 건강하게 먹을 것)과 그리 다르지 않았기 때문이다. 또한 23앤드미는 시장 포화로 한계에 부딪쳤고, 재구매 고객을 끌어들일 방책도 없었다.

유전자 검사결과는 다른 방식으로, 이를테면 지금껏 친인척이라고 생각했던 사람이 실은 친인척이 아님을 알게 되는 식으로 여러 가족의 인생을 바꿔놓았다. 그러나 유전자 검사가 촉진하고자 했던 보건의료서비스계의 혁명은 23앤드미 같은 기업이 실질적으로 수익을 창출하기에는 너무 느린 속도로 발생하고 있다. 초전도 초대형 입자 가속기 건설이라는 너무 높은 꿈을 결국 이루지 못한 자기 아버지처럼, 앤 역시 훗날 역사 속에서 시대를 앞서간 인물로 평가될지 모른다. 미래의 어느 시점에는 의료계와 개인이 더 구체적인 방식으로 유전자 검사를 활용할 수 있을지도 모를 일이다. 우선 나는 이렇게 주장하고 싶다. 앤이 만들어낸 상품이 인기를 끌면서 수익 창출과는 관계없이 일반 대중이 기본적인 유전학을 더 자연스럽게 이해할 수 있게 되었다고. 또한 유전자 검사 자체가 더욱 자연스러워졌고, 그렇게 대중화된 검사 중에는 많은 이들이 위험하다고 경고한 배아 검사도 포함될 수 있다고.

수전 워치츠키 역시 구글에서 자신의 할머니는 상상조차 못 했을 만큼 어마어마하게 방대한 지식의 저장소를 구축하는 데 일조했다. 23앤드미가 우리의 유전자를 통해 우리가 어떤 사람인지를 파악한다면, 구글은 우리의 클릭을 통해 우리가 어떤 사람인지를 파악한다. 광고와 알고리즘 동영상 추천을 통해 우리의 모습을 자꾸 비춤으로써, 구글은 우리가 책상에 가만히 앉은 채로도 본질적 경향을 더욱 강화할 수 있는 환경을 만들어낸다.

어쩌면 에스터 워치츠키는 정말 딸들을 어디에서도 본 적 없는 인물로 키워냈는지도 모른다. 워치츠키 자매는 인간의 경험을 뒤바꾸는 고도로 전문적인 초지식 데이터 세트를 구축했고, 그 영향력은 아직도 온전히 파악되지 않았다. 에스터는 딸들이 세상에 재능을 내놓도록 도왔고, 이들이 내놓은 것들은 우리의 의도와 세상이 그 의도에 반응하는 예측 불가능한 방식 사이의 깊은 골을 보여준다.

12장

"좋게, 더 좋게, 가장 좋게"

가족의 성공으로 향하는 길을 더 수월하게 만들어줄 양육과 천성의 적절한 조합을 파악하려는 노력은 대단히 흥미롭다. 하지만 형제자매뿐만 아니라 가족 전체에도 들쭉날쭉 쏟아지는 행운의 역할 역시 고려하는 편이 좋다. 단순한 확률의 법칙 때문에라도 몇몇 가족은 공정한 몫 이상의 큰 행운을 얻는 이례적 사례가 될 수밖에 없다. 프린스턴대학교의 사회학자 돌턴 콘리는 내가 처음 전화를 걸어 여러 형제자매가 크게 성공한 가족에 대해 어떻게 생각하느냐고 물었을 때 이렇게 답했다. "슬롯을 충분히 많이 당기면, 아주 드물지만 가끔은 전부 체리가 뜨기도 하지요."

콘리는 대다수 개인의 성과를 결정짓는 사회구조적이고 경제적인 요인들을 주로 연구하며 커리어를 쌓았다. 그러나 그의 연구에서는 가족의 특성과, 그 특성이 개인의 삶에 어떤 영향을 미치는지에 대한 각별한 관심이 드러난다. 시간이 흐르고 새로운 연구결과가 나타남에 따라 그의 통찰력 있는 생각 역시 계속 변하고 있기에, 나는 종종 그에게 의견을 묻곤 한다. 2004년에 출간한 저서 《서열》에서 콘리는 가족에게 흔히 나타나는 경제적 안정성의 변화가 기회의 차이를 낳으면서, 종종 성인이 된 형제자매 간의 소득 불평등으로 이어지는 방식을 탐구했다. 10년 후 콘리는 비공식적으로 진행하고 있던 자녀 양육 실험결과를 정리해 《부모학: 자녀 양육의 과학에 관해 알고 싶었지만 너무 지쳐서 결국 묻지 못했던 모든 것 Parentology: Everything You Wanted to Know About the Science of Raising Children but Were Too Exhausted to Ask》을 썼다. 당시 예술가이자 엔지니어인 내털리 제러미젠코와 결혼생활 중이었던 콘리는 《부모학》에 썼듯이 표준적인 이론이나 부부가 직접 고안한 여러 이론을 실험했고, 다른 부모들에게도 똑같이 해보라고 권했다. "오늘날처럼 말도 안 되게 복잡하고 지나치게 자극적인 세상에서 인정 많고 성공한 자녀를 키울 수 있는 단 하나의 만능 공식은 존재하지 않기 때문이다."

가족의 특성은 개인의 삶에 어떤 영향을 미치는가

콘리의 실험은 두 자녀가 태어날 때부터 시작되었다. 그는 특이한 이름을 가진 아이들이 자기 통제력이 높다는 연구결과를 읽은 적이 있었는데, 새로운 사람을 만날 때마다 부정적인 반응 앞에서 차분함을 유지해야 하기 때문이라고 했다.

그랬기에 그의 자녀 이름은 평범하지 않아야 했다. 여기에 더해 콘리 부부는 사람들이 딸을 알기도 전에 부모가 지어준 이름을 보고 딸에게 선입견을 갖는 상황을 막기로 했다. 그래서 딸이 충분히 성장한 뒤 자기 이름을 직접 정할 수 있도록 딸을 그저 E라고만 불렀다. 물론 부모가 아이에게 이름을 지어주지 않아도 사람들은 아이 부모에 대한 선입견—그들은 자신이 창의적이라고 생각할 것이다, 그들은 자녀가 특별하기를 바라며 태어날 때부터 자녀에게 그러한 메시지를 보내고 있다—을 바탕으로 그 아이에게 선입견을 가질 수 있다.

콘리와 제러미젠코는 2년 뒤에 아들이 태어났을 때는 다른 길을 택했다. 그들은 아들이 사회적 통념에 도전하기를 바라면서 아들에게 요Yo라는 인종적으로 모호한 이름을 지어주었다.

두 자녀가 어렸을 때 이미 콘리는 타고난 능력이 아니라 복잡한 구문과 언어에 얼마나 노출되느냐가 훗날의 문해력을 결정한다는 내용의 문헌들에 주목했다. 본인이 《부모학》 출간에 맞춰 〈타임〉에 기고한 기사에서 말했듯 콘리는 아장아장 걷는 아이들과 수준 높은 대화를 이어갈 능력이 자신에게 없다고 느꼈고, "아이들에게 계속해서 책을 읽어주는 것이 최선이라는 판단을 내렸다." 그는 단순히 책을 읽어주기만 한 것이 아니라 아이들의 학년 수준을 훨씬 웃도는 책들을 골라 중간중간 단어의 뜻을 설명하거나 대안을 제시했다("인간 유의어사전이나 백업 가수처럼"). 아이들이 어느 정도 자랐을 때는 마음껏 곁다리로 빠져서 장기이식부터 속어와 방언의 차이에 이르기까지 온갖 주제를 함께 논했다. 콘리는 〈타임〉에 실린 에세이에서 "그렇게 E와 요는 1학년 때는 읽기 능력이 또래보다 뒤처졌지만 4학년이 되자

각 학급에서 최고 점수를 받았다"라고 말하며, 동료 심사를 통과하지 못했을 법한 인과관계를 도출했다.

콘리의 자녀가 박사학위를 2개 소유한 프린스턴대학교 교수인 콘리와 예술가이자 엔지니어이고 한때 뉴욕대 교수였으며 〈패스트컴퍼니〉가 "기술 분야에서 가장 영향력 있는 여성 중 한 사람"이라고 묘사한 제러미젠코의 자식이라는 이점을 이미 누리고 있었다는 점을 고려하면, 콘리의 책에서 드러나는 일종의 맥시멀리스트 양육방식은 더더욱 과도하게 느껴진다. 콘리의 자녀는 명문학교와 안전한 집, 뉴욕시라는 문화 자원이 풍성한 고향의 이점을 마음껏 누렸다.

《부모학》을 쓸 당시에나 지금이나 콘리는 동료 사회학자인 데이비드 콜팩스처럼 환경에 개인의 운명을 결정하는 막대한 힘이 있다고 굳게 믿는다. 그러나 당시 그는 유전자 역시 개인의 성격이나 정신건강 같은 측면에 막대한 영향을 미친다고 보는 행동유전학에 품고 있던 깊은 의심을 이미 거두고 있었다. 처음에 콘리는 쌍둥이 연구 방법론에 결함이 있을지도 모른다고 생각했다. 쌍둥이 연구는 오래전부터 유전학 연구의 바탕이 되었다. 연구자들은 쌍둥이 연구를 통해 사람들이 특정 형질 면에서 차이를 보이는 이유 중 유전자와 환경이 각각 얼마만큼의 지분을 차지하는지를 추론한다. 쌍둥이 연구의 전제는 다음과 같이 작동한다. 수천 쌍의 쌍둥이를 관찰했을 때, 가령 성실성 면에서 일란성쌍둥이(유전자가 똑같다)가 이란성쌍둥이(50퍼센트의 유전자만 공유한다)보다 서로 더 유사하다면, 유전자가 어느 정도는 성실성에 영향을 미친다고 추론할 수 있다. 오랜 시간에 걸쳐 실시된 수천 쌍의 쌍둥이 연구(그중 몇 개만 예를 들자면 커피 소비, 총기

소유, 텔레비전 시청에 관한 연구)에 따르면, 유전자는 우리 정체성의 거의 모든 측면에 어느 정도나마 영향을 미친다. (그러나 커피 소비를 결정하는 유전자가 따로 있다는 말은 아니다. 그보다는 수백 가지, 아니 수천 가지의 유전자 변이가 환경과의 상호작용 속에서 공동으로 작용해 커피를 선호할 가능성이 더 높아지는 것에 가깝다.) 어느 대규모 메타분석 결과 의학적·신체적·심리사회적 특성을 포함한 약 1만 7천 개의 특성에서 유전적 영향과 환경적 영향이 평균적으로 거의 반반이라는 사실이 드러났다.

콘리는 《서열》에서 여러 쪽을 할애해 쌍둥이 연구를 암묵적으로 비판했다. 그는 (다른 많은 학자들처럼) 쌍둥이 연구가 애초에 잘못된 전제 위에 있다고 믿었다. 특정 형질 측면에서 일란성쌍둥이가 이란성쌍둥이보다 서로 더 유사하다고 해도, 여전히 유전적 요인이 과대평가되었을 수 있다는 것이다. 예를 들어 사람들은 일란성쌍둥이를 하나의 단위처럼 대하거나 둘을 착각할 수도 있고, 확실히 일란성쌍둥이는 이란성쌍둥이보다 더 많은 시간을 함께 보낸다. 일부 일란성쌍둥이는 똑같은 옷을 입지만 이란성쌍둥이는 일부러 다른 옷을 입을 수 있는데, 그건 유전적 운명 때문이 아니라 개별화되려는 심리적 충동 때문이다. 일란성쌍둥이는 유전적 동일성과는 아무 관련이 없는 여러 이유로 이란성쌍둥이보다 서로 더 유사한 결과를 보일 수 있다.

《서열》을 출간한 콘리는 이제 자신이 쌍둥이 연구 방법론의 결함을 증명할 수 있다고 생각했다. 그 무렵 유전자 검사를 통해 쌍둥이가 일란성(하나의 수정란이 2개로 갈라짐)인지 이란성(2개의 난자가 서로 다른 2개의 정자와 수정됨)인지를 더 확실히 파악할 수 있게 되었기 때문이다. 대규모 데이터베이스를 이용해 쌍둥이들의 유전자를 분석한 콘리는 놀라울 만큼 많은 일란성쌍둥이가 이란성쌍둥이로 오인되었음을 발견했다(일란성쌍둥이가 이란성쌍둥이로 오인될 만큼 외모가 달라지는 이유 중 하나로 포궁 내 환경을 들 수 있다.) 이제 콘리는 쌍둥이를 더욱 정확하게 분류해서 새로운 연구를 실시할 수 있었다. 그는 뚜렷하게 다른 이란성쌍둥이로 (잘못) 인식된 일란성쌍둥이가 일란성쌍둥이로 인식된 일란성쌍둥이보다, 이를테면 성적 면에서 서로 덜 유사하리라 예상했다. '이란성쌍둥이로 길러진' 일란성쌍둥이는 서로 그리 유사하지 않다는 결과가 나올 테고, 그러면 이란성쌍둥이와 일란성쌍둥이 간의 형질 유사성 차이가 크게 줄어들 터였다.

그러나 여러 형질을 분석한 콘리는 결과가 나올 때마다 깜짝 놀랄 수밖에 없었다. 기존의 쌍둥이 연구결과가 여전히 유효했고, 일부 특성과 질환(예를 들면 ADHD)의 경우 잘못된 분류를 바로잡자 유전적 영향이 더욱 크게 나타난 것이다. "처음 이 분야에 들어올 때 저는 이렇게 생각했어요. 유전학자들이 틀렸음을 내가 증명할 거고, 최고는 역시 사회과학이야." 콘리는 2015년 테드 강연에서 이렇게 말했다. "그러나 막상 들어와보니 유전적 영향에 대한 추정치를 단 하나도 뒤집지 못했죠."

2013년에 이 연구결과를 발표할 무렵 콘리는 이미 두 번째 박사과정에 등록한 상태였다. 학자 경력이 이만큼 긴 사람이 내린 것치고는 매우 이례적인 결정이었다. 콘리가 선택한 연구 분야는 당시 그가 사회학 교수였다는 점을 고려하면 더더욱 이례적이었다. 그 분야는 바로 생물학, 그중에서도 특히 유전체학이었다. 콘리는 사회학자들이 교육수준 같은 중요한 지표와 연관될 수 있는 유전 정보를 담은 대규모 데이터베이스와 본인들의 연구결과를 교차 참조하면 어떤 결과가 나올지 갈수록 궁금해졌다. 그는 여전히 환경이 강력한 영향을 미치리라 예상했지만, 학자들이 유전적 요인을 통제할 수 있으면 교육이나 가족의 개입 중 어떤 것이 누구에게 효과가 있을지를 더욱 잘 측정할 수 있으리라 생각했다. "다른 사회과학자들은 왜 이 모든 연구결과를 큰 도전으로 여기지 않는지 모르겠어요. 어떤 행동이 발달하는 이유를 명확하게 설명하고 싶다면 양육과 천성을 모두 고려해야 해요."

콘리는 생물학 박사과정을 밟으며 유전체학을 연구하는 동시에 《부모학》을 마무리하고 있었다. 《부모학》을 읽은 독자는 이 책이 부모를 자기 아이의 유능한 프로그래머로, 적절한 매뉴얼만 있으면 원하는 결과를 낼 수 있는 전문가로 그려낸다고 느낄 수도 있다. 그러나 콘리의 연구는 오히려 이 책의 주장을 약화하는 연구결과에 힘을 실어주었다. 쌍둥이 연구를 통해 쌍둥이가 공유하는 환경, 예를 들면 같은 부모에게 양육되는 것의 중요성을 분석해보면, 환경이 교육수준과 종교 등 인생에서 매우 중요한 요소에 크나큰 영향을 미치는 것을 알 수 있다. 그러나 대다수 특성의 경우, 쌍둥이가 공유하는 환경의 영향력은 아이들이 접하는 서로 다른 상황, 평생 마주치는 수많은 개별적 영향들에 비하면 훨씬 미미하다. 까다로운 지질학 선생님, 코첼라 콘서트에서 부러진 발목, 유독 해가 잘 드는 기숙사방, 구인 정보를 전해준 친구 등, 우리를 향해 다가오는 고유하고 종종 무작위적인 수백만 가지의 경험은 유전적 성향과 상호작용하며 끝없이 점진적으로 운명을 수정해나간다. 일란성쌍둥이는 같은 시기에 같은 부모에게 양육되며, 그건 이란성쌍둥이도 마찬가지다. 양육이 성격에 지대한 영향을 미친다면, 이란성쌍둥이는 다양한 특성 면에서 일반적으로 밝혀진 바보다 서로 더 유사할 것이다.

콘리는 《부모학》에서 이런 생각의 발전을 드러내면서도, 그간 자녀를 키우면서 들인 그 모든 노력이 전부 부질없었다는 생각에 망연자실하지는 않는다. 그는 부모가 자녀의 성향을 빚어낼 수 있는 명확한 방법이 많다고 주장한다. 예를 들면 주변 사람의 손에 이끌려 한 번 투표한 사람은 그 뒤로도 계속해서 투표하는 경향이 있으므로, 자녀를 꼭 투표장에 보내는 방식으로 자녀의 시민 참여 활동에 지속적인 영향을 미칠 수 있다는 점을 지적한다. 또한 콘리는 자녀를 돕고자 했던 자신의 그 모든 에너지, 자녀를 위해 쏟은 그 모든 노력과 책을 읽어준 그 모든 시간, 자신이 제공한 그 모든 풍요로운 경험을 결코 낭비로 여기지 않는다. 그는 이 노력들이 적어도 자신이 자녀를 얼마나 소중하게 여기는지를 보여준다고 말했다. "과학적 양육은 내가 부모의 사랑에 바치는 찬가다."

내가 돌턴 콘리의 두 자녀를 처음 만난 추수감사절에—그의 연구 대상들이 무슨 말을 할지 궁금했다—둘은 대학교 방학을 맞이해 잠시 집에 돌아와 있었다. 그 당시 콘리와 제러미젠코는 이혼한 뒤였고, 콘리와 두 자녀가 로어맨해튼에 있는 그의 로프트아파트 소파에 앉아 있는 동안 천체물리학자이며 당시 임신 4개월이었던 새엄마 티 테밈이 연달아 바쁘게 채소를 구워내고 있었다. 바닥이 콘크리트이고 공간이 넓어서 소리가 울렸기 때문에 부엌일 중이었던 티는 실험 대상으로서의 삶을 돌아보는 요와 E의 이야기, 두 사람의 아버지가 오랜 시간 애타게 기다렸을 그 결과를 반 정도만 들을 수 있었다. 이제 과거를 돌아볼 수 있을 만큼 충분히 성장한 두 사람에게 나는 지난 성장환경에 대해 물었다. 실험 대상이 된 기분은 어땠나요? 아버지의 개입으로 자신들이 더 나은 사람이 되었다고 생각하나요?

콘리의 딸 E는 프린스턴대학교 3학년이었고 E의 동생 요는 샌디에이고 캘리포니아대학교 2학년이었다. E는 청바지에 무광 금색 부츠로 여유로운 추수감사절 아침에 도시 아이가 입을 법한 옷차림을 하고 있었다. E가 커피테이블 너머로 다정한 미소를 보내며 무엇이든 대답할 준비가 된 듯한 모습을 보였다면, 그 옆에 앉은 요는 한쪽 다리를 테이블 위에 올려놓고 끝없이 하품을 하듯 양팔을 쭉 뻗은 채로 느긋하게 희미한 기대감을 드러냈다. 요는 어렸을 때는 수학 실력이 눈에 띄지 않았지만(시험지나 숙제에 절대 풀이 과정을 쓰지 않았는데, 머릿속에서 과정이 너무 빨리 정리되었기 때문이다) 지금은 수학과 경제학을 공부한다. 그는 몇 주 뒤 열릴 전국에서 가장 어려운 대회 중 하나인 윌리엄 로웰 퍼트넘 수학경시대회에 출전할 준비를 하고 있었다. E는 이듬해 봄에 졸업을 앞두고 있었고 배우나 작가가 되고 싶어했다.

E는 이니셜로 된 자기 이름에 익숙해지고 심지어 좋아하게 되어서 결국 새 이름을 정하지 않았다. "이름에는 특별한 느낌이 있어야 해요." 언젠가 E는 자기 이름에 관해 〈뉴욕포스트〉와 인터뷰하면서 이렇게 말했다. "저는 매일 E선 지하철을 타고 학교에 갔어요. 힘든 하루를 보낸 날이면 그 지하철이 오로지 나만을 위한 것이라고 생각하곤 했죠."

두 자녀 옆에 앉은 콘리는 식사 전에 다녀올 곳이 있었는데 약간 초조하고 불편해 보였다. 그는 《부모학》을 출간한 것을 후회하고 있었다. 편집자들이 만든 것보다 더 유머러스한 책을 만들고 싶었기 때문이기도 하지만, 아이들이 아직 성장 중이었기에 특정 방식으로 영구 기록하기엔 너무 어렸던 데다 동의를 받을 수도 없었기 때문이다. 콘리의 두 자녀가 성장한 후 다시 이 책을 읽으면서 나는 그 극적인 역설—삶이 펼쳐지면서 이 책의 대담한 확신이 결국 자리를 양보한 것—이 오히려 사랑스럽다고 느꼈다. 콘리는 《부모학》에서 뇌 손상의 위험이 있으므로 자기 자식은 절대 풋볼을 시키지 않을 거라고 맹세했다. 그러나 요는 풋볼을 했고, 심지어 대학 스카우터들이 참여하는 훈련 캠프에 콘리가 응원하러 갈 만큼(비록 콘리가 간 것은 아이비리그 스카우터들이 오는 캠프뿐이었지만) 진지한 풋볼선수였다.

시간이 흐르면서 콘리는 유전자와 환경이 '뫼비우스 띠의 양면'처럼 기능하는 방식에 점점 더 관심을 갖게 되었다. 그가 가장 최근에 출간한 책《소셜 게놈 The Social Genome》에서 탐구했듯, 이 2가지 요소는 서로 분리된 별개의 힘으로 볼 수 없다. 유전자가 우리를 특정 행동으로 유도할 수 있고 그 행동은 다시 세상에서 특정 반응을 이끌어낸다. 즉 우리가 처한 환경은 무작위라기보다는 맞춤 설계된 것이 된다. 또한 어떤 아이는 유전의 영향으로 독서가가 될 수 있을지 모르지만, 부모가 그 아이에게 책을 읽어주지 않으면 '양육'의 영향이 실제로 유전자의 궁극적 발현 방식을 방해할 수 있다.

"모든 유전적 영향은 환경적 맥락에 따라 달라져." 콘리는 그날 아침 E와 요에게 자기 생각을 설명하며 이렇게 말했다. 콘리와 다른 학자들의 연구결과에 따르면 1930년대에는 식량 부족으로 비만의 가능성이 억제되다가, 최근 고지방 식단이 널리 퍼진 뒤에야 비만에 대한 유전적 성향 차이가 더 널리 발현되기 시작했다. 또한 이제 여성들도 고등 교육을 받을 수 있게 되었으므로 과학자들은 이들에게 나타나는 유전적 차이를 더 정확하게 측정할 수 있다. "20세기 전반기에 대학교에 다니는 여자는 아주 특별한 사람이어야 했어." 콘리가 말했다.

"질문 있어요." E가 말했다. "옛날에 대학을 다닌 여자가 더 특별했다는 게 무슨 뜻이에요?" 콘리는 당시에 여성이 시대 규범에 맞서기 위해서는 성격과 인지능력 모두 매우 남달라야 했다고 설명했다. 그러자 E가 반박했다. "그 시대에 대학에 다닌 여성은 인종적·경제적 특권의 산물이었어요." 콘리는 이 주장에 즉시 동의했다.

"난 화장실 다녀올게요." 이 대화가 어디로 흘러갈지 간파한 요가 말했다.

"전 무심코 하는 발언에서 그 뒤에 깔린 사회적 맥락을 인식하는 게 중요하다고 생각해요. 안 그래요?" E가 말했다. "예를 들어 누군가를 그냥 특별하다고 묘사하면 지능이 높다는 뜻이 되어버리죠."

콘리와 E 사이에서는 이런 식으로 논쟁을 벌이는 것이 흔한 일일까?

"그 대답은 딸에게 넘길게요." 이제 《부모학》을 쓴 것만큼이나 이 인터뷰를 후회하는 듯 보이기 시작한 콘리가 말했다. E는 표준적인 지능 측정 방식이나 "그런 비슷한 것들"을 하나도 믿지 않는다고 말했다. "예를 들면 프린스턴에 다니는 것도요. 이른바 타고난 지능과는 아무 관련이 없다고 생각해요. 그보다는 문화적·경제적 자원이 얼마나 있는지의 문제죠."

"전 잠시 나갔다 와도 될까요?" 콘리가 이렇게 묻고는 홀푸드로 떠났다.

콘리가 없는 집에서 E와 요는 자신들의 성장환경에 관한 내 질문에 기꺼이 대답하고 싶은 듯 보였다. "저는 인터뷰가 좋아요"라고, 화장실에서 돌아온 요가 말했다. 요는 콘리가 책을 출간한 13살 때 여러 차례 인터뷰를 한 경험이 있었다. E도 비슷했다. E는 "전 새로운 사람 만나는 걸 좋아해요"라고 말했다.

두 사람은 기질이 확연히 달랐지만 하나에는 의견이 일치했다. 바로 아버지의 창의적인 양육법이 그저 재미를 위한 것이 아니라 자신들을 뛰어난 사람으로 키우기 위한 것이었다는 점이었다. "우리 가족의 모토는 '더 좋게, 더 좋게, 가장 좋게!'였어요"라고 E가 말했다. 아버지가 종종 하던 말이었다.

"어디에 새겨놓고 그런 건 아니었어요"라고 요가 말했다. 그러나 이들이 많이 말하고 많이 들은 말이었다. 어쩌면 일종의 농담이었을 수도 있지만 말이다. "더 좋게, 더 좋게, 가장 좋게!" E가 이번에는 더 빠르게 다시 한번 말했다. 이 말은 수백 년 된 훈계를 살짝 바꾼 것이었다. "좋게, 더 좋게, 가장 좋게. 절대 멈추지 말라. 좋게가 더 좋게가 되고, 더 좋게가 가장 좋게가 될 때까지."

양육의 끝은 어디인지
알 수가 없다

요는 어렸을 때 부모님이 "우리가 무엇에 뛰어나고 무엇을 잘할 수 있는지 보려고 여기저기를 찾아다닌다"고 느꼈던 것을 기억했다. 요는 본인의 의지와 상관없이 피아노 수업과 발성 수업, 기타 수업, 체스 수업을 받았다. 그리고 콘리는 요와 E를 수학을 사랑하는 사람으로 만들려고 했다. 간식을 좋아하는 초등학생이었던 E는 숙제 외에 수학 공부를 20분 더 하면 복숭아맛 젤리 하나를 받을 수 있었다. 요는 협상을 통해 그 보상을 20분간 클럽 펭귄 컴퓨터게임을 하는 것으로 바꾸었다. "인센티브와 보상이 엄청 많았어요. 어느 정도는 개 훈련과 비슷했죠." 두 사람은 이 방식이 의도처럼 E를 수학을 사랑하는 사람으로 만들지는 못했지만 요를 유능한 협상가로 만드는 효과는 있었다고 말했다. 결국 요는 협상을 통해 수학 공부를 1분 더 할 때마다 1.5배의 시간만큼 컴퓨터게임을 할 수 있다는 조건을 얻어냈다.

"이제 아버지는 보상을 주는 방식에 반대해요." E가 콘리에 대해 말했다. "그 방식이 우리의 내적 동기를 앗아갔을지도 모른다고 걱정하시죠." 더 나아가 콘리는 자신이 요를 흥정 괴물로 만들었다고 생각하는 듯했다.

E는 자신이 프린스턴에서 필수로 들어야 하는 수학 강의를 미루고 있다는 사실이 아버지를 가슴 아프게 한다는 것을 알았다. 콘리는 E에게 수학적 재능이 있다고 생각했고, E가 자신은 영문학과 역사를 더 좋아하기 때문에 수학은 잘하지 못한다고 믿어버린 것이라 확신했다. "저도 처음에는 요처럼 수학에 재능이 있었어요." 요가 동

의하지 않는다는 듯 알 수 없는 소리를 냈다. E가 고개를 돌려서 요를 빤히 쳐다봤다. 요가 무슨 말을 할 때마다(또는 의미심장한 소리를 낼 때마다) 그 행동이 E의 심기를 불편하게 했고, E는 안 그래도 커다란 눈을 더더욱 크게 부라렸다.

콘리는 다유전자 점수polygenic scores(유전 정보를 바탕으로 개인이 특정 형질을 지닐 가능성을 추정한, 아직 정교하지 않고 과학적으로도 논쟁이 많은 수치)를 토대로 연구를 진행하고 있었다. 그는 다유전자 점수 자료를 이용해서 가족들이 다소 자의적으로, 또는 형제자매 간의 비교를 통해 자녀에게 특정 역할을 부여하는 것은 아닌지 확인하려 했다. 예를 들면 그는 수학에 소질이 있지만 운동을 더더욱 잘하는 학생의 사례가 궁금했다. 만약 그 학생의 남동생이 수학을 그리 잘하지는 못하지만 운동 실력은 더더욱 눈에 띄게 안 좋다면, 가족은 이 동생이 실제로 첫째보다 수학을 더 잘한다고 믿게 될까?

또한 콘리는 교육수준의 다유전자 점수가 높은 언니 또는 누나가 있는 것이 동생에게 어떤 영향을 미치는지에도 관심이 많았다. 미발표 연구에서 실제 교육수준을 살펴본 그는 이란성쌍둥이 자매 중 한 사람의 교육수준 다유전자 점수가 높으면 나머지 한 사람의 교육수준까지 높아지는 것을 발견했다(남성의 경우에는 아무 영향이 없었다). 어쩌면 다유전자 점수가 높은 여자아이가 남자 형제들보다 더 세심하게 주변 환경을 개선했을 수도 있고, 특정 수업이나 관심, 식사 자리에서의 활발한 대화를 요청하는 식으로 부모의 행동을 이끌어내 그 효과를 쌍둥이 자매에게 전달했을 수도 있다. (연구에 따르면 모든 형제자매 관계 중 보통 자매들이 가장 사이가 가깝다.)

요는 자랄 때 대체로 누나를 무시하는 듯 보였다. E는 요를 자신의 첫 번째 인류학 연구 대상으로 삼았다. 그리고 자기 방에 앉아서 요가 친구들과 비디오게임을 하며 긴 침묵 사이사이에 나눈 대화들을 엿듣고 기록했다. 그중에서 E가 가장 좋아한 말은 "야, 내가 네 찌푸린 이맛살을 벤치프레스처럼 들어올려서 웃게 만들 수 있어"였다. 요가 눈알을 굴렸다. "그건 그냥 농담이었어."

이들의 성장환경이라는 원래 주제로 돌아오자면, 요는 "전 경쟁을 즐겼어요"라고 말했다. "그래서 이렇게 경쟁적인 사람이 된 것 같아요." E는 누군가를 이기는 것보다는 최선을 다하는 것이 언제나 더 중요하다고 느꼈다. "동생은 경쟁심이 강해요. 저는 그러지 않으려고 노력하고요." 요가 항의했다. "누나는 자기가 경쟁심이 없다고 하는데 사실이 아니에요. 아닌 척하지만 경쟁심이 강하다니까요." E는 다시 한번 눈을 커다랗게 부릅뜨고 이번에는 정면을 빤히 바라보았다. "미안하지만 그렇지 않거든." 근거가 있을까? 증거는?

"물론 열심히 노력하다보면 야심이 생기기도 하죠." E가 말했다. "하지만 전 거기에 저항하려 해요. 야심은 현재의 자신을 부끄러워하는 마음이라고 생각하거든요. 그동안 제가 속했던 학업 환경은 수치심으로 가득했고, 저는 그런 생각에 조금도 발 담그고 싶지 않아요. 프린스턴에 입학한 첫해에 주변에서 그런 걸 아주 강하게 느꼈어요."

성장환경이 어땠든 간에—E와 요는 똑같이 20분간 짧고 굵게 수학을 공부했고, 똑같이 체스 수업과 노래 수업을 들었으며, 똑같은 가족 모토를 들었다—두 사람은 우연히 같은 기숙사 건물에 살게 된 두 대학생만큼이나 서로 달라 보였다. 10대 때 요는 늘 집을 몰래 빠져나가 파티에 갔다. E는 절대 술을 먹거나 마약을 하지 않겠다고 맹세했는데, 부모님이 그런 것들을 너무 엄격하게 배제하지는 말라고 권할 정도였다.

이제 E와 요는 똑같은 문제로 골머리를 앓고 있었다. 두 사람 모두 아버지에게 전적으로 지지받을 수 없는 선택을 내리고 싶었던 것이다. 콘리는 여전히 두 자녀의 삶을 최적화하려고 애쓰고 있었다. 그런 그가 어떻게 딸이 배우가 되는 것을 도울 수 있겠는가? 콘리는 아는 에이전트나 매니저가 아무도 없었고 오디션이 어떻게 진행되는지조차 몰랐다. 요 역시 아버지의 바람대로 새 도시로 이주해서 데이터과학 석사학위를 받는 데 관심이 없어 보였다. 요가 원하는 것은 현재 공부하는 분야에 데이터과학 부전공을 결합하는 것이었다. 요는 그 역량으로 석사학위 없이도 테크기업에서 자리를 얻을 수 있으리라 생각했다.

"아버지는 제가 월스트리트에 영혼을 팔까 봐 걱정하는데, 그럴 생각은 없어요. 아버지의 악몽은 누군가가 제게 백만 달러를 제안해서 제가 그걸 거절하지 못하는 거예요. 그렇게 심하게 무서워할 일은 아니죠." 콘리는 아들이 자신처럼 박사학위를 받고 대학에서 연구하는 삶을 살기를 바랐다. 그러나 요는 테크기업에서 다른 길을 걷고 싶어했다. "경제학과 데이터과학을 활용해서 인공지능을 연구하고 싶어요." 요가 이렇게 말하자 E가 막 식료품점에서 돌아온 콘리를 측은하다는 듯 바라보았다. 그리고 이렇게 말했다. "아버지는 이해 못 할 거예요." 이 대화가 이루어진 것은 챗GPT가 등장하기 몇 년 전의 일이었다. E는 요와 같은 세대였기에 인공지능의 가능성을 이해하고 있었다. 콘리의 야심은 요의 야심과 달랐고, 그건 성격의 문제라기보다는 시기의 문제였다.

세월이 흘렀고, 부모의 압력과 꿈의 힘이 이 가족에게 어떤 영향을 미쳤는지가 드러났다. 요는 수학과 경제학, 데이터과학 공동학위를 받고 캘리포니아대학교를 졸업한 뒤 아버지의 압력으로 컬럼비아대학교에서 데이터과학 석사학위를 취득했고, 결국 내셔널풋볼리그에서 일자리를 얻었다. (콘리는 여전히 요가 박사학위를 따기를 바랐지만 헤지펀드에서 높은 연봉을 받으며 일하는 것도 괜찮다고 생각하게 되었다.) E는 아이오와대학교의 명문 문예창작 대학원에 합격했고, 졸업 후 1년간 생활을 꾸릴 수 있을 만큼 넉넉한 상금을 받았다. 졸업 후 E는 집세 대신 등을 주물러드리기로 하고 로어맨해튼에 있는 할머니 댁에 들어가 살면서, 이렇게 창작활동을 이어갈 수 있는 자신의 특권을 뼈저리게 인식했다.

콘리는 E와 요가 성인이 된 후에도 계속해서 둘을 걱정했다. 자녀의 성공을 위해 자녀가 가진 잠재력을 최대한으로 끌어내려 하는 양육방식에는 여러 문제가 있는데, 양육의 끝이 어디인지 알 수 없다는 것—어린 자녀나 청년이 된 자녀, 성인 또는 중년이 된 자녀가 자신의 잠재력을 정말로 온전히 발휘했는지 판단하기 어렵다는 것이 그 문제 중 하나다. 우리가 생각하는 양육, 즉 강력한 영향을 미치며 결정적 방향을 제공하는 이 힘은, 정확한 시작 지점이 없는 만큼 정확한 종료 지점도 없다.

우리가 만난 그 추수감사절에 다시 대화에 참여한 콘리의 얼굴은 이렇게 말하는 듯했다. 내가 더 놓친 건 없는지 걱정해야 할까요? 이때까지 콘리의 양육이 과도하다고 놀린 사람이 있었다면, 아마 콘리는 앞으로 그런 말을 더더욱 많이 듣게 되리라 각오해야 할 터였다. 그는 어떻게 하면 곧 태어날 아기를 아이패드에서 멀리 떨어뜨려놓을 수 있을지 벌써 걱정하고 있었다. 아내 티가 임신 중에 비행기를 타고 출장을 가게 되자 콘리는 티가 의료용 엑스레이 보호복을 입어야 한다고 주장했다. 티는 저주파 자기장을 막아주는 담요까지 준비했고 기내에 있을 수 있는 바이러스에서 몸을 보호하기 위해 마스크를 썼다(코비드로 마스크 사용이 보편화되기 전이었다). 티는 유기농 염색약을 사용하는 미용실을 찾아냈지만 그 미용실에 전화를 걸어서 추가 질문을 한 콘리는 그곳의 예방책이 발달 중인 태아에게 충분치 않다고 판단했다.

콘리는 자신의 양육방식에 대해 "이번에는 더 느긋할 줄 알았다"고 말했다. 하지만 전혀 그렇지 않은 듯 보였다. 어떻게 그럴 수 있겠는가? 전 세계가 갈수록 연결되면서 이 세상은 점점 더 위험하고 경쟁적인 곳이 되어갈 뿐이었다. 콘리는 더 늦게 대학원에 지원했다면 자신의 성적으로는 절대 입학할 수 없었으리라 믿었다.

어쨌거나 콘리는 과학이 자신의 주장을 뒷받침하든 안 하든 관계없이 E와 요가 잠재력을 최대한 발휘할 수 있도록 노력했던 것을 결코 후회하지 않았다. 자녀에게 몸에 좋은 음식을 먹인다고 나쁠 게 없듯이, 자녀에게 책을 많이 읽어준다고 해서 나쁠 건 없다. 나중에 콘리는 내게 보낸 이메일에서 수학자이자 확률이론가였던 블레즈 파스칼이 17세기에 설명한 철학적 논제를 언급하며 이 문제가 파스칼의 내기와 비슷하다고 말했다. 인간은 신을 믿을지 말지 결정할 때 자기 삶을 걸어야 하는데, 잘못된 선택을 내렸을 때 발생할 수 있는 손해는 오로지 신을 믿지 않은 경우에만 존재한다는 종교적·철학적 개념과 비슷하다는 것이다. 그렇다면 신을 믿는 게 나을까? 콘리는 자녀의 학습능력을 향상시키기 위한 부모의 노력이 원하는 만큼 효과가 없을지도 모른다고 말했다. "하지만 그렇지 않을 수도 있죠. 엄청 중요할 수도 있어요. 나쁠 게 없는데 강조하지 않을 이유가 어디 있습니까?" 게다가 교수로서 그가 믿는 가치는 영화나 비디오게임이 아닌 책에 있었다. 독서는 그가 집에서 하고 싶어하는 활동이었다.

콘리는 자신의 선택을 걱정하거나 방어적 태도를 취할 필요가 전혀 없었다. 사실 그가 식료품점에 갔을 때 E는 아버지가 여러 면에서 별난 사람이지만—요가 역도 대회에 나가기 시작하자 자기도 똑같이 따라 나간다든지, 감정적으로 흥분하면 연구 자료를 들이민다든지, 자녀를 매력 있고 사랑스러운 주택 개조 프로젝트쯤으로 여기는 듯하다든지—자신은 아버지가 자기들을 사랑하고, 어머니도 자기들을 사랑하고, 수년 전에 가족이 된 티도 자기들을 사랑한다는 것을 늘 알고 있었다는 취지로 이야기했다. "저는 실수할 여지가 그리 많지 않았다고 생각해요. 아이에게 사랑을 주기만 한다면, 어떻게 키우느냐는 그렇게 중요하지 않을 테니까요."

E는 자신이 온갖 종류의 사랑(미래의 사랑, 연인 간의 사랑, 부부 간의 사랑, 아버지의 사랑, 어머니의 사랑)을 사랑한다고 말했다. E는 어서 빨리 아이를 낳고 싶었다. 아이를 낳으면 그 아이를 전폭적으로 사랑하게 되리라고 생각했다. 그렇게 아이를 전폭적으로 사랑한다면 삶에서 발생한 그 어떤 일도 실수로 여길 수 없었다. 그 모든 사건 덕분

에 아이를 만날 수 있게 된 것이기 때문이다. 당신이 고3 때 폭삭 망쳤던 시험? 만일 그 시험을 잘 치러서 미시간대학교에 합격했다면 그렇게 쓰레기 같은 남자를 만나지도 않았을 거고, 그랬다면 결국 지금의 남편이자 존재만으로도 사랑스러운 아이들의 아버지인 남자를 처음 보자마자 그 진가를 알아차리지도 못했을 것이다. 난임 병원에 간 날 당신과 남편이 격하게 싸웠던 것도 완벽한 상황이었을지 모른다. 그 덕분에 당신이 첫 번째가 아닌 두 번째에 임신에 성공했고, 그 덕분에 이보다 더 완벽한 사랑은 상상조차 할 수 없는 아이들을 얻었기 때문이다. 어느 날 저녁 화장실에 가다가 탁자에 골반을 부딪친 덕에 바로 그 정자와 난자가 만났을지도 모를 일이다.

부모가 된다는 것은 더없는 행복이자 완전한 면죄부라고, 여기에는 실수가 있을 수 없다고, 아무 경험 없는 자의 순수함으로 E는 생각했다.

참고문헌

이 책에 나의 기이한 집착이 반영되어 있다는 것, 그러므로 브론테 자매를 위시한 작가들을 비롯해 성공한 형제자매의 이야기가 많이 나온다는 것은 힘들게 텍스트를 분석하지 않아도 쉽게 알아차릴 수 있다. 브론테 자매의 책을 좋아하는 사람, 또는 그저 독서를 좋아하는 사람은 아마 나처럼 브론테 자매를 다룬 훌륭한 책들을 읽으며 대단히 즐거워할 것이다. 내가 크게 도움받은 책들을 소개하자면, 먼저 모든 정보를 총망라한 줄리엣 바커의 권위 있는 저작 《브론테 자매들 The Brontës》이 있다. 바커가 출간한 편지 모음집 《브론테 자매들》은 내가 가장 아끼는 책 중 하나다. 조지 헨리 루이스가 《제인 에어》 서평에서 사용한 표현을 빌리자면 '영혼과 영혼의 대화'를 직접 경험하고 싶은 모든 독자에게 추천한다. 클레어 하먼의 《불타는 마음 A Fiery Heart》은 온갖 종류의 불의를 날카롭게 감지했던 샬럿 브론테의 원동력이 된 분노를 가감없이 보여주며, 깊이 있으면서도 페이지가 술술 넘어가는 내가 가장 사랑하는 종류의 책이다. 루카스타 밀러의 《브론테 신화 The Brontë Myth》는 브론테 자매의 작품에 대한 반응과 그들의 인생사에 대한 해석이 문화적 관심이 변화함에 따라 어떻게 끊임없이 달라져왔는지를 생생하게 보여준다.

이 책에서 인용한 여러 권의 책을 장별로 정리했고, 이 책들을 참고문헌에서 쉽게 찾아볼 수 있도록 본문에서 정보를 명확히 드러내고자 노력했다. 그러나 이 책의 내용 대부분은 내가 여러 가족과 나눈 수많은 인터뷰의 결과물이다. 이들은 내가 이 책을 쓰는 동안 자기 삶의 모습이 변화하는 와중에도 자신의 가장 내밀하고 사적인 삶에 관한 질문에 솔직하고 가감없이 대답하려 애썼다. 나는 이들의 인내심에 영원히 감사할 것이다. 이들은 내가 부모로서 스스로를 바라보는 방식뿐만 아니라 이 세상을 바라보는 방식까지 바꿔주었다.

들어가며: "저 집 식탁에서 무슨 일이 벌어지고 있는 거지?"

Colvin, Geoff. "The World's 50 Greatest Leaders." *Fortune* (March 23, 2017).

Conley, Dalton. *The Pecking Order: A Bold New Look at How Family and Society Determine Who We Become*. New York: Penguin, 2004.

Dominus, Susan. "Table Talk: The New Family Dinner." *New York Times* (April 27, 2012).

Edes, Gordon. "A Dream Born and Fulfilled Early: Theo Epstein, 28, New Red Sox GM." *Boston Globe* (November 26, 2002).

Epstein, Leslie. "How the Epstein Twins Drove Jack Warner Nuts." *Tablet* (February 13, 2017).

Gaskell, Elizabeth. *The Life of Charlotte Brontë*. New York: Penguin Classics, 1998.

Gopnik, Alison. *The Gardener and the Carpenter: What the New Science of Child Development Tells Us About the Relationship Between Parents and Children*. New York: St. Martin's Press, 2017.

Kolhatkar, Sheelah. "The Foer Family." *Observer* (December 18, 2006).

Lincoln, Evelyn. *My Twelve Years with John F. Kennedy*. New York: D. McKay Company, 1965.

Robinson, Mary F. *Emily Brontë*. London: W. H. Allen, 1883.

1장. 그로프 가족: 스스로 몰아붙이는 힘

Berger, Jonah. *Invisible Influence: The Hidden Forces That Shape Behavior*. New York: Simon & Schuster, 2016.

Clarey, Christopher. "The Bryan Brothers Retire as They Played: Together." *New York Times* (August 26, 2020).

"F&M's First Majorette One of Top Twirlers in the US." *Lancaster New Era* (July 14, 1969).

Gopnik, Alison, and Adam Gopnik. "What Our Siblings Do to Us." *New York Times* (September 23, 2011).

Groff, Lauren. *The Monsters of Templeton*. New York: Hachette Books, 2008.

———. "Machado de Assis at the Rio Olympics." *Sewanee Review* 125, no. 1 (Winter 2017): 92–101.

———. *The Vaster Wilds*. New York: Riverhead Books, 2023.

Heinrichs, April, and Matt Robinson. "Finding the Next Mia Hamm and Alex Morgan." *Soccer Journal* (November/December 2014): 64–70.

Hotz, V. Joseph, and Juan Pantano. "Strategic Parenting, Birth Order, and School Performance." *Journal of Population Economics* 28, no. 4 (October 2015): 911–936.

Layden, Tim. "After Rehabilitation, the Best Michael Phelps May Lie Head." *Sports Illustrated* (November 9, 2015).

Matthews, Chris. *Bobby Kennedy: A Raging Spirit*. New York: Simon & Schuster, 2017.

Skipper, Jason. "The Rumpus Interview with Lauren Groff." *Rumpus* (August 24, 2012).

Thomas-Corr, Johanna. "Lauren Groff: 'I Often Get Very Lonely Because My Job Is Very Lonely.'" *Guardian* (September 11, 2021).

Walsh, Mary Roth. *Doctors Wanted: No Women Need Apply*. New Haven and London: Yale University Press, 1977.

Zuckerman, Marvin. "All Parents Are Environmentalists Until They Have Their Second Child." *Behavioral and Brain Sciences* 10, no. 1 (1987): 42–44.

2장. 아이 안의 엔진을 깨우는 법

Aldeman, Chad. "Much Ado About Grit? An Interview with a Leading Psych Researcher." *Bellwether* (August 4, 2016).

Bell, Katherine. "Life's Work: Wynton Marsalis." *Harvard Business Review* (January/February 2011).

Brontë, Charlotte. *The Letters of Charlotte Brontë*. Edited by Margaret Smith. Oxford, UK: Clarendon Press, 1995.

Brontë, Emily. *Wuthering Heights*. New York: Penguin Classics, 2002.

Duckworth, Angela. "Don't Grade Schools on Grit." *New York Times* (March 27, 2016).

———. *Grit: The Power of Passion and Perseverance*. New York: Scribner, 2016.

Epstein, David. *The Sports Gene: Inside the Science of Extraordinary Athletic Performance*. New York: Portfolio, 2014.

———. *Range: Why Generalists Triumph in a Specialized World*. New York: Riverhead Books, 2019.

Gladwell, Malcolm. *Outliers: The Story of Success*. New York: Little, Brown, and Company, 2008.

Gourse, Leslie. *Wynton Marsalis: Skain's Domain: A Biography*. New York: Shirmer Trade Books, 1999.

Hajdu, David. "Wynton's Blues." *Atlantic* (March 2003).

Harman, Claire. *Charlotte Brontë: A Fiery Heart*. New York: Knopf Doubleday, 2017.

Leonard, Julia A., et al. "Children Persist Less When Adults Take Over." *Child Development* 92, no. 4 (2021): 1325–1336.

———. "Practice What You Preach: How Adults' Actions, Outcomes, and Testimony Affect Preschoolers' Persistence." *Child Development* (September 2019): 1–18.

Leonard, Julia A., Yuna Lee, and Laura E. Schulz. "Infants Make More Attempts to Achieve a Goal When They See Adults Persist." *Science* 357, no. 6357 (September 21, 2017): 1290–1294.

Ritchie, S. J., and E. M. Tucker-Drob. "How Much Does Education Improve Intelligence? A Meta-Analysis." *Psychological Science* 29, no. 8 (2018):

1358–1369.

Saplakoglu, Yasemin. "If at First You Don't Succeed, Show Your Baby Again." *Scientific American* (September 21, 2017).

Shachnai, Reut, et al. "Pointing Out Learning Opportunities Reduces Overparenting." PsyArXiv (April 3, 2024).

Solomon, Deborah. "The Music Man." *New York Times Magazine* (October 3, 2004).

Tuttle, Christina Clark, et al. "KIPP Middle Schools: Impacts on Achievement and Other Outcomes." *Mathematica Policy Research Reports* (January 1, 2013).

"Wynton Marsalis: Interview." American Academy of Achievement (1991).

3장. 홀리필드 가족: 길이 없으면 길을 만든다

Ashton, Kim. "Siblings in the Struggle." *Harvard Law Bulletin* (Summer 2014).

Bell, Alex, et al. "Who Becomes an Inventor in America? The Importance of Exposure to Innovation." *Quarterly Journal of Economics* 134, no. 2 (May 2019): 647–713.

Bell, Derrick A. "Resignation Letter to the Dean of USC Law Center" (June 2, 1969).

Chartle, Sandra J. "Marilyn Holi field: Breaking Barriers in the Field of Law." *Miami Times* (April 8, 2009).

"City Considers Sale of Pools." *Tallahassee Democrat* (July 6, 1964).

"City Hall Picketed, Open Pools." *Tallahassee Democrat* (June 23, 1966).

Colen, Cynthia G., Nicolo P. Pinchak, and Kierra S. Barnett. "Racial Disparities in Health Among College-Educated African Americans: Can Attendance at Historically Black Colleges or Universities Reduce the Risk of Metabolic Syndrome in Midlife?" *American Journal of Epidemiology* 190, no. 4 (April 2021): 553–561.

Dawson, Kevin. *Undercurrents of Power: Aquatic Culture in the African Diaspora.* Philadelphia: University of Pennsylvania Press, 2018.

Drummond, Tammerlin. "Barack Obama's Law: Harvard Law Review's First Black President Plans a Life of Public Service." *Los Angeles Times* (March 12, 1990).

Due, Tananarive, and Patricia Stephens Due. *Freedom in the Family: A Mother-Daughter Memoir of the Fight for Civil Rights.* New York: Ballantine Books, 2004.

Edwards, Ashley, et al. "HBCU Enrollment and Longer-Term Outcomes." *EdWorkingPaper* 23, no. 883 (December 2023).

Eisenstadt, Marvin, et al. *Parental Loss and Achievement.* Madison, CT: International Universities Press, 1989.

Ensley, Gerald. "Pool Reflected Changing Times." *Tallahassee Democrat* (February 11, 2011).

Felix, Camonghne. "Simone Biles Chooses Herself." *New York* (September 27, 2021).

Fiedler, Tom. "Economic Truth Broke Stalemate." *Miami Herald* (May 13, 1993).

"Five Lincoln Pupils Drown." *Tallahassee Democrat* (May 26, 1946).

Gaskell, Elizabeth. *The Life of Charlotte Brontë.* New York: Penguin Classics, 1998.

Goodman, Joshua, et al. "O Brother, Where Start Thou? Sibling Spillovers in College Enrollment." *NBER Working Papers*, no. 26502 (November 2019).

Gumprecht, Blake. *The American College Town.* Amherst: University of Massachusetts Press, 2008.

Haufler, Arline. "Pool Openers Win in City-Wide Vote." *Tallahassee Democrat* (August 1, 1967).

Holden, Anna, and John Howard Griffin. *Field Reports on Desegregation in the South: Tallahassee, Florida.* New York: Anti-Defamation League of B'nai B'rith, 1956.

Holifield, Edward. "Biomass Plant May Kill More Babies." *Tallahassee Democrat* (November 20, 2008).

Johnson, Dwight, et al. "The Social and Economic Status of the Black Population in the United States: An Historical View 1790 – 1978." U.S. Department of Commerce, Bureau of the Census. *Current Population Reports* P- 23, no. 80 (June 1979).

"Leon's Anchor Club Sets Dance." *The Tallahassee Democrat*. November 30, 1968.

Li, D. J., et al. "Risks of Major Mental Disorders After Parental Death in Children, Adolescents, and Young Adults and the Role of Premorbid Mental Comorbidities: A Population- Based Cohort Study." *Social Psychiatry and Psychiatric Epidemiology* 57, no. 12 (December 2022): 2393 – 2400.

McCarthy, Joe. *The Remarkable Kennedys*. New York: Popular Library, 1960.

Morris, Eugene. "Millicent Holi field to Be Honored for Work in Nursing School." *Tallahassee Democrat* (May 19, 1990).

Obama, Michelle. *Becoming*. New York: Crown, 2018.

Portman, Jennifer. "TMH Aims for 'Baby- Friendly' Designation." *Tallahassee Democrat* (February 1, 2014).

"Practical Nurses Courses at Lincoln." *Tallahassee Democrat* (October 22, 1957).

Rabby, Glenda Alice. *The Pain and the Promise: The Struggle for Civil Rights in Tallahassee, Florida*. Athens: University of Georgia Press, 1999.

Seymour, Sean, and Julie Ray. "Grads of Historically Black Colleges Have Well- Being Edge." Gallup, 2015.

Shah, Neil H. "What Critical Race Theory Was— and Is— at Harvard Law School." *Harvard Crimson* (May 23, 2023).

Spencer, Merianne R., et al. "Unintentional Drowning Deaths among Children Aged 0 – 17 Years: United States, 1999 – 2019." *PubMed* (July 2021).

"The Lesson of Courtney Smith's Death." *Philadelphia Inquirer* (January 17, 1969).

Thyden, N. H., et al. "Family Deaths in the Early Life Course and Their Association with Later Educational Attainment in a Longitudinal Cohort Study." *Social Science and Medicine* 333 (September 2023): 116 – 161.

Wilkins, David, Elizabeth Chambliss, Lisa A. Jones, and Halie Adamson. "Harvard

Law School Report on the State of Black Alumni 1869 – 2000." Harvard Law School Center on the Legal Profession, 2002.

Williams, Deborah. "Bishop Holi field, Pioneering Florida Conservationist, Dies." *Tallahassee Democrat* (February 2, 1998).

4장. 어떤 기대치를 설정할 것인가

American Psychological Association. "Rising Parental Expectations Linked to Perfectionism in College Students." *ScienceDaily* (March 2022).

Anderson, Jenny. "Parents: Your Absurdly High Expectations Are Harming Your Children's Achievement." *Quartz* (November 26, 2015).

Barker, Juliet. *The Brontës: A Life in Letters*. New York: Abrams Press, 1994.

Briley, D. A., K. Paige Harden, and Elliot M. Tucker-Drob. "Child Characteristics and Parental Educational Expectations: Evidence for Transmission with Transaction." *Developmental Psychology* 50, no. 12 (2014): 2614 – 2632.

Brontë, Charlotte. *The Letters of Charlotte Brontë*. Edited by Margaret Smith. Oxford, UK: Clarendon Press, 1995.

Gaskell, Elizabeth. *The Life of Charlotte Brontë*. New York: Penguin Classics, 1998.

Green, Dudley. *Patrick Brontë: Father of Genius*. Cheltenham, England: The History Press, 2010.

Loughlin-Presnal, John E., and Karen L. Bierman. "Promoting Parent Academic Expectations Predicts Improved School Outcomes for Low-Income Children Entering Kindergarten." *Journal of School Psychology* 62 (June 2017): 67 – 80.

Murayama, Kou, et al. "Don't Aim Too High for Your Kids: Parental Overaspiration Undermines Students' Learning in Mathematics." *Journal of Personality and Social Psychology* 111, no. 5 (2016): 766 – 779.

Rozek, Christopher S., et al. "Utility-Value Intervention with Parents Increases

Students' STEM Preparation and Career Pursuit." *Proceedings of the National Academy of Sciences* 114, no. 5 (January 17, 2017): 909–914.

Yeager, David Scott, et al. "Breaking the Cycle of Mistrust: Wise Interventions to Provide Critical Feedback Across the Racial Divide." *Journal of Experimental Psychology: General* 143, no. 2 (2014): 804–824.

5장. 무르기아 가족: 서로가 서로의 사다리가 되어

Bruck, Connie. "Ari Emanuel Takes On the World." *New Yorker* (April 19, 2021).

Hagler, Matthew. "Familial Factors Impacting First-Generation College Students' Adjustment: The Compensatory Role of Older Siblings with College Experience." *Journal of First-Generation Student Success* (June 26, 2024): 1–21.

Harris, Kyle. "The Influence of Siblings Who Attended Higher Education on First-Generation College Students." Temple University (2022).

Kuhnhenn, James. "The House and the Hill." *Kansas City Star* (April 30, 1995).

Landon, Jan. "Chain of Support." *Kansas City Star* (February 8, 2004).

Lovell, Mary S. *The Sisters: The Saga of the Mitford Family*. New York: W. W. Norton & Company, 2011.

"Six-year Degree Attainment Rates for Students Enrolled in a Post-Secondary Institute." Pell Institute Fact Sheet (December 14, 2011).

Williams, Carol J. "Obama Nominates Arizona. Judge to Court of Appeals." *Los Angeles Times* (March 27, 2010).

Zaveri, Mihir. "Federal Judge in Kansas City Is Reprimanded for Sexual Harassment." *New York Times* (September 30, 2019).

———. "Federal Judge in Kansas Resigns After Reprimand for Sexual Harassment." *New York Times* (February 19, 2020).

6장. 운과 운명, 우리가 통제할 수 없는 것

Adler, Alfred. *Problems of Neurosis: A Book of Case Histories.* Edited by Philip Mairet. London: Routledge, 1999.

Black, Sandra E., Paul J. Devereux, and Kjell G. Salvanes. "Too Young to Leave the Nest? The Effects of School Starting Age." *Review of Economics and Statistics* 93, no. 2 (May 2011): 455–467.

Black, Sandra E., Erik Grönqvist, and Björn Öckert. "Born to Lead? The Effect of Birth Order on Noncognitive Abilities." *Review of Economics and Statistics* 100, no. 2 (May 2018): 274–286.

Block, Melissa. "U.S. Biathlete Gives Up Olympic Spot to Her Twin Sister." NPR (January 16, 2014).

Broughton, Thomas, et al. "Relative Age in the School Year and Risk of Mental Health Problems in Childhood, Adolescence and Young Adulthood." *Journal of Child Psychology and Psychiatry* 64, no. 1 (August 2022): 185–196.

Bzdek, Vincent. *The Kennedy Legacy.* New York: St. Martin's Press, 2009.

Conley, Dalton. *The Pecking Order: A Bold New Look at How Family and Society Determine Who We Become.* New York: Penguin, 2004.

Damian, R. I., and B. W. Roberts. "Settling the Debate on Birth Order and Personality." *Proceedings of the National Academy of Sciences of the United States of America* 112, no. 46 (2015): 14119–14120.

Dominus, Susan. "The Mixed-Up Brothers of Bogotá." *New York Times* (July 9, 2015).

Frank, Robert H. *Success and Luck: Good Fortune and the Myth of Meritocracy.* Princeton, NJ: Princeton University Press, 2017.

Freese, J., B. Powell, and L. C. Steelman. "Rebel Without a Cause or Effect: Birth Order and Social Attitudes." *American Sociological Review* 64, no. 2 (1999): 207–231.

Freud, Sigmund. "New Introductory Lectures on Psycho-Analysis." *Archives of*

Neurology and Psychiatry 33, no. 5 (May 1, 1935): 917–1142.

Freund, Julia, et al. "Emergence of Individuality in Genetically Identical Mice." *Science* 340, no. 6133 (May 9, 2013): 756–759.

Galton, Francis. *English Men of Science: Their Nature and Nurture*. London: Macmillan, 1874.

Gladwell, Malcolm. *Outliers: The Story of Success*. New York: Little, Brown, and Company, 2008.

Gysi, Sabine. "Lifespan Development: The More We Know About It, the More Complex It Seems." *BOLD* (February 17, 2020).

Hotz, V. J., and J. Pantano. "Strategic Parenting, Birth Order, and School Performance." *Journal of Population Economics* 28, no. 4 (October 2015): 911–936.

Karlstad, Øystein, et al. "ADHD Treatment and Diagnosis in Relation to Children's Birth Month: Nationwide Cohort Study from Norway." *Scandinavian Journal of Public Health* 45, no. 4 (May 8, 2017): 343–349.

Kennedy, Rose Fitzgerald. *Times to Remember*. Cutchogue, NY: Buccaneer Books, 1994.

Kohler, Sheila. *Becoming Jane Eyre*. London: Corsair, 2011.

Lejarraga, Tomás, et al. "No Effect of Birth Order on Adult Risk Taking." *Proceedings of the National Academy of Sciences* 116, no. 13 (March 11, 2019): 6019–6024.

Lovell, Mary S. *The Sisters: The Saga of the Mitford Family*. New York: W. W. Norton & Company, 2011.

Oskarsson, Sven, et al. "Big Brother Sees You, but Does He Rule You? The Relationship Between Birth Order and Political Candidacy." *Journal of Politics* 83, no. 3 (May 27, 2021): 1158–62.

Puhani, Patrick A., and Andrea Maria Weber. "Persistence of the School Entry Age Effect in a System of Flexible Tracking." *IZA Discussion Paper*, no. 2935 (2007).

Rohrer, Julia M., Boris Egloff, and Stefan C. Schmukle. "Examining the Effects of Birth Order on Personality." *Proceedings of the National Academy of Sciences* 112, no. 46 (October 19, 2015): 14224–14229.

Segal, Nancy L. *Born Together—Reared Apart*. Cambridge, MA: Harvard University Press, 2012.

———. "Cooperation, Competition, and Altruism Within Twin Sets: A Reappraisal." *Ethology and Sociobiology* 5, no. 3 (January 1984): 163–77.

———. *Deliberately Divided*. Lanham, MD: Rowman & Littlefield, 2021.

Segal, Nancy L., and T. J. Bouchard, Jr. "Grief Intensity Following the Loss of a Twin and Other Relatives: Test of Kinship Genetic Hypotheses." *Human Biology* 65, no. 1 (February 1993): 87–105.

Sharrow, David J., and James J. Anderson. "A Twin Protection Effect? Explaining Twin Survival Advantages with a Two-Process Mortality Model." *PLOS ONE* 11, no. 5 (May 2016).

Sulloway, F. J. *Born to Rebel: Birth Order, Family Dynamics, and Creative Lives*. New York: Pantheon Books, 1996.

Zang, Emma, Poh Lin Tan, and Philip J. Cook. "Sibling Spillovers: Having an Academically Successful Older Sibling May Be More Important for Children in Disadvantaged Families." *American Journal of Sociology* 128, no. 5 (March 1, 2023): 1529–1571.

7장. 첸 가족: 가혹했지만 헌신적이었던

Schneider, Gregory. "Two Cities Share a Name, but One Is in Big Trouble." *Washington Post* (July 7, 2018).

8장. 양육의 영향을 찾아서

Anderson, Elise L., et al. "The Role of the Shared Environment in College Attainment: An Adoption Study." *Journal of Personality* 89, no. 3 (October 27, 2020).

Kong, Augustine, et al. "The Nature of Nurture: Effects of Parental Genotypes." *Science* 359, no. 6374 (January 25, 2018): 424–428.

Kosse, Fabian, et al. "The Formation of Prosociality: Causal Evidence on the Role of Social Environment." *Journal of Political Economy* 128, no. 2 (February 2020).

Kraft, Matthew A., and Grace T. Falken. "A Blueprint for Scaling Tutoring and Mentoring Across Public Schools." *AERA Open* 7 (2021).

Kraft, Matthew A., et al. "What Impacts Should We Expect from Tutoring at Scale? Exploring Meta-Analytic Generalizability." *EdWorkingPaper* (2024): 24–1031.

Neville, Helen, et al. "Effects of Music Training on Brain and Cognitive Development in Under-Privileged 3-to 5-Year-Old Children: Preliminary Results." In *Learning, Arts, and the Brain: The Dana Consortium Report on Arts and Cognition*, edited by C. Asbury and B. Rich, 105–116. New York: Dana, 2008.

Nielsen, François and J. Micah Roos. "Genetics of Educational Attainment and the Persistence of Privilege at the Turn of the 21st Century." *Social Forces* 94, no. 2 (June 17, 2015): 535–561.

Resnjanskij, Sven, et al. "Mentoring Improves the School-to-Work Transition of Disadvantaged Adolescents." *VoxEU* (December 17, 2023).

Wolla, Scott A., Guillaume Vandenbroucke, and Cameron Tucker. "Is College Still Worth the High Price? Weighing Costs and Benefits of Investing in Human Capital." *Page One Economics* (September 2023).

9장. 파울루스 가족: 예술가로 키워내기

Barker, Juliet. *The Brontës: A Life in Letters*. New York: Abrams Press, 1994.

Bryer, Jackson R. "An Uncommon Woman: An Interview with Wendy Wasserstein." *Theatre History Studies* 29, no. 1 (2009): 1–17.

Gilbreth, Frank B., and Ernestine Gilbreth Carey. *Cheaper by the Dozen*. New York: Harper Perennial, 2019.

Gourse, Leslie. *Wynton Marsalis: Skain's Domain: A Biography*. New York: Shirmer Trade Books, 1999.

Hardwick, Elizabeth. "Working Girls: The Brontës." *New York Review of Books* (May 4, 1972).

Isherwood, Charles. "Swimming with Watermelons." *Variety* (April 11, 2002).

Klein, Julia. "Out of the Woods." *Columbia Magazine* (Spring 2012):36–41.

Krementz, Jill. *A Very Young Dancer*. New York: Dell Publishing Company, 1986.

Kushner, Tony. "Notes about Political Theater." *Kenyon Review* 19, Issues 3–4 (Summer/Fall 1997): 19–34.

Lahr, John. "After Angels." *New Yorker* (December 20, 2004): 183–4.

Lublin, Joann S. *Earning It: Hard-Won Lessons from Trailblazing Women at the Top of the Business World*. New York: Harper Business, 2016.

Marks, Peter. "They Be Foolish Mortals Who Love the Nightlife." *New York Times* (August 27, 1999).

Needham, Alex. "Tony Kushner on Spielberg, Ye, and 'The Orange-Covered Mud Devil.'" *Guardian* (December 16, 2022).

"New Met Opera Opens." *New York Herald Tribune* (September 19, 1966).

Paulus, Diane, and Randy Weiner. *The Donkey Show: A Midsummer Night's Disco*. Club El Flamingo, 1999.

Shephard, Richard F. "Children Do Musical by Swados." *New York Times* (February 16, 1979).

Taylor, Sydney. *All-of-a-Kind Family*. New York: Yearling, 1984.

Wasserstein, Wendy. "The Baby Who Arrived Too Soon." *New Yorker* (February 13, 2000): 87–109.

Wilderotter, Maggie, and Denise Morrison. "The Art of Responsibility." TED, 2018.

10장. 의심하는 태도와 강렬한 호기심

Alan, Sule, and Ipek Mumcu. "Nurturing Childhood Curiosity to Enhance Learning: Evidence from a Randomized Pedagogical Intervention." *American Economic Review* 114, no. 4 (April 2024): 1173–1210.

Allik, Jüri, Anu Realo, and Robert R. McCrae. "Conceptual and Methodological Issues in the Study of the Personality-and-Culture Relationship." *Frontiers in Psychology* 14 (2023): 107–7851.

Baer, Susan. "Brothers: Rahm Emanuel and His Family." *Washingtonian* (May 1, 2008).

Emanuel, Ezekiel. *Brothers Emanuel: A Memoir of an American Family*. New York: Random House, 2013.

Habegger, Alfred. *The Father: A Life of Henry James, Sr*. New York: Farrar, Straus & Giroux, 1994.

James, William. *The Principles of Psychology*. New York: Cosimo Classics, 1890.

Lechner, Clemens M., Ai Miyamoto, and Thomas Knopf. "Should Students Be Smart, Curious, or Both? Fluid Intelligence, Openness, and Interest Co-Shape the Acquisition of Reading and Math Competence." *Intelligence* 76 (2019): 101–378.

Malanchini, Margherita, et al. "'Same but Different': Associations Between Multiple Aspects of Self-Regulation, Cognition, and Academic Abilities." *Journal of Personality and Social Psychology* 117, no. 6 (December 2019): 1164–1188.

McCrae, Robert. "Aesthetic Chills as a Universal Marker of Openness to Experience." *Motivation and Emotion* 31, no. 1 (February 2007): 5–11.

McCrae, Robert, and Paul Costa. "Conceptions and Correlates of Openness to Experience." In *Handbook of Personality Psychology*, edited by Robert Hogan, John Johnson, and Stephen Briggs, 825–847. San Diego: Academic Press, 1998.

Mischel, Walter. *Personality and Assessment*. New York: Wiley, 1968.

———. "Toward a Cognitive Social Learning Reconceptualization of Personality." *Psychological Review* 80, no. 4 (1973): 252–283.

Niehoff, Esther, Linn Petersdotter, and Philipp Alexander Freund. "International Sojourn Experience and Personality Development: Selection and Socialization Effects of Studying Abroad and the Big Five." *Personality and Individual Differences* 112 (July 2017): 55–61.

Pickett, Jennifer, et al. "Concurrent and Lagged Effects of Counterdispositional Extraversion on Vitality." *Journal of Research in Personality* 87 (August 2020): 103–965.

Richter, Julia, et al. "Do Sojourn Effects on Personality Trait Changes Last? A Five-Year Longitudinal Study." *European Journal of Personality* 35, no. 3 (June 1, 2024).

Strous, Jean. *Alice James: A Biography*. New York: New York Review Books Classics, 2011.

Thrailkill, Jane. *Philosophical Siblings: Varieties of Playful Experience in Alice, William, and Henry James*. Philadelphia: University of Pennsylvania Press, 2022.

van Allen, Zachary M., and John M. Zelenski. "Testing Trait-State Isomorphism in a New Domain: An Exploratory Manipulation of Openness to Experience." *Frontiers in Psychology* 9 (October 15, 2018).

William, James. *The Letters of William James, Vol. 1*. Boston: The Atlantic Monthly Press, 1920.

Zimmermann, Julia, and Franz J. Neyer. "Do We Become a Different Person When Hitting the Road? Personality Development of Sojourners." *Journal of Personality and Social Psychology* 105, no. 3 (2013): 515–530.

11장. 워치츠키 가족: 세상을 바꾸겠다는 야심

Alter, Charlotte. "A Mother's Expert Tips on Raising Confident Daughters." *Time* (August 29, 2016).

Altman, Sam. "Anne Wojcicki on How to Build the Future." *Y Combinator* (April 13, 2018).

Amidzic, O., et al. "Pattern of Focal Gamma-Bursts in Chess Players." *Nature* 412, no. 6847 (August 9, 2001): 603.

Bandura, Albert. "Influence of Models' Reinforcement Contingencies on the Acquisition of Imitative Responses." *Journal of Personality and Social Psychology* 1, no. 6 (June 1965): 589–595.

Brenøe, Anne Ardila. "Brothers Increase Women's Gender Conformity." *Journal of Population Economics* 35 (2021).

Brontë, Charlotte. *The Letters of Charlotte Brontë*. Edited by Margaret Smith. Oxford, UK: Clarendon Press, 1995.

Bryan, Wayne. *Raising Your Child to Be a Champion in Athletics, Arts and Academics*. New York: Citadel Press, 2004.

Colfax, David, and Micki Colfax. *Hard Times in Paradise*. New York: Grand Central Publishing. 1992.

———. *Homeschooling for Excellence*. New York: Grand Central Publishing, 1988.

Dominus, Susan. "Dangerous When Interested." *New York Times* (August 19, 2007).

Flora, Carlin. "The Grandmaster Experiment." *Psychology Today* (July 2005).

Galanaki, Evangelia, and Konstantinos D. Malafantis. "Albert Bandura's Experiments on Aggression Modeling in Children: A Psychoanalytic Critique."

Frontiers in Psychology 13 (2022): 988877.

Galton, Francis. *Hereditary Genius*. London: Macmillan, 1869.

Gupta, Priya, et al. "A Genome-Wide Investigation Into the Underlying Genetic Architecture of Personality Traits and Overlap with Psychopathology." *Nature Human Behaviour* 8 (Nov. 2024): 2235–2249.

Laporte, Nicole. "Three Things You Need to Know About Susan Wojcicki." *Fast Company* (August 8, 2014).

Lee, James J., et al. "Gene Discovery and Polygenic Prediction from a Genome-Wide Association Study of Educational Attainment in 1.1 Million Individuals." *Nature Genetics* 50, no. 8 (July 23, 2018): 1112–1121.

Okbay, Aysu, et al. "Polygenic Prediction of Educational Attainment Within and Between Families from Genome-Wide Association Analyses in 3 Million Individuals." *Nature Genetics* 54, no. 4 (March 31, 2022): 437–449.

Polgár, László. *Raise a Genius! (Nevelj zsenit!)*. Budapest: Self-published, 1989.

Polgar, Susan, and Paul Truong. *Breaking Through: How the Polgar Sisters Changed the Game of Chess*. London: Gloucester Publishing, 2005.

Rubio, Silvia. "A Back-to-the-Land Family That Never Lost the Faith." *San Francisco Chronicle* (July 21, 1992).

Ryan, Kevin J. "23andMe's Anne Wojcicki Says Doing These Two Things as a Leader Built Her Company's Culture of Honesty." *Inc. Magazine* (March/April 2019):40–45.

Shetty, Jay. "Susan Wojcicki on What It's Like Being the CEO of YouTube and How to Avoid Burnout." Jay Shetty Podcast (October 2022).

Turley, Patrick, et al. "Problems with Using Polygenic Scores to Select Embryos." *Obstetrical & Gynecological Survey* 76, no. 10 (October 2021): 609–610.

Wojcicki, Esther. *How to Raise Successful People: Simple Lessons for Radical Results*. Boston: Mariner Books, 2019.

Wojcicki, Stanley. "Scientists Set to Zero In on Basic Truths About Matter." *Bismarck Tribune* (September 13, 1985).

12장. "좋게, 더 좋게, 가장 좋게"

Albert, Hana. "These Siblings Have NYC's Longest and Shortest Names." *New York Post* (May 6, 2018).

Conley, Dalton.

———. "Parent Like a Mad Scientist." *Time* (March 26, 2014).

———. *Parentology: Everything You Wanted to Know about the Science of Raising Children but Were Too Exhausted to Ask*. New York: Simon & Schuster, 2014.

———. *The Pecking Order: A Bold New Look at How Family and Society Determine Who We Become*. New York: Penguin, 2004.

———. *The Social Genome: The New Science of Nature and Nurture*. New York: W. W. Norton & Company, 2025.

———. "Stalkers, Twins, and the Case of the Missing Heritability." TEDxUNC, 2015.

Conley, Dalton, et al. "Heritability and the Equal Environments Assumption: Evidence from Multiple Samples of Misclassified Twins." *Behavioral Genetics* 43, vol. 5 (September 2013): 415–426.

Duis, J., and M. G. Butler. "Syndromic and Nonsyndromic Obesity: Underlying Genetic Causes in Humans." *Advanced Biology* 6 (2022): 2101154.

Kim, Ji-Yeon, et al. "Longitudinal Course and Family Correlates of Sibling Relationships from Childhood Through Adolescence." *Child Development* 77, no. 6 (November/December 2006): 1746–1761.

Marchese, David. "Mo Willems Has a Message for Parents: He's Not on Your Side." *New York Times* (November 13, 2020).

Polderman, Tinca J. C., et al. "Meta-Analysis of the Heritability of Human Traits Based on Fifty Years of Twin Studies." *Nature Genetics* 47, no. 7 (May 18, 2015): 702–709.

The Family Dynamic

성공하는 가족의 저녁 식탁

초판 1쇄 발행 2025년 11월 26일
초판 2쇄 발행 2025년 12월 15일

지은이 수전 도미너스
옮긴이 김하현
발행인 김형보
편집 최윤경, 강태영, 임재희, 홍민기, 강민영, 박지연, 김아영
마케팅 이연실, 김보미, 김민경, 고가빈 **디자인** 김지은, 박현민 **경영지원** 최윤영, 유현

발행처 어크로스출판그룹(주)
출판신고 2018년 12월 20일 제 2018-000339호
주소 서울시 마포구 동교로 109-6
전화 070-8724-0876(편집) 070-8724-5877(영업) **팩스** 02-6085-7676
이메일 across@acrossbook.com **홈페이지** www.acrossbook.com

한국어판 출판권 ⓒ 어크로스출판그룹(주) 2025

ISBN 979-11-6774-253-7 03300

- 잘못된 책은 구입처에서 교환해드립니다.
- 이 책은 저작권법에 따라 보호를 받는 저작물이므로 무단 전재와 무단 복제를
  금지하며, 이 책의 전부 또는 일부를 이용하려면 반드시 저작권자와
  어크로스출판그룹(주)의 서면 동의를 받아야 합니다.

만든 사람들
편집 임재희 **교정** 고아라 **디자인** 박현민